W0324365

Das bietet Ihnen die CD-ROM

Die s/w-Abbildungen im Buch finden Sie auf der CD-ROM in Farbe. So können Sie Mängel und Schäden leichter erkennen und schneller aktiv werden. Zudem bietet die CD viele Mustervorlagen, die Sie für rechtssichere und erfolgreiche Reklamationen nutzen können.

Die CD-ROM enthält:

- über 100 farbige Schadensbilder
- rechtssichere Musterverträge
- sofort einsetzbare Musterbriefe
- rechtssichere Beschlussmuster
- die Liste der DIN-Normen

Die Musterbriefe und -verträge können Sie direkt in Ihre Textverarbeitung übernehmen und bearbeiten. Alle Formulare und ein detailliertes Inhaltsverzeichnis finden Sie im gelben Anhang Ihres Ratgebers.

Systemvoraussetzungen:
PC mit Windows 95/98, Windows NT oder Windows XP, CD-ROM-Laufwerk.

Installationshinweise:
Aktivieren Sie im Start-Menü von Windows 95/98/Windows NT „Ausführen“. Geben Sie den Buchstaben Ihres CD-ROM-Laufwerkes und SETUP ein (z. B. D:/Setup).

Baumängel und Bauschäden

erkennen und erfolgreich reklamieren

von

Rechtsanwalt Helmut Aschenbrenner

Dip.-Ing (FH) Bernhard Metzger

Rechtsanwalt Michael Drasdo

Rechtsanwalt Detlef Sterns

Haufe Mediengruppe

Freiburg · Berlin · München · Zürich

Bibliografische Information Der Deutschen Bibliothek
Die Deutsche Bibliothek verzeichnet diese Publikation in der Deutschen Nationalbibliografie; detaillierte bibliografische Daten sind im Internet über http://dnb.ddb.de abrufbar.

ISBN 3-448-05691-0 Bestell- Nr. 06259-0001

1. Auflage 2004

© 2004, Rudolf Haufe Verlag GmbH & Co. KG, Niederlassung Planegg/München
Postanschrift: Postfach, 82142 Planegg
Hausanschrift: Fraunhoferstraße 5, 82152 Planegg
Tel. 089 89517-0, Telefax 089 89517-250
Internet: www.haufe.de, E- Mail: online@haufe.de
Lektorat: Rechtsanwältin Elenor Eyerich
Assistenz: Petra Krauß

Alle Rechte, auch die des auszugsweisen Nachdrucks, der fotomechanischen Wiedergabe (einschließlich Mikrokopie) sowie der Auswertung durch Datenbanken oder ähnliche Einrichtungen vorbehalten.

Desktop-Publishing: Agentur: Satz & Zeichen, Karin Lochmann, 83119 Obing
Umschlaggestaltung: Simone Kienle, par:two, Büro für visuelles
Druck: Bosch-Druck GmbH, 84030 Ergolding

Zur Herstellung der Bücher wird nur alterungsbeständiges Papier verwendet.

Inhaltsverzeichnis

Vorwort

Nicht nur Mängel an neu erstellten Objekten sind Gegenstand zahlreicher Baumängelprozesse. Von ca. 34 Mio. Wohneinheiten in Deutschland sind 70 % älter als 30 Jahre. Die durch Instandhaltungs- oder Instandsetzungsarbeiten und Modernisierungsmaßnahmen ausgelösten Bauaufträge können weitere Baumängel bzw. Bauschäden verursachen, sofern sie, unter Berücksichtigung der baulichen Gegebenheiten, nicht sorgfältig geplant sind und nicht fachgerecht durchgeführt werden.

Dabei verteilen sich ca. 37 % aller Schäden auf Außenwände, verursacht durch Schimmelpilzbefall nach dem Austausch von Fenstern, ca. 33 % auf Dächer und Balkone, zurückzuführen auf mangelhafte Flachdachsanierungen und nicht fachgerechten nachträglichen Ausbau von geneigten Dächern und ca. 16 % auf Bauteile im Erdreich. Die Schadensverteilung bei Neubauten unterscheidet sich nicht wesentlich von denen an Bestandsbauten bis auf die deutlich höheren Schäden an Fußböden im Neubaubereich, hauptsächlich am schwimmenden Estrich.

Insoweit verursachte Schäden lassen sich teilweise nur mit großem technischen und finanziellen Aufwand beheben. Für den juristischen und technischen Laien ist es meist schwer nachvollziehbar, worauf der festgestellte Baumangel oder Bauschaden zurückzuführen und wer hierfür eintrittspflichtig ist. Gerade bei durchgeführten Sanierungs- oder Instandsetzungsarbeiten werden sich Baubeteiligte oftmals darauf hinauszureden versuchen, dass der zutage getretene Mangel bereits der „Altbausubstanz“ angehaftet habe.

Um Mängelansprüche erfolgreich zu reklamieren, räumt das Gesetz, vor allem auch die VOB/B (Verdingungs- und Vertragsordnung für Bauleistungen), mit ihren auf Bauverträge zugeschnittenen standardisierten Vertragsbedingungen, den Auftraggebern von Bauleistungen umfangreiche Rechte ein. Eingeschaltete Architekten haben die originäre Pflicht, zur mängelfreien Bauwerkerstellung beizutragen.

Sie müssen als Sachwalter vor allem bei der Verfolgung von Gewährleistungsrechten mitwirken.

Bei Mietobjekten können sich zusätzliche Probleme ergeben. Ist der Mieter bereits eingezogen, wird er mit Mängeln des Mietobjekts kontern. Wollen Sie für Abhilfe sorgen, haben Sie sich einerseits wegen den Gewährleistungsansprüchen mit Ihren Auftragnehmern, andererseits aber auch mit dem Mieter wegen den mit einer Nachbesserung verbundenen Unannehmlichkeiten auseinander zu setzen. Sie sehen sich damit urplötzlich im Mittelpunkt zweier Fronten.

Bei Wohnungseigentum sind darüber hinaus noch Ansprüche und Vorstellungen des Einzelnen an den Bedürfnissen und Rechten aller Wohnungseigentümer zu messen. Ein ständiger Balanceakt der Wohnungseigentumsverwalter.

Der Praxisratgeber zeigt deshalb für Immobilienbesitzer, Vermieter und Verwalter, Baufach- und Baurechtsexperten Wege auf, wie Mängelrechte in der gebotenen Form erfolgreich durchgesetzt werden können. Gleichzeitig kann auf Musterverträge und Musterschreiben zugegriffen werden.

Untermauert wird diese Sicherung der Baumängelansprüche durch die Darstellung häufig auftretender Schadensbilder und fundierte technische Informationen zu den Schadensursachen und zur Abwicklung von Baumangelbeseitigungsarbeiten. Damit soll auch eine gewisse Sensibilität für das Erkennen von Verantwortlichkeiten entwickelt werden. Wird ein Neubau erst errichtet oder werden Sanierungs- oder Instandhaltungsmaßnahmen durchgeführt, kann der technische Teil des Bauratgebers auch eine wertvolle Hilfe sein, Unregelmäßigkeiten bzw. Mängel rechtzeitig zu erkennen und entsprechend entgegenzuwirken. Gerade eine vereinbarte VOB/B gibt die Möglichkeit, auf erkannte Mängel bereits im Zuge der Ausführung des Vorhabens zu reagieren und geeignete Gegenmaßnahmen einzuleiten.

Ziel der Verfasser war es, Ihnen aus langjähriger Praxiserfahrung heraus den wirtschaftlichsten und Erfolg versprechendsten Weg aufzuzeigen, kostenträchtige Baumängelprozesse zu vermeiden.

A Die Rechte des Bauherrn/Auftraggebers und deren praktische Umsetzung

1 Vorbemerkung

Die Rechtsfolgen, die sich aus Baumängeln und Bauschäden ergeben, waren und sind im Kern im Bürgerlichen Gesetzbuch (BGB) geregelt.

BGB

Am 1. 1. 2002 ist das sog. **Schuldrechtsmodernisierungsgesetz** in Kraft getreten. Mit ihm wurden maßgebliche Änderungen des Bürgerlichen Gesetzbuchs im Gewährleistungsrecht für Kauf- und Werkverträge sowie insbesondere auch im allgemeinen Leistungsstörungsrecht vorgenommen. Mit einer der zentralen Punkte der Schuldrechtsreform war die Regelung der **Pflichtverletzung**. Unter diesem Begriff werden alle Tatbestände einer nicht vertragsgerechten Leitungserbringung erfasst. Das – früher eigenständige – Gesetz zur Regelung allgemeiner Geschäftsbedingungen (bekannt als AGB-Gesetz), dem insbesondere auch im Bauvertragsrecht eine gewichtige Bedeutung zukommt, wurde mit der Schuldrechtsreform in das BGB integriert.

Gewährleistungsrecht neu geregelt

Die durch das Schuldrechtsmodernisierungsgesetz eingeführten gesetzlichen Neuerungen sind auf Schuldverhältnisse anzuwenden, die mit dem 1. 1. 2002 oder danach entstanden sind. Umgekehrt gilt, dass auf vor dem genannten Stichtag entstandene Schuldverhältnisse Altrecht, also das BGB in seiner bis dahin geltenden Fassung einschließlich der damals geltenden Sonder- und Nebengesetze, Anwendung findet.

Stichtag: 1.1.2002

Landläufige Begriffe, die sich nicht nur in den Köpfen von Juristen eingeprägt haben, wurden mit der Schuldrechtsreform durch neue Begriffe ersetzt, an die man sich erst noch gewöhnen muss. Aus „Gewährleistungsansprüchen" wurden „**Mängelansprüche**", musste der Unternehmer früher „nachbessern" spricht man jetzt von „**Nacherfüllung**". Die „Ersatzvornahme" heißt jetzt – etwas irreführend – „**Selbstvornahme**", die aber weiterhin nicht zwingend vom Auftraggeber/Bauherrn selbst durchgeführt werden muss.

Bauvertrag prüfen

Baumängelgewährleistungsansprüche haben ihre rechtliche Grundlage im korrespondierenden schriftlichen oder mündlichen **Bauvertrag**. In der Praxis bedeutet dies, dass bei der Geltendmachung von Baumängelansprüchen derzeit noch immer vorab zu überprüfen ist, ob sich die Ansprüche nach Altrecht oder der nach In-Kraft-Treten des Schuldrechtsmodernisierungsgesetzes geltenden Rechtlage richten.

Für den Bereich des Verjährungsrechts wurden spezielle Überleitungsvorschriften geschaffen.

Die nachfolgenden Ausführungen bauen auf der Rechtslage, wie sie sich seit dem 1. 1. 2002 darstellt, auf. In einzelnen Kapiteln wird, allerdings ohne Anspruch auf Vollständigkeit, auf Regelungen des Altrechts hingewiesen.

2 Abgrenzung Baumangel vom Bauschaden

Keine exakte Abgrenzung

Die Begriffe Baumangel und Bauschaden werden in der Praxis unterschiedlich verwendet. Techniker werden insoweit andere Differenzierungen vornehmen als Juristen. Der juristisch und technische Laie wiederum wird die Unterschiede in erster Linie in der Gewichtigkeit des Ausmaßes der Mangelerscheinung sehen. Schwerwiegende Zerstörungen werden danach eher als Bauschäden bezeichnet als als Unschönheiten oder kleine Beschädigungen.

Bauschaden nicht gesetzlich definiert

In der gesetzlichen Terminologie gibt es streng genommen den isolierten Begriff des Bauschadens nicht. Abgehandelt werden dort allgemein „Schäden", die durch eine unzureichende Leistungserbringung verursacht wurden. Eine Eingrenzung nimmt insoweit § 13 Nr. 7 Abs. 3 VOB/B vor, wenn dort explizit Schäden an der baulichen Anlage angeführt werden. Die Haftungstatbestände des Werkvertragsrechts wiederum knüpfen an den Begriff des Sachmangels an, der, bei genauer Eingrenzung, nicht zwingend einen Baumangel im Sinn eines technischen Fehlers voraussetzt.

Grundsätzlich gilt:

Drei Thesen

„Nicht jeder Mangel der Unternehmerleistung muss zu einem Bauschaden führen."

„Nicht jeder Bauschaden ist auf einen Baumangel zurückzuführen."

„Nicht jeder Schaden, der von einem Baumangel herrührt, ist ein Schaden am Bauwerk."

3 Wann liegt ein Baumangel vor?

3.1 Begriffsdefinition

Vertragliche Vereinbarung ausschlaggebend

§ 633 Abs. 2 BGB, der in seiner Neufassung den Mangelbegriff definiert, stellt in erster Linie auf die von den Vertragsparteien **vereinbarte Beschaffenheit** ab, also die Merkmale, welche die vom Auftragnehmer zu erbringende Leistung haben soll. Weicht die Leistung von dem, was Sie als Auftraggeber dem Auftragnehmer vorgegeben haben ab, liegt ein Baumangel vor. Letztlich bedeutet dies, dass ein Mangel auch dann gegeben sein kann, wenn sich die erbrachte Leistung ohne weiteres für die beabsichtigte Verwendung eignet, also negative Folgen für die Gebrauchstauglichkeit des Werks nicht gegeben sind.

Vertraglicher Verwendungszweck

Kann eine bestimmte Beschaffenheitsvereinbarung nicht festgestellt werden, ist zu überprüfen, ob sich aus den vertraglichen Vereinbarungen ein **bestimmter Verwendungszweck** ableiten lässt. Lässt sich ein solcher ermitteln und eignet sich das erstellte Werk für diese konkrete Verwendung nicht, liegt ein Sachmangel vor.

Vergleichbare Werke

Lässt sich keine Beschaffenheitsvereinbarung feststellen und beschreibt auch die nach dem Vertrag vorausgesetzte Verwendung die geschuldete Leistung nicht näher, muss anhand gewöhnlicher Verwendungskriterien und durch Feststellung des **Üblichen bei Werken gleicher Art** überprüft werden, ob die erbrachte Leistung dem entspricht, was Sie als Besteller nach Art des Werks erwarten durften. Widerspricht das hergestellte Werk diesen Vorgaben, liegt ein Mangel vor.

3.2 Anpassung der VOB/B

Die VOB/B kann nicht losgelöst vom BGB betrachtet werden. Zwischen beiden besteht eine enge Verbindung. Mit den Änderungen des BGB zum 1.1.2002 musste damit auch die VOB/B an die geänderte Rechtslage angepasst werden.

3.2.1 Was ist eigentlich die VOB/B?

Kein Gesetz

Entgegen immer noch weit verbreiteter Ansicht ist die VOB/B weder Gesetz noch Rechtverordnung. Sie enthält vielmehr standardisierte, vorformulierte Vertragsbestimmungen. Durch ihre Einbeziehung soll der Bauvertrag inhaltlich gestaltet werden.

AGB

Rechtlich liegen damit **Allgemeine Geschäftsbedingungen** vor, die allerdings, da sie ein ausgewogenes Gesamtwerk darstellen, wohl auch nach der Integration des AGB-Gesetzes in das BGB eine **Privilegierung in Bezug auf ihre inhaltliche Überprüfung** für sich in Anspruch nehmen können. Dies gilt allerdings nur dann, wenn die **VOB/B als Ganzes**, also nicht nur hinsichtlich einzelner Bestandteile, vereinbart wird und nicht durch weitere, von den Regelungen der VOB/B abweichende Vertragsklauseln aufgehoben wird. Dies ist dann der Fall, wenn diese Vertragsklauseln der VOB/B vorgehen und in ihren Kerngehalt eingreifen.

Damit die VOB/B Bestandteil der Abmachungen zwischen Auftraggeber und Auftragnehmer wird, muss sie in den Vertrag einbezogen werden. Will der Auftragnehmer die VOB/B zum **Vertragsbestandteil** machen, muss er bei Vertragsschluss seinem in Bausachen unerfahrenen Vertragspartner die Möglichkeit verschaffen, von ihrem Inhalt vollständig Kenntnis zu erlangen. Dies gilt – etwa bei einem Bauträgervertrag – auch bei notarieller Beurkundung der Abreden. Darüber, wie diese Kenntnisverschaffung im Einzelnen zu geschehen hat, bestehen unterschiedliche Meinungen. Nicht ausreichend sein dürfte regelmäßig ein bloßer Hinweis auf die VOB/B, wohl auch nicht das Anerbieten, diese auf Wunsch kostenlos zur Verfügung zu stellen. Dem Vertragspartner des Verwenders muss vielmehr die Möglichkeit eröffnet werden, ohne Aufwand an Kosten und Zeit von ihrem Inhalt Kenntnis zu nehmen. Dies kann etwa durch Auslegung des Textes der VOB/B, durch Ausleihe oder endgültige Übergabe einer Textfassung erfolgen.

Inhalt der VOB/B zur Kenntnis geben

Praxishinweis

Hat sich der Auftragnehmer in seinem Angebot gegenüber einem nicht im Baugewerbe tätigen und auch sonst mit dieser Materie nicht vertrauten Privatmann die Einbeziehung der VOB/B ausbedungen, kann er sich später – wenn sein Auftraggeber Rechte aus der VOB ableitet – nicht darauf berufen, diese sei nicht wirksam in den Vertrag einbezogen worden, da er ihm tatsächlich keine Kenntnis von deren Inhalt verschafft habe.

3.2.2 Wie ist der Baumangel in der VOB/B definiert?

Die neue VOB/B hat in ihrer Fassung 2002, um einen zu großen Unterschied zwischen ihr und dem BGB zu verhindern, die neue Mängeldefinition des BGB mit lediglich sprachlichen Straffungen des Textes übernommen. Die Neuformulierung findet sich in § 13 Nr. 1 VOB/B.

Unwichtig ist damit – anders als noch in der VOB/B 2000 - die Frage, ob die Leistung des Auftragnehmers nur eingeschränkt verwendbar ist oder nicht, oder ob der Wert der Leistung beeinträchtigt ist.

Vertragliche Vereinbarung maßgeblich

Sowohl nach dem neuen BGB als auch nach der VOB/B in der Fassung 2002 liegt ein Mangel dann vor, wenn die ausgeführte Leistung von der **vertraglich vereinbarten Beschaffenheit abweicht.**

Anerkannte Regeln der Technik einhalten

Ausdrücklich verweist § 13 Nr. 1 VOB/B auf die **anerkannten Regeln der Technik.** Dies bedeutet aber nun im Umkehrschluss nicht, dass bei einem BGB-Vertrag die Regeln der Technik nicht zu beachten wären. Auch dort liegt ein Mangel dann vor, wenn die Funktionstüchtigkeit beeinträchtigt ist, insbesondere also die Leistung des Unternehmers den anerkannten Regeln der Technik nicht entspricht.

3.2.3 Kann die VOB/B auch in einem Architektenvertrag zur Vertragsgrundlage gemacht werden?

Keine VOB/B im Architektenvertrag

Der Architektenvertrag wie auch der Vertrag mit Sonderfachleuten, also Projektanten oder Tragwerksplanern, wird im Regelfall rechtlich als **Werkvertrag** einzustufen sein, sofern nicht nur isoliert einzelne Leistungsphasen des jeweils einschlägigen Leistungsbilds vergeben werden. Obschon die VOB/B umfassend die Durchführung und Abwicklung von Bauvorhaben regelt, werden die selbstständig zu bewertenden Architekten-, Ingenieur- oder Statikerleistungen nicht unter den Begriff der Bauleistungen, wie er in § 1 VOB/A definiert ist, subsumiert. Die herrschende Auffassung geht deshalb davon aus, dass eine Vereinbarung der **VOB/B als Bestandteil von Architektenleistungen nicht möglich** ist.

4 Wer haftet für einen Baumangel?

4.1 Grundsätzliches

Baubeteiligte

Hat sich ein Baumangel herausgestellt, ist damit noch nicht die Frage beantwortet, wer hierfür verantwortlich ist. An der Herstellung eines Bauwerks wirken regelmäßig mehrere Personen oder Unternehmen, die sog. „Baubeteiligten“, mit. Ihnen sind unterschiedliche Tätigkeitsbereiche zugeordnet. Dies bedingt, dass ein Baumangel oftmals nicht nur einem Baubeteiligten zugeordnet werden kann, sondern dass für sein Auftreten mehrere die Ursache gesetzt haben können. Erfahrungsgemäß neigen die unterschiedlichen Baubeteiligten dazu, aufgetretene Fehler jeweils in den Verantwortungsbereich eines anderen zu verlagern. Das Nachsehen haben in diesen Fällen nicht selten Sie als Auftraggeber. Dies um so mehr, als im Nachhinein nicht ohne weiteres feststellbar ist, wer für einen aufgetretenen Baumangel die Verantwortung trägt.

Denkbar ist auch, dass an der Bauerstellung Mitwirkende in keinerlei vertraglicher Beziehung zu Ihnen als Bauherr stehen.

Sind mehrere als Verantwortliche ausgemacht, bedarf weiter der Klärung, wer in welchem Umfang Ihnen als Auftraggeber gegenüber eintrittspflichtig ist.

4.2 In welcher vertraglichen Beziehung steht der Bauherr/Auftraggeber zu den einzelnen Baubeteiligten?

Bauunternehmer, Architekt, Sonderfachleute

An der Errichtung eines Gebäudes sind regelmäßig mehrere Personen oder Unternehmen beteiligt. Wenn Sie als Bauherr auf Ihrem Grundstück selbst eine Immobilie errichten lassen oder eine sonstige Baumaßnahme durchführen, werden hieran regelmäßig mehrere Baubeteiligte mitwirken. Üblicherweise wird zwar der Bauunternehmer, die Zentralfigur des Baugeschehens, als Verantwortlicher ausgemacht werden können. Dies ist aber nur dann der Fall, wenn ein einziger Unternehmer mit der Erstellung des Bauwerks oder der Durchführung der Baumaßnahme beauftragt war. Schwieriger wird die Zuordnung dann, wenn Sie sich als Bauherr entschlossen haben, die Erstellung des Bauvorhabens nach Gewerken zu vergeben. Neben dem ausführenden Unternehmer oder an seiner Stelle können aber durchaus auch andere an der Durchführung der Baumaßnahme Mitwirkende als **Haftungsschuldner** in Frage kommen. Genannt seien an dieser Stelle etwa der planende oder bauaufsichtsführende Architekt oder sonstige Sonderfachleute, die durch ihre Leistungen dem ausführenden Unternehmer planerische Vorgaben machen oder auf dessen Leistung zurückzuführende Mängel nicht rechtzeitig im Rahmen der ihnen übertragenen Überwachungspflichten erkennen.

Unmittelbares Vertragsverhältnis Voraussetzung

Wollen Sie als Auftraggeber/Besteller gegen einen Baubeteiligten vertragliche Haftungsansprüche geltend machen, setzt dies grundsätzlich – sofern nicht ausnahmsweise ein Vertrag mit Schutzwirkung zugunsten Dritter angenommen werden kann oder wirksame Abtretungen vorliegen – voraus, dass zwischen Ihnen und dem Haftungsschuldner auch ein Vertragsverhältnis besteht. Dies muss nicht bei allen an der Bauerstellung Mitwirkenden der Fall sein. Bedient sich ein von Ihnen als Bauherr beauftragter Unternehmer zur Erfüllung seiner Leistungspflichten ganz oder teilweise der Mitwirkung weiterer Unternehmer, bestehen zwischen Letzteren und Ihnen keine vertraglichen Beziehungen, so dass Sie gegen diesen insoweit auch keine Ansprüche herleiten können. Vor Inanspruchnahme eines Baubeteiligten muss deshalb überlegt werden, ob dieser auch in einem **unmittelbaren vertraglichen Verhältnis** zu Ihnen als Bauherr steht.

4.2.1 Was versteht man unter „Unternehmereinsatzformen"?

Die Möglichkeiten des Zusammenschlusses von Bauausführenden zur Erbringung von Bauleistungen sind mannigfaltig. Man spricht insoweit von Unternehmereinsatzformen.

4.2.2 Welche Unternehmereinsatzformen gibt es?

Generalunternehmer

Sämtliche Leistungen

Der Generalunternehmer verpflichtet sich gegenüber dem Bauherrn zur Ausführung sämtlicher zu einem Bauvorhaben gehörenden Leistungen. Hierzu können u.U. auch Planungsleistungen gehören. Von den an ihn übertragenen Leistungen führt er allerdings nur einen Teil selbst aus, die weiteren Leistungen lässt er von einem oder mehreren **Subunternehmern** erbringen.

Generalübernehmer

Koordinator und Vertragspartner

Im Gegensatz zum Generalunternehmer erbringt der Generalübernehmer selbst keinerlei Bauleistungen. Hierzu schließt er vielmehr **in eigenem Namen Verträge mit ausführenden Firmen** ab. Er ist

Koordinator des Bauvorhabens. Vertragliche Beziehungen hat der Bauherr/Auftraggeber ausschließlich zum Generalübernehmer.

Hauptunternehmer/Nebenunternehmer

Unmittelbare Vertragspartner mit Teilaufgaben

Vom Generalunternehmer grenzt sich der Hauptunternehmer dadurch ab, dass er nicht mit allen zu einem Bauvorhaben gehörigen Leistungen beauftragt wird, sondern nur mit einem Teil. Einen wesentlichen Teil der übertragenen Leistungen führt er selbst aus, einen anderen, den er nicht selbst ausführen kann, vergibt er an einen **Subunternehmer**.

Einzelne Nebenarbeiten, die vom Hauptauftragnehmer nicht ausgeführt werden, werden vom Auftraggeber an einen Nebenunternehmer vergeben.

Hinsichtlich der jeweils von ihnen zu erbringenden Bauleistungen sind Haupt- und Nebenunternehmer jeweiliger unmittelbarer Vertragspartner des Bauherrn. Regelmäßig werden allerdings dem Hauptunternehmer bestimmte **Überwachungs- und Prüfungspflichten** hinsichtlich der Nebenunternehmerleistung obliegen.

Nachunternehmer

Kein unmittelbarer Vertragspartner

Der Nach- oder **Subunternehmer** steht in **keiner unmittelbaren Vertragsbeziehung zum Bauherrn**. Seine Rechte und Pflichten ergeben sich aus dem mit dem Hauptunternehmer abgeschlossenen Vertrag. Damit nimmt der Hauptunternehmer eine Doppelstellung ein, nämlich als Auftragnehmer des Bauherrn sowie als Auftraggeber des Nachunternehmers. Der Subunternehmer wird so **Erfüllungsgehilfe des Hauptunternehmers**, der seinerseits gegenüber dem Bauherrn auch für Versäumnisse des Subunternehmers einzustehen hat, unbeschadet der Möglichkeit, sich beim Subunternehmer schadlos zu halten. Gegenüber dem Bauherrn sind allerdings beide für ihre Gewährleistung nicht Gesamtschuldner. Seine Leistung schuldet der Nachunternehmer allein seinem Auftraggeber, also dem Hauptunternehmer (BGH, BauR 1981, 383).

Praxishinweis

§ 4 Nr. 8 VOB/B sieht vor, dass der Auftragnehmer an ihn übertragene Leistungen grundsätzlich im eigenen Betrieb auszuführen hat, also diese oder Teile hiervon nicht ohne weiteres auf Nachunternehmer übertragen darf. Hierzu bedarf er vielmehr der vorherigen Zustimmung seines Auftraggebers. Verstöße hiergegen können, sofern der Auftraggeber die hierfür in der VOB/B vorgesehenen Formalien einhält, eine Auftragsentziehung rechtfertigen. Wird ein Generalunternehmer beauftragt, kann hierin i. d. R. ein Einverständnis zur Subvergabe gesehen werden.

Alleinunternehmer

Haftet für seine Leistung

Auch heute noch ist im Bauwesen die regelmäßige Unternehmereinsatzform die des Alleinunternehmers. Dieser führt im Rahmen seines Betriebs alle die Arbeiten durch, die an ihn beauftragt wurden. Der Auftrag kann hierbei die **gesamte Bauleistung** umfassen oder sich auf **einzelne Gewerke** beschränken. I. A. wird ein Bauvorhaben von mehreren Unternehmern oder Unternehmen erstellt werden, die jede für sich einen bestimmten, in ihr Fachgebiet fallenden Teil der Gesamtbauleistung erbringen (Erdarbeiten, Rohbau, Dachdeckung usw.). Gegenüber dem Bauherrn sind mehrere am Bauvorhaben eingesetzte Alleinunternehmer **nicht Gesamtschuldner**, jeder haftet vielmehr für die Mangelfreiheit seiner Leistung.

4.2.3 Planereinsatzformen

Architekt/Sonderfachleute

Verträge mit Architekt und Sonderfachleuten

Üblicherweise werden Sie als Bauherr/Auftraggeber mit den Objektplanungsleistungen Gebäude einen Architekten beauftragen und – nach dessen Empfehlung bzw. Beratung – für die jeweils erforderlichen Spezialgebiete Fachplaner (Projektanten) hinzuziehen. Der Auftraggeber schließt in diesem Fall Verträge mit dem Architekten sowie den jeweiligen Sonderfachleuten ab, die ihm gegenüber für ihre speziellen Leistungen verantwortlich sind. Die **Koordinationspflicht** auch hinsichtlich der Fachplaner obliegt dem Architekten, der sich aus ihrer Verletzung wiederum **dem Bauherrn gegenüber ersatzpflichtig** machen kann. Inwieweit der Architekt auch für Fehler der Sonderfachleute (Überwachungspflicht) verantwortlich gemacht werden kann, muss einer Einzelfallbetrachtung vorbehalten werden.

Generalplaner

Vermehrt bieten auch Architekten/Ingenieure oder Planungsbüros den fachübergreifenden Zusammenschluss aller zur Realisierung einer Bauaufgabe erforderlichen Leistungen als Generalplaner an. Hiermit soll dem Wunsch einiger Bauherren nachgekommen werden, größere **Kosten- und Terminsicherheit** zu erhalten bzw. die Planung zu optimieren (Funktionalität, wirtschaftliche Nutzbarkeit, Gestaltung usw.).

Haftet für den gesamten Leistungsumfang

Der Generalplanungsvertrag ist dadurch gekennzeichnet, dass der Auftragnehmer nicht nur die originären Leistungspflichten der Objektplanung Gebäude (Leistungsbild des § 15 HOAI) zu erbringen hat, sondern auch **alle erforderlichen Fachingenieurleistungen**. Ergänzend können ihm auch Leistungen des raumbildenden Ausbaus oder die Freiflächengestaltung mit übertragen werden. Soweit der Generalplaner in seinem Büro geeignete Fachkräfte angestellt hat, wird er die Fachplanungsleistungen dort erbringen lassen. Er kann diese aber auch an geeignete Subplaner vergeben.

Gegenüber dem Auftraggeber ist der Generalplaner alleiniger Ansprechpartner, er haftet diesem hinsichtlich des gesamten Leistungsumfangs.

4.2.4 Sonstige mögliche Baubeteiligte

Projektsteuerer

Mit zunehmender Größe eines Bauvorhabens wachsen auch die Aufgaben, die vom Bauherrn zu erbringen sind. Auch wenn ein Architekt hinzugezogen wird, wird dieser oftmals nicht mehr in der Lage sein, sämtliche erforderlichen Steuerungsleistungen in gehörigem Maß zu erfüllen. In diesen Fällen wird der Bauherr oder Investor erforderlichenfalls zusätzlich einen Projektsteuerer beauftragen, dem neben Teilen originärer Architektenaufgaben auch darüber hinausgehende Leistungen, wie beispielsweise wirtschaftliche Betreuungspflichten, die **Ablaufsteuerung** usw. übertragen werden.

Wirtschaftliche Betreuungspflichten

Sonderfachleute

Für die Beurteilung und Beratung auf **besonderen Fachgebieten** können weitere Sonderfachleute herangezogen werden. Zu denken ist hier beispielsweise an die Beauftragung einer Untersuchung der

Z. B. Energieberater, Bodengrundgutachter

Bodenverhältnisse des Baugrundstücks (Bodengrundgutachter) oder Überprüfungen von Energieeinsparungsmöglichkeiten (Energieberater).

4.2.5 Erwerb vom Bauträger

Haftung aus Werkvertrag

Der Bauträger errichtet auf einem ihm oder einem Dritten gehörenden Grundstück ein Gebäude. Gegenüber dem Erwerber verpflichtet er sich zum einen zur Verschaffung des Grundstücks oder eines Miteigentumsanteils hieran, zum anderen zur vertragsgerechten Errichtung des Gebäudes oder der Eigentumswohnung. **Bauherr ist damit der Bauträger** und nicht der Erwerber. Für Baumängel, die auch durch fehlerhafte, vom Bauträger oder in dessen Auftrag erbrachte Planungsleistungen verursacht worden sein können, haftet er dem Erwerber gegenüber nach den gesetzlichen Regelungen des Werkvertragsrechts. Daran ändert auch die vielfach noch übliche Bezeichnung des Erwerbsvertrags als Kaufvertrag nichts.

Mit dem In-Kraft-Treten des Schuldrechtsmodernisierungsgesetzes wurde zwar erneut die Diskussion eröffnet, ob auf den Bauträgervertrag nur noch Kaufvertragsrecht anzuwenden ist oder nicht. Zu berücksichtigen ist aber weiterhin, dass das Werkvertragsrecht den bauspezifischen Gegebenheiten des Bauträgervertrags besser gerecht wird. Die künftige Rechtsprechung hierzu bleibt abzuwarten.

Praxishinweis

Wie bisher wird auch weiterhin umstritten bleiben, ob in einem Bauträgervertrag die VOB/B wirksam als Vertragsgrundlage vereinbart werden kann. In jedem Fall wird man zwischen den nach dem Vertrag geschuldeten Planungsleistungen, die keine Bauleistungen sind, und den Erstellungsverpflichtungen differenzieren müssen.

4.2.6 Baubetreuung

Grundstück des Bauherrn

Während der im vorstehenden Abschnitt beschriebene Bauträger das Vertragsobjekt auf seinem eigenen oder einem von ihm zu vermittelnden Grundstück errichtet, baut bzw. lässt der Baubetreuer auf dem Grundstück seines Auftraggebers das Bauobjekt unter Heranziehung von Unternehmern und Planern errichten. Hierzu wird er ausdrücklich vom Bauherrn **bevollmächtigt**, mit diesem rechnet er nach Fertigstellung ab.

Inwieweit der Baubetreuer für Baumängel einzustehen hat, ist nach dem Umfang seiner ggf. durch Vertragsauslegung zu ermittelnden Leistungspflichten zu beurteilen. Übernimmt er beispielsweise Architektenaufgaben, haftet er auch wie dieser (BGH, BauR 2000, 1762).

4.3 Leistungspflichten der einzelnen Baubeteiligten bezüglich der Baumängelfreiheit

4.3.1 Bauausführender Unternehmer

Grobe Vorgaben

In erster Linie schuldet der Unternehmer ein Werk, das der vereinbarten Beschaffenheit entspricht. Private Bauherren werden üblicherweise nur grob umrissen vorgeben, was sie möchten. In diesen Fällen ist dann durch Auslegung zu ermitteln, ob eine konkrete Beschaffenheit vereinbart wurde.

Regeln der Bautechnik

Abweichungen nachweisen

Als unausgesprochenes Tatbestandsmerkmal wird man auch bei einem BGB-Vertrag anzusehen haben, dass das Unternehmerwerk den anerkannten Regeln der Technik entspricht. Will ihr Auftragnehmer hiervon **abweichen**, muss er sie ausdrücklich darauf hinweisen. Nur wenn er den Nachweis liefern kann, dass sie dennoch eine bestimmte Ausführungsart gewünscht haben, kann er sich von seiner Verantwortung frei zeichnen.

§ 13 Nr. 1 VOB/B hält hierzu fest, dass zur Freiheit der Leistung von Sachmängeln auch die Einhaltung der anerkannten Regeln der Technik gehört. Hierzu wird der Unternehmer nach § 4 Nr. 2 Abs. 1 VOB/B ausdrücklich verpflichtet.

Maßgebend sind hierbei die Regeln der Technik **zum Zeitpunkt der Abnahme**.

Beispiel:

Ihr Auftragnehmer setzt bei der Isolierung Ihrer Kelleraußenwände eine Technik ein, die bisher noch nicht erprobt wurde und für die es folgerichtig noch keine anerkannten technischen Regeln gibt. Ein Sachmangel liegt in diesem Fall genaugenommen auch dann vor, wenn die Abdichtung den bezweckten Erfolg herbeiführt.

DIN-Vorschriften und sonstige technische Regeln

Keine Rechtsnormen

Anerkannte Regeln der Technik enthalten beispielsweise die DIN-Normen des Deutschen Instituts für Normung e.V. Hierbei darf allerdings nicht übersehen werden, dass es sich insoweit um keine Rechtsnormen, sondern lediglich um private technische Normen mit **Empfehlungscharakter** handelt. Werden sie eingehalten, spricht eine Vermutung dafür, dass Ihr Auftragnehmer die Regeln der Technik eingehalten hat. Diese Vermutung kann aber von Ihnen (insoweit obliegt dann dem Auftraggeber die Darlegungs- und Beweislast) entkräftet werden.

Praxishinweis

Ob eine DIN-Norm noch die allgemein anerkannten Regeln der Technik wiedergibt oder überaltert ist, lässt sich meist nur durch Einholung sachverständigen Rats klären. Hinweis dafür kann aber sein, dass für eine bestimmte Norm ein neuer DIN-Entwurf vorgelegt wird.

Weitere technische Regeln enthalten auch die einheitlichen Technischen Baubestimmungen des ETB-Ausschusses oder technische Richtlinien einzelner Bauverbände. Künftig zu beachten sein wird auch, dass im Rahmen der europäischen Harmonisierung Standards aufgestellt werden, die dann allerdings innerhalb bestimmter Vollzugsfristen noch in das innerstaatliche Recht eingegliedert werden müssen.

Praxishinweis

Technische Regeln müssen nicht unbedingt niedergeschrieben sein. Sie können sich vielmehr auch aus Erfahrungssätzen ergeben, die sogar von bestehenden DIN-Vorschriften abweichen können.

Prüfungs- und Beratungspflichten

Im Verhältnis zu Ihnen als Auftraggeber hat der Unternehmer die **alleinige Verantwortung** für das Gelingen des Werks. Insoweit obliegen ihm auch Aufklärungs-, Prüfungs- und Beratungspflichten, um die mängelfreie Erstellung seiner Leistung zu gewährleisten. Hält er Vorarbeiten anderer, von Ihnen ebenfalls beauftragter Unternehmer für ungenügend, muss er dies mitteilen. Bemerkt also beispielsweise Ihr Fliesenleger, dass der voraufgebrachte Estrich zu hoch ausgeführt wurde, so dass bei Auflegen der Fliesen eine zu hohe Aufbauhöhe erreicht würde (Meterrisse !), muss er Sie hierauf hinweisen, damit Sie vor Ausführung seiner Arbeiten den Estrichleger zur Nacherfüllung auffordern können. Unterlässt er dies und müssen deshalb beispielsweise die bereits bestellten Türstöcke gekürzt werden, ist er hierfür neben dem Estrichleger eintrittspflichtig.

Aufklärungs-, Prüfungs- und Beratungspflichten

Bei der Durchführung seiner eigenen Leistungen muss Ihr Auftragnehmer darauf achten, mögliche Schäden von Ihnen abzuwenden. Insoweit obliegen ihm zusätzliche Obhuts- und Fürsorgepflichten. Sollen auf Ihre Weisung hin die Arbeiten vorerst für einige Zeit eingestellt werden, muss er Sie auf von Ihnen **nicht erkannte Gefahrenumstände hinweisen**.

Obhuts- und Fürsorgepflichten

Bei einem **VOB-Vertrag** ist die **Prüfungs- und Anzeigepflicht** in § 4 Abs. 3 VOB/B ausdrücklich vorgeschrieben.

4.3.2 Architekt

Umfangreiche Verpflichtungen obliegen in diesem Zusammenhang einem Architekten, dem Sie Vollauftrag erteilt haben. Er ist Ihr Sachwalter. Ihnen gegenüber schuldet er das **mängelfreie Entstehenlassen des Bauwerks.** Treten nach Fertigstellung Mängel zutage, hat er Sie auch insoweit bei deren Beseitigung zu unterstützen.

Sachwalter

Zeigen sich Baumängel, die nicht nur auf Fehler in der Ausführung, sondern auch auf eine mangelhafte Erfüllung der Leistungspflichten Ihres Architekten zurückzuführen sind, haftet auch dieser dafür. Die **Verantwortlichkeit bzw. Mitverantwortlichkeit** des Architekten kann hierbei verschiedene Gründe haben.

Haftung für eigene Schlechtleistung

Planungsfehler

Genehmigungsplanung

Als Erfolg der Genehmigungsplanung schuldet Ihnen Ihr Architekt eine Planung, welche die **öffentlich-rechtlichen Vorgaben** einhält. Soweit für Ihr konkretes Bauvorhaben eine Baugenehmigung erforderlich ist, ist die Planung nur dann frei von Mängeln, wenn sie auch genehmigungsfähig ist. Anderes gilt nur dann, wenn Sie ausnahmsweise das Risiko der Genehmigungsfähigkeit übernommen haben, also mit der von Ihnen gewünschten Planung bewusst das vielleicht Mögliche ausreizen wollten.

Ausführungsplanung

Die Ausführungsplanung (Werkplanung) nebst erforderlicher textlicher Ergänzungen muss geeignet sein, den ausführenden Unternehmern so klare Hinweise zu geben und **Vorgaben** zu machen, dass in deren Umsetzung Mängel vermieden werden. Selbstverständlich muss sie sich hierbei nicht auf alle Einzelheiten der Ausführung erstrecken, die handwerkliche Selbstverständlichkeiten betreffen oder durch Normen (etwa DIN-Vorschriften) für die Bauausführung jederzeit ersichtlich sind. Es muss also, vereinfacht gesagt, nicht jeder Nagel gezeichnet werden. Tritt ein **Bauwerksmangel** auf, der – zumindest auch – auf einen Planungsmangel zurückzuführen ist, haftet hierfür auch der Architekt.

Praxishinweis

Wird ein Planungsmangel bereits erkannt, bevor dieser umgesetzt, also nach ihm gebaut wurde, hat Ihr Architekt insoweit vorrangig ein Nacherfüllungsrecht (BGH, BauR 1989, 100). Vergessen Sie also nicht, ihn in diesem Fall zur Nacherfüllung unter Fristsetzung aufzufordern, bevor Sie ggf. einen anderen Architekten mit der Fehlerbeseitigung beauftragen.

Fehler bei der Ausschreibung

Z. B. Preisnachteile

Ausschreibungsfehler werden zumeist im wirtschaftlichen Bereich Bedeutung haben, etwa wenn bei **zu geringen Mengenangaben** in den Leistungsverzeichnissen Preisnachteile ausgeglichen werden müssen, die bei von Anfang an größeren Mengen durch einen niedrigeren Einheitspreis hätten vermieden werden können.

Im Hinblick auf die technischen Erfordernisse und daraus resultierende Baumängel wird ein Ausschreibungsfehler die – meist logische – **Folge einer fehlerhaften oder lückenhaften Ausführungsplanung** sein. Die Werk- und Detailplanung ist nicht nur zeichnerisch darzustellen, sie muss darüber hinaus auch dort, wo es erforderlich ist, textliche Ergänzungen enthalten. In diese sind beispielsweise zu verwendende Baustoffe aufzunehmen.

Fehlerhafte Werk- und Detailplanung

Denkbar ist allerdings, dass ein Architekt seine eigenen Vorgaben aus der Werkplanung unrichtig oder unvollständig in die Ausschreibungsunterlagen umsetzt. In diesem Fall wird dann aber auch immer zu überprüfen sein, ob und in welchem Umfang der ausführende Unternehmer seine **Hinweis- und Prüfungspflichten** verletzt hat. Dies insbesondere dann, wenn sich die Unstimmigkeiten aus der Werkplanung und den Ausschreibungsvorgaben ohne weiteres ergeben.

Falsche Umsetzung

Unzureichende Koordinierung

Wie bereits mehrfach angesprochen schuldet der Architekt das Entstehenlassen eines plangerechten, technisch und wirtschaftlich mangelfreien Bauwerks. Regelmäßig wirkt an der Erstellung des Bauwerks eine ganze Reihe von Baubeteiligten mit. Insoweit obliegt es dem Architekten, die verschiedenen Baubeteiligten (ausführende Unternehmer sowie beigezogene Sonderfachleute) sowohl in sachlicher wie auch in zeitlicher Hinsicht zu koordinieren, damit eine zügige und reibungslose Bauwerkserstellung erreicht werden kann. Von ihm muss damit die **Reihenfolge** der zu erbringenden Leistungen so festgelegt werden, dass Baubeteiligte sich nicht gegenseitig behindern.

Sachliche und zeitliche Verzahnung

Beispiel:

Der Architekt darf keine Estricharbeiten zur Ausführung freigeben, bevor nicht die auf dem Boden verlegten Installationsrohre die erforderliche Ummantelung erhalten haben (OLG Köln, SFH Nr. 9 zu § 635 BGB).

Praxishinweis

Soweit der Architekt koordinierend tätig wird, ist er als Erfüllungsgehilfe des Bauherrn anzusehen. Führen Koordinierungsfehler zu Baumängeln, kann dies der Unternehmer Ihnen als Auftraggeber als Mitverschulden entgegenhalten. Selbstverständlich können Sie aber insoweit Ihren Architekten in die Pflicht nehmen.

Fachkundige Aufsicht

Des Weiteren hat der Architekt darauf zu achten, dass Teile des Bauwerks nicht **durch Folgearbeiten beschädigt** werden. Außerdem ist sicherzustellen, dass kein Baubereich im Laufe der Ausführung ohne fachkundige Aufsicht ist. Lässt dies der Architekt unbeachtet, können beispielsweise Wiederherstellungskosten für bereits ausgeführte Gewerke, die wegen seines Koordinierungsfehlers in Mitleidenschaft gezogen werden, zu seinen Lasten gehen.

Ungenügende Objektüberwachung

Leistungsphase 8

Nicht umsonst ist die Leistungsphase 8 des Leistungsbilds des § 15 HOAI mit 31% des Gesamthonorars eines Architekten mit Vollauftrag dotiert. Neben der Zeitdauer der Objektüberwachung ist sicher auch ein Kriterium für den überproportionalen Honoraranteil die umfassende Tätigkeit im Rahmen diese Abschnitts der Tätigkeit.

Neueste anerkannte Regeln der Technik

Um die Entstehung eines mangelfreien Werks zu gewährleisten, muss der Architekt darauf achten, dass die Ausführungspläne von den beauftragten Unternehmern nicht nur in gestalterisch-künstlerischer, sondern insbesondere auch in technischer Hinsicht umgesetzt werden. Stellt er Fehler oder sonstige Unzulänglichkeiten in den von ihm selbst erstellten Ausführungsplänen fest, muss er auch diese korrigieren. Des Weiteren muss er darauf achten, dass die Ausführung im Zeitpunkt der Bauwerkserrichtung neuesten anerkannten Regeln der Technik entspricht. Erforderlichenfalls muss er die **Ausführungsplanung fortschreiben**. Um eine plangerechte und mängelfreie Ausführung der Leistungen zu gewährleisten, muss er die Arbeiten in angemessener und zumutbarer Weise überwachen und sich durch **Kontrollen vor Ort** überzeugen.

Über die Häufigkeit von Baustellenbesuchen bzw. die Intensität der Überwachung gibt es keine zeitlichen Vorgaben. Zur Orientierung können aber nachfolgende Ausführungen herangezogen werden:

Baustellenbesuche

- Eine gesteigerte Kontrollpflicht besteht bei überwachungsintensiven Bauabschnitten mit erhöhter Schadensträchtigkeit, also etwa:
  - Herstellung von Betondecken und Bewehrung (OLG München, NJW-RR 1988, 337)
  - Abdichtungs- und Isolierarbeiten (OLG Düsseldorf, NJW-RR 1999, 244 f.)
  - Verlegung einer Dränage (OLG München, BauR 1994, 145).
  - Handwerkerleistungen bei Dachdeckerarbeiten (OLG Düsseldorf, BauR 1998, 810)
- Des Weiteren besteht eine gesteigerte Überwachungspflicht dann, wenn es um die Beachtung von Planungsänderungen geht.
- Plant der Architekt lückenhaft, muss er dieses Defizit durch gesteigerte Überprüfungen vor Ort ausgleichen.
- Einfache Bauarbeiten (etwa Hinterfüllungsarbeiten oder die Aufbringung des Innenputzes), die von zuverlässigen Unternehmern ausgeführt werden, brauchen nicht ständig kontrolliert werden. Zeigen sich allerdings an solchen Arbeiten Fehlleistungen, wächst auch die Überwachungspflicht des Architekten.

Fristgemäße Nacherfüllung

Stellt der Architekt Defizite an der Leistung eines Unternehmers fest, muss er die im Interesse des Bauherrn notwendigen Schritte einleiten (BGH, BauR 1973, 321). Hierzu gehört im Regelfall, dass er den Unternehmer namens des Bauherrn zur Nacherfüllung innerhalb bestimmter Fristen auffordert. Im Rahmen eines BGB-Vertrags ist darauf zu achten, dass die Frist nicht auf einen Zeitpunkt vor Ablauf der vereinbarten oder üblichen Leistungszeit gesetzt wird. Allein durch eine Fristsetzung zur Nacherfüllung nimmt der Architekt dem Auftraggeber/Bauherrn keine Wahlmöglichkeit hinsichtlich der diesem nach Fristablauf zustehenden Ansprüche. Auch nach erfolglosem Ablauf der Frist besteht weiterhin die Möglichkeit, auf Nacherfüllung zu bestehen. Die **Grenze eigenständiger Handlungspflichten** des Architekten wird aber regelmäßig dort gesehen werden müssen, wo eine Entscheidung über mehrere, alternativ in Betracht kommende Möglichkeiten getroffen werden muss.

Praxishinweis

Entscheidet sich der Auftraggeber für die Selbstvornahme, muss ihn der Architekt auch auf die Möglichkeit hinweisen, hierfür vom Unternehmer einen Vorschuss verlangen zu können.

Wahlrechte des Bauherrn beachten

Der Architekt muss eine Frist mit **Androhung** der Auftragsentziehung setzen, wenn er bereits im Zuge der Ausführung einen Mangel an der Leistung eines Unternehmers feststellt, mit dem ein Vertrag unter Zugrundelegung der VOB abgeschlossen wurde und die Mangelbeseitigung nicht veranlasst wird. Der Architekt darf allerdings diese Aufforderung nicht mit der Erklärung verbinden, dass nach fruchtlosem Fristablauf der Auftrag entzogen ist, ohne sich zuvor mit seinem Auftraggeber insoweit ins Benehmen gesetzt zu haben. Ebenso wenig darf er im Fall der erstgenannten Alternative ohne **Abstimmung mit dem Bauherrn** dem Unternehmer nach fruchtlosem Fristablauf den Auftrag entziehen. Auch insoweit würde er in bestehende Wahlrechte des Bauherrn eingreifen.

Aufklärungspflichten

Hat der Bauherr nach Fristsetzung mit Kündigungsandrohung und nach erfolglosem Ablauf der Frist Ersatzvornahmen beauftragt, ohne dass zuvor dem Unternehmer der Auftrag entzogen wurde, ist der **Architekt ersatzpflichtig**, wenn er seinen Auftraggeber nicht in gehöriger Weise darauf hingewiesen hat, dass Kosten für Ersatzvornahmen im Regelfall nur dann beim Unternehmer geltend gemacht werden können, wenn diesem zuvor der Auftrag entzogen wurde.

Technische Endkontrolle

Wenn ein beauftragter Unternehmer seine Leistung ausgeführt hat, muss der Architekt eine technische Endkontrolle durchführen und als deren Ergebnis Ihnen als Auftraggeber Empfehlungen darüber abgeben, ob Sie die rechtsgeschäftliche Abnahme vornehmen sollen oder nicht. Hierbei muss er Sie auch darüber **belehren, welche Rechtsfolgen die Abnahme mit sich bringt**. So muss er Sie u.a. darauf hinweisen, dass mit der Abnahme die Verjährungsfrist für Mängelansprüche zu laufen beginnt, sich hinsichtlich später zutage tretender Mängel die Beweislast umkehrt und Sie bestimmter Rechte verlustig gehen, wenn Sie sich Mängel bei der Abnahme nicht vorbehalten (BGH, NJW 1979, 1499 ff.).

Praxishinweis

Die Verpflichtung Ihres Architekten, Ihnen erkannte Mängel mitzuteilen, besteht selbst dann, wenn er damit eigene Versäumnisse, also etwa Planungs- oder Aufsichtsfehler, offenbaren muss (BGH, BauR 1986, 112).

Unzureichende Objektbetreuung

Dokumentation

Wurden einem Architekten alle Leistungsphasen übertragen, endet dessen Tätigkeit nicht mit der Fertigstellung des Bau- oder Umbauvorhabens oder bei einer Vergabe nach Gewerken mit der Abnahme der jeweiligen Unternehmerleistung. Als Bauherrn/Auftraggeber schuldet er Ihnen während der Gewährleistungszeit (Verjährungsfrist für Mängelansprüche) – allerdings begrenzt auf 5 Jahre ab Abnahme der jeweiligen Leistung - die **Feststellung Ihrer Ansprüche gegenüber Unternehmern**. Werden Mängel innerhalb der Verjährungsfrist für Mängelansprüche festgestellt, muss er deren Beseitigung veranlassen und überwachen.

Begehungspflicht

Hierzu sieht die erste Grundleistung der Leistungsphase 9 des Leistungsbilds von § 15 HOAI ausdrücklich vor, dass der Architekt das Objekt vor Ablauf der Verjährungsfristen für Mängelansprüche begehen muss. Tut er dies nicht und werden deshalb Mängel nicht rechtzeitig vor Ablauf der Verjährungsfrist erkannt, kann er sich Ihnen gegenüber **schadensersatzpflichtig** machen.

Praxishinweis

Nicht wenige Architekten versuchen, die Leistungsphase 9 des Leistungsbilds von § 15 HOAI, also die Objektbetreuung und Dokumentation, aus ihrem Leistungsumfang auszuklammern. So verständlich dies ist (diese mehrjährige Betreuungstätigkeit ist lediglich mit 3% des Gesamthonorars dotiert), als Bauherr sollten Sie gerade aus den voraufgezeigten Gründen auf die Mitbeauftragung auch dieser Leistungsphase regelmäßig nicht verzichten. Der hierauf entfallende Honoraranteil ist meist gut angelegt.

Beratungspflichten

Ganz allgemein obliegen dem Architekten umfangreiche Beratungspflichten. Hält er beispielsweise eine von seinem Auftraggeber gewünschte Ausführung für technisch bedenklich, muss er ihn darauf in gebotener Form hinweisen und ihm ggf. sicherere Alternativen benennen.

4.3.3 Sonderfachleute

Werkverträge

Auch die Verträge mit Sonderfachleuten sind regelmäßig als Werkverträge einzustufen. Für ihren Bereich schulden sie Ihnen als Bauherrn damit ebenfalls das mangelfreie Entstehenlassen des Bauwerks. Führen Fehler ihres Leistungsbereichs zu einem Baumangel, können sie hierfür vom Auftraggeber haftbar gemacht werden.

Praxishinweis

Hat der Fehler eines Sonderfachmanns zu einem Baumangel geführt, ist immer zu überlegen, ob hierfür auch Ihr Architekt mit verantwortlich ist. Dies ist dann der Fall, wenn er dessen Fehler im Rahmen der ihm obliegenden Objektüberwachung rechtzeitig hätte erkennen können. In diesem Fall haften Ihnen beide als Gesamtschuldner.

4.3.4 Projektsteuerer

Koordination

Soweit einem Projektsteuerer auch Architektenleistungen übertragen wurden und die Verletzung solcher Pflichten für einen Baumangel ursächlich oder mitursächlich ist, kommt insoweit auch dessen Haftung in Frage. Üblicherweise wird allerdings das Hauptaufgabengebiet des Projektsteuerers mehr im wirtschaftlichen oder objektübergreifenden Koordinationsbereich liegen.

4.4 Mängel vor Abnahme

4.4.1 Beim BGB-Vertrag

Bauherr muss nicht zahlen

Der Auftragnehmer hat u.a. die Pflicht, die von ihm geschuldete Leistung frei von Sachmängeln zu erbringen. Solange er dieser Verpflichtung nicht in gehöriger Weise nachgekommen ist, braucht der Auftraggeber/Besteller die Unternehmerleistung nicht abzunehmen (wegen unwesentlicher Mängel vgl. Abschnitt 4.5.2). Für den Auftragnehmer hat dies die unangenehme Folge, dass sein Werklohnanspruch nicht fällig wird und er weiterhin die **Gefahr einer Verschlechterung** oder eines zufälligen Untergangs seiner Leistung trägt.

Nicht fristgemäße Leistung

Ist die Leistung des Auftragnehmers fällig, also die für die Herstellung übliche und angemessene Leistungszeit abgelaufen oder eine vertraglich vereinbarte Fertigstellungsfrist verstrichen, ohne dass sich der Auftragnehmer hierfür exkulpieren kann, braucht der Auftraggeber nicht zuzuwarten, bis sich sein Vertragspartner zu einer Mängelbeseitigung bequemt. Er kann diesem auch eine angemessene Frist zur vertragsgerechten Leistung oder **Nacherfüllung**, hier also zur Beseitigung der erkannten Mängel, setzen. Läuft dann diese Frist ab, ohne dass der Unternehmer die Mängel fachgerecht nachbessert, kann der Auftraggeber statt der Leistung **anderweitigen Ersatz** verlangen. Kann der Auftraggeber mit der vom Auftragnehmer bereits erbrachten Leistung etwas anfangen, was überwiegend der Fall sein dürfte, wird vom Auftragnehmer in erster Linie finanziell das auszugleichen sein, was dem Auftraggeber durch die dann erforderliche Einschaltung eines Drittunternehmers an **Mehrkosten** entsteht oder bei dessen Beauftragung entstehen würde.

Altrecht

Nach § 634 BGB a. F. ist die Fristsetzung mit Ablehnungsandrohung zu verbinden. Läuft diese Frist ab, ohne dass der Unternehmer tätig wird, erlischt der Erfüllungsanspruch. Der Auftraggeber kann also nach erfolglosem Fristablauf ohne Zustimmung des Auftragnehmers nicht mehr auf den ursprünglichen Erfüllungsanspruch zurückgreifen, sondern kann nur noch Rücktritt, Minderung oder bei Vorliegen der Voraussetzungen des § 635 BGB a. F. Schadensersatz wegen Nichterfüllung verlangen.

4.4.2 Beim VOB-Vertrag

Bauherr kann Drittunternehmer beauftragen

§ 4 Nr. 7 VOB/B eröffnet dem Auftraggeber ausdrücklich die Möglichkeit, Mängel, die bereits im Zuge der Ausführung erkannt werden, zu rügen. Insoweit mangelhafte Leistungen hat der Auftragnehmer auf eigene Kosten durch mangelfreie zu ersetzen. Kommt er dieser Verpflichtung nicht nach, kann ihm der Auftraggeber eine angemessene **Frist zur Beseitigung** setzen und dem Auftragnehmer ankündigen, ihm im Fall des fruchtlosen Fristablaufs den Auftrag zu entziehen. Reagiert dieser auch innerhalb dieser Frist nicht, hat der Auftraggeber die Möglichkeit, dem Auftragnehmer bereits vor Fertigstellung dessen Leistungen den Auftrag insgesamt oder bezüglich eines in sich abgeschlossenen Leistungsteils zu **kündigen**. Tut er dies, kann er den Mangel durch einen Drittunternehmer beseitigen und von diesem auch die restlichen Arbeiten zu Lasten des Auftragnehmers fertig stellen lassen. Ist die Ausführung aus den Gründen, die zur Entziehung des Auftrags geführt haben, für ihn nicht mehr von Interesse, hat der Auftraggeber alternativ die Möglichkeit, auf die weitere Ausführung zu verzichten und vom Auftragnehmer **Schadensersatz wegen Nichterfüllung** zu verlangen.

Achtung

Beseitigt der Auftragnehmer einen bereits im Zuge der Bauausführung erkannten Mangel trotz Aufforderung nicht oder erfolgt nach fruchtlos abgelaufener Nachfristsetzung mit Kündigungsandrohung keine Auftragsentziehung, hat der Auftraggeber kein Recht auf Selbstvornahme zulasten des Auftragnehmers.

Verrechnung mit Mehraufwendungen

Kündigt der Auftraggeber dem Auftragnehmer berechtigterweise den Auftrag, kann Werklohn grundsätzlich nur für die bis zur **vorzeitigen Vertragsbeendigung** bereits erbrachten Leistungen verlangt werden. Lässt der Auftraggeber das vom Auftragnehmer geschuldete Werk von einem Drittunternehmer fertig stellen und entstehen ihm hierdurch Mehraufwendungen, kann er diese gegen die vorstehend ausgeführten Vergütungsansprüche des Auftragnehmers verrechnen.

Schadensersatzanspruch

Darüber hinaus bleiben Ansprüche auf Ersatz etwaigen weiteren Schadens bestehen. Ein solcher kann sich beispielsweise daraus ergeben, dass die Bauausführung **nicht mehr termingerecht erledigt** werden kann.

4.4.3 Welche Pflichten hat insoweit der beauftragte Architekt?

Fristsetzung zur Nacherfüllung

Zu den Pflichten eines mit der Bauleitung und Bauaufsicht beauftragten Architekten gehört es, den Bauunternehmer bei mangelhafter Leistung **namens des Bauherrn** zur Nachherführung aufzufordern und hierzu eine Frist zu setzen. Notfalls muss er nach fruchtlosem Fristablauf im Einvernehmen mit dem Bauherrn einen anderen Bauunternehmer mit der Mängelbeseitigung beauftragen (BGH, BauR 1973, 321).

Grenze der Handlungsbefugnis

Uneinigkeit herrscht allerdings darüber, wo die Grenze zu setzen ist, innerhalb derer der Architekt von sich aus handeln muss, bzw. wo er ohne entsprechende Ermächtigung durch den Bauherrn nicht mehr aus eigener Befugnis agieren darf. Ob diese Grenze bereits dann erreicht ist, wenn der Architekt für seinen Bauherrn rechtsgeschäftliche Erklärungen abgeben muss, ist zumindest mit einem Fragezeichen zu versehen. Stehen allerdings mehrere **alternativ in Betracht kommende Maßnahmen** zur Disposition, obliegt die Entscheidung, welche konkrete Reaktion auf Versäumnisse des Auftragnehmers erfolgen soll, allein beim Bauherrn/Auftraggeber, in dessen Rechte der Architekt nicht ohne Vorliegen besonderer Umstände eingreifen darf.

Beispiel:

Bei einem VOB-Vertrag setzt der Architekt, nachdem bereits im Zuge der Bauausführung Mängel erkannt werden, dem Auftragnehmer eine Frist zur Beseitigung mit Kündigungsandrohung (§ 4 Nr. 7 VOB/B). Läuft die Frist fruchtlos ab, muss der Architekt die Entscheidung seines Bauherrn herbeiführen, ob dem Unternehmer der Auftrag ganz oder teilweise entzogen werden soll.

Altrecht

Nach § 634 BGB a. F. können Minderung oder Wandlung sowie bei Vorliegen der besonderen Voraussetzungen des § 635 BGB a. F. Schadensersatz verlangt werden, wenn der Auftragnehmer dem Auftraggeber erfolglos eine Frist zur Mängelbeseitigung, verbunden mit Ablehnungsandrohung, gesetzt hat. Mit fruchtlosem Fristablauf erlischt der Nachbesserungsanspruch, ohne dass hierfür zusätzliche Erklärungen notwendig sind. Eine Aufforderung der vorgenannten Art bedarf wegen der vorgezeigten Folgen einer Abstimmung mit dem Bauherrn.

BGB-Verträge

Mit der Schuldrechtsmodernisierung ist das Erfordernis der Ablehnungsandrohung weggefallen. Bei BGB-Verträgen genügt eine **Aufforderung mit Fristsetzung zur Mangelbeseitigung**, um dem Auftraggeber nach fruchtlosem Fristablauf, ggf. unter weiteren Voraussetzungen, die Palette der nach der Neuregelung des Werkvertragsrechts des BGB normierten Mängelansprüche zu eröffnen. Insoweit sind damit auch die Handlungspflichten des bauleitenden Architekten erweitert worden.

Beratungspflichten

Aber auch dann, wenn der Architekt von sich aus gegenüber ausführenden Unternehmern ohne Abstimmung mit dem Bauherrn nicht tätig werden muss bzw. darf, bestehen dennoch umfassende Beratungspflichten. Gerade in den Fällen, in denen Entscheidungen des Bauherrn abverlangt werden, muss der Architekt seinem Auftraggeber unterstützend und empfehlend zur Seite stehen. Als „geschäftlicher Oberleiter“ eines Bauvorhabens ist er sachkundiger Berater und Betreuer auf dem Gebiet des Bauwesens. Verlangt werden von ihm insoweit nicht unerhebliche **Kenntnisse des Werkvertragsrechts des BGB** und der korrespondierenden Vorschriften der **VOB/B**, um die Rechte des Bauherrn bei mangelhaften Bauleistungen wahren zu können (BGH, BauR 1979, 345). In Zweifelsfällen sollte dem Auftraggeber empfohlen werden, anwaltlichen Rat einzuholen.

VOB/B

Mit dem obigen Beispiel wurde bereits angedeutet, dass den Architekten bei vereinbarter VOB/B besondere Beratungspflichten dann treffen, wenn in der Bauausführungsphase Mängel erkannt werden. Um dem ursprünglich mit der Ausführung beauftragten Unternehmer **Drittnachbesserungskosten** belasten zu können, muss diesem grundsätzlich zuvor eine angemessene Frist zur Nacherfüllung mit Kündigungsandrohung für den Fall des fruchtlosen Fristablaufs gesetzt werden. Läuft die Frist ab, ohne dass nachgebessert wurde, **muss** dem Auftragnehmer der Auftrag ganz oder teilweise entzogen werden. Werden diese Formalien nicht eingehalten, kann der Bauherr die Drittnachbesserungskosten im Regelfall unter keinem rechtlichen Gesichtspunkt ersetzt verlangen (BGH, BauR 1986, 563, bestätigt mit dem Urteil v. 2.10.1997, BauR 1997, 1027).

Auf Vorschussanspruch hinweisen

Die Beauftragung eines Drittunternehmers nach erfolgter Auftragsentziehung obliegt dem Bauherrn. Auch hierbei muss ihn sein Architekt unterstützen und ihn insbesondere auch darauf hinweisen, dass er gegen den gekündigten Unternehmer einen Vorschussanspruch hinsichtlich der voraussichtlich anfallenden Kosten des Drittunternehmers hat (BGH, BauR 1989, 462 ff.), der ggf. Restwerklohnansprüchen des Erstunternehmers entgegengehalten werden kann.

4.5 Welche Bedeutung hat die Abnahme/Übergabe?

4.5.1 Was versteht man unter dem Begriff der Abnahme?

Als vertragsgerecht gebilligt

Abnahme ist die Entgegennahme der vom Unternehmer ausgeführten Werkleistung durch den Auftraggeber/Bauherrn und deren Billigung als in der Hauptsache vertragsgerecht (BGHZ, 48, 257). Dies ist nun nicht in der Weise zu verstehen, dass der Auftraggeber dem Auftragnehmer ausdrücklich oder gar schriftlich erklärt, er nehme dessen Leistung ab. Die Erklärung der Abnahme ist **an keinerlei Form gebunden**. Der Auftraggeber muss lediglich zu erkennen geben, dass er die Leistung des Unternehmers als fertig und vertragsgerecht entgegennimmt. Eine – stillschweigende – Abnahme kann also beispielsweise auch darin liegen, dass der Auftraggeber die vom Auftragnehmer ausgeführte Leistung in Benutzung nimmt und dessen Schlussrechnung, ohne irgendwelche Vorbehalte auszusprechen, ausgleicht (BGH, BauR 1970, 48).

Praxishinweis

Wenn der Auftraggeber/Bauherr sich gezwungen sieht, eine vom Unternehmer erstellte Leistung in Benutzung zu nehmen, weil er sich hierzu gewissermaßen gezwungen sieht, obschon seiner Meinung nach Abnahmereife nicht oder noch nicht gegeben ist, sollte er dies gegenüber seinem Vertragspartner in nachweisbarer Form kundtun. Muss also beispielsweise ein schlüsselfertig bestelltes, allerdings mit nicht nur unwesentlichen Mängeln behaftetes Haus oder eine Eigentumswohnung bezogen werden, weil das Mietverhältnis über die bisherige Wohnung beendet ist, sollte der Auftragnehmer schriftlich darauf hingewiesen werden, dass hieraus keine Abnahme geschlossen werden kann und der Bezug trotz der vorhandenen Mängel nur aus den voraufgezeigten Gründen erfolgt.

4.5.2 Wann besteht eine Verpflichtung zur Abnahme?

Mit der Verpflichtung des Auftragnehmers, die an ihn beauftragte Werkleistung vertragsgerecht, also insbesondere frei von Mängeln und innerhalb vereinbarter oder angemessener Fristen fertig zu stellen, korrespondiert die Verpflichtung des Auftraggebers, das vertragsgerecht hergestellte Werk auch abzunehmen. Hierbei handelt es sich nicht um bloße Förmelei, da an die Abnahme, wie nachstehend in Abschnitt 4.5.7 ausgeführt, eine Reihe von für den Unternehmer positiven Rechtsfolgen geknüpft sind.

Wenn die Werkleistung vollständig und mängelfrei fertig gestellt ist

Grundsätzlich kann an dieser Stelle festgehalten werden, dass der Auftraggeber immer dann eine Abnahmeverpflichtung hat, sobald der Auftragnehmer die an ihn beauftragte Werkleistung vollständig und frei von wesentlichen Mängel fertig gestellt hat. Umgekehrt gilt, dass die Abnahme vom Auftraggeber berechtigterweise dann verweigert werden kann, wenn der Leistung nicht nur unwesentliche Mängel anhaften. Dies gilt sowohl bei einem BGB- als auch einem VOB-Vertrag (§ 12 Nr. 3 VOB/B).

Praxishinweis

Mit dem Gesetz zur Beschleunigung fälliger Zahlungen, das am 1.5.2000 in Kraft getreten ist, wurde auch in § 640 BGB festgeschrieben, dass unwesentliche Mängel den Auftragnehmer nicht zur Abnahmeverweigerung berechtigen. Nach der bis dahin geltenden Fassung war eine solche Beschränkung nicht vorgesehen.

Die Abgrenzung, ob ein Mangel wesentlich ist oder nicht, ist nicht immer einfach vorzunehmen. Auch viele kleinere, unwesentliche Mängel können in ihrer Kumulation die Unwesentlichkeitsgrenze überschreiten (KG, BauR 1984, 527). Von einer Wesentlichkeit wird allerdings regelmäßig dann auszugehen sein, wenn die **Gebrauchstauglichkeit beeinträchtigt** ist. Bereits **ein** wesentlicher Mangel kann demnach ausreichen, um berechtigterweise die Abnahme zu verweigern (BGH, BauR 1992, 627).

Wesentlicher Mangel

Praxishinweis

Bei bestehenden Differenzen besteht beispielsweise die Möglichkeit, einen unabhängigen Dritten – gedacht ist hier exemplarisch an einen Schiedsgutachter – die Streitfrage verbindlich klären zu lassen. Alternativ könnte eine Abnahme unter Mangelvorbehalt erfolgen, zumindest dann, wenn die Gebrauchstauglichkeit an sich nicht in Frage steht.

Sind allerdings die gegenteiligen Argumente des Auftragnehmers offenkundig wenig stichhaltig oder nur vorgeschoben, ist aus Auftraggebersicht im Regelfall der Abnahmeverweigerung der Vorzug zu geben.

4.5.3 Können auch Teilabnahmen verlangt werden?

Beim BGB-Vertrag

Wie vorstehend ausgeführt kann der Auftragnehmer eine Abnahme seiner Leistungen dann verlangen, wenn er diese vertragsgerecht fertig gestellt hat. **Teilabnahmen sieht das BGB nicht vor.** Eine Verpflichtung des Auftraggebers hierzu besteht damit nur dann, wenn dies Auftraggeber und Auftragnehmer vertraglich vereinbart haben.

Nur bei vertraglicher Vereinbarung

Beim VOB-Vertrag

Anspruch auf Teilabnahme

Anders ist es, wenn die VOB/B wirksam in das Vertragsverhältnis einbezogen wurde. In diesem Fall hat der Auftragnehmer gem. § 12 Nr. 2 VOB/B auf Verlangen Anspruch auf eine Teilabnahme, wenn

- sich dieses Verlangen auf einen **in sich abgeschlossenen Leistungsteil** bezieht und
- der zur Abnahme verlangte Leistungsteil **keine wesentlichen Mängel** aufweist.

4.5.4 Kann der Auftragnehmer die Abnahmefolgen ohne Mitwirkung seines Auftraggebers herbeiführen?

Fertigstellungsbescheinigung

Gesetz zur Beschleunigung fälliger Zahlungen

Das Gesetz zur Beschleunigung fälliger Zahlungen hat für den Unternehmer eine völlig neue Möglichkeit geschaffen, unabhängig vom Willen des Auftraggebers die Abnahmewirkungen herbeizuführen. Nach § 641a BGB kann der Auftragnehmer nunmehr einen **Gutachter** beauftragen, ihm eine Bescheinigung darüber zu erteilen, dass die an ihn beauftragte Leistung (im Fall einer vereinbarten Teilabnahme insoweit) fertig gestellt und frei von Mängeln ist. Obschon der Sachverständige vom Unternehmer beauftragt und bezahlt wird, ist er dennoch gehalten, die Bescheinigung **unparteiisch** und nach bestem Wissen und Gewissen zu erteilen. Verstößt er hiergegen, kann er sich auch gegenüber dem Besteller haftbar machen.

Die Formalien

Um zu einer ordnungsgemäßen Fertigstellungsbescheinigung zu gelangen, müssen die in § 641a Abs. 2 - 5 BGB vorgesehenen Formalien eingehalten werden. Danach muss insbesondere **mindestens ein Ortstermin** durchgeführt werden, der wenigstens zwei Wochen vorher anzukündigen ist.

Achtung

Verweigert der Auftraggeber dem Gutachter eine Untersuchung, hat dies zur Folge, dass eine gesetzliche Vermutung für die vertragsgerechte Herstellung des Werks eingreift. Der Sachverständige hat in diesem Fall eine Fertigstellungsbescheinigung auszustellen mit der unangenehmen Konsequenz für den Auftraggeber, den Beweis fehlender Abnahmereife führen zu müssen.

Praxishinweis

Grundsätzlich hat der Gutachter nur solchen Mängeln nachzugehen, die bei der von ihm durchzuführenden Sichtprüfung erkennbar sind. Allenfalls bei Leistungen, die erfahrungsgemäß eine Gefahrenquelle darstellen oder besonders mangelanfällig sind, sind eingehendere Überprüfungen erforderlich. Dies gilt allerdings dann nicht, wenn vom Auftraggeber rechtzeitig, also spätestens zum letzten Besichtigungstermin, Mängel behauptet werden. In diesem Fall hat der Gutachter der Behauptung mit den üblichen Prüfungsmethoden nachzugehen, auch wenn ein Mangel nicht ohne weiteres erkennbar ist. Teilen Sie also dem Gutachter von Ihnen erkannte Mängel in jedem Fall mit.

Ohne Mängel

Eine Fertigstellungsbescheinigung darf dann nicht ausgestellt werden, wenn Mängel festgestellt worden sind. Hierbei kommt es nicht darauf an, ob es sich um wesentliche oder nur unwesentliche Mängel handelt. Nicht zuletzt deshalb dürfte der Fertigstellungsbescheinigung in der Praxis kaum größere Bedeutung zukommen.

Fristsetzung

Neu: Fiktive Abnahme

Relativ neu im Werkvertragsrecht des BGB ist eine dem Auftragnehmer eingeräumte Möglichkeit, zu einer fiktiven Abnahme zu gelangen. Nach § 640 BGB kann der Auftragnehmer den Auftraggeber/Besteller unter angemessener Fristsetzung zur Abnahme auffordern. Reagiert dieser nicht, gilt die Unternehmerleistung mit Ablauf der gesetzten Frist als abgenommen. Die vorbeschriebene fiktive oder fingierte Abnahme bewirkt allerdings auch ohne erklärten Vorbehalt **keinen Verlust von Ansprüchen wegen bekannter Mängel**.

Praxishinweis

Auftraggeber, an die ein Abnahmeverlangen herangetragen wird und es für unberechtigt halten, sollten in jedem Fall dem Auftragnehmer rechtzeitig vor Ablauf der von diesem gesetzten Frist in nachweisbarer Form – am besten schriftlich – mitteilen, dass sie sich dem Abnahmeverlangen zum jetzigen Zeitpunkt widersetzen und dabei auch die Gründe hierfür aufführen.

Besonderheiten bei vereinbarter VOB/B

Fiktive Abnahme

Eine Besonderheit der VOB/B ist die sog. „fiktive" Abnahme. Dies bedeutet, dass die Rechtsfolgewirkungen einer rechtsgeschäftlichen Abnahme auch dann eintreten können, wenn diese vom Auftraggeber/Besteller nicht ausdrücklich erklärt wurde und auch sonst **keine Abnahme verlangt** wurde. § 12 Nr. 5 VOB/B sieht hierzu zwei Tatbestände vor:

Schriftliche Fertigstellungsmitteilung

Der Auftragnehmer übersendet dem Auftraggeber eine schriftliche Fertigstellungsmitteilung und dieser verlangt nicht innerhalb von **12 Werktagen** nach Erhalt eine Abnahme oder bringt auch sonst nicht zum Ausdruck, dass er die Leistungen als nicht fertig gestellt und damit als nicht abnahmefähig ansieht.

Achtung

Eine Fertigstellungsmitteilung im vorbezeichneten Sinn kann auch darin liegen, dass der Auftragnehmer dem Auftraggeber seine Schlussrechnung übersendet (OLG Düsseldorf, BauR 1997, 842).

Ingebrauchnahme

Der Auftraggeber nimmt die Leistung des Auftragnehmers in Benutzung. In diesem Fall gilt die Abnahme mit Ablauf von **6 Werktagen** nach Beginn der Benutzung als erfolgt, sofern nichts anderes vereinbart wurde.

Ausnahme

Von der vorbezeichneten Fiktion macht allerdings die VOB/B (§ 12 Nr. 5 Abs. 2 S. 2) schon von sich aus eine Ausnahme für den Fall, dass Teile einer baulichen Anlage **zur Weiterführung der Arbeiten benutzt** werden. Dies kann beispielsweise dann angenommen werden, wenn der Auftraggeber auf dem vom Estrichleger verlegten Unterbau von einem weiteren Unternehmer die Fliesen verlegen lässt.

Eine fiktive Abnahme wird allerdings in den beiden voraufgezeigten Alternativen immer dann auszuscheiden haben, wenn tatsächlich die

Leistung nicht fertig gestellt war (BGH, BauR 1979, 159 zum AGB-Recht vor dessen Einbeziehung in das BGB).

4.5.5 Kann auch abgenommen werden, obschon noch Mängel vorhanden sind?

Achtung: Rechtsfolgen!

Zwingende gesetzliche Voraussetzungen für die Abnahme bestehen nicht. Liegen Mängel vor, ist der Auftraggeber dennoch nicht gehindert, die Abnahme zu erklären. Weder das Vorhandensein noch die Rüge von Mängeln schließen grundsätzlich die Abnahme aus (OLG Frankfurt, NJW-RR 1994, 530). Seitens des Auftraggebers darf allerdings in diesen Fällen nicht übersehen werden, dass auch bei Abnahme eines mangelhaften Werks die Rechtsfolgen einer Abnahme eintreten.

Praxishinweis

Wenn eine Werkleistung trotz erkannter Mängel abgenommen werden soll, ist – um keine Rechtsverluste zu erleiden – auf jeden Fall nachweisbar ein Vorbehalt wegen der Mängel zu erklären.

Abnahme unter Vorbehalt

Im Übrigen ist auch eine Abnahme unter Vorbehalt bestimmter – auch umfangreicher – Mängel rechtstechnisch als Abnahme zu sehen. Dies insbesondere auch dann, wenn wegen der Mängel die Abnahme hätte verweigert werden können (OLG Brandenburg, BauR 2003, 1054).

4.5.6 Kann auch der Architekt abnehmen?

Nur technische Endkontrolle

Der Architekt hat **keine originäre Vollmacht**, für den Bauherrn die rechtsgeschäftliche Abnahme zu erklären. Dies wird immer wieder übersehen. Die Leistungsphase 8 des Leistungsbilds von § 15 HOAI (Honorarordnung für Architekten und Ingenieure) sieht zwar als Grundleistung die Abnahme der Bauleistungen vor. Gemeint ist damit allerdings die technische Endkontrolle der Objekterrichtung.

Vollmacht

Selbstverständlich kann aber der Auftraggeber seinen Architekten **bevollmächtigen**, für ihn die rechtsgeschäftliche Abnahme durchzuführen. Liegt eine solche Vollmacht, die auch stillschweigend oder konkludent möglich ist vor, wirkt die vom Architekten erklärte Abnahme so, als hätte sie der Bauherr selbst vorgenommen.

4.5.7 Welche rechtlichen Konsequenzen ergeben sich aus der Abnahme?

Beweislast

Die Abnahme beendet die Bauausführungsphase. Mit ihr erklärt der Auftraggeber, mit der erbrachten Leistung als in der Hauptsache vertragsgemäß einverstanden zu sein. Demzufolge beschränkt sich auch sein Erfüllungsanspruch auf das konkret abgenommene Werk. Während vor der Abnahme im Streitfall der Unternehmer die Mangelfreiheit seiner Leistungen darlegen und ggf. beweisen muss, treffen diese Verpflichtungen nach der Abnahme den Auftraggeber.

4.5.8 Weitere Besonderheiten bei vereinbarter VOB/B

Die VOB/B regelt in § 12 Abnahmemodalitäten. Nach Nr. 1 kann der Auftragnehmer nach Fertigstellung seiner Leistungen vom Auftraggeber deren Abnahme binnen einer Frist von 12 Werktagen (sofern keine andere Frist vereinbart wurde) verlangen. Eine Pflicht zur Abnahme besteht für den Auftraggeber allerdings nur dann, wenn die Leistung des Auftragnehmers frei von wesentlichen Mängeln ist.

„Förmliche Abnahme"

Eine Besonderheit der VOB ist die sog. „förmliche Abnahme“, die von jeder Partei verlangt werden kann. Zur Abnahme, bei der jede Partei ein Teilnahmerecht hat, kann ein **Sachverständiger** hinzugezogen werden, über sie ist ein **schriftliches Protokoll** anzufertigen. In dieses Protokoll sind eventuelle Vorbehalte wegen Mängeln oder Vertragsstrafen, ggf. nebst einer Stellungnahme des Auftragnehmers hierzu, aufzunehmen; jede Partei erhält eine **Protokollabschrift**. Unter bestimmten Voraussetzungen, die in § 12 Nr. 4 Abs. 2 VOB/B geregelt sind, kann eine Abnahme auch in Abwesenheit des Auftragnehmers stattfinden. Stellt der Auftraggeber im Abnahmetermin fest, dass noch wesentliche Mängel vorhanden sind, braucht er die Abnahme nicht zu erklären.

4.5.9 Beratungspflichten des Architekten

Bei Verstoß Schadensersatz

Nach Durchführung der technischen Endkontrolle hat der Architekt dem Bauherrn anhand seiner Überprüfungen mitzuteilen, ob dieser die **Bauleistung als vertragsgerecht** abnehmen soll oder nicht (BGH, BauR 1979, 345). Zu seinen Beratungs- und Betreuungspflichten gehört insoweit auch, den Bauherrn darauf hinzuweisen, dass er bei Abnahme des Werks trotz Kenntnis von Mängeln bestimmte Mängelrechte (so insbesondere seinen Nacherfüllungsanspruch) verliert, wenn er keine **Vorbehalte** erklärt. Gleichermaßen muss er seinen Bauherrn auf etwa bestehende **Zurückbehaltungsrechte** hinweisen. Verstößt er gegen diese Verpflichtungen, kann er sich selbst seinem Auftraggeber gegenüber ersatzpflichtig machen.

4.6 Die Ansprüche, wenn Mängel nach Abnahme/Übergabe auftreten

Genau prüfen

§ 634 BGB listet eine Reihe von Ansprüchen auf, die der Auftraggeber/Besteller hat, wenn das vom Auftragnehmer erstellte Werk mangelhaft ist, z. B. Nacherfüllung, Selbstbeseitigungsrecht mit Ersatz der erforderlichen Aufwendungen, Rücktritt vom Vertrag, Werklohnminderung, Schadensersatz, Ersatz vergeblicher Aufwendungen. Diese Ansprüche stehen dem Bauherrn nicht grundsätzlich alternativ oder wahlweise zur Verfügung. Es besteht ein gewisses Rangverhältnis und einzelne Ansprüche setzen voraus, dass der Auftragnehmer die nicht fristgerechte Mangelbeseitigung zu vertreten hat.

4.6.1 Nacherfüllung

Fristsetzung

Mit der Pflicht des Unternehmers, sein Werk mangelfrei herzustellen und dieses bei Defiziten nachbessern zu müssen, korrespondiert sein **Recht zur zweiten Andienung.** Bevor der Auftraggeber weitere Ansprüche geltend machen kann, muss er damit dem Unternehmer erst einmal Gelegenheit geben, seinen Fehler auszubessern. I. d. R. ist dies für den Auftragnehmer auch kostengünstiger als etwa die Erstattung von Kosten, die dem Auftraggeber durch Ersatzvornahmen mit Hilfe von Drittfirmen entstehen. Dieses Nacherfüllungsrecht des Auftragnehmers kann der Auftraggeber zeitlich dadurch begrenzen, indem er dem Unternehmer eine angemessene Frist setzt, innerhalb derer die Mängelbeseitigung erwartet wird.

Wahlrecht

Wie der Unternehmer nachbessern will, kann er entscheiden, ohne hierfür im Regelfall seinem Auftraggeber eine Begründung liefen zu müssen. Insbesondere steht ihm ein Wahlrecht darüber zu, ob er den Mangel **nachbessert oder eine neues Werk herstellt** (meist beschränkt auf einen Teilbereich, beispielsweise Austausch mangelhafter Türen). Die Kosten der Nacherfüllung trägt der Unternehmer.

Rasche Mängelbeseitigung

Nicht selten wird es vorkommen, dass Sie und Ihr Auftragnehmer uneins darüber sind, ob Letzterer für den Mangel verantwortlich ist. Wenn Sie Wert auf eine rasche Mängelbeseitigung legen, besteht die Möglichkeit, mit Ihrem Auftragnehmer eine Vereinbarung dahingehend zu treffen, dass dieser die Nachbesserung unter dem **Vorbehalt der Kostenerstattung** durchführt und erst nachträglich – erforderlichenfalls auf gerichtlichem Weg – eine Klärung herbeigeführt wird (BGH, BauR 1999, 252).

Wann muss der Auftragnehmer nicht (mehr) zur Nacherfüllung aufgefordert werden?

Ernsthafte und endgültige Verweigerung

Verweigert der Unternehmer die Nacherfüllung ernsthaft und endgültig, wäre es reiner Formalismus, vom Besteller zu verlangen, ihm dennoch eine Frist hierzu setzen zu müssen (BGH, BauR 2003, 386, 387).

Verweigerung aus Kostengründen

Beruft sich der Unternehmer darauf, dass eine Nacherfüllung für ihn mit Kosten verbunden wäre, die zu dem zu erzielenden Erfolg außer Verhältnis stehen, und lehnt er deswegen eine Mängelbeseitigung ab, braucht der Besteller ebenfalls keine Frist mehr zu setzen. Er kann stattdessen **zurücktreten**, alternativ Minderung oder Schadensersatz verlangen.

Achtung

Im vorbezeichneten Fall können Sie als Auftraggeber allerdings nicht zur Selbstvornahme greifen.

Unzumutbarkeit

Darüber hinaus sind auch Fälle denkbar, in denen es dem Besteller/Auftraggeber unzumutbar ist, seinem Vertragspartner einen festgestellten Mangel beseitigen zu lassen. Welche Fälle die Rechtsprechung hierunter subsumiert bleibt abzuwarten.

Fehlgeschlagene Nacherfüllung

Den in der baurechtlichen Praxis wohl bedeutsamsten Fall der Entbehrlichkeit einer – weiteren – Fristsetzung zur Nacherfüllung nennt § 636 2. HS, 2. Alt. BGB. Ist die Nacherfüllung fehlgeschlagen, **konnte** also der Unternehmer den Mangel, obschon ihm hierfür Gelegenheit eingeräumt wurde, nicht beseitigen, braucht er hierzu nicht nochmals unter Fristsetzung aufgefordert zu werden. Bietet der Auftragnehmer dennoch die Nacherfüllung an, ist der Auftraggeber nicht verpflichtet, dieses Angebot anzunehmen (BGH, BauR 2003, 693).

Praxishinweis

Im Kaufrecht gilt eine Vermutung für das Fehlschlagen der Nachbesserung nach zwei erfolglosen Versuchen. Diese Vermutung gibt es im Werkvertragsrecht nicht, sodass § 440 BGB insoweit nur einen Anhalt liefern kann. Mit guten Gründen wird man deshalb auch die Meinung vertreten können, dass beim Bauvertrag die erstmals vergeudete Gelegenheit zur Nachbesserung für deren Fehlschlagen ausreicht.

Schlussendlich können auch weitere besondere Umstände eine Fristsetzung entbehrlich machen.

Verweigerung der Nacherfüllung wegen Unverhältnismäßigkeit des Aufwands bzw. der Kosten

Interessen beider Parteien abwägen

Steht der Aufwand des Unternehmers zur Mängelbeseitigung in keinem vernünftigen Verhältnis zu dem mit der Mangelbeseitigung erzielbaren Erfolg, kann der Auftragnehmer die Nacherfüllung berechtigterweise verweigern. Ob die Voraussetzungen hierfür gegeben sind, ist jeweils für den Einzelfall unter Abwägung der Interessen beider Vertragsparteien zu überprüfen. In die Überlegung mit einzubeziehen ist hierbei auch, ob beispielsweise der Unternehmer den **Mangel grob verschuldet** hat (so zuletzt BGH, BauR 2003, 1209, 1211).

Praxishinweis

Besteht die Möglichkeit, dass durch den Mangel gesundheitliche Schäden verursacht werden können (etwa bei Verwendung feuchten Holzes und daraus resultierender Fäulnisbildung), wird das Pendel im Regelfall zugunsten einer Nacherfüllungsverpflichtung ausschlagen.

Beeinträchtigte Funktionsfähigkeit

Ergänzend zu den in § 275 Abs. 2 und 3 BGB genannten Fällen kann der Unternehmer die Nacherfüllung auch verweigern, wenn sie nur mit **unverhältnismäßigen Kosten** möglich ist. Ob dieser Ausnahmefall angenommen werden kann, muss wiederum anhand einer Abwägung der Interessen von Auftraggeber und Auftragnehmer erfolgen. Beeinträchtigt der Mangel die Funktionsfähigkeit der erbrachten Leistung, wird im Zweifel auch bei im Vergleich zum Erfolg relativ hohen Kosten eine Nacherfüllungsverpflichtung anzunehmen sein.

Praxishinweis

Will der Unternehmer aus den aufgezeigten Gründen die Nacherfüllung verweigern, muss er sich hierauf ausdrücklich berufen. Ihm steht es aber auch frei, trotz Unverhältnismäßigkeit die Nachbesserung durchzuführen.

Auch wenn objektiv eine Unverhältnismäßigkeit der Kosten vorliegt, können Sie als Besteller beispielsweise durch das Angebot einer Zuzahlung dem Unternehmer diese Einredemöglichkeit nehmen.

Liefert der Unternehmer bewusst ein mangelhaftes Werk ab in dem Vertrauen, einem Mängelbeseitigungsverlangen des Bestellers die Einrede der Unverhältnismäßigkeit entgegenhalten zu können, wird ihm dies in aller Regel schon nach den Grundsätzen von Treu und Glauben verwehrt sein (OLG Hamburg, MDR 74, 489). Weisen Sie deshalb bei bereits im Zuge der Bauausführung erkannten Unzulänglichkeiten den Unternehmer nachweisbar darauf hin und fordern Sie Abhilfe, auch wenn die VOB/B nicht vereinbart ist und damit Mängelfreiheit erst bei Abnahme vorliegen muss. Hilfreich kann ergänzend auch die Anfertigung von Fotos sein.

Verweigerung der Nacherfüllung wegen offener Werklohnforderung

Halten Sie als Auftraggeber berechtigterweise noch offene Werklohnzahlungen zurück, kann selbstverständlich Ihr Auftragnehmer seine Nachbesserungsbereitschaft **nicht** davon abhängig machen, dass zuvor seine Geldforderungen ausgeglichen werden.

Praxishinweis

Der Besteller kann bei Vorliegen eines Mangels mindestens das Dreifache der voraussichtlich erforderlichen Mangelbeseitigungskosten zurückhalten (§ 641 Abs. 3 BGB). Meint er, dass das Dreifache nicht ausreichend ist, trägt er hierfür im Streitfall allerdings die Beweislast.

Kann auch der Architekt Nachbesserung/Nacherfüllung verlangen?

Nachbesserungsfähige Leistung?

Grundsätzlich steht auch dem Architekten ein Recht zu, seine mangelhafte Leistung nachzubessern. Voraussetzung hierfür ist aber, dass die Architektenleistung überhaupt noch nachbesserungsfähig ist. Hiervon wird man regelmäßig dann nicht mehr ausgehen können, wenn sich der Architektenfehler bereits **im Bauwerk verwirklicht** hat. Sofern hierfür die erforderlichen weiteren Voraussetzungen vorliegen, kann der Architekt ohne weiteres auf **Schadensersatz** in Anspruch genommen werden.

Neuplanung

Ist nach einem fehlerhaften Plan noch nicht gebaut worden, kann der Mangel durch Neuplanung beseitigt werden. In diesen Fällen muss dann auch der Architekt unter Fristsetzung zur Nacherfüllung angehalten werden.

Praxishinweis

Eine andere Beurteilung kann sich ergeben, wenn ein Generalunternehmer beauftragt wurde, dem sowohl die Bau- als auch die Planungsleistungen übertragen wurden. In diesem Fall kann, da die Mängelbeseitigung in einer Hand liegt, durchaus auch noch nach Fertigstellung des Bauvorhabens ein Interesse des Auftragnehmers an der Beseitigung von Mängeln fortbestehen, die auf einem Planungs- oder

Bauüberwachungsfehler beruhen (OLG Düsseldorf, Urteil vom 23. 08.2002, 22 U 111/01; OLGR 2003, 115).

Schadensminderungspflicht

Hiervon zu unterscheiden ist die Frage, ob Sie als Bauherr/Auftraggeber aus Gründen der Schadensminderungspflicht Ihrem Architekten die Möglichkeit einräumen müssen, für die Beseitigung des am Bauwerk eingetretenen Schadens Sorge zu tragen. Bietet Ihr Architekt von sich aus nach Anerkennung seiner Haftung an, die **Beseitigung des Mangels** in die Hand zu nehmen, werden Sie ihm hierzu – wohlgemerkt nicht wegen Bestehens eines Nacherfüllungsrechts, sondern aus Gründen der Schadensminderungspflicht – Gelegenheit geben müssen, sofern nicht besondere Umstände vorliegen.

Praxishinweis

Kann der Architekt nachweisen, dass er, wenn ihm hierzu Gelegenheit gegeben worden wäre, die Nachbesserung kostengünstiger hätte durchführen können, führt dies nicht zum gänzlichen Verlust der Ansprüche des Auftraggebers. In Ansatz gebracht werden können insoweit allenfalls die Mehrkosten, die durch unmittelbare Beauftragung eines Drittunternehmers durch den Auftraggeber entstanden sind.

4.6.2 Sekundärrechte

Grundsätzliches

Mängelbeseitigung

Um weitergehende Ansprüche geltend machen zu können, muss – von den oben beschriebenen Ausnahmen abgesehen - der Auftraggeber dem Unternehmer grundsätzlich Gelegenheit geben, innerhalb angemessener Frist den von ihm verursachten Mangel selbst zu beseitigen.

Selbstvornahme

Lässt der Auftragnehmer diese zweite Erfüllungschance ungenutzt, verliert er sein Nachbesserungsrecht, nicht aber Sie als Auftraggeber Ihren **Nacherfüllungsanspruch**. Sie können diesen also, ohne es zu müssen, weiterhin geltend machen. Machen Sie hiervon keinen Gebrauch, sind Sie berechtigt, den Mangel von einem anderen Unternehmer beseitigen zu lassen (Selbstvornahme) und die Aufwendungen hierfür (ggf. auch weitergehende Ansprüche) dem Erstunternehmer in Rechnung zu stellen. Wollen oder können Sie bezüglich der Nachbesserungskosten nicht in Vorleistung treten, können Sie vom Erstunternehmer **Vorschuss** verlangen (§ 637 Abs. 3 BGB).

Nur alternativ

Vorschuss- und Nachbesserungsverlangen schließen sich gegenseitig aus. Der Auftraggeber kann also nicht weiterhin gegenüber dem Erstunternehmer auf Nachbesserung bestehen und gleichzeitig von diesem Vorschuss für eine Selbstvornahme verlangen.

Zweckgebundener Vorschuss

Der vom Unternehmer zu zahlende Vorschuss ist zweckgebunden und vor allem **nicht endgültig**. Dies bedeutet, dass der Auftraggeber, sobald er die Selbstvornahme durchgeführt hat, die vom Auftragnehmer erhaltene Zahlung diesem gegenüber abrechnen muss. Soweit sie nicht vollständig verbraucht wurde, muss sie zurückgezahlt werden.

Zeitraum

In welcher Zeit die Selbstvornahme durchzuführen ist, ist im Gesetz nicht geregelt. Als Richtwert wird in der Literatur ein **halbes Jahr**, äußerstenfalls ein Jahr angesehen. Nach richtiger Ansicht wird man allerdings auf den Einzelfall abzustellen haben.

Praxishinweis

Die Ausbesserung kleiner Mängel sollte unverzüglich in Angriff genommen werden. Muss ein Architekt zur ordnungsgemäßen Mangelbeseitigung beigezogen und von ihm eine Planung erstellt werden, werden auch objektiv gesehen die oben genannten Richtwerte nicht immer ausreichen.

Rücktritt, Minderung, Schadensersatz

Statt weiterhin auf Nachbesserung zu bestehen oder den Mangel im Wege der Selbstvornahme beseitigen zu lassen, kann der Auftraggeber nach fruchtlosem Ablauf der gesetzten Nachfrist seine sog. „Sekundäransprüche“ geltend machen. Er kann also zurücktreten, den Werklohn mindern oder bei Vorliegen weiterer besonderer Voraussetzungen Schadensersatz verlangen.

Praxishinweis

Mit der Entscheidung, welche Mängelrechte geltend gemacht werden, sollte nicht zulange zugewartet werden. Nach den Grundsätzen von Treu und Glauben ist der Besteller gehalten, sich in angemessener Zeit nach Fristablauf darüber zu erklären, was er weiter zu tun gedenkt (BGH, NJW 02, 669).

Minderung

Vertragsabschluss maßgebend

§ 638 Abs. 3 BGB legt nunmehr auch fest, wie die Minderung zu berechnen ist. Danach ist die Vergütung in dem Verhältnis herabzusetzen, in dem zur Zeit des Vertragsschlusses der Wert des Werks in mangelfreiem Zustand zu dem wirklichen Wert gestanden haben würde. Nach dem Gesetzeswortlaut ist damit festgelegt, dass für die Berechnung auf den Zeitpunkt des Vertragsschlusses und nicht der Abnahme abzustellen ist, sofern hierzu keine anderweitige wirksame Regelung getroffen wurde.

Formel

Die Formel zur Berechnung der geminderten Vergütung (=X) lautet damit:

$$\frac{\text{Mangelfreier Verkehrswert}}{\text{Mangelhafter Verkehrswert}} = \frac{\text{Voller Werklohn}}{X}$$

Praxishinweis

Der Verkehrswert kann sich, muss sich aber nicht in der vereinbarten Vergütung ausdrücken. Hat beispielsweise der Bauunternehmer extrem günstig angeboten, kann der mangelfreie Wert der erbrachten Leistung deutlich über dem hierfür vereinbarten Werklohn liegen. Regelmäßig wird dann aber auch der Wert der mangelbehafteten Leistung entsprechend höher ausfallen.

Schätzung möglich

Soweit erforderlich kann die Minderung durch Schätzung ermittelt werden. Dies lässt § 638 Abs. 3 BGB ausdrücklich zu.

Rücktritt

Daneben Schadensersatz

Beseitigt Ihr Auftragnehmer von Ihnen festgestellte und gerügte Mängel nicht innerhalb einer von Ihnen gesetzten angemessenen Frist, haben Sie auch die Möglichkeit, vom Vertrag zurückzutreten. Tun Sie das, können Sie daneben auch noch Schadensersatz verlangen. Der erklärte Rücktritt hat zur Folge, dass die gegenseitig empfangenen **Leistungen zurückgewährt** werden müssen. Hat Ihr Auftragnehmer Bauleistungen auf Ihrem Grundstück erbracht (also etwa den Rohbau erstellt), wird Ihnen als Bauherr regelmäßig nichts daran liegen, dass die bereits erbrachten Bauleistungen wieder rückgängig gemacht werden. Ein Rücktrittsrecht besteht deshalb hinsichtlich der erbrachten Leistungen nur insoweit, als diese für Sie **kein Interesse mehr** haben. Des Weiteren scheidet eine Rückgewähr aus, soweit diese oder die Herausgabe nach der Natur des Erlangten ausgeschlossen ist. Bei Bau- oder Architektenleistungen, die sich bereits im Bauwerk verkörpert haben, wird dies meist der Fall sein. Insoweit ist dann **Wertersatz** zu leisten.

Altrecht

Bei Altrechtsfällen setzt die Erklärung der Wandlung (Rückgängigmachung des Vertrags) voraus, dass dem Unternehmer zuvor erfolglos eine Nachfrist mit Ablehnungsandrohung gesetzt wurde. Wird der Rücktritt vollzogen, kann allerdings Schadensersatz wegen Nichterfüllung, der meist werthaltiger ist, nicht mehr geltend gemacht werden. Es ist deshalb in diesen Fällen sorgfältig zu überlegen, ob im jeweiligen Einzelfall tatsächlich die Wandlung das geeignete Rechtsinstitut ist.

Schadensersatz

Verschuldensvermutung

Hat Ihr Auftragnehmer den Mangel verschuldet, haben Sie neben den Rechten auf Selbstvornahme, Rücktritt und Minderung Anspruch auf Ersatz der Ihnen entstandenen Schäden. Das Verschulden des Unternehmers wird hierbei vermutet, es liegt also an ihm, darzulegen und ggf. zu beweisen, dass er den nachgewiesenen Mangel nicht zu vertreten hat.

Grundsätzlich sind zwei Fallgestaltungen zu unterscheiden:

1. Schadensersatz neben der Leistung

Solange Ihr Auftragnehmer noch seine eigene Leistung nachbessern darf, entsteht Ihnen insoweit dann kein ersatzfähiger Schaden, wenn Ihr Auftragnehmer seiner diesbezüglichen Verpflichtung nachkommt und den Mangel ordnungsgemäß beseitigt. Durch den Mangel oder auch im Zuge der Nachbesserung können aber Schäden **an anderen Rechtsgütern** oder Ihrem Vermögen entstanden sein bzw. entstehen, die Ihnen vom Auftragnehmer zu ersetzen sind.

Beispiel 1:

Installateur A montiert in Ihrem neu erstellten Bad Armaturen. Die bereits eingebaute und abgenommene Acrylbadewanne wird hierbei von ihm nicht geschützt, er gibt Ihnen auch keinen Hinweis, dass dies erforderlich ist. Im Zuge des Einbaus wird die Wanne von seinen Mitarbeitern verkratzt. Zudem tropft der von ihm installierte Brauseschlauch. Sie fordern A auf, das Tropfen abzustellen. A tauscht daraufhin die Dichtung aus. Für die Beschädigung der Wanne hat er Ihnen darüber hinaus Ersatz zu leisten. Handelt es sich um deutlich sichtbare, tiefere Kratzspuren, die durch Polieren nicht beseitigt werden können, können Sie die Wanne austauschen lassen und hierfür von A die Kosten erstattet verlangen.

Beispiel 2:

Sie beauftragen Heizungsinstallateur H, in Ihrem Neubau eine Gastherme einzubauen. Diese wird nach Montage und Probelauf vom zuständigen Bezirkskaminkehrermeister abgenommen, der Ihnen hierfür 198 Euro in Rechnung stellt. Einige Monate später stellt sich ein Defekt an der Therme heraus, da H es versäumt hat, Sie ordnungsgemäß in die Bedienung einzuweisen. Nachdem Sie dies H mitgeteilt haben, wechselt dieser die Therme aus. Für die erneut erforderlich werdende Abnahme durch den Kaminkehrer müssen Sie nochmals 198 Euro bezahlen. Diese können Sie von H ersetzt verlangen.

2. **Schadensersatz statt der Leistung**

Bessert Ihr Auftragnehmer einen von Ihnen gerügten Mangel nicht nach, obschon Sie ihm hierzu eine angemessene Frist gesetzt haben, und kann er nicht nachweisen, dass ihn insoweit kein Verschulden trifft, können Sie Schadensersatz statt der Leistung von ihm verlangen. Tun Sie das, erlischt allerdings die Verpflichtung Ihres Auftragnehmers, den Mangel selbst beseitigen zu müssen. Sie müssen damit ggf. selbst für die Mangelbeseitigung Sorge tragen, können dann aber selbstverständlich hierfür wie auch für durch den Mangel weiter verursachte Schäden Ersatz verlangen.

Beschränkt auf nicht erbrachte Mängelbeseitigung

Das Verlangen auf Schadensersatz statt der Leistung ist im Anwendungsbereich der Mängelansprüche nach Abnahme regelmäßig auf die nicht erbrachte Mängelbeseitigung beschränkt. In besonderen Fällen (wenn der Auftraggeber an der erbrachten Teilleistung ausnahmsweise kein Interesse hat) können Ersatzansprüche für die **gesamte Leistung** geltend gemacht werden.

Hat der Auftragnehmer den Werklohn noch nicht bezahlt, gilt Folgendes: Wird berechtigterweise Schadensersatz statt der Leistung geltend gemacht, verliert der Auftragnehmer seinen Anspruch auf Werklohn. Bei der Geldendmachung der **Drittnachbesserungskosten** muss der Auftraggeber allerdings diesen in Abzug bringen, da sonst der Unternehmer doppelt bestraft würde.

Praxishinweis

Überlegen Sie, ob Sie im konkreten Fall wirklich Schadensersatz statt der Leistung wollen. Möchten Sie Ihren Auftragnehmer weiterhin in seiner Nachbesserungsverpflichtung belassen und nur darüber hinausgehende Schäden erstattet haben, sollte ein Verlangen auf Schadensersatz statt der Leistung nicht gestellt werden. Achten Sie deshalb auf genaue Formulierung Ihrer entsprechenden Mitteilungen an den Auftragnehmer.

4.6.3 Aufwendungsersatz

Anstelle des Schadensersatzes statt der Leistung kann Ersatz der Aufwendungen verlangt werden, die im Vertrauen auf den Erhalt der Leistung vom Auftraggeber gemacht wurden, es sei denn, deren Zweck wäre auch ohne die Pflichtverletzung des Auftragnehmers nicht erreicht worden. Im Bereich der Mängelansprüche nach Abnahme dürfte dieser Ersatzanspruch allerdings kaum praktische Bedeutung erlangen.

4.6.4 Altrecht: Mängelansprüche nach Abnahme

Soweit für die Mängelansprüche noch Altrecht anzuwenden ist (also bei Verträgen, die vor dem 1.1.2002 abgeschlossen wurden), müssen Sie Folgendes beachten:

Aufwendungsersatz

Grundsätzlich ist dem Auftragnehmer auch nach Altrecht erst einmal die Möglichkeit einzuräumen, den von ihm verursachten Mangel selbst zu beseitigen, sofern hiervon nicht ausnahmsweise abgesehen werden kann. Kommt der Unternehmer mit der Mangelbeseitigung in Verzug, kann der Mangel vom Auftraggeber im Weg der **Ersatzvornahme** beseitigt werden, vom Unternehmer können die hierfür erforderlichen Aufwendungen eingefordert werden.

Vorschuss

Wollen Sie als Besteller/Auftraggeber insoweit nicht in Vorleistung treten, kann vom Unternehmer ein Vorschuss für die voraussichtlich zu erwartenden Kosten verlangt und dieser bei Weigerung auch **gerichtlich geltend** gemacht werden.

Wandlung und Minderung

Die Gewährleistungsrechte Wandlung (also die Rückgängigmachung des Vertrags, die zwar auch bei Bauverträgen möglich ist, aber in den meisten Fällen Schwierigkeiten bereiten dürfte), Minderung und Schadensersatz können allerdings – sofern nicht ein Ausnahmefall vorliegt – nur dann geltend gemacht werden, wenn dem Unternehmer zuvor zur Mängelbeseitigung eine angemessene Frist, verbunden mit einer **Ablehnungsandrohung** für den Fall des fruchtlosen Fristablaufs, erfolglos gesetzt worden war.

Praxishinweis

Nicht ausreichend ist, dass an den Unternehmer lediglich die Aufforderung gerichtet wird, seine Bereitschaft zur Mängelbeseitigung zu erklären (BGH, BauR 1999, 1019).

Der Anspruch auf Schadensersatz statt der Wandlung oder Minderung setzt zudem voraus, dass der Mangel auf einem Umstand beruht, den der **Auftragnehmer zu vertreten** hat.

Schadensersatz

Praxishinweis

Wurde Frist mit Ablehnungsandrohung gesetzt und läuft diese ergebnislos ab, erlischt der Nachbesserungsanspruch und das Recht zur Selbstbeseitigung des Mangels. Wollen Sie den Mangel im Weg der Ersatzvornahme beseitigen bzw. beseitigen lassen und hierfür Kostenvorschuss bei Ihrem Auftragnehmer geltend machen, empfiehlt es sich, die Mangelbeseitigungsaufforderung nicht mit einer Ablehnungsandrohung zu versehen.

4.7 Welche Besonderheiten gelten, wenn die VOB/B zur Vertragsgrundlage gemacht wurde?

4.7.1 Rücktritt nicht vorgesehen

Ein Rücktrittsrecht, wie dies das BGB an vielen Stellen erwähnt, ist in der VOB nicht vorgesehen. Die Verfasser der VOB gehen weiterhin davon aus, dass der Rücktritt mit seinen spezifischen Rechtsfolgen für den Bauvertrag nicht passt.

Kündigung und Weiterführung durch Drittunternehmer

Rücktritt bedeutet, dass der Vertrag nicht nur für die Zukunft, sondern auch für die Vergangenheit wegfällt, mit der Konsequenz, dass – von beiden Vertragsparteien – das zurückzugeben ist, was sie vom jeweils anderen empfangen haben. Kein Bauherr wird, auch nicht bei einem gravierenden Mangel, ein bereits erstelltes Gebäude abreißen lassen und die verwandten Materialien, soweit noch brauchbar, an den Bauunternehmer zurückgeben. Stattdessen sieht die VOB Möglichkeiten vor, den Vertrag für die Zukunft zu kündigen. Werden etwa während der Bauausführung Mängel erkannt und beseitigt sie der Auftragnehmer nicht innerhalb einer hierfür gesetzten angemessenen, **mit Kündigungsandrohung gesetzten Frist**, kann ihm der Auftrag entzogen und die Weiterführung zu seinen Lasten durch einen Drittunternehmer in Auftrag gegeben werden. Den Besonderheiten des Bauvertrags wird dadurch in praxisnaher Weise durch die VOB Rechnung getragen.

4.7.2 Minderungsanspruch beschränkt

Auch bezüglich der Minderungsmöglichkeit nimmt die VOB eine Einschränkung zum BGB-Werkvertrag vor. Bei Letzterem ist die Möglichkeit zur Minderung des Werklohns (neben anderen Möglichkeiten) bereits dann gegeben, wenn Ihr Auftragnehmer innerhalb einer von Ihnen angemessen gesetzten Frist gerügte Mängel nicht beseitigt hat. Dieser Anspruch wurde mit der Schuldrechtsmodernisierung zusätzlich gestärkt dadurch, dass Sie die Fristsetzung nicht einmal mehr mit einer Ablehnungsandrohung versehen müssen.

Minderungsmöglichkeiten

Demgegenüber sieht die VOB 2002 eine Minderungsmöglichkeit nur in folgenden Fällen vor:

- Die Mängelbeseitigung ist für Ihren Auftragnehmer **unzumutbar oder unmöglich**,
- Ihr Auftragnehmer verweigert die Mängelbeseitigung, da diese einen **unverhältnismäßigen Aufwand** erfordern würde.

Sachgerecht erscheint auch dies, da Ihnen als Auftraggeber/Bauherr in erster Linie daran gelegen sein dürfte, eine vollständige und mangelfreie Leistung zu erhalten.

4.7.3 Schadensersatzansprüche

Schadensersatz können Sie als Auftraggeber eines VOB-Vertrags in den in § 13 Nr. 7 VOB/B geregelten Fällen verlangen.

Eingeschränkte Gebrauchsfähigkeit

Hat Ihr Auftragnehmer **schuldhaft** einen **wesentlichen Mangel** herbeigeführt, der die Gebrauchsfähigkeit erheblich beeinträchtigt, können Sie den Schaden an der baulichen Anlage ersetzt verlangen, zu deren Herstellung, Instandhaltung oder Änderung die Leistung des Unternehmers beigetragen hat.

Beispiel:

Die mangelhafte Abdichtung der Kellerumfassungswände führt zu einer Durchfeuchtung der Außenwände (aufsteigendes Wasser).

Achtung

Soweit die eigene Leistung Ihres Auftragnehmers angesprochen ist, müssen Sie diesem zuvor erfolglos eine Frist zur Nacherfüllung gesetzt haben, um weitergehende Ansprüche geltend machen zu können.

Darüber hinausgehende Schäden können Sie dann ersetzt verlangen, wenn

Weitere Schäden

- Ihr Auftragnehmer den Mangel vorsätzlich oder grob fahrlässig verursacht hat, oder
- der Mangel auf einem Verstoß gegen die anerkannten Regeln der Technik beruht, oder
- der Mangel im Fehlen einer vertraglich vereinbarten Beschaffenheit beruht, oder
- Ihr Auftragnehmer den Schaden durch Versicherung seiner gesetzlichen Haftpflicht gedeckt hat oder hätte decken können (vgl. hierzu § 13 Nr. 7 Abs. 2 c) VOB/B).

Beispiel:

Das Dach einer Schüttguthalle ist undicht, bereits eingelagerte Kalisalze werden durch herabtropfendes Wasser unbrauchbar und müssen entsorgt werden.

4.8 Was ist, wenn den Mangel mehrere verursacht haben?

4.8.1 Grundsätzliches

Wurde der Mangel nicht nur von einem Baubeteiligten verursacht, stellt sich für Sie als Auftraggeber/Bauherr die Frage, wen Sie als

Gesamtschuldner

Haftungsschuldner heranziehen können bzw. müssen. Die Beantwortung dieser Frage hängt davon ab, ob die für einen Mangel verantwortlichen Baubeteiligten Ihnen gegenüber in einem Gesamtschuldverhältnis stehen. Gesamtschuldnerschaft bedeutet hierbei, dass Sie **jeden Mitverursacher** wegen Ihrer Mängelansprüche allein in die Pflicht nehmen können und es dann dessen Sache ist, sich wegen der Mitverantwortlichkeit weiterer Baubeteiligter bei diesen teilweise schadlos zu halten.

Praxishinweis

Hat der von Ihnen beauftragte Unternehmer Teile der ihm übertragenen Leistungen an einen Nachunternehmer (Subunternehmer) vergeben, haftet Ihnen gegenüber ausschließlich Ersterer. Hauptunternehmer und Nachunternehmer stehen Ihnen gegenüber in keinem Gesamtschuldverhältnis (BGH, NJW 1981, 1779).

Versäumnisse des Bauherrn

Sofern Sie selbst oder einer Ihrer Erfüllungsgehilfen den Mangel mitverursacht haben, ist weiter zu überprüfen, auf welche Weise und inwieweit Ihnen dies der von Ihnen in Anspruch genommene Unternehmer entgegenhalten kann.

4.8.2 Schlechtleistung mehrerer ausführender Unternehmer

Grundsätzlich Haftung für eigene Leistung

Bauen die Leistungen mehrerer vom Bauherrn beauftragter Unternehmer aufeinander auf, schuldet grundsätzlich jeder von ihnen nur die Erfüllung seiner eigenen Leistung. In diesen Fällen wird man regelmäßig nicht davon ausgehen können, dass die Unternehmer gegenüber dem Auftraggeber eine Zweckgemeinschaft bilden und damit diesem gegenüber gesamtschuldnerisch haften. Gleiches wird zu gelten haben, wenn der Vorunternehmer seine Leistung mangelhaft erbracht und der Nachfolgeunternehmer hierauf aufbaut, ohne einer bestehenden **Prüfungs- und Hinweispflicht** nachgekommen zu sein.

Beispiel:

Der Fliesenleger verlegt Fliesen auf dem vom Vorunternehmer gegossenen und abgezogenen Erstrich, der allerdings Unebenheiten außerhalb der Toleranz aufweist. Nach einiger Zeit reißt eine Reihe von Fliesen.

Auch wenn im voraufgezeigten Beispiel der Fliesenleger die Fliesen ordnungsgemäß verlegt hat, ist seine Leistung dennoch mangelhaft, wenn er seinen Auftraggeber trotz Erkennbarkeit nicht auf die Unebenheiten im Estrich **hingewiesen** hat. Auf ein Mängelbeseitigungsverlangen seines Auftraggebers muss deshalb der Fliesenleger die Fliesen neu verlegen, wobei der Auftraggeber seinerseits die Verpflichtung hat, vor Neuverlegung für die Egalisierung des Estrichs (ggf. durch eine entsprechende Mangelbeseitigungsaufforderung an den Estrichleger) Sorge zu tragen.

Mängel-beseitigungs-aufforderung

Können allerdings Mängel, die ihre Ursachen zumindest teilweise in den Leistungen des Vor- und Nachfolgeunternehmers haben, **wirtschaftlich sinnvoll** nur auf eine einzige Weise beseitigt werden, sind insoweit **Vor- und Nachunternehmer** dem Auftraggeber gegenüber Gesamtschuldner (BGH, Urteil vom 26.6.2003, VII ZR 126/02).

Gesamtschuldner

4.8.3 Mangelverursachung durch Unternehmer und Architekt

Ist ein aufgetretener Mangel sowohl auf einen Ausführungsfehler des Unternehmers als auch auf eine Pflichtverletzung des vom Bauherrn beauftragten Architekten/Ingenieurs zurückzuführen, besteht insoweit ein **Gesamtschuldverhältnis.** Dies hindert allerdings den ausführenden Unternehmer nicht, Ihnen in begründeten Fällen ein Mitverschulden (Ihres Architekten) entgegenzuhalten. Es müssen demnach folgende Fallkonstellationen unterschieden werden:

Gesamtschuld-verhältnis

Mangel der Unternehmerleistung, insoweit auch Bauaufsichtspflichtverletzung des Architekten

Führt der von Ihnen beauftragte Unternehmer seine Leistung mangelhaft aus und hätte dies der von Ihnen ebenfalls beauftragte bauleitende Architekt erkennen und rechtzeitig rügen müssen, haften beide Ihnen gegenüber für den entstandenen Baumangel gesamtschuldnerisch. Der Architekt erfüllt mit der Bauaufsicht weder eine dem Unternehmer obliegende Pflicht, noch kann der Unternehmer verlangen, dass seine Leistungen überwacht werden.

Gesamtschuldner

Sie können also frei entscheiden, ob Sie den einen oder den anderen oder beide (allerdings mit der Beschränkung, dass die Leistung insgesamt nur einmal gefordert werden kann) in Anspruch nehmen. Wie sich Unternehmer und Architekt in diesem Fall untereinander wegen **Mitverschuldens** des jeweils anderen auseinandersetzen, ist deren Sache, braucht Sie als Bauherr/Auftraggeber also nicht zu interessieren.

Praxishinweis

Eine Inanspruchnahme oder Mitinanspruchnahme des Architekten empfiehlt sich meist schon deshalb, da er für Fehler in der Bauaufsicht regelmäßig versichert ist und damit Insolvenzausfälle gemindert werden.

Mangel der Unternehmerleistung ist - auch - auf Planungsmangel zurückzuführen

Planung zur Verfügung stellen

Der bauausführende Unternehmer kann von Ihnen als Auftraggeber/Bauherr üblicherweise verlangen, dass Sie ihm die zur Ausführung benötigte Planung zur Verfügung stellen. Anderes gilt selbstverständlich dann, wenn sich Ihr Auftragnehmer auch insoweit zur Leistung verpflichtet hat (etwa ein Generalübernehmer oder ein Bauträger).

Erfüllungsgehilfe

Lassen Sie Ihre Bauherrenverpflichtung durch einen Dritten (hier also den Architekten oder einen Sonderfachmann, etwa den Statiker) erbringen, werden Ihnen **Fehler dessen Leistung zugerechnet**, soweit sie für einen Mangel ursächlich oder mitursächlich sind. Der Architekt/Sonderfachmann ist insoweit Ihr „Erfüllungsgehilfe". Drei grundsätzliche Fälle sind zu unterscheiden:

1. **Der Mangel ist auf einen Ausführungsfehler zurückzuführen und zugleich auf einen Fehler in der Planung**

Mitverschulden

Beruht ein Mangel darauf, dass der Unternehmer nach einem fehlerhaften Plan baut, obschon er den Planungsmangel bei gehöriger Sorgfalt hätte erkennen können, kann er Ihnen als Auftraggeber das Mitverschulden ihres Architekten/Sonderfachmanns entgegenhalten. Im Ergebnis führt dies dazu, dass er Ihnen gegenüber nur in Höhe der Quote seines Mitverschuldens haftet. Dies ändert aber selbstverständlich nichts daran, dass Ihnen gegenüber auch Ihr Architekt/Sonderfachmann (ohne Beschränkung auf eine Quote) ersatzpflichtig bleibt. Erkennt allerdings der Unternehmer, dass der Planungsfehler mit Sicherheit zu einem Baumangel führen muss, und weist er Sie als Auftraggeber nicht daraufhin, wird er sich regelmäßig nicht darauf berufen können, dass zum Mangel auch eine Pflichtverletzung Ihres Architekten mit beigetragen hat (BGH, BauR 1973, 190).

Nacherfüllungsanspruch

In der praktischen Abwicklung können sich Schwierigkeiten ergeben, wenn der Unternehmer grundsätzlich noch einen Nacherfüllungsanspruch hat. Eine teilweise Nachbesserung in Höhe seiner Quote ist nicht darstellbar.

Zug um Zug

Gelöst werden diese Fälle in folgender Weise: Wird der Unternehmer auf Nacherfüllung verklagt und wendet er berechtigterweise ein seinem Auftraggeber zuzurechendes Mitverschulden des Architekten ein, kann er für die Nachbesserung einen **Zuschuss in Höhe der Mitverschuldensquote** verlangen. Prozessual führt dies dazu, dass seine Verurteilung zur Nacherfüllung nur Zug um Zug gegen Zahlung des Kostenvorschusses erfolgt (BGH, BauR 1984, 401, 404).

Ist ein gerichtliches Verfahren noch nicht anhängig, kann der Unternehmer seine Nacherfüllungsbereitschaft davon abhängig machen, dass für seinen Zuschussanspruch in angemessener Höhe **Sicherheit geleistet** wird (BGH, BauR 1984, 395).

2. **Der Mangel ist ausschließlich auf einen Planungsmangel zurückzuführen, der für den Unternehmer nicht erkennbar war.**

Keine Gesamtschuldner

In diesem Fall scheidet eine gesamtschuldnerische Haftung zwischen Architekt/Sonderfachmann und Unternehmer von vornherein aus. Wegen des aufgetretenen Mangels können Sie ausschließlich den Architekten/Sonderfachmann zur Verantwortung ziehen (OLG Frankfurt, NJW 1974, 62).

3. **Planungs- und Ausführungsfehler führen zu einem Baumangel, Verursachungsbeiträge können nicht festgestellt werden.**

Gesamtschuldner

Ist ein Baumangel sowohl auf einen Planungs- als auch auf einen Ausführungsfehler zurückzuführen, wäre aber der Mangel auch eingetreten, wenn der jeweils andere keine Pflichtverletzung begangen hätte, haften Architekt und ausführender Unternehmer Ihnen als Bauherr/Auftraggeber gegenüber gesamtschuldnerisch, ohne dass Ihnen etwa der Bauunternehmer ein Mitverschulden Ihres Architekten entgegenhalten könnte.

Beispiel:

Der Architekt plant für die Dachdeckerarbeiten eine falsche Holzart, der Unternehmer wählt eine falsche Trägerart (OLG Dresden, NJW-RR 1999, 170).

4.8.4 Mangelhafte Planungsleistung von Architekt und Sonderfachmann

Unabhängige Leistungen

Architekt wie Sonderfachmann (etwa Statiker) sind, soweit sie unmittelbar vom Bauherrn beauftragt wurden, dessen **Erfüllungsgehilfen.** Fehler des einen wie des anderen muss sich deshalb der Bauherr zurechnen lassen. Bei der Haftungsfrage ist aber stets zu prüfen, ob ein Baumangel auf Leistungsfehler beider zurückzuführen ist. Architekt und Sonderfachmann erbringen grundsätzlich unabhängig voneinander auf ihrem jeweiligen Spezialgebiet Leistungen für den Auftraggeber. Die Prüfungspflichten des jeweils anderen sind damit eingeschränkt. Eine **Mitverantwortlichkeit** wird man regelmäßig nur dann annehmen können, wenn dem Architekten eine Überprüfung der Leistungen des Sonderfachmanns und umgekehrt **möglich und zumutbar** ist. Drängen sich allerdings Bedenken auf, muss dem auch durch notwendige Hinweise und sonstige geeignete Schritte Rechnung getragen werden.

Beispiel:

Der Statiker hat die ihm übergebenen Architektenpläne dahin zu überprüfen, ob sie eine geeignete Grundlage für seine Berechnungen darstellen. Er muss sie also daraufhin durchsehen, ob sie eine Festlegung der tragenden Teile nach Konstruktionsart und Konstruktionsstärke derart ermöglichen, dass das Gebäude der zu erwartenden Beanspruchung standhält (OLG Köln, BauR 1987, 460).

4.8.5 Planender – bauleitender (überwachender) Architekt

Zweckgemeinschaft

Eine gesamtschuldnerische Haftung kann auch dann in Frage kommen, wenn Sie für die Planung und die Objektüberwachung (Bauleitung) verschiedene Architekten beauftragt haben. Beide bilden eine Zweckgemeinschaft. Tritt ein Mangel auf, der sowohl auf eine fehlerhafte Planung zurückzuführen ist, als auch darauf, dass der überwachende Architekt diesen hätte entdecken und verhindern müssen, haften Ihnen gegenüber beide. Der bauleitende Architekt (nicht umgekehrt!) kann Ihnen allerdings das **Mitverschulden** des planenden Architekten entgegenhalten, so dass er ggf. nur hinsichtlich einer Quote herangezogen werden kann. Nur **in Höhe dieser Quote besteht ein Gesamtschuldverhältnis** Ihnen gegenüber.

Praxishinweis

Der planende Architekt haftet Ihnen gegenüber ohne Beschränkung auf eine Quote. Der bauleitende Architekt ist insoweit nicht Ihr Erfüllungsgehilfe.

4.8.6 Subsidiäre Haftung

Individuelle Haftungsbeschränkung

Ist ein Baumangel eingetreten, der sowohl auf eine Schlechtleistung des Unternehmers als auch auf mangelnde Bauaufsicht Ihres Architekten zurückgeführt werden kann, haften Ihnen beide gegenüber **grundsätzlich als Gesamtschuldner**. Nach wie vor finden sich allerdings in einigen Architektenverträgen Bestimmungen, wonach der Architekt nur eintrittspflichtig sein soll, wenn zuvor erfolglos versucht wurde, den Bauunternehmer in die Pflicht zu nehmen. Letztlich liegt darin eine Haftungsbeschränkung für den Architekten, die individuell grundsätzlich vereinbart werden kann.

Praxishinweis

In Formularverträgen ist eine solche Subsidiaritätsklausel nur wirksam, wenn darin dem Bauherrn lediglich auferlegt wird, seine Forderungen zunächst außergerichtlich beim mithaftenden Unternehmer geltend zu machen. Soll dagegen der Bauherr auch verpflichtet sein, den Unternehmer zu verklagen, wenn er nicht leistungsbereit ist, ist diese Vereinbarung unwirksam (BGH, SFH, Nr. 24 zu § 675 BGB).

5 Was ist zu beachten, wenn Wohnung oder Haus vermietet ist?

Mietvertrag und BGB

In tatsächlicher Hinsicht ist der Mieter im Regelfall von dem Baumangel am stärksten betroffen, weil er dadurch in seiner Wohnqualität beeinträchtigt wird. Die Rechtsbeziehungen zwischen Ihnen als Vermieter[1] und dem Mieter richten sich nach den Regelungen des jeweiligen Mietvertrags, ergänzt durch die mietrechtlichen Bestimmungen des BGB in den §§ 535 ff. BGB.

Instandhaltungs- und Instandsetzungsverpflichtung

Gem. § 535 Abs. 1 S. 2 BGB hat der Vermieter die Mietsache in einem zum vertragsgemäßen Gebrauch geeigneten Zustand zu überlassen und sie während der Mietzeit in diesem Zustand zu erhalten. Für Sie als Vermieter bedeutet dies, dass Sie die vermietete Wohnung oder das Haus nicht nur in einem **vertragsgemäßen Zustand zu übergeben** haben, sondern darüber hinaus auch während der gesamten Mietzeit dafür Sorge tragen müssen, dass das **Mietobjekt in einem vertragsgemäßen Zustand bleibt**. Diese Instandhaltungsverpflichtung wirkt sich nicht nur unmittelbar auf das Mietobjekt und das jeweilige Zubehör aus, sie umfasst darüber auch alle Räume, Einrichtungen und Gegenstände, an denen der Mieter ein Mitbenutzungsrecht hat.

Praxishinweis

Der Vermieter hat auch die vom Mieter benutzten Hauseinrichtungen wie z. B. Hauseingänge, Treppenhaus, Lift, Gemeinschaftsräume, Keller, Waschküche, Speicher etc. in einem ordnungsgemäßen und betriebssicheren Zustand zu erhalten.

Eingriff in gemeinschaftliches Eigentum

Die Verpflichtung des Vermieters einer Eigentumswohnung zur Mängelbeseitigung geht sogar soweit, dass er seiner Instandhaltungs- und Instandsetzungsverpflichtung auch dann nachzukommen hat, wenn die zur Mängelbeseitigung erforderlichen Maßnahmen Eingriffe in das gemeinschaftliche Eigentum der Wohnungseigentümer-

[1] Der Bauherr/Auftragnehmer wird in diesem Abschnitt als Vermieter bezeichnet.

gemeinschaft notwendig machen und soweit erforderlich, ein **zustimmender Beschluss** der Wohnungseigentümerversammlung noch nicht vorliegt (KG Berlin, ZMR 1990, 336).

5.1 Wie sind die Baumängelgewährleistungsansprüche gegen den Mieter durchzusetzen?

5.1.1 Das Besichtigungs- und Zutrittsrecht des Vermieters

Zur Überprüfung, ob in einem Mietobjekt ein Baumangel vorliegt, steht Ihnen als Vermieter ein Besichtigungs- und Zutrittsrecht zu.

Im Mietvertrag regeln

Praxishinweis

Die Anmeldung des Vermieters zur Wohnungsbesichtigung muss rechtzeitig im Voraus erfolgen. Es sollte daher, solange nicht ein unaufschiebbarer Notfall vorliegt, z. B. ein Wasserrohrbruch, eine Ankündigungsfrist von mindestens 24 Stunden eingehalten werden (AG Köln, WuM 1986, 86).

Um Verzögerungen der Besichtigung zu vermeiden, sollte der Mieter bei Ankündigung des Besichtigungstermins für den Fall, dass er den vorgeschlagenen Termin nicht wahrnehmen kann, aufgefordert werden, von sich aus einen anderen Besichtigungstermin zu benennen.

Besteht keine mietvertragliche Vereinbarung über ein Besichtigungs- und Zutrittsrecht, billigt die Rechtsprechung dem Vermieter ein Besichtigungs- und Betretungsrecht im Hinblick auf das Grundrecht des Mieters aus **Art. 13 GG** (Schutz seiner Privatssphäre) nur in engen Grenzen zu. Danach darf der Vermieter von seinem Besichtigungs- und Zutrittsrecht nur dann Gebrauch machen, wenn dazu eine objektive Notwendigkeit besteht. Z. B. wenn der Vermieter den begründeten Verdacht hat, dass ein Baumangel in der Wohnung vorliegt oder er den Zutritt zur Wohnung benötigt, um einen bereits festgestellten Baumangel zu beseitigen, vgl. § 535 BGB.

Nur bei Notwendigkeit

Als Vermieter dürfen Sie das Mietobjekt auch mit Fachleuten (z. B. mit Architekten, Handwerkern etc.) betreten, um die **Erforderlichkeit** bestimmter Maßnahmen überhaupt feststellen zu können bzw.

Zutritt auch für Fachleute

die **Durchführbarkeit** von Instandsetzungs- oder Instandhaltungsmaßnahmen zu prüfen.

Praxishinweis

Es ist oft auch aus anderen Gründen sinnvoll, die Besichtigung zusammen mit einem (sachkundigen) Zeugen durchzuführen. Bei einem Streitfall mit dem Mieter können Sie sich dann auf Ihre Zeugen berufen, z. B. wenn es um die Frage der Ursache oder den Umfang einer Mietminderung geht. Der Mieter ist jedoch nicht berechtigt, den Zutritt des Vermieters zusammen mit seinen Vertrauenspersonen davon abhängig zu machen, dass ihm Name und Anschrift dieser Personen mitgeteilt werden (LG Stuttgart, WuM 1991, 578; LG Trier, WuM 1993, 185).

Nicht ohne Einverständnis

Verweigert Ihnen der Mieter ohne Begründung den Zutritt zur Wohnung, dürfen Sie sich ohne Einverständnis des Mieters weder mit einem Nachschlüssel noch mit Gewalt Zutritt verschaffen, da Sie sich sonst dem Vorwurf der **verbotenen Eigenmacht** (§ 858 BGB) und des **Hausfriedensbruchs** (§ 123 StGB) aussetzen könnten.

Einstweilige Verfügung

In diesen Fällen haben Sie nur die Möglichkeit, den Mieter auf Zutritt zu dem Mietobjekt zu **verklagen**, wobei in eilbedürftigen Fällen das Besichtigungs- und Zutrittsrecht im Wege einer einstweiligen Verfügung gegen den Mieter durchgesetzt werden kann (AG Wedding, GE 1985, 155).

Praxishinweis

Verweigert der Mieter unberechtigt den Zutritt zum Mietobjekt, kann der Vermieter vom Mieter den durch die Verzögerung entstehenden Schaden verlangen, z. B. Mehrkosten, die durch eine erneute An- und Abfahrt des bestellten Handwerkers entstehen (AG München, WuM 1994, 425). Sollte der Mieter Ihnen den Zutritt verweigern, sollten Sie ihn darauf aufmerksam machen, dass er sich dann schadensersatzpflichtig Ihnen gegenüber machen kann.

5.1.2 Wie muss der Mieter bei der Beseitigung der Baumängel mitwirken?

Der Mieter hat gem. § 554 Abs. 1 BGB Maßnahmen zur Erhaltung der Mietsache, somit auch Maßnahmen des Vermieters zur Behebung und Beseitigung von Baumängeln zu **dulden.**

Uneingeschränkte Duldung

Der Mieter ist zur Duldung uneingeschränkt verpflichtet, d.h. er muss, soweit erforderlich, den **Zugang** zur Mietsache für Planung und Ausführung der Mängelbeseitigungsarbeiten gewähren. Er darf die notwendigen Arbeiten des Vermieters nicht ver- oder behindern. Der Mieter muss dabei den Zutritt zu sämtlichen Räumen ermöglichen und auch hinnehmen, dass einzelne Räume **vorübergehend geräumt** werden müssen, wenn das zur Durchführung der Arbeiten notwendig ist.

Keine aktive Mithilfe

Die Duldungsverpflichtung des Mieters ist keine positive Mitwirkungshandlung, sondern beschränkt sich nur darauf, dass er innerhalb der Mieträume durch **Wegräumen** oder Entfernen seiner Einrichtungsgegenstände den notwendigen Platz schafft und die Mieträume insoweit freimacht, um die notwendigen Arbeiten durchzuführen. Ein Teil der Rechtsprechung vertritt hier jedoch eine andere Auffassung. Danach soll der Mieter verpflichtet sein, die notwendigen Vorarbeiten zu leisten, um die Instandsetzungsmaßnahme durchführen zu können.

Beispiel:

Im Schlafzimmer des Mieters ist auf Grund unzureichender Isolierung der Außenwand Schimmel an der Innenwand hinter seiner Schrankwand aufgetreten. Im Rahmen seiner Duldungsmitwirkungsverpflichtung ist der Mieter verpflichtet, die Schrankwand zu entfernen, damit der Vermieter den Schimmel beseitigen kann (streitig).

5.2 Welche Ansprüche hat der Mieter, wenn Baumängel vorliegen?

5.2.1 Kann der Mieter die Beseitigung von Baumängeln verlangen?

Instandhaltungsverpflichtung

Auf Grund der Instandhaltungs- und Instandsetzungsverpflichtung des Vermieters kann der Mieter gem. § 535 Abs. 1 BGB vom Vermieter verlangen, dass die Mieträume während der Dauer des Mietvertrags **in vertragsgemäßem Zustand gehalten**, also aufgetretene Baumängel beseitigt werden. Wie bereits oben dargestellt, gilt dies auch für den Mieter einer **Eigentumswohnung**, der die Beseitigung von Mängeln am Gemeinschaftseigentum, soweit die Mietwohnung davon betroffen ist, vom Vermieter auch verlangen kann, wenn ein zustimmender Beschluss der Eigentümerversammlung noch nicht vorliegt (KG Berlin, ZMR 1990, 336).

Klage

Kommt der Vermieter dem Mängelbeseitigungs- bzw. Instandsetzungsverlangen des Mieters trotz Festsetzung nicht nach, hat der Mieter die Möglichkeit, den Vermieter auf Beseitigung der Baumängel zu verklagen. Der **Streitwert** einer solchen Klage bemisst sich nicht nach den Kosten der Mängelbeseitigung, sondern nach dem 36-fachen Monatsbetrag einer Mietminderung, die wegen des zu behebenden Mangels möglich wäre (BGH, ZMM 2000, 713).

Vollstreckung

Vollstreckt wird ein solches Urteil des Mieters gem. § 887 ZPO, weil die überwiegende Auffassung in der Rechtsprechung in der Instandsetzungsverpflichtung des Vermieters eine vertretbare Handlung sieht, so dass das zuständige Gericht auf Antrag den Mieter zur **Instandsetzung auf Kosten des Vermieters** ermächtigen und den Vermieter zur **Vorauszahlung** der voraussichtlich entstehenden Kosten verurteilen kann (LG Berlin, WuM 1994, 552).

5.2.2 Wie kann der Mieter die Baumängelbeseitigung gegenüber dem Vermieter durchsetzen?

Zurückbehaltungsrecht an künftigen Mietzahlungen

Auch in der mietrechtlichen Rechtsprechung ist anerkannt, dass der Mieter, um seinem Anspruch auf Beseitigung der Baumängel mehr Nachdruck zu verleihen, ein Zurückbehaltungsrecht an künftigen

Mietzahlungen gem. § 320 BGB gegenüber den Vermieter geltend machen kann, BGH, NJW 1982, 2242. Die Rechtsprechung beschränkt die Höhe des Zurückbehaltungsrechts auf das **Drei- bis Fünffache der Kosten der Mängelbeseitigung** (a. A.: des Minderungsbetrags) und orientiert sich damit an der baurechtlichen Rechtsprechung.

Unverzüglich nachzahlen

Im Gegensatz zur nachfolgend erläuterten Mietminderung, die dem Mieter bei Baumängeln im oder am Mietobjekt auch zustehen kann, ist der zurückbehaltene Betrag **nach der durchgeführten Mängelbeseitigung** vom Mieter unverzüglich nachzuzahlen. Dennoch kommt der Mieter nach der Rechtsprechung im Fall der Mängelbeseitigung erst nach einer **Mahnung des Vermieters in Verzug**. Auch wenn er die zurückbehaltenen Mieten nicht nachzahlt, kann ihm das Mietverhältnis nach Mahnung fristlos wegen Zahlungsverzugs gem. § 543 BGB gekündigt werden, LG Berlin, GE 1995, 821.

Beispiel:

In der Wohnung des Mieters fällt im Winter die Heizung aus. Trotz Mängelanzeige des Mieters ist der Vermieter nicht bereit, die Heizung wieder instand zu setzen.

Die Kosten für die Instandsetzung der Heizung belaufen sich auf 3.000 Euro. Der Mieter macht von seinem Zurückbehaltungsrecht Gebrauch und behält in den nächsten Monaten Mietzahlungen in Höhe von insgesamt 9.000 Euro zurück (streitig).

5.2.3 Kann der Mieter Baumängel selbst beseitigen und Aufwendungsersatz vom Vermieter verlangen?

Beseitigt der Vermieter trotz Aufforderung des Mieters den Mangel nicht, kann der Mieter nicht nur verlangen, dass der Vermieter die Mieträume in vertragsgemäßen Zustand bringt, sondern er hat unter bestimmten Voraussetzungen auch die Möglichkeit, selbst die Mängel zu beiseitigen und für die erforderlichen Aufwendungen Ersatz vom Vermieter zu verlangen, § 536a Abs. 2 Nr. 1 BGB.

Verzug des Vermieters

Voraussetzung für das Selbstbeseitigungsrecht und den Aufwendungsersatzanspruch des Mieters ist, dass sich der Vermieter mit der

Beseitigung der Mängel in Verzug befindet. Der Verzug setzt eine auf Mängelbeseitigung gerichtete Mahnung des Mieters voraus, § 286 Abs. 1 S. 1 BGB.

Eindeutige und bestimmte Leistungsbeschreibung

Es genügt dafür nicht, dass der Mieter nur den Mangel anzeigt. Hierzu ist er bereits nach § 536c Abs. 1 BGB verpflichtet. Die Mahnung des Mieters muss vielmehr die **Aufforderung an den Vermieter** enthalten, die geschuldete Leistung zu erbringen. Sie muss daher eindeutig und bestimmt die geforderte Leistung beschreiben.

Praxishinweis

Eine Mahnung ist entbehrlich, wenn der Vermieter ernsthaft und endgültig die Durchführung der Arbeiten verweigert. An eine solche Erfüllungsverweigerung sind nach der Rechtsprechung jedoch hohe Anforderungen zu stellen. Als Richtschnur gilt, dass die Weigerung als „letztes Wort" aufzufassen sein muss.

Erhaltung der Mietsache

Seit In-Kraft-Treten der Mietrechtsreform im September 2001 kann der Mieter den Baumangel nicht nur dann selbst beseitigen und Ersatz seiner erforderlichen Aufwendungen verlangen, wenn der Vermieter mit der Beseitigung des Mangels in Verzug ist, sondern auch wenn die Beseitigung des Mangels zur Erhaltung oder Wiederherstellung des Bestands der Mietsache **notwendig** ist, § 536a Abs. 2 Nr. 2 BGB.

Notmaßnahmen

Nach dem Willen des Gesetzgebers handelt es sich dabei um Notmaßnahmen, die keinen Aufschub dulden, d.h., es sind hier Maßnahmen in dem Zeitraum angesprochen, **bevor der Verzug eingetreten ist**.

Praxishinweis

Um das Kosten- und Prozessrisiko des Mieters zu minimieren, gesteht die Rechtsprechung dem Mieter zu, einen angemessenen Vorschuss in Höhe der Beseitigungskosten zu verlangen, vgl. BGH, NJW 1985, 267; KG Berlin, NJW-RR 1988, 1039.

5.3 Kann der Mieter wegen eines Baumangels vom Vermieter Schadensersatz verlangen?

Der Mieter hat neben dem Aufwendungsersatzanspruch und dem Selbstbeseitigungsrecht nach § 536a Abs. 2 Nr. 1 BGB auch einen Schadensersatzanspruch gegenüber dem Vermieter; § 536a Abs. 1 S. 1 BGB.

Voraussetzungen

Voraussetzung dafür ist, dass ein zur Minderung berechtigter Baumangel **schon bei Abschluss des Mietvertrags vorhanden** gewesen ist oder dass ein Baumangel nach Abschluss des Mietvertrags entsteht und der **Vermieter** den Schaden, der aus dem Baumangel resultiert, **zu vertreten** hat.

Der Mieter kann nach § 536a Abs. 2 S. 1 BGB in drei Fällen vom Vermieter Schadensersatz wegen Nichterfüllung verlangen.

Garantiehaftung

1. Bei Abschluss des Mietvertrags war der Mangel bereits vorhanden. Es liegt ein Fall der Garantiehaftung vor.

Praxishinweis

Es spielt keine Rolle ob der Mangel bei Vertragsschluss erkennbar oder vermeidbar war. Es ist auch unerheblich, ob Sie als Vermieter oder z. B. Ihr Bauunternehmer den Mangel selbst verursacht haben. Sie haften als Vermieter daher auch für versteckte oder geheime Mängel am Mietobjekt, z. B für einen Wasserschaden durch ein geplatztes Wasserrohr, LG Köln, WuM 1990, 386.

Beispiel:

Die vom Mieter angemietete Wohnung wurde vom Bauträger nicht ausreichend isoliert, sodass der Mieter in Unkenntnis dieses Mangels die Wohnung angemietet hat. Der Vermieter muss für die eingetretenen Schäden einstehen.

Verschuldenshaftung

2. Der Baumangel entsteht später nach Abschluss des Mietvertrags wegen eines Umstands, den der Vermieter zu vertreten hat. Es liegt ein Fall der Verschuldenshaftung des Vermieters vor.

Beispiel:

Der Vermieter weiß, dass die Isolierung der angemieteten Wohnung nicht ausreichend ist, und lässt die erforderliche Nachisolierung nicht vornehmen. Der Vermieter haftet für seine Untätigkeit.

Verzugshaftung

3. Der Vermieter kommt mit der Beseitigung eines Baumangels in Verzug. Der Vermieter haftet für seinen Verzug (Verzugshaftung).

Beispiel:

Der Vermieter wurde vom Mieter angemahnt, die nicht ausreichende Isolierung der Wohnung nachzubessern. Der Vermieter erteilt den Auftrag nicht binnen der vom Mieter gesetzten angemessenen Beseitigungsfrist. Der Vermieter haftet für seinen Verzug.

Nichterfüllungsschaden

Der Mieter kann als Schadensersatz vom Vermieter verlangen, so von ihm gestellt zu werden, wie er bei vertragsgemäßer Erfüllung des Mietvertrags, also ohne den Mangel stünde (sog. Nichterfüllungsschaden). Dieser Schadensersatzanspruch umfasst neben dem unmittelbaren Mangelfolgeschaden auch **Folge- und Begleitschäden** des Mieters. Der Mieter kann neben dem reinen Sachschaden auch Ersatz für einen möglichen Körperschaden vom Vermieter verlangen.

Anerkannte Ansprüche

Als mögliche Schadenspositionen sind von der Rechtsprechung anerkannt worden:

- Kosten der Renovierungs- und Mängelbeseitigung (LG Heidelberg, WuM 1997, 42; AG Bremen, WuM 2002, 215),
- Körperschäden des Mieters, insbesondere Heilungskosten und Verdienstausfall des Mieters (BGH, NJW-RR 1991, 970; BGH, NJW 1962, 808),
- Erhöhte Verbrauchskosten (z. B. erhöhte Heizkosten) (AG Ahrensburg, WuM 1986, 213),
- Ersatz für Beschädigungen an vom Mieter eingebrachten Sachen,
- Verdienstausfall des Mieters,
- Umzugskosten,

- Differenzmiete für die Anmietung einer Ersatzwohnung, beschränkt auf den Zeitpunkt, zu dem das Mietverhältnis erstmalig kündbar ist,
- Kosten der Rechtsverfolgung (z. B. Rechtsanwaltskosten, Sachverständigenkosten, Kosten eines selbstständigen Beweisverfahrens),
- Schmerzensgeld für erlittene Körperschäden.

Zeitwert

Macht der Mieter einen Sachschaden geltend, muss der Vermieter beachten, dass der Mieter regelmäßig nur den Ersatz des Zeitwerts für den beschädigten Gegenstand und nicht dessen Neuwert verlangen kann. Dies erfolgt aus dem im Schadensrecht verankerten Grundsatz der Naturalrestitution, § 249 S. 1 BGB. Die konkrete Schadensermittlung hat daher unter Berücksichtigung des Prinzips **„Abzug Neu für Alt“** zu erfolgen. Dazu wird die normale Nutzungsdauer eines Gegenstands zu seinem Neuwert in Beziehung gesetzt. Häufig kann die normale Nutzungsdauer eines Gegenstands auf Grund der Erfahrungswerte bestimmt werden, die in der Rechtsprechung vorhanden sind.

Praxishinweis

Ein vom Mieter verlegter Teppichboden hat einen Anschaffungspreis von 2.000 Euro. Der Teppichboden wird durch einen Wasserschaden, den der Vermieter zu verantworten hat, völlig zerstört. Der zum Schadenszeitpunkt drei Jahre alte Teppichboden muss durch einen neuen Bodenbelag ersetzt werden. Die Rechtsprechung (z. B. LG Kiel, WuM 1998, 215) geht bei einem Teppichboden normaler Qualität von einer Lebensdauer von ca. 10 Jahren aus. Der Mieter kann daher vom Vermieter als Ersatz für den Zeitwert des Teppichs 70%, also ca. 1.400 Euro, verlangen.

Schadensrechtsänderungsgesetz

Durch das neue Schadensrecht (Zweites Schadensrechtsänderungsgesetz), das mit Wirkung zum 1.8.2002 in Kraft getreten ist, sind auch beim Sachschaden Änderungen eingetreten, die Auswirkung auf die Schadensregulierung in einem Mietverhältnis haben.

Zunächst ist unverändert geblieben, dass der Geschädigte, der einen Sachschaden erlitten hat, frei darüber entscheiden kann, ob er die

Herstellung des ursprünglichen Zustands von dem Schädiger oder stattdessen den dafür erforderlichen **Geldbetrag** verlangen möchte.

Umsatzsteuer

Ein Teil der Neuregelung ist, – wenn der Geschädigte den eingetretenen Schaden nicht tatsächlich beheben lässt, sondern lediglich fiktiv die Kosten dafür abrechnet –, dass die Umsatzsteuer nur dann zu ersetzen ist, wenn sie **zur Schadensbeseitigung tatsächlich anfällt**, § 249 Abs. 2 BGB.

Beispiel:

Durch eine bereits bei Abschluss des Mietvertrags undichte Wasserleitung in der Wohnung wird die wertvolle Kommode des Mieters völlig zerstört. Der Wiederbeschaffungswert der Kommode beträgt 4.640 Euro inklusive Mehrwertsteuer. Wenn der Mieter die Kommode nicht neu anschafft, kann er vom Vermieter lediglich den Wiederbeschaffungswert in Höhe von 4.000 Euro netto beanspruchen.

Schmerzensgeldanspruch

Durch das Zweite Schadensrechtsänderungsgesetz hat der Mieter nunmehr die Möglichkeit unter bestimmten Voraussetzungen auch Schmerzensgeld vom Vermieter zu verlangen. Nach der Neuregelung des § 253 Abs. 2 BGB (der § 847 BGB nach dem 31.7.2002 abgelöst hat) muss ein Schuldner (z. B. der Vermieter) Schadensersatz in Form von Schmerzensgeld leisten, wenn eine Verletzung der in § 253 Abs. 2 BGB aufgezählten Rechtsgüter, wie **z. B. Verletzung des Körpers, der Gesundheit, der Freiheit** etc., eingetreten ist.

Beispiel 1:

In der Wohnung des Mieters wird festgestellt, dass das Balkongeländer wegen Korrosionsschäden ersetzt werden muss. Das alte Balkongeländer wird durch ein neues ausgetauscht. Bei der Montage des neuen Balkongeländers wird vergessen das Balkongeländer ausreichend zu befestigen. Der Mieter lehnt sich an das Geländer, bricht sich beim Sturz das Bein und muss stationär im Krankenhaus behandelt werden.

Der Mieter kann neben dem Ersatz der Behandlungskosten und dem Verdienstausfall vom Vermieter auch ein angemessenes Schmerzensgeld für die erlittene Verletzung verlangen.

Beispiel 2:

Der Vermieter überlässt dem Mieter eine erst vor kurzem gekaufte Neubauwohnung. Bereits vor Übergabe der Wohnung an den Mieter hatte sich hinter einer Schrankwand großflächig Schimmel gebildet, ohne dass der Schimmel von den Vertragsparteien bemerkt worden wäre. Der Mieter erkrankt daraufhin an einer Schimmelpilzallergie und muss ärztlich behandelt werden.

Der Mieter kann neben dem Ersatz der Behandlungskosten und einem etwaigen Verdienstausfall vom Vermieter auch ein angemessenes Schmerzensgeld für die eingetretene Erkrankung verlangen.

Entlastungsbeweis

Ab 1.8.2002 kann der Vermieter den Entlastungsbeweis beim Schmerzensgeld nicht mehr führen. Nachdem die Voraussetzungen für einen Schmerzensgeldanspruch nunmehr im Allgemeinen Teil des BGB geregelt sind, ergibt sich die Verpflichtung zur Schadensersatzleistung aus § 278 BGB (Haftung für den Erfüllungsgehilfen), sodass der Vermieter z. B. für das Verschulden seines Handwerkers **wie für sein eigenes Verschulden einstehen** muss.

Beispiel 3:

Im Fall von Beispiel 1 wird das Geländer von einem Handwerker montiert, den der Vermieter mit der Montage beauftragt hatte. Der Vermieter kann sich nicht damit entlasten, dass der Handwerker bis dato zuverlässig alle übertragenen Montagearbeiten ausgeführt hatte. Der Mieter kann neben dem Ersatz der Behandlungskosten und dem Verdienstausfall vom Vermieter auch ein angemessenes Schmerzensgeld für die erlittene Verletzung verlangen.

Altes Recht

Die Haftung des Vermieters hat sich noch weiter verschärft: Der Vermieter musste nach der alten Rechtslage des § 847 BGB nur für sein eigenes Verschulden einstehen. Vor dem 1.8.2002 konnte er seine Haftung nach § 831 BGB (für den Verrichtungsgehilfen) abwenden, wenn er **nachweisen** konnte, dass er seinen eingeschalteten Verrichtungsgehilfen (z. B. den Handwerker) **sorgfältig ausgewählt** hat.

Mitverschulden des Mieters

In der Praxis spielt häufig auch ein Mitverschulden des Mieters in diesen Schadensfällen eine nicht unerhebliche Rolle.

Praxishinweis

Als Vermieter sollten Sie immer prüfen, ob nicht ein Mitverschulden des Mieters vorliegt, § 254 BGB. Liegt ein Mitverschulden des Mieters vor, kann u. U. Ihre Schadensersatzpflicht erheblich eingeschränkt sein und im Extremfall zum vollständigen Ausfall der Schadensersatzforderung des Mieters führen.

Hinweise für ein Mitverschulden des Mieters sind:

- Durch ein Fehlverhalten des Mieters ist der Mangel erst eingetreten oder hat sich besonders schwer verwirklicht.
- Der Mieter hat den Mangel nicht angezeigt, obwohl er den Mangel erkannt hatte und ihm die Anzeige des Mangels an den Vermieter zumutbar gewesen wäre.
- Der Mieter unterlässt für ihn zumutbare Notmaßnahmen, um einen größeren Schadenseintritt zu verhindern.

Haftung gegenüber Dritten

Der Vermieter haftet nicht nur gegenüber dem Mieter, sondern auch gegenüber Dritten, die in den **Schutzbereich des Mietvertrags** einbezogen sind. Es handelt sich dabei um Personen, zu denen der Mieter miet-, familien- oder arbeitsrechtliche Beziehungen unterhält, z. B. Familienangehörige des Mieters, die in der Wohnung leben, wie (Haus)-Angestellte etc.

Praxishinweis

Als Vermieter sollten Sie auf jeden Fall die Möglichkeit nutzen, die verschuldensunabhängige Haftung des § 536a BGB (Garantiehaftung im Fall der bei Vertragsschluss vorhandenen Mängel) bei Abschluss eines Mietverhältnisses auszuschließen. Der Ausschluss Ihrer Haftung kann auch im Wege Allgemeiner Geschäftsbedingungen vereinbart werden. Der Wortlaut einer solchen Vereinbarung kann wie folgt lauten:

Die verschuldensabhängige Haftung des Vermieters für beim Mietvertragsabschluss vorhandene Sachmängel ist ausgeschlossen. § 536a Abs. 1 BGB findet insoweit keine Anwendung.

Der Haftungsausschluss umfasst in den Fällen der Garantiehaftung somit auch die nach In-Kraft-Treten des Zweiten Schadensrechtsänderungsgesetzes neugeschaffene Möglichkeit des Mieters von Ihnen Schmerzensgeld zu verlangen. Mit dieser einfachen Vorsichtsmaßnahme können Sie als Vermieter Ihre Haftung gegenüber dem Mieter auf ein erträgliches Maß begrenzen.

Ausnahmen

Zu beachten ist jedoch, dass der Haftungsausschluss bei **Körper- und Gesundheitsschäden** gem. § 309 Nr. 7a BGB unwirksam wird, wenn der Schaden nur auf einer **fahrlässigen Pflichtverletzung** des Verwenders (Vermieters) beruht oder seines gesetzlichen Vertreters oder seines Erfüllungsgehilfen. Unwirksam ist ferner ein Ausschluss oder eine Begrenzung der Haftung für **sonstige Schäden**, die auf einer **grob fahrlässigen Pflichtverletzung** des Verwenders oder auf einer vorsätzlichen oder grob fahrlässigen Pflichtverletzung eines gesetzlichen Vertreters oder Erfüllungsgehilfen des Verwenders beruhen, § 309 Nr. 7b BGB.

5.4 Kann der Mieter wegen eines Baumangels das Mietverhältnis kündigen?

5.4.1 Ordentliche Kündigung

Ohne Begründung

Bestehen an einem Mietobjekt weniger schwerwiegende Mängel, kann sich der Mieter entschließen, ein unbefristet eingegangenes Mietverhältnis ordentlich zu kündigen. Der Mieter braucht diese ordentliche Kündigung gegenüber dem Vermieter nicht zu begründen.

5.4.2 Fristlose Kündigung

Erheblicher Baumangel

Liegen dagegen Mängel vor, die das Mietobjekt stark beeinträchtigen, kann der Mieter wegen Nichtgewährung des Gebrauchs der Mietsache nach § 543 Abs. 2 S. 1 Nr. 1 BGB das Mietverhältnis fristlos kündigen. Die Rechtsprechung beurteilt auch das Vorliegen eines erheblichen Baumangels an einem Mietobjekt als Nichtgewährung oder als Entziehen des vertragsgemäßen Gebrauchs einer Mietsache. Erheblich bedeutet, dass geringfügige Einschränkungen der Nutzung der Mietsache nicht genügen. Die außerordentliche fristlose Kündigung des Mieters dient als letztes Mittel (ultima ratio) des Mieters.

Fristsetzung

Dem Vermieter muss zunächst eine angemessen lange Frist zur Abhilfe der Mängel gesetzt werden und die Frist muss **erfolglos abgelaufen** sein, § 543 Abs. 3 S. 1 BGB. Die Länge der zu setzenden Frist bestimmt sich nach den Umständen des jeweiligen Einzelfalls. Zu berücksichtigen sind dabei Art und Umfang der Gebrauchsbeeinträchtigung und der Aufwand für die erforderlichen Beseitigungsmaßnahmen.

Eine zu kurz gesetzte Frist ist nicht unwirksam, sondern wandelt sich automatisch in eine **angemessene Frist** um (LG Frankfurt, WuM 1987, 55). Bei bestimmten Fallgestaltungen ist ausnahmsweise eine Fristsetzung durch den Meter nicht erforderlich, wenn die Fristsetzung offensichtlich keinen Erfolg verspricht, § 543 Abs. 3 S. 2 Nr. 1 BGB. Hierher gehört der Fall, dass der Vermieter die Beseitigung des Mangels ernsthaft und endgültig verweigert, woran allerdings strenge Anforderungen zu stellen sind (BGH, NJW 1976, 796). Eine Fristsetzung ist auch dann entbehrlich, wenn die sofortige Kündigung aus besonderen Gründen unter Abwägung der beiderseitigen Interessen gerechtfertigt ist, § 543 Abs. 3 S. 2 Nr. 2 BGB. Es handelt sich dabei um Fallgestaltungen, in denen **bereits fehlgeschlagene Beseitigungsversuche** des Vermieters durchgeführt wurden.

Beispiel:

Der Mieter ist mit seiner Kündigung ausgeschlossen, wenn er den Mangel selbst zu vertreten hat (BGHZ, 66, 349).

Oder: Der Mieter hat die ihm obliegenden Mitwirkungshandlungen wegen Mangelbeseitigung verweigert.

Praxishinweis

Von dieser Fristsetzung ist die Mängelanzeige des Mieters nach § 536c BGB zu unterscheiden. Diese Mängelanzeige setzt die Frist des § 543 Abs. 3 S. 1 BGB nicht in Kraft.

Voraussetzung für die Kündigung des Mieters ist i. Ü. nicht, dass der Vermieter die Kündigungstatbestände verschuldet hat. Auch trägt der Vermieter die Beweislast dafür, dass er den Gebrauch der Mietsache dem Mieter rechtzeitig gewährt hat oder die Abhilfe vor Ablauf der vom Mieter gesetzten Frist erfolgt ist, § 543 Abs. 4 S. 2 BGB.

Beweislast

Praxishinweis

Sie sollten als Vermieter immer prüfen, ob der Mieter zeitnah nach dem Auftreten des Mangels gekündigt hat. Nimmt der Mieter über eine längere Zeit den Baumangel hin, oder wartet er nach der gesetzten Abhilfefrist mit dem Ausspruch der Kündigung zu lange, kann dieses Zuwarten zum Verlust seines fristlosen Kündigungsrechts führen (BGH, NZM 2000, 825; OLG Saarbrücken, MDR 1999, 86).

5.4.3 Fristlose Kündigung wegen Gesundheitsgefährdung

Der Mieter kann auch dann ein Mietverhältnis fristlos kündigen, wenn die Baumängel im oder am Mietobjekt zu einer erheblichen Gefährdung der Gesundheit führen, § 569 Abs. 1 BGB. Gefährdung bedeutet, dass eine Beschädigung der Gesundheit noch nicht eingetreten sein muss. Es muss jedoch **objektiv** eine Gefährdungslage bestehen.

Der Maßstab

Der Mieter kann daher z. B. ein Mietverhältnis nicht wegen Gesundheitsgefährdung kündigen, wenn die Gesundheitsgefährdung lediglich auf einer besonderen Empfindlichkeit des Mieters beruht, z.B. auf einer Allergie gegen Hausstaubmilben. Maßstab für die Beurteilung der Gesundheitsgefährdung ist der **aktuelle Stand der wissenschaftlichen Erkenntnisse** und nicht der Kenntnisstand bei Abschluss des Mietvertrags, BVerfG, WuM 1998, 657; BayObLG, WuM 1999, 568.

Beispiele

Beispiele für eine Gesundheitsgefährdung sind:

- Feuchtigkeitseinwirkungen z. B. infolge mangelhafter Isolierung des Mauerwerks,
- unzureichende Beheizung der Wohnung,

- starke Erhitzung der Mieträume über mehrere Monate hinweg in einem durchschnittlichen Sommer,
- Bauseits bedingter starker Schimmelbefall der Wohnung (LG München I, WuM 1991, 584),
- Bauseits erhöhte Schadstoffkonzentration der Raumluft mit Formaldehyd, Lindan oder PCB (LG Lübeck, NJW-RR 1998, 441).

Praxishinweis

Nicht Sie als Vermieter, sondern der Mieter muss beweisen, dass der Baumangel zu einer möglichen Gesundheitsgefährdung führt, LG Frankfurt, NZM 2001, 523 zur Darlegungs- und Beweislast des Mieters.

Dauerhafte Gefährdung

Weitere Voraussetzung für die fristlose Kündigung wegen Gesundheitsgefährdung ist, dass die Räume dauerhaft gesundheitsgefährdend sein müssen. Es reicht nicht für eine fristlose Kündigung nach § 569 Abs.1 BGB aus, wenn die Mängel lediglich vorübergehend sind und der Vermieter zur Abhilfe der Mängel bereit ist.

Auch bei Kenntnis

Im Gegensatz zur fristlosen Kündigung wegen Nichtgewährung des Gebrauchs nach § 543 Abs. 2 S. 1 Ziff. 1 BGB kann der Mieter wegen Gesundheitsgefährdung auch dann kündigen, wenn er die gefahrbringende Beschaffenheit der Wohnung bei Abschluss des Mietvertrags gekannt und auf die **Geltendmachung seiner Rechte** wie z. B. Mietminderung **verzichtet** hat.

Kündigung ausgeschlossen

Die Kündigung des Mieters ist jedoch in folgenden Fallgestaltungen ausgeschlossen bzw. unwirksam:

- Der Mieter hat die gefahrbringende Beschaffenheit selbst verschuldet,
- der Mieter vereitelt schuldhaft die Durchführung von Abhilfemaßnahmen des Vermieters,
- der Mieter gibt bei einer Kündigung eines Wohnraummietverhältnisses den Kündigungsgrund nicht an, § 569 Abs. 4 BGB.

Beispiel:

Der Mieter heizt und lüftet die angemietete Wohnung nicht ausreichend. Es bildet sich dadurch an den Wänden von Wohn- und Schlafzimmer großflächig Schimmel.

Der Mieter kann nicht wegen Gesundheitsgefährdung kündigen, weil er selbst für den Schimmelbefall der Wohnung verantwortlich ist.

Verzichtbar

Im Gegensatz zur fristlosen Kündigung wegen Nichtgewährung des Gebrauchs ist bei der Kündigung wegen Gesundheitsgefährdung weder eine **Abhilfefrist** noch die **Anzeige** nach § 536c BGB erforderlich.

5.5 Kann der Mieter wegen eines Baumangels die Miete mindern?

5.5.1 Die Gründe für eine Mietminderung

Instandhaltung

Wie bereits oben ausgeführt, sind Sie als Vermieter verpflichtet, das Mietobjekt instand zu halten und dem Mieter den vertragsgemäßen Gebrauch während der Mietzeit zu gewähren. Erfüllen Sie als Vermieter diese Verpflichtungen nicht oder nicht rechtzeitig, kann der Mieter neben bereits dargestellten Gewährleistungsrechten wie Mängelbeseitigung, Aufwendungsersatz, Schadensersatz, außerordentliche fristlose Kündigung auch eine Minderung der Miete vornehmen.

Praxishinweis

Der Mieter macht erfahrungsgemäß von der Mietminderung bei den vorgenannten Gewährleistungsrechten am häufigsten Gebrauch. In der Praxis sind daher sehr häufig Fragen zur Mietminderung anzutreffen.

Ein Baumangel an oder in einem Mietobjekt stellt sehr häufig auch einen Sachmangel im Sinn der mietrechtlichen Bestimmungen dar, der den Mieter berechtigt eine Mietminderung geltend zu machen. Ein Sachmangel im Mietrecht liegt vor, wenn die Mietsache einen

Fehler hat, der ihre **Tauglichkeit** zum vertragsgemäßen Gebrauch aufhebt oder nicht unerheblich mindert, oder ihr eine **zugesicherte Eigenschaft** fehlt oder diese später wegfällt, § 536 Abs.1 u. 2 BGB.

Gebrauchstauglichkeit

Auch im Mietrecht ist ein Fehler als für den Mieter negative Abweichung des tatsächlichen Zustands (Istzustand) von dem vertraglich geschuldeten Sollzustand definiert (BGH, NJW 2000, 1714 ff.). Der mietrechtliche Fehlerbegriff knüpft anders als der kaufrechtliche nicht an der Beschaffenheit als solcher, sondern an der Gebrauchstauglichkeit, deren Beeinträchtigung maßgebend ist, an. Daher liegt ein Fehler auch dann vor, wenn die Mietsache trotz Einhaltung aller technischen Normen nicht gebrauchstauglich ist, umgekehrt liegt kein Fehler vor, wenn die Mietsache trotz Nichteinhaltung technischer Normen uneingeschränkt gebrauchstauglich ist.

Baubestand bei Vertragsschluss

Die alters- oder gebrauchsbedingte Verschlechterung der Mietsache stellt dagegen per se keinen Mangel dar. Der Mieter kann daher grundsätzlich von Ihnen als Vermieter nicht beanspruchen, dass die Wohnung auf dem neuesten technischen Stand gehalten wird. § 535 Abs. 1 S. 2 BGB verpflichtet Sie lediglich, das Mietobjekt in dem Zustand zu halten, der bei Abschluss des Mietvertrags zugrunde gelegt wurde. Es ist daher grundsätzlich auf die tatsächlichen (baulichen) Verhältnisse im Zeitpunkt des Vertragsschlusses abzustellen (BayObLG, WuM 1999, 568). Von einer allgemeinen Nachrüstverpflichtung zulasten des Vermieters kann also nicht ausgegangen werden (LG München, ZMR 1987, 468).

Praxishinweis

Um etwaige Minderungsansprüche des Mieters von vornherein erst gar nicht entstehen zulassen, empfiehlt es sich mit dem Mieter bei Vertragsschluss eine exakte Bestandsaufnahme aller in dem Mietobjekt vorhandenen Mängel vorzunehmen.

Sind die Mängel dokumentiert, können Sie mit dem Mieter vereinbaren, dass das Auftreten alterstypischer Mängel (z. B. schlechte Schallisolierung, unzureichende Wärmedämmung etc.) bei der angemieteten Wohnung keine Mietminderung rechtfertigt.

Im Übrigen können jedoch eine Vielzahl von baulichen Mängel den Mieter zur Mietminderung berechtigen:

Beachtliche Mängel

- Undichtes Dach führt zu Feuchtigkeit in der Wohnung.
- Fenster schließen schlecht.
- Mangelhafte Isolierung des Gebäudes.
- Mangelhafte Instandhaltung des Außenputzes.
- Mangelhafte Wärmeisolierung.
- Neubaufeuchtigkeit.
- Fogging, vgl dazu Moriske NZM 2000, 894 ff.; Tiefenbacher ZMR 2000, 432.
- Erhöhte Schadstoffkonzentrationen, wenn Grenz- oder Richtwerte überschritten werden.
- Mangelnder Schallschutz.
- Mangelnde elektrische Installationen.
- Bleigehalt im Trinkwasser.

Praxishinweis

Entgegen der bei vielen Vermietern verbreiteten Meinung ist die Mietminderung kein Anspruch, den der Mieter erst einfordern muss, sondern vielmehr eine kraft Gesetzes eintretende Änderung der Vertragspflicht, § 536 Abs. 1 S. 1 u. 2 BGB.

Der Vermieter muss der Mietminderung nicht zustimmen, ebenso wenig muss der Mieter die Mietminderung dem Vermieter vorher ankündigen.

Nur für die Zukunft

Der Mieter kann die Mietminderung grundsätzlich nur für die Zukunft vornehmen, es sei denn, bei der sofortigen Mängelanzeige hat sich der Mieter die Mietminderung ausdrücklich vorbehalten. Die Mietminderung setzt voraus, dass der Mieter seiner Verpflichtung nachgekommen ist, dem Vermieter den Mangel **anzuzeigen**, § 536c Abs. 1 BGB, damit der Vermieter die Möglichkeit hat, vom Mangel überhaupt Kenntnis zu erhalten und für Abhilfe zu sorgen.

Verschuldensunabhängig

Das Mietminderungsrecht steht dem Mieter unabhängig von einem Verschulden des Vermieters zu, da die mietrechtliche Gewährleistung als **Garantiehaftung** unabhängig vom Verschulden des Vermieters ausgeprägt ist, § 536 Abs. 1 BGB.

Es ist daher ohne Belang, ob die eingetretene Schadensursache überhaupt im Einflussbereich des Vermieters liegt bzw. ob sie objektiv von ihm behebbar ist.

Praxishinweis

In Fällen, in denen der Mangel eindeutig feststeht, macht es für den Vermieter Sinn, sich mit dem Mieter in einem bestimmten Umfang auf eine Mietminderung zu einigen.

In einer solchen Vereinbarung sollte schriftlich neben der genauen Beschreibung der abgegoltenen Mängel auch die Höhe der vereinbarten Mietminderung geregelt werden.

5.5.2 In welcher Höhe kann der Mieter die Miete mindern?

Die Kriterien

Die Bestimmung der Höhe der Mietminderung macht in der Praxis häufig Schwierigkeiten. Es handelt sich dabei um eine Einzelfallentscheidung, die von der Schwere des Mangels, dem Grad und der Dauer der Beeinträchtigung des vertragsgemäßen Gebrauchs abhängt.

Mietminderungstabellen

Als Vermieter werden Sie daher häufig mit Mietminderungstabellen konfrontiert. Dabei ist zu berücksichtigen, dass solche Tabellen nur als grobe Einschätzung für die konkret vorzunehmende Mietminderung dienen können. Anhand dieser Tabellen können Sie als Vermieter einschätzen, ob die vorgenommene Mietminderung in der richtigen Größenordnung beansprucht wird. Die dort ausgewiesenen Prozentsätze stellen keine absoluten Größen dar. In der Praxis wird der Minderungsbetrag regelmäßig gem. § 287 ZPO durch den Richter **geschätzt**. Ggf. wird vom Gericht ein Sachverständiger mit der Überprüfung der Höhe der Minderung beauftragt.

Brutto- oder Nettomiete?

Fraglich ist, ob die Mietminderung von der Bruttomiete oder der Nettomiete zu berechnen ist. Nach dem wohl überwiegenden Teil der Rechtsprechung (OLG Frankfurt, WuM 1986, 19; OLG Hamm, NJWE-MietR, 1996, 80) ist von der **Warmmiete** einschließlich der Vorauszahlungen auf Heizkosten auszugehen. Richtiger erscheint es jedoch nur im Ausnahmefall von der Warmmiete als Berechnungsgrundlage auszugehen. Nur in den Fällen, in denen sich die Minderung auch auf die Betriebskosten erstreckt, z. B. wenn die Heizung nicht ordnungsgemäß arbeitet oder ausfällt, sollte auf die Bruttomiete als Berechnungsgrundlage für die Mietminderung abgestellt werden.

5.5.3 In welchen Fällen kann der Mieter trotz Vorliegen eines Mangels nicht mindern?

Eigenverschulden

Das Mietminderungsrecht des Mieters ist insbesondere dann ausgeschlossen, wenn der Mieter den Mangel selbst verursacht hat oder die Beseitigung des Mangels durch den Vermieter verhindert.

Fortgesetzte Mietzahlung

In der Rechtsprechung (BGH, NJW 1997, 2647) ist schon seit längerem anerkannt, dass der Mieter sein Recht auf Mietminderung verliert, wenn er über einen längeren Zeitraum (**ca. sechs Monate**) den Mangel nicht rügt und insbesondere die **Miete vorbehaltlos weiter bezahlt**. Das hat auch der BGH in einem neuen Urteil (NZM 2003, 155) wieder betont. Ferner kann der Mieter in diesem Fall auch sein Recht zur fristlosen Kündigung wegen Nichtgewährung des vertragsgemäßen Gebrauchs verlieren, § 543 Abs. 2 Nr. 1 BGB, (BGH, NJW 2000, 2663).

5.5.4 Wann sind die Mängelansprüche des Mieters ausgeschlossen?

Durch Gesetz oder Vertrag

Die oben angesprochenen Rechte des Mieters auf Mietminderung, Schadensersatz oder Aufwendungsersatz können durch Gesetz oder Vertrag ausgeschlossen sein. § 536b BGB nennt drei Fallkonstellationen :

- Der Mieter hat bei Vertragsschluss den Mangel der Mietsache gekannt,
- dem Mieter ist der Mangel infolge grober Fahrlässigkeit unbekannt geblieben und der Vermieter hat den Mangel nicht arglistig verschwiegen,
- der Mieter hat die mangelhafte Mietsache, obwohl er den Mangel kannte, ohne sich seine Rechte vorzubehalten als vertragsgemäß anerkannt.

6 Welche Besonderheiten sind bei Wohnungseigentum zu beachten?

6.1 Rechtsnatur des Bauträgervertrags

Vertragsinhalt

Inhalt eines Bauträgervertrags ist im Regelfall, dass der Bauträger auf einem in seinem Eigentum stehenden oder noch von ihm zu beschaffenden Grundstück ein Bauwerk mit ihm zur Verfügung gestellten Geldmitteln errichtet.

Hinweis

Für die rechtliche Beurteilung ist es unabhängig, in welchem Baustadium der Bauträgervertrag (= Erwerbsvertrag) geschlossen wurde. Die Rechtsprechung ist dabei sehr großzügig, wenn es darum geht dem Erwerber Gewährleistungsrechte nach dem Werkvertragsrecht einzuräumen. So wird z. B. bei einer zwei Jahre lang leer stehenden Wohnung noch davon ausgegangen, dass es sich um ein neuerrichtetes Objekt handelt, auf das die Regelungen des Werkvertragsrechts anzuwenden sind (BGH, BauR 1985, 314).

Bestandteile von Kauf- und Werkvertrag

Die Rechtsnatur des Bauträgervertrags ist gesetzlich nicht geregelt. Vereinfacht gesagt besteht der Bauträgervertrag aus einem gemischten Vertrag, der Elemente des Kauf- und des Werkvertrags umfasst. Ein Hauptbestandteil des Bauträgervertrags ist der Kaufvertrag, bezogen auf den Erwerb des Grundstücks. Die andere Komponente ist der Werkvertrag, bezogen auf die Errichtung des Gebäudes.

Praxishinweis

Sie erwerben als Käufer einer Eigentumswohnung neben Ihrem Sondereigentum einen Miteigentumsanteil an dem Grundstück. Sie können vom Bauträger daher auch die Herstellung des vertraglich geschuldeten Werks, d. h. die Errichtung des Gebäudes, verlangen, falls die Wohnanlage vom Plan weg verkauft wurde und noch nicht errichtet worden ist.

Die häufig in der Praxis noch anzutreffende falsche Bezeichnung des Bauträgervertrags als „Kaufvertrag" spielt dabei keine Rolle, da die Rechtsprechung grundsätzlich darauf abstellt, wo der rechtliche oder wirtschaftliche Schwerpunkt des Vertrags liegt. Dabei ist auch der **mutmaßliche Parteiwille** zu berücksichtigen. Schwerpunkt ist jedoch die vom Bauträger im notariellen Vertrag übernommene Verpflichtung, nämlich die Erstellung des Sonder- und Gemeinschaftseigentums, z. B. in Form einer Eigentumswohnanlage.

Schwerpunkt des Vertrags

Seit längerem wird von der Rechtsprechung daher die Auffassung vertreten, dass sich die Gewährleistungsansprüche des Erwerbers[2] bei auftretenden Baumängeln nach den Bestimmungen des Werkvertragsrechts und nicht nach den kaufrechtlichen Bestimmungen richten (BGH, NJW 1973, 1235; NJW 1987, 2373, BGHZ 101, 350). Die Gewährleistung richtet sich selbst dann nach Werkvertragsrecht, wenn die Wohnung bereits erstellt worden ist und erst Monate nach der Fertigstellung vom Bauträger an den Erwerber veräußert wird. Hintergrund dieser damals verbraucherfreundlichen Rechtsprechung war, dem Käufer nicht die damals im Kaufrecht geltende einjährige Gewährleistungsfrist aufzubürden.

Werkvertragsrecht

Hinweis

Selbst bei Erwerb eines Altbaus gelten die werkvertraglichen Gewährleistungsverpflichtungen, wenn der Verkäufer eine mit Neubauarbeiten vergleichbare Sanierungsverpflichtung übernimmt, z. B. wenn ein Altbau in Wohnungseigentum umgewandelt und umfassend saniert werden soll (BGHZ 100, 391; 108, 164 ff.).

Nach der Angleichung des Mangelbegriffs im Kauf- und Werkvertragsrecht dürfte dieser Streit in Zukunft jedoch nur rein akademischer Natur sein. Mit In-Kraft-Treten der Schuldrechtsreform ist der Bauträger in seiner Eigenschaft als Verkäufer oder als Werkunternehmer bei Mängeln zur Nachbesserung einheitlich an die fünf

Gewährleistungsfrist

[2] Der Begriff des Erwerbers wird hier stellvertretend für den Begriff des Käufers verwendet.

Jahre geltende Gewährleistungsfrist der §§ 438 bzw. 634a BGB gebunden.

6.2 Was ist Wohnungseigentum?

Wohnungseigentum ist echtes Eigentum. Wohnungseigentum ist gem. § 1 Abs. 2 WEG eine Kombination aus zwei verschiedenen Eigentumsformen. Es besteht aus dem Miteigentumsanteil an dem gemeinschaftlichen Grundstück einerseits und andererseits dem gemeinschaftlichen Bestandteil des darauf befindlichen Gebäudes.

6.2.1 Sondereigentum an einer Wohnung

Wohn- und Gewerberäume

Sondereigentum kann nicht nur an Wohnräumen begründet werden, sondern auch an solchen Räumen, die nicht zu Wohnzwecken dienen. Es gibt z.B. in vielen größeren Eigentumswohnanlagen Laden- oder Gewerbeflächen. Das Gesetz bezeichnet diese Art von Sondereigentum als sog. Teileigentum (§ 1 Abs. 3 WEG). Nachdem für dieses Teileigentum gem. § 1 Abs. 4 WEG die Vorschriften über das Wohnungseigentum entsprechend gelten, wird nachfolgend der Begriff des Teileigentums nicht getrennt verwendet.

Das Wohnungseigentum kann vertraglich durch die Einräumung von Sondereigentum gem. § 3 WEG oder durch Teilung gem. § 8 WEG begründet werden. Die vertragliche Einräumung von Sondereigentum setzt gemäß § 3 WEG voraus, dass das Grundstück mit Gebäude von mehreren Wohnungseigentümern verwaltet wird und sich diese gemäß § 3 Abs. 1 WEG entschließen, durch die vertragliche Einräumung von Sondereigentum Wohnungseigentum zu begründen.

6.2.2 Abgrenzung zwischen Sonder- und Gemeinschaftseigentum

Bei Baumängeln spielt die Abgrenzung eine wichtige Rolle, weil im Bereich des Sondereigentums die Mängelansprüche von dem einzelnen Erwerber aus seinem Erwerbsvertrag verfolgt werden können, während bei Baumängeln, die im Bereich des Gemeinschaftseigentums auftreten, die aus dem Miteigentum folgenden gemeinschaftlichen Bindungen berücksichtigt werden müssen. Sobald im Bereich von Eigentumswohnanlagen also Baumängel auftreten, ist stets zunächst zu prüfen, ob es sich bei dem betroffenen Baukörper um Sondereigentum oder um Eigentum der Gemeinschaft der Wohnungseigentümer handelt.

Gemeinschaftseigentum

Zum Gemeinschaftseigentum gehören nach § 1 Abs. 5 WEG das Grundstück, die Teile, Anlagen und Einrichtungen des Gebäudes, die **nicht im Sondereigentum** oder im **Eigentum eines Dritten** stehen. Weiter ist in § 5 Abs. 2 WEG bestimmt, dass die Teile des Gebäudes, die für dessen **Bestand oder Sicherheit erforderlich** sind, sowie Anlagen und Einrichtungen, die dem **gemeinschaftlichen Gebrauch** der Wohnungseigentümer dienen, nicht Gegenstand des Sondereigentums sind, selbst wenn sie sich im Bereich der im Sondereigentum stehenden Räume befinden.
Zum Gemeinschaftseigentum gehören daher z. B. Fundamente, tragende Wände, Dach, Schornstein, Fassade, Außenputz, Isolierschichten, Estrich, Fahrstühle, Treppenaufgänge, Wasserleitungen, Gas- und Heizungsanlagen, Kamine, Balkon, Außenfenster, Balkone, (Dach-)Terrassen.

Praxishinweis

Nach § 5 Abs. 3 WEG haben die Wohnungseigentümer auch die Möglichkeit Bestandteile des Gebäudes, die Gegenstand des Sondereigentum sein können, zum gemeinschaftlichen Eigentum zu machen.

Sondereigentum

Der Inhalt des Sondereigentums ist in § 5 Abs. 1 WEG geregelt. Dazu gehören die in § 3 Abs. 1 WEG bestimmten Räume, z. B. die **Wohnung** oder ein **Laden**, sowie die zu diesen Räumen gehörenden Bestandteile des Gebäudes, die verändert, beseitigt oder eingefügt werden können, ohne dass dadurch das gemeinschaftliche Eigentum oder ein auf dem Sondereigentum beruhendes Recht eines anderen Wohnungseigentümers über das **nach § 14 WEG zulässige Maß hinaus beeinträchtigt** oder die **äußere Gestaltung des Gebäudes verändert** wird.
Vereinfacht gesagt, gehören zum Sondereigentum regelmäßig die Innenausstattung einer Wohnung, wie z. B. nicht tragende Zwi-

schenwände, der Innenputz, der Innenanstrich, die Innentüren, Heizkörper, Fußbodenbeläge oder auch sanitäre Einrichtungen, wie Waschbecken, Badewanne etc.

Praxishinweis

In der Praxis macht die eindeutige Abgrenzung zwischen Gemeinschafts- und Sondereigentum im Einzelfall häufig Schwierigkeiten. So ist z.B. die Abgrenzung von Gemeinschafts- und Sondereigentum bei Balkonen oder Dachterrassen umstritten (BGH, NZM 2001, 435, OLG Düsseldorf, NZM 1998, 507).

Eigentumszuordnung zwingend

Trotz dieser in manchen Fällen schwierigen Abgrenzungsfragen ist es den Wohnungseigentümern nicht erlaubt von der gesetzlichen Eigentumszuordnung abzuweichen. Weder in der Teilungserklärung/Gemeinschaftsordnung noch in einer schuldrechtlichen Vereinbarung der Wohnungseigentümer kann von der zwingend gesetzlich vorgesehenen Eigentumszuordnung abgewichen werden. In bestimmten Fällen kann jedoch eine Teilungserklärung/Gemeinschaftsordnung, in der eine rechtswidrige Eigentumszuordnung vorgenommen worden ist, nach den §§ 133, 140 BGB umgedeutet werden, z. B. eine Zuordnung von Fenstern zum Sondereigentum in eine Kostentragungsregelung zur Instandhaltung und Instandsetzung des Wohnungseigentümers für die Fenster (OLG Karlsruhe, NZM 2002, 220; BayObLG, ZMR 2000, 241; OLG Hamm, NJW-RR 1992, 148).

Praxishinweis

Bei nicht eindeutiger Zuordnung der entsprechenden Bauteile spricht die gesetzliche Vermutung dafür, dass diese Bauteile nicht dem Sondereigentum, sondern dem Gemeinschaftseigentum zuzurechnen sind.

6.3 Mängel am Sondereigentum

Bei Mängeln am Sondereigentum gelten keine Besonderheiten, da der Erwerber seine Rechte aus dem Bauträgervertrag nach den Bestimmungen des Werkvertragsrechts des BGB geltend machen kann. Regelmäßig wird also der Wohnungseigentümer vom Bauträger die Nacherfüllung oder eine Minderung des Kaufpreises verlangen.

6.3.1 Mängel, ausschließlich im räumlichen Bereich der Wohnung

Ausnahme: Direkter Minderungsanspruch

Eine spezielle Fallgestaltung liegt dann vor, wenn sich Mängel am Gemeinschaftseigentum nur auf das Sondereigentum eines Wohnungseigentümers auswirken und feststeht, dass die Mängel nicht mehr behoben werden können. Entsteht der Wohnungseigentümergemeinschaft in diesen Fällen kein Nachteil, weil sich der Mangel im Gemeinschaftseigentum nicht auswirkt, gibt die Rechtsprechung dem betroffenen Wohnungseigentümer die Möglichkeit seinen Minderungsanspruch **ohne Beteiligung der Wohnungseigentümergemeinschaft** gegen den Bauträger geltend zu machen und unmittelbar Zahlung an sich selbst zu verlangen (BGH, NJW 1990, 1663).

Praxishinweis

In einer Reihenhauswohnanlage, die nach dem Wohnungseigentum gebildet wurde, sind die Abwasserleitungen eines Reihenhauses nicht mit einem ausreichenden Gefälle verlegt. Bei starken Regenfällen kommt es zum Rückstau und Überschwemmungen in dem Keller.

Ein Abluftkamin wurde vom Bauträger nicht in ausreichender Höhe errichtet, sodass der Wohnungseigentümer der Dachterrassenwohnung durch die Rauchgase beeinträchtigt ist.

6.3.2 Ausstrahlungsmängel

In der Praxis kommt es häufig vor, dass Mängel im Gemeinschaftseigentum Folgeschäden am Sondereigentum einzelner Wohnungseigentümer hervorrufen. Typische Beispiele für ein solches Schadensbild sind z. B. Feuchtigkeitsschäden, Schimmelflecken an einer Innenwand, die jedoch ihre Ursache in einer schadhaften oder fehlenden Isolierung einer darüber liegenden Terrasse oder Balkonfuge haben.

Anspruch gegen die Wohnungseigentümergemeinschaft?

Kann wegen solcher Mängel nicht gegen den Bauträger vorgegangen werden, weil z. B. die Gewährleistungsfristen abgelaufen sind oder der Bauträger inzwischen insolvent geworden ist, wird der Wohnungseigentümer versuchen, Ansprüche gegen die Wohnungseigentümergemeinschaft geltend zu machen, um im Ergebnis nicht allein für den bei ihm aufgetretenen Schaden einstehen zu müssen. In der Rechtsprechung und Literatur wird diese Fallkonstellation unter dem Begriff des Ausstrahlungmangels erörtert.

Verschulden nachweisen

In diesen Fällen hat der betroffene Wohnungseigentümer den an seinem Sondereigentum entstandenen Folgeschaden selbst zu tragen, wenn er der Wohnungseigentümergemeinschaft oder dem Verwalter ein Verschulden an der Entstehung nicht nachweisen kann, was z. B. der Fall wäre, wenn die notwendigen Instandsetzungsmaßnahmen nicht oder zu schleppend beschlossen oder durchgeführt werden würden. Tritt ein Schaden **zum ersten Mal** auf, dürfte regelmäßig kein Verschulden der Wohnungseigentümergemeinschaft oder des Verwalters vorliegen.

Beispiel:

Die nicht ausreichend isolierte Bodenplatte verursacht Feuchtigkeitsschäden in der gemeinsamen Waschküche und in dem unmittelbar danebenliegenden Hobbyraum eines Wohnungseigentümers.

Die Kosten für die notwendige Mängelbehebung für den Hobbyraum trägt der betroffene Eigentümer allein. Die Kosten für die Beseitigung des Schadens in der Waschküche trägt dagegen die Eigentümergemeinschaft und damit auch der betroffene Wohnungseigentümer über seinen Anteil am Gemeinschaftseigentum zusätzlich.

Praxishinweis

Insbesondere bei größeren Schadensfällen sollte die Eigentümergemeinschaft überlegen, ob sie auf eigene Kosten die bei dem jeweiligen Sondereigentümer eingetretenen Folgeschäden auf eigene Kosten beseitigen lässt, obwohl der betroffene Sondereigentümer mangels Verschuldens der Eigentümergemeinschaft eigentlich keinen Schadensersatz beanspruchen kann. Regelmäßig kann mit dieser Maßnahme oft jahrelanger Streit in der Eigentümergemeinschaft vermieden werden. Nach der h. M. kann sich der betroffene Eigentümer auch nicht darauf berufen, dass die Beseitigung der Schadensfolgen am Sondereigentum noch unter die gemeinsame Instandhaltungs- und Instandsetzungspflicht des § 21 Abs. 5 Nr. 2 WEG fällt.

Begründet werden kann eine solche Kostenübernahme auch mit dem Solidaritätsprinzip des Wohnungseigentums, da sich das Sondereigentum nicht als isoliertes Alleineigentum darstellt, sondern von vornherein in das Miteigentum der Wohnungseigentümergemeinschaft eingebettet ist und damit eine aus einem personenrechtlichen Gemeinschaftsverhältnis abzuleitende gegenseitige Eintrittsverpflichtung der Miteigentümer vorliegt.

Solidaritätsprinzip

6.3.3 Wer haftet für Schäden, die Folge von Instandhaltung oder Instandsetzung des gemeinschaftlichen Eigentums sind?

Häufig ist bei der Durchführung von Instandhaltung oder Instandsetzungsmaßnahmen am gemeinschaftlichen Eigentum nicht zu vermeiden, dass Sondereigentum in Mitleidenschaft gezogen wird.

Beispiel:

Bei der Sanierung einer undichten Dachterrasse müssen, um an die undichte Isolierungsschicht zu gelangen, die auf der Dachterrasse verlegten Bodenfliesen, die Sondereigentum sind, entfernt werden.

Der betroffene Wohnungseigentümer kann von der Wohnungseigentümergemeinschaft gem. § 14 Nr. 4 WEG den Ersatz der bei ihm eingetretenen Schäden verlangen, unabhängig davon, ob sie bei dem eigentlichen Schadensverursacher z. B. einem Handwerker **Regress** nehmen kann. Streitig ist der Umfang, neben den unmittelbaren Substanzschäden umfasst der Anspruch aber auch **Folgekosten** wie z. B. den Verdienstausfall oder eine entgangene Miete des Wohnungseigentümers (vgl. BGH, NJW 1987, 50; BayObLGZ 1987, 50 ff.).

Schadensersatzanspruch gegen Wohnungseigentümergemeinschaft

Abzug neu für alt

Nachdem der betroffene Wohnungseigentümer nicht besser zu stellen ist wie vor dem Schadensereignis, muss er sich bei eingetretenen Sachschäden auch einen Abzug „Neu für Alt“ gefallen lassen.

Kosten der Verwaltung

Nach § 16 Abs. 4 WEG sind die geltend gemachten Schadensersatzansprüche des Wohnungseigentümers Kosten der Verwaltung i. S. des § 16 Abs. 2 WEG, mit der Folge, dass diese Kosten auf alle Wohnungseigentümer im Verhältnis der Miteigentumsanteile umzulegen sind. Für den geschädigten Miteigentümer führt das dazu, dass der auf ihn fallende **Miteigentumsanteil auf seinen Schadensersatzanspruch angerechnet** wird, also sein Schadensersatzanspruch anteilig um die auf ihn entfallenden Kosten gemindert wird.

Wie bereits oben ausgeführt, hat jeder Wohnungseigentümer die in seiner Wohnung festgestellten Baumängel an seinem Sondereigentum selbst gegenüber seinem Vertragspartner, also dem Bauträger, zu verfolgen und ggf. gerichtlich durchzusetzen.

6.4 Mängel am Gemeinschaftseigentum

Problematisch in bautechnischer als auch in rechtlicher Hinsicht sind Baumängel am Gemeinschaftseigentum, weil oft selbst ein von der Eigentümergemeinschaft beauftragter Sachverständiger Probleme hat, die im Gemeinschaftseigentum größerer Wohnanlagen bestehenden Baumängel zu finden und ihre Ursache festzustellen.

Beispiel:

In einer größeren Eigentumswohnanlage ist in mehreren Kellerräumen verschiedener Wohnungseigentümer Feuchtigkeit und Schimmelbefall festgestellt worden.

Es ist unklar, ob die Feuchtigkeitsschäden an einer mangelhaften Isolierung der Eigentumswohnanlage und/oder auch auf falsches Heiz- und Lüftverhalten der Wohnungseigentümer zurückzuführen ist.

Auftreten im Sondereigentum

Häufig zeigen sich in der Praxis Baumängel des Gemeinschaftseigentums im Sondereigentum eines Wohnungseigentümers.

Beispiel:

Das Dach einer Wohnungseigentumsanlage ist bei Errichtung des Gebäudes nicht ordnungsgemäß isoliert. In der Dachgeschosswohnung eines Wohnungseigentümers zeigen sich in der Mansarde große Feuchtigkeitsflecken.

Anfällige Gewerke

Typischerweise treten Baumängel an folgenden Gewerken auf:

- Mangelhafte Schallisolierung / Trittschalldämmung
- Feuchtigkeitsschäden an Flachdächern
- Mangelhafte Wohnungs- oder (Dachterrassen)isolierungen
- Mangelhafte Fundamentisolierungen
- Feuchtigkeitsschäden in Keller und Hobbyräumen
- Mangelhafter Betrieb der Heizung
- Mangelhafte Außenisolierung /Schäden an der Fassade
- Undichte Garagen

6.5 Wer muss die Abnahme durchführen?

Sondereigentum

Für die Abnahme des Sondereigentums an der Wohnung ist unproblematisch der jeweilige Erwerber des Sondereigentums zuständig. Die Abnahme des jeweiligen Sondereigentümers hat keinerlei Auswirkungen gegenüber den anderen Miteigentümern (BGH, NJW 1985, 1551).

Praxishinweis

Um etwaige Mängel am Sondereigentum später dokumentieren zu können, sollte bei der Durchführung der Abnahme ein Abnahmeprotokoll erstellt werden, das von beiden Vertragsparteien unterzeichnet werden soll.

BGB- oder VOB-Vertrag

Die Einzelheiten der Abnahme beurteilen sich danach, ob es sich bei dem Erwerbsvertrag um einen reinen BGB-Vertrag (§§ 640, 640a BGB) handelt oder ob ein VOB-Vertrag (§ 12 Nr. 5 VOB/B) abgeschlossen wurde.

Vereinbarungen im Vertrag bzw. in der Teilungserklärung

Weder der Verwalter noch der Verwaltungsbeirat ist grundsätzlich für die Abnahme des Gemeinschaftseigentums zuständig. Auch ist die Wohnungseigentümergemeinschaft nicht befugt, z. B. in der ersten Eigentümerversammlung per Mehrheitsbeschluss das Gemeinschaftseigentum für abgenommen zu erklären, weil es sich dabei nicht um einen Gegenstand der gemeinschaftlichen Verwaltung der Wohnungseigentümer handelt (BayObLG, NZM 1999, 862 ff.). Allerdings ist ein entsprechender **Mehrheitsbeschluss** der Eigentümer, z. B. die Abnahme des Gemeinschaftseigentums durch den Verwalter vornehmen zulassen, wirksam, wenn er nicht rechtzeitig angefochten wird. Weiterhin besteht die Möglichkeit im Erwerbsvertrag oder in der Teilungserklärung zu vereinbaren, dass der Verwalter bzw. der Verwaltungsbeirat zur Abnahme des gemeinschaftlichen Eigentums befugt ist. Insbesondere bei größeren Wohnanlagen macht eine solche Aufgabendelegation Sinn.

Jeder Erwerber muss Abnahme vollziehen

Das Gemeinschaftseigentum ist allerdings dabei erst dann abgenommen, wenn jeder Erwerber die Abnahme vollzogen hat. In den meisten Bauträgererwerbsverträgen finden sich daher nur Übergabe- und Abnahmeregelungen, die sich auf das Sondereigentum des jeweiligen Erwerbers beziehen. Wurde der Erwerber vom Veräußerer (i. d. R. der Bauträger) zur Abnahme aufgefordert, beschränkt sich der Wille zur Abnahme nur auf das jeweils erworbene Sondereigentum. Baumängel und noch zu erfüllende Restarbeiten werden in **förmlichen Übergabeprotokollen** zusammengestellt und durch die Unterschrift des Bauträgers anerkannt.

Teilabnahme möglich

Der BGH (BauR 1983, 573) hat eine getrennte Teilabnahme von Sondereigentum und Gemeinschaftseigentum für zulässig erachtet, wenn eine **eindeutige Zuordnung** zum einen oder anderen möglich ist. Besteht eine größere Eigentumswohnanlage aus mehreren Bauabschnitten, kann in den Erwerbsverträgen vereinbart werden, dass eine Teilabnahme für in sich abgrenzbare Teile erfolgen kann, z. B. einzelne Reihenhäuser einer größeren Mehrhausanlage.

Haftung

Für den Veräußerer stellt es ein besonderes Problem dar, wenn sich die Abnahme des Gemeinschaftseigentums längere Zeit hinzieht. Werden die Wohnungen erst später verkauft, haftet er dem letzten

Ersterwerber auf Herstellung des mängelfreien Gemeinschaftseigentums, solange dessen Anspruch noch nicht verjährt ist. Dies ist insbesondere für den Bauträger bedeutsam, weil solche Baumängelgewährleistungsansprüche der einzelnen Erwerber erst dann verjährt sind, wenn die Verjährung auch bei dem letzten Ersterwerber, dem sog. **Nachzügler**, erfolgt ist.

Praxishinweis

In vielen Erwerbsverträgen finden sich Vereinbarungen, die eine einheitliche Übergabe und Abnahme des Gemeinschaftseigentums hinsichtlich Zeitpunkt, Art und Modalitäten von Anfang an verbindlich für alle Erwerber, also auch für die zukünftigen Erwerber, die sog. Nachzügler, regeln. Ist dabei vorgesehen, dass die Abnahme des Gemeinschaftseigentums durch den Verwalter erfolgen soll, sollten Sie kritisch prüfen, ob nicht Anhaltspunkte für eine Interessenkollision des Verwalters vorliegen. Auch sollte der Verwalter nicht ohne Baufachmann die Abnahme vornehmen.

Stillschweigende Abnahme beim Sondereigentum

Zumindest hinsichtlich des Sondereigentums kann eine stillschweigende, konkludente Abnahme dadurch erfolgen, dass der Erwerber in die Wohnung einzieht und sie mehrere Wochen hinweg **nutzt**, ohne gegenüber dem Veräußerer Beanstandungen vorzunehmen, (vgl. OLG Hamm, BauR 2001).

Keine stillschweigende Abnahme beim Gemeinschaftseigentum

Anders stellt sich dagegen die Rechtslage beim Gemeinschaftseigentum dar. Dort kommt eine konkludente oder fiktive Abnahme nicht in Frage. Die tatsächliche Ingebrauch- oder Inbesitznahme stellt hier keine vorbehaltlose Übernahme oder gar einen Verzicht auf die Geltendmachung von Gewährleistungsrechten dar. Das Gemeinschaftseigentum unterscheidet sich vom Sondereigentum dadurch, dass es bei der Ingebrauchnahme des Sondereigentums **zwangsläufig mitbenutzt** werden muss und daraus vor formeller Übergabe des Gemeinschaftseigentums nicht von einem Abnahmewillen ausgegangen werden kann.

Achtung

Wird über mehrere Jahre hinweg das Gemeinschaftseigentum mitbenutzt, kann nach Auffassung des OLG Stuttgart (WE 1989, 194) dennoch ausnahmsweise eine konkludente Abnahme des Gemeinschaftseigentums in Betracht kommen. Das Gericht hat seine Entscheidung mit Rechtssicherheitsgesichtspunkten begründet. Die Eigentümergemeinschaft sei in den Fällen der jahrelangen Nutzung des Gemeinschaftseigentums nicht mehr schutzwürdig, wogegen der Veräußerer ein schutzwürdiges Interesse daran hat, nach tatsächlichem Gebrauch des Gemeinschaftseigentums von einer erfolgten Abnahme auszugehen, damit der Lauf der Verjährung beginnen kann.

6.6 Wie können Baumängelgewährleistungsansprüche durchgesetzt werden?

Sondereigentum

Jeder Erwerber von Wohnungseigentum kann seine Gewährleistungsrechte wegen Mängel am Sondereigentum gegen den Veräußerer (auch gerichtlich) geltend machen, die ihm **auf Grund des Erwerbsvertrags direkt** zur Verfügung stehen.

Gemeinschaftseigentum

Bei Mängeln am Gemeinschaftseigentum stellt sich die Sache jedoch komplizierter dar, weil hier die Ansprüche des einzelnen Erwerbers nicht isoliert von den **Ansprüchen der Eigentümergemeinschaft** betrachtet werden können. Der einzelne Erwerber ist nicht nur Inhaber seiner Ansprüche aus dem individuellen Erwerbsvertrag, sondern wegen des erworbenen Gemeinschaftseigentums auch Mitglied der Wohnungseigentümergemeinschaft. Dieses Spannungsverhältnis hat der Erwerber bei der Geltendmachung von Gewährleistungsansprüchen hinsichtlich des Gemeinschaftseigentums zu berücksichtigen.

6.7 Besonderheiten bei den einzelnen Gewährleistungsansprüchen

6.7.1 Nacherfüllungsanspruch

Der Wohnungseigentümer

Der Wohnungseigentümer ist nach der Rechtsprechung grundsätzlich allein berechtigt, Ansprüche, die auf Beseitigung der Baumängel am Gemeinschaftseigentum gerichtet sind, auch gerichtlich gegenüber dem Veräußerer geltend zu machen. Durch den Erwerbsvertrag mit dem Veräußerer erhält er, neben seinem Anspruch auf mangelfreie Erstellung des Sondereigentums, zusätzlich einen Anspruch auf mangelfreie Erstellung des Gemeinschaftseigentums, an dem er auch als Miteigentümer beteiligt ist (vgl. BGH, NJW 1997, 2173).

Die Ansprüche

Der einzelne Wohnungseigentümer kann damit, ohne dass er dazu einen Beschluss der Eigentümergemeinschaft benötigt oder auf die übrige Eigentümergemeinschaft Rücksicht nehmen muss, von dem Veräußerer sowohl **Mängelbeseitigung** als auch **Nacherfüllung** verlangen. Liegen die Voraussetzungen der §§ 634 Nr. 1, 635 BGB bzw. des § 13 Nr. 5 II VOB/B vor, kann der Wohnungseigentümer auch **Ersatz seiner Aufwendungen** für die Mängelbeseitigung sowie einen **Vorschuss** für die voraussichtlichen Mängelbeseitigungskosten gem. § 633 Abs. 3 BGB verlangen. Der Vorschuss ist nicht auf die Höhe des Miteigentumsanteils des klagenden Wohnungseigentümers begrenzt, sondern kann sich auf die Höhe der gesamten Mängelbeseitigungskosten erstrecken (BGH, NJW 1977, 1336, OLG Frankfurt/Main, NJW-RR 1993, 329).

Praxishinweis

Der einzelne Wohnungseigentümer kann dabei auch gerichtlich die Nacherfüllung solcher Baumängel am Gemeinschaftseigentum verlangen, die außerhalb des räumlichen Bereichs seines Sondereigentums liegen, OLG Frankfurt, NJW-RR 1991, 665.

6.7.2 Minderung (§§ 634, 638 BGB, 13 Nr. 6 VOB/B) und „kleiner" Schadensersatz (§§ 634 Nr. 4, 13 Nr. 7 VOB/B)

Anspruchsberechtigt ist die Eigentümergemeinschaft

Diese Gewährleistungsrechte sind gemeinschaftsbezogen. Die Ansprüche können nur einheitlich und gemeinschaftlich von der Gemeinschaft geltend gemacht werden, grundlegend BGHZ 74, 258 ff. Für die Entscheidung über diese Ansprüche ist nur die Gemeinschaft zuständig. Sie hat das Wahlrecht, ob sie statt der Nachbesserung Minderung oder den kleinen Schadensersatzanspruch vom Bauträger verlangen will.

Beschluss

Die Gemeinschaft hat jedoch die Möglichkeit, in ihrer Beschlussfassung zu bestimmen, ob sie das gewählte Gewährleistungsrecht, z. B. den Minderungsanspruch, **im eigenen Namen** geltend macht oder ob sie die Befugnis zur Ausübung dieses Rechts einem Verwalter oder anderen Miteigentümern **überlassen** will. Notwendig ist jedoch immer ein entsprechender Beschluss der Eigentümergemeinschaft. Die Gemeinschaft kann es dem einzelnen Wohnungseigentümer überlassen, ob und in welchem Umfang er das entsprechende Gewährleistungsrecht für sich in Anspruch nimmt und seinen entsprechenden Anteil am gemeinschaftlichen Eigentum selbst durchsetzt (BGH, NJW 1983, 453).

6.7.3 Bedeutung von Baumängelgewährleistungsvergleichen

Eigentümerbeschluss

Ein Vergleich kann grundsätzlich nur dann wirksam eingegangen werden, wenn ihm alle Prozessbeteiligten zugestimmt haben. Wird jedoch ein Anspruch hinsichtlich des Gemeinschaftseigentums geltend gemacht, hat die Eigentümergemeinschaft im Rahmen der ordnungsgemäßen Verwaltung über die Annahme des Vergleichs mit Mehrheit zu beschließen (BayObLG, NJW-RR 2000, 379).

6.7.4 Schadensersatz

Anspruchsberechtigt ist der Einzelne

Wird der Stand der ganzen Leistung verlangt, bedeutet dies de facto eine Rückgängigmachung des gesamten Bauträger-/Erwerbsvertrags und den dazugehörigen Schadensausgleich. Dieser Anspruch kann individuell von jedem einzelnen Wohnungseigentümer geltend gemacht werden.

6.7.5 Rücktritt vom Kaufvertrag

Gleiches gilt auch, wenn wegen Mängeln am Gemeinschaftseigentum sich ein Wohnungseigentümer entschließt, das gesamte Vertragsverhältnis gem. § 634 Nr. 3 i. V. m. §§ 636, 323, 326 Abs. 5 BGB rückgängig zu machen. In dieser Fallgestaltung geht es dem Wohnungseigentümer nur um die Rückgabe des von ihm erworbenen Sondereigentums gegen Rückzahlung des Erwerbspreises. Diese Ansprüche stehen dem Erwerber/Wohnungseigentümer nur individualvertraglich zu.

7 Wie lange können Mängelansprüche geltend gemacht werden?

7.1 Grundsätzliches zur Verjährung

7.1.1 Neuregelung des Verjährungsrechts

Im Ergebnis verkürzte Fristen

Mit dem bereits mehrfach erwähnten Schuldrechtsmodernisierungsgesetz wurden die Strukturen des Verjährungsrechts grundlegend geändert. Vieles, was nach früherem Recht zu einer Unterbrechung der Verjährung, also zu einem Neubeginn des Laufs der Verjährungsfristen, führte, hemmt nunmehr lediglich die Verjährung. Im Ergebnis führt dies zu erheblichen Verkürzungen der Verjährungsfristen. Hemmung bedeutet, dass der Zeitraum, während dessen ein Hemmungstatbestand gegeben ist, in die Berechnung der Verjährungsfrist nicht einbezogen wird. Die Verjährung wird damit **um den Hemmungszeitraum verlängert**.

7.1.2 Welche Auswirkungen hat der Ablauf der Verjährungsfrist?

Einrede

Allein durch den Ablauf der hierfür geltenden Verjährungsfrist gehen Mängelansprüche nicht unter. Der Auftragnehmer hat lediglich die Option, gegen geltend gemachte Mängelansprüche die sog. Einrede der Verjährung zu erheben. Tut er dies, kann er berechtigterweise die grundsätzlich von ihm geschuldete **Leistung verweigern**, der vom Auftraggeber geltend gemachte Anspruch läuft also in Leere.

Praxishinweis

Leistet der Auftragnehmer trotz Eintritts der Verjährung, bessert er also beispielsweise einen gerügten Mangel nach, kann er hierfür nachträglich nicht etwa eine Vergütung oder Entschädigung mit der Begründung verlangen, er sei wegen Verjährungseintritts zur Nachbesserung nicht mehr verpflichtet gewesen.

7.2 Welche Verjährungsfristen bestehen für Mängelansprüche?

7.2.1 Beim BGB-Vertrag

5 bzw. 2 Jahre

Ansprüche des Bestellers auf Nacherfüllung, auf Aufwendungsersatz und Vorschuss bei Selbstvornahme sowie auf Schadensersatz verjähren in fünf Jahren, sofern es sich bei den zu Grunde liegenden Arbeiten um **Bauwerksarbeiten** oder Planungs- oder Überwachungsarbeiten hierfür gehandelt hat (§ 634a Abs. 1 Nr. 2 BGB). Demgegenüber unterliegen die vorbezeichneten Mängelansprüche dann einer zweijährigen Verjährungsfrist, wenn Auftragsgegenstand **Grundstücksarbeiten** bzw. Planungs- oder Überwachungsarbeiten hierfür waren. Zur Differenzierung kann die bisherige Rechtsprechung herangezogen werden.

Rücktritt und Minderung

Für Rücktritt und Minderung als Gestaltungsrechte sieht § 634 a Abs. 1 - 3 BGB **keine ausdrückliche Verjährungsfrist** vor. Grundsätzlich können diese Rechte damit auch nach Eintritt der Verjährung des Nacherfüllungsanspruchs geltend gemacht werden. Rücktritt und Minderung werden jedoch dann unwirksam, wenn sich ihr Auftragnehmer auf die Verjährung beruft.

Nacherfüllungsfrist

Haben Sie allerdings an Ihren Auftragnehmer den Werklohn noch nicht vollständig bezahlt, können Sie seiner entsprechenden Forderung Ihre Ansprüche auf Rücktritt oder Minderung, so sie denn in unverjährter Zeit entstanden sind, bis zur begründeten Höhe auch dann noch entgegenhalten, wenn Ihr **Nacherfüllungsanspruch bereits verjährt** ist. Dass Sie Ihrem Auftragnehmer den Mangel innerhalb der Verjährungsfrist für den Nacherfüllungsanspruch angezeigt haben, ist (anders §§ 639, 638, 478 BGB a. F.) hierfür nicht mehr Voraussetzung. Soweit noch nicht geschehen, sollten Sie allerdings in diesen Fällen dem Unternehmer eine Frist zur Nacherfüllung setzen.

Organisationsverschulden

30-jährige Verjährungsfrist

Ist an einem Bauwerk ein **besonders gravierender Mangel** deshalb nicht oder erst nach Ablauf der üblichen Baumängelgewährleistungsfristen zutage getreten, weil der arbeitsteilig organisierte Unternehmer (also etwa ein Generalunternehmer) hierfür keine Vorsorge getroffen hat, konnte insoweit nach einer grundlegenden Entscheidung des BGH von 1992 (BGH, BauR 1992, 500) auch eine 30-jährige Verjährungsfrist in Frage kommen. Die Auswirkungen dieser Entscheidung wurden allerdings in der Folgezeit überbewertet; schnell war die Rechtsprechung bestrebt, die Haftung wegen Organisationsverschuldens **einzuschränken**. Mit der Neuregelung des Verjährungsrechts ist auch zur Diskussion gestellt worden, ob nicht der Anspruch aus Organisationsverschulden **ersatzlos weggefallen** ist. Allein dieses Argument wird aber sicher nicht geeignet sein, auf den vorbezeichneten Haftungstatbestand verzichten zu können.

Für den Bereich des neuen Verjährungsrechts werden Verjährungsfristen von drei oder fünf Jahren diskutiert. Die Rechtsprechung hierzu bleibt abzuwarten.

7.2.2 Beim VOB-Vertrag

Mit der VOB/B 2002 wurden die Verjährungsfristen für Bauwerksmängel von ursprünglich zwei Jahren auf vier Jahre verlängert. 4 Jahre

Für Arbeiten an einem **Grundstück** beträgt die Verjährungsfrist nunmehr zwei Jahre, ebenso für die vom Feuer berührten **Teile von Feuerungsanlagen**. 2 Jahre

Eine Sonderstellung nehmen die feuerberührten und abgasdämmenden Teile von **industriellen Feuerungsanlagen** (beispielsweise in Anlagen der Stahlindustrie oder Petrochemie) ein, die wegen der entstehenden Belastung aus dem Gebrauch meist eine kürzere Lebensdauer aufweisen. Für sie ist eine Verjährungsfrist von einem Jahr vorgesehen. 1 Jahr

Eine Verjährungsfrist von zwei Jahren gilt auch bei **maschinellen und elektrotechnischen / elektronischen Anlagen** oder Teilen davon, bei denen die Wartung Einfluss auf die Sicherheit und Funktionsfähigkeit hat. Zu denken ist hier beispielsweise an Generatoren, Anlagen der Telekommunikation, Wärmepumpen etc. Die Verkürzung der Gewährleistungsfrist auf zwei Jahre gilt allerdings nur Bei Wartung 2 Jahre dann, wenn dem Auftragnehmer für die Dauer der sonstigen Verjährungsfrist die Wartung übertragen wurde.

Achtung

Überprüfen Sie stets, welche Fassung der VOB/B auf Ihr konkretes Vertragsverhältnis anzuwenden ist. Bei ihr handelt es sich um standardisierte allgemeine Geschäftsbedingungen, die regelmäßig mit Vertragsschluss in der zu diesem Zeitpunkt gültigen Fassung vereinbart werden.

Vertragliche Vereinbarung

Inhaltlich sind die in § 13 Nr. 4 geregelten Verjährungsfristen nur eine Auffangregelung. Dies bedeutet, dass sie ihre Wirkung nur dann entfalten, wenn die Parteien im Vertrag – wirksam - nichts anderes vereinbart haben.

Schaubild Verjährungsfristen für Mängelansprüche (Nacherfüllung, Selbstvornahmekosten einschließlich Vorschuss, Schadensersatz)

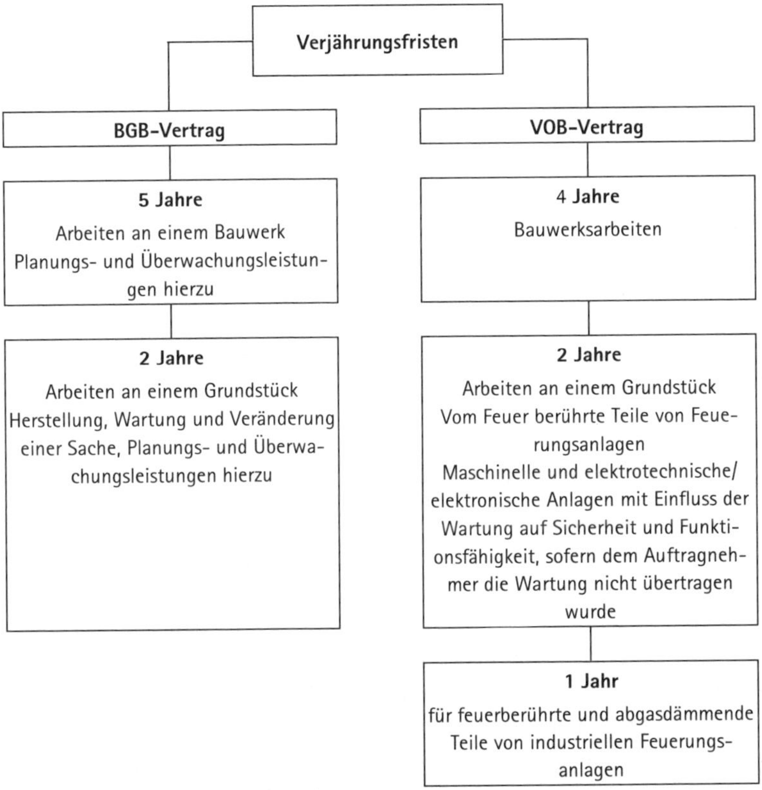

7.2.3 Arglistig verschwiegene Mängel (Höchstfrist 10 Jahre)

Sofern der Auftragnehmer einen Mangel arglistig verschwiegen oder 3 Jahre
das tatsächliche Nichtvorliegen geschuldeter Leistungsteile vorgespiegelt hat, sieht § 634 a Abs. 3 S. 1 BGB hierfür die Regelverjährungsfrist von drei Jahren vor, die allerdings erst mit dem Schluss des Jahres zu laufen beginnt, in dem der Auftraggeber von den an-

sprucbsbegründenden Umständen und Personen **Kenntnis erlangt** hat oder ohne grobe Fahrlässigkeit hätte erkennen müssen.

5 Jahre

Bei **Bauwerksmängeln** einschließlich Planungs- oder Überwachungsleistungen hierfür tritt die Verjährung nicht vor Ablauf der hierfür vorgesehenen Verjährungsfrist von fünf Jahren ein.

10 Jahre

Höchstbegrenzt wird allerdings die Verjährungsfrist auf 10 Jahre **ab Anspruchsentstehung**, regelmäßig also ab Abnahme.

Definition Arglist

Arglist liegt dann vor, wenn sich Ihr Auftragnehmer zum Zeitpunkt der Abnahme darüber bewusst war, dass er Ihnen gegenüber nach Treu und Glauben eine **Offenbarungspflicht** hinsichtlich ihm bekannter Umstände hat, die für Ihre Abnahmeentscheidung von erheblicher Bedeutung sind. Gleiches gilt, wenn er Ihnen bewusst verschweigt, dass dem von ihm errichteten Werk die **vereinbarte Beschaffenheit** fehlt. Ob es Ihnen allerdings bei einer gerichtlichen Auseinandersetzung gelingen wird, dies nachzuweisen, dürfte in nicht wenigen Fällen fraglich sein.

7.3 Wann beginnen die Verjährungsfristen zu laufen?

Abnahme

Auslösendes Ereignis für den Beginn des Laufs einer Verjährungsfrist für Baumängelansprüche ist grundsätzlich die Abnahme der Werkleistung, wobei der Tag, auf den dieses Ereignis fällt, nicht mitgezählt wird. Die Abnahme kann hierbei **ausdrücklich erklärt** worden (rechtsgeschäftliche Abnahme) oder auch **fingiert** worden sein. Dies ist beispielsweise dann der Fall, wenn Ihnen Ihr Auftragnehmer eine Frist zur Abnahme gesetzt hat und Sie diese haben verstreichen lassen, obschon Sie zur Abnahme verpflichtet gewesen wären (vgl. § 640 Abs. 1 S. 3 BGB). Erwähnt sei in diesem Zusammenhang auch nochmals die Fertigstellungsbescheinigung nach § 641 a BGB.

Endgültige Abnahmeverweigerung

Wenn Sie als Auftraggeber die Abnahme ernsthaft und endgültig verweigern, beginnen die Verjährungsfristen auch ohne diese mit der endgültigen Abnahmeverweigerung zu laufen (BGH, NJW-RR 1998, 1027). Hierbei soll es nicht darauf ankommen, ob Ihre Abnahmeverweigerung **berechtigt war oder nicht** (BGH, NJW 2000,

133). Stützen Sie allerdings Ihre Abnahmeverweigerung auf das Vorliegen wesentlicher Mängel, liegt eine endgültige Abnahmeverweigerung nicht vor. Durch Ihre Weigerung soll Ihr Auftragnehmer letztlich nur angehalten werden, seine Vertragspflichten ordnungsgemäß zu erfüllen.

12 bzw. 6 Tage

Im Fall der fiktiven Abnahme nach § 12 Nr. 5 VOB/B gilt die Abnahme binnen 12 Werktagen nach Zugang einer Fertigstellungsmitteilung bzw. sechs Werktagen **nach Beginn der Benutzung** als erfolgt. § 13 Nr. 4 Abs. 3 VOB/B verweist zudem ausdrücklich auf Möglichkeiten der **Teilabnahme.** Erfolgt eine solche hinsichtlich in sich abgeschlossener Leistungen (§ 12 Nr. 2 VOB/B), beginnt insoweit die Verjährungsfrist mit der Teilabnahme zu laufen.

Kenntnis des Auftraggebers

Bei **arglistig verschwiegenen Mängeln** wird auf die Kenntnis des Auftraggebers von den anspruchsbegründenden Umständen und der Person des Schuldners abgestellt. Insoweit genügt es aber, um die Verjährungsfristen in Lauf zu setzen, dass die Kenntniserlangung **grob fahrlässig** unterblieben ist.

7.4 Wann ist die Verjährung gehemmt oder unterbrochen?

7.4.1 Grundsätzliches

Rechtslage bis 31.12.2001

Nach der bis 31.12.2001 geltenden Fassung des BGB haben Hemmung und Unterbrechung der Verjährung unterschiedliche Wirkungen. Hemmung bedeutet, dass der Zeitraum, während dessen die Verjährung gehemmt ist, nicht in die Verjährungsfrist eingerechnet wird. Die **Verjährungsfrist verlängert sich demzufolge um den Zeitraum der Hemmung.** Anders die Unterbrechung. Sie bewirkt einen Neubeginn der Verjährungsfrist mit dem Ende der Unterbrechung.

Rechtslage ab 1.1.2002

§ 212 BGB n.F. hat den Begriff „Unterbrechung“ durch den Terminus **„Neubeginn“** ersetzt. Dies ist sachgerecht. Die Unterbrechung lässt die Verjährung neu beginnen, sie unterbricht sie nicht lediglich.

Wirkung der Hemmung

Die Wirkung der Hemmung (nunmehr definiert in § 209 BGB n. F.) liegt nach wie vor darin, dass die Verjährungsfrist um die Hemmungszeit **verlängert** wird.

7.4.2 Neubeginn der Verjährung (früher Unterbrechung)

Anerkenntnis und Vollstreckung

Mit dem Schuldrechtsmodernisierungsgesetz wurden die Fälle des Neubeginns der Verjährung auf das Anerkenntnis und die Vornahme oder Beantragung einer Vollstreckungshandlung begrenzt. Ein Anerkenntnis, das nach Durchführung der Arbeiten zu einem Neubeginn der Verjährung führt, wird man auch dann annehmen müssen, wenn der Unternehmer auf eine Mängelrüge hin den Anspruch seines Auftraggebers nicht in Frage stellt, seinen Fehler einräumt und die Mängelbeseitigung zusagt (BGH, BauR 1978, 303; BGH, WM 1974, 929; BGH, NJW 1999, 2961).

Achtung

Die Verjährungsfrist beginnt im vorbezeichneten Fall nur für die Mängel zu laufen, die nach Art und Umfang Gegenstand des Anerkenntnisses waren. Abzustellen ist hierbei allerdings nicht auf die Mangelerscheinung, sondern auf den Mangel selbst. Angesprochen sind damit die Ursachen, welche die Mangelerscheinung bewirkt haben.

7.4.3 Hemmung der Verjährung

Ist eine Verjährungsfrist noch nicht abgelaufen, kann sie aus einer Reihe von Gründen gehemmt werden, die nunmehr in den §§ 203 - 208 BGB aufgezählt sind. Hemmung bedeutet, wie bereits ausgeführt, dass die Verjährungsfrist während der Dauer der Hemmung nicht mitgerechnet wird.

Ende der Hemmung

Gerichtliche Verfahren führen jetzt grundsätzlich nur noch zur Hemmung der Verjährung. Zu beachten ist hierbei, dass die Hemmung erst **sechs Monate nach rechtskräftiger Entscheidung** oder anderweitiger Erledigung endet (§ 204 Abs. 2 BGB).

Hemmung durch Verhandlungen

Schweben zwischen dem Schuldner und dem Gläubiger Verhandlungen über den Anspruch oder die den Anspruch begründenden Umstände, ist die Verjährung gehemmt, bis der eine oder andere Teil die Fortsetzung der Verhandlung verweigert. Die Verjährung tritt dann frühestens **drei Monate nach dem Ende der Hemmung** ein (§ 203 BGB). Verhandeln setzt ein zweiseitiges Verhalten voraus. Allein eine Mängelanzeige führt deshalb nicht zu einer Verjährungshemmung nach § 203 BGB. Der Unternehmer muss zumindest im Einverständnis mit seinem Auftraggeber mit der Prüfung oder Beseitigung des Mangels begonnen haben.

Praxishinweis

Droht Verjährungseintritt, sollte deshalb in Zweifelsfällen die Einleitung eines gerichtlichen Verfahrens zur Verjährungshemmung überlegt werden.

Hemmung oder Neubeginn der Verjährung?

Klar differenziert werden muss, ob Verhandlungen lediglich zu einer Hemmung oder zu einem Neubeginn der Verjährung durch Anerkenntnis geführt haben.

Praxishinweis

Nicht selten werden über Verhandlungen Protokolle angefertigt. Achten Sie deshalb dort auf präzise Formulierungen, damit Sie Gewissheit über den Ablauf der Verjährungsfrist erhalten. Hat Ihr Auftragnehmer in der Besprechung eingeräumt, für den von Ihnen behaupteten Mangel eintrittspflichtig zu sein, und erklärt, er werde diesen beseitigen, sollte dies im Protokoll auch in dieser Absolutheit vermerkt werden. Vergessen Sie hierbei nicht, die Niederschrift auch von Ihrem Auftragnehmer unterzeichnen zu lassen.

7.4.4 Besonderheiten bei vereinbarter VOB

4 Jahre

Eine nur ihr eigene Besonderheit enthält die VOB/B in ihrem § 13 Nr. 5. Zwar verjähren Baumängelgewährleistungsansprüche auch nach der Neuregelung in der VOB 2002 innerhalb einer kürzeren Frist als nach BGB (vier statt fünf Jahre), quasi als Ausgleich besteht aber weiterhin die Möglichkeit, die Verjährung der Mängelansprüche relativ einfach und einseitig **durch eine Mängelanzeige zu unterbrechen**. Gleiches gilt, wenn der Auftragnehmer eine **Mängelbeseitigung** vornimmt für diese Leistung.

Nicht vor Ablauf der Regelfristen

In diesen Fällen weiterhin den Begriff der **Unterbrechung** und nicht den neuen Terminus des Neubeginns der Verjährung zu gebrauchen erscheint schon deshalb angebracht, weil durch ein Mängelbeseitigungsverlangen oder eine Mängelbeseitigungsleistung nicht die ursprüngliche Verjährungsfrist neu beginnt, sondern eine kürzere, nämlich eine solche von zwei Jahren. Diese neue Frist wird berechnet ab dem Zeitpunkt des Zugangs eines Mängelbeseitigungsverlangens bzw. der Abnahme der Mängelbeseitigungsleistungen. Damit die vorgeschilderten „Unterbrechungstatbestände" nicht zu dem paradoxen Ergebnis führen, dass ursprüngliche Verjährungsfristen verkürzt werden, ist weiter bestimmt, dass die neue Verjährungsfrist nicht vor Ablauf der Regelfristen nach § 13 Nr. 4 VOB/B oder der an ihrer Stelle vereinbarten Fristen endet.

Beispiel 1:

Abnahme der Bauwerksleistung:	30.6.2003
Zugang Mängelrüge:	14.3.2004
Verjährungseintritt mit Ablauf des	30.6.2007

Beispiel 2:

Abnahme der Bauwerksleistung:	30.6.2003
Zugang Mängelrüge:	14.8.2006
Verjährungseintritt mit Ablauf des	14.8.2008

7.4.5 Checkliste zur Verjährung der Mängelansprüche

Bei Ihren Vorüberlegungen zur Verjährungsproblematik sollten Sie in jedem Fall Folgendes im Auge behalten:

- Wurde die VOB/B vereinbart?
- Liegt bereits eine Abnahme (ggf. auch fiktiv) vor?
- Handelt es sich um Mängel an Bauwerksarbeiten?
- Wann ist das Schuldverhältnis entstanden bzw. der Vertrag abgeschlossen worden?
- Wann drohen meine Ansprüche zu verjähren?
- Müssen verjährungshemmende Maßnahmen eingeleitet werden?

8 Wie können Mängelansprüche gesichert werden?

8.1 Ausgangslage

Es scheint in der Natur der Sache zu liegen, dass Unternehmer von Bauleistungen dann, wenn sie ihren Werklohn vollständig erhalten haben, ihren Mangelbeseitigungsverpflichtungen nur höchst ungern nachkommen. Auch wenn Gewährleistungsverpflichtungen den Unternehmergewinn schmälern, womöglich ganz aufzehren, obliegt es dem Auftragnehmer, seinem Bauherrn/Auftraggeber für die vereinbarte Vergütung ein mangelfreies Werk zu liefern. Dieses in seiner Sphäre liegende Risiko darf nicht auf den Bauherrn/Auftraggeber abgewälzt werden.
Hat der Unternehmer dagegen noch unbefriedigte Vergütungsansprüche, wächst auch sein Interesse, möglichst rasch eine mangelfreie Leistung abzuliefern, um seinen Werklohn- oder Restwerklohnanspruch realisieren zu können. Gleiches gilt, wenn er befürchten muss, dass sein Auftraggeber zeitnah gegen ihn gerichtete Geldansprüche realisieren kann.

8.2 Einbehalt von Geld

8.2.1 Wann kann ein Unternehmer seine Vergütung verlangen?

Beim BGB-Vertrag

Fertigstellung und Abnahme

Grundsätzlich kann der Auftragnehmer seinen Werklohn erst dann verlangen, wenn er seine Bauleistungen fertig gestellt hat und diese abgenommen wurden. Eine Ausnahme gilt dann, wenn der Auftraggeber seinerseits die Vertragserfüllung grundlos ablehnt.

Abschlagszahlungen

Seit Mai 2000 kann der Auftragnehmer auch bei einem BGB-Vertrag Abschlagszahlungen verlangen. Solche Abschlagsforderungen müssen sich allerdings auf **in sich abgeschlossene Teile seiner Gesamtleistung** beziehen, die zudem vertragsgemäß erbracht sein müssen.

Ein entsprechender Nachweis dürfte für den Unternehmer oftmals nur schwierig zu führen sein.

Beispiel:

Ein Installateurbetrieb soll die Heizungsanlage einbauen sowie die Sanitärgegenstände liefern und montieren. Nach Fertigstellung und fehlerfreiem Probelauf der Heizung kann hierfür eine Abschlagszahlung verlangt werden.

Andere Zahlungsweisen

Soweit dem nicht AGB-rechtliche Schranken entgegenstehen, können die Vertragsparteien selbstverständlich auch andere Zahlungsweisen vereinbaren. In Formularverträgen oder AGB sind allerdings insbesondere solche Abschlagszahlungsklauseln unwirksam, die auf eine **Vorausleistungspflicht** des Auftraggebers hinauslaufen.

Beispiel:

In einem Formularvertrag des Fliesenlegers, der in mehreren Bädern Fliesenbelagsarbeiten ausführen soll, ist bestimmt, dass er nach Anlieferung der Fliesen für den jeweiligen Raum auf die Baustelle einen Anspruch auf Abschlagszahlung für die Materialkosten einschließlich der Verlegung haben soll.

Praxishinweis

Umstritten ist, ob – wovon das überwiegende Schrifttum ausgeht – der Unternehmer, ohne entsprechende ausdrückliche oder konkludente Vereinbarung auch eine Rechnung stellen muss, um die Fälligkeit seines Werklohns herbeizuführen. In den überwiegenden Fällen wird dies bejaht werden müssen, da nur dann der Auftraggeber weiß, was von ihm verlangt wird.

Beim VOB-Vertrag

Nachgewiesene Teilleistungen

Haben die Parteien wirksam die VOB/B als Vertragsgrundlage vereinbart, kann der Auftragnehmer, auch ohne dass hierzu eine gesonderte Vereinbarung getroffen worden wäre, Abschlagszahlungen für nachgewiesene Teilleistungen verlangen. Um allerdings Vorauszahlungen, also Zahlungen vor Erbringung der entsprechenden Leistungen, verlangen zu können, muss hierüber auch bei einem VOB-Vertrag eine korrespondierende **Vereinbarung** zwischen Auftraggeber und Auftragnehmer getroffen worden sein. Sollen in sich abgeschlossene Bauteile abgerechnet werden, bedarf es zur Fälligkeit einer Teilschlussrechnung auch der vorherigen Teilabnahme.

Schlusszahlung

Ein Verlangen nach Schlusszahlung setzt die **Fertigstellung aller beauftragter Leistungen** und deren Abnahme (auch fiktiv möglich) voraus.

Praxishinweis

Allein die Fertigstellung aller Leistungen und deren Abnahme genügen bei einem VOB-Vertrag nicht, um die Werk- oder Restwerklohnforderung fällig zu machen. Hierzu muss der Unternehmer seinem Auftraggeber noch eine prüffähige Schlussrechnung übergeben. Erst wenn dies geschehen ist, tritt spätestens nach Ablauf der zweimonatigen Prüffrist deren Fälligkeit ein.

Honorarschlussrechnung des Architekten/Ingenieurs

Geschuldeter Erfolg

Die Fälligkeit des Architekten- oder Ingenieurhonorars ist nach § 8 Abs. 1 HOAI an zwei Voraussetzungen geknüpft. Zum einen muss die Leistung **vertragsgerecht erbracht** worden sein. In quantitativer Hinsicht muss danach der geschuldete Erfolg bis zur letzten in Auftrag gegebenen Leistungsphase herbeigeführt worden sein.

Praxishinweis

Bei Erteilung eines Vollauftrags an einen Objektplaner Gebäude gehört zur vollständigen Leistungserbringung auch die Abarbeitung der Leistungsphase 9. Eine ihrer Grundleistungen ist die Überwachung der Beseitigung von Mängeln an Unternehmerleistungen, die innerhalb der Gewährleistungsfristen, längstens aber bis zum Ablauf von fünf Jahren nach Abnahme derselben auftreten. Der Schlusszahlungsanspruch des Architekten kann sich damit weit über die Fertigstellung des Bauwerks hinausziehen.

Weitere Fälligkeitsvoraussetzung ist das Überreichen einer **prüffähigen** Honorarschlussrechnung. Auch wenn der BGH in seiner Rechtsprechung der letzten Jahre dazu übergegangen ist, einer allzu kritischen Betrachtungsweise an die Prüffähigkeit einer Honorarschlussrechnung vorzubeugen, zeigt die Praxis weiterhin, dass Schlussrechnungen der hier behandelten Berufsträger häufig nicht den Anforderungen der HOAI entsprechen.

Praxishinweis

Anders als beim Bauunternehmer ist die Abnahme der Architektenleistung durch den Bauherrn nicht Fälligkeitsvoraussetzung für die Schlusszahlung.

Honorarabschläge des Architekten/Ingenieurs

Teilzahlungsabsprachen

Um schon vor der Erbringung aller beauftragten Leistungen Teilzahlungen fordern zu können, benötigt der Architekt/Ingenieur keine entsprechende vertragliche Vereinbarung mit seinem Bauherrn, wenngleich auch die HOAI die Vereinbarung von Teilzahlungsabsprachen zulässt, soweit dem keine AGB-rechtlichen Bedenken entgegenstehen.

Nachgewiesene Leistungen

§ 8 Abs. 2 gibt dem Architekten/Ingenieur vielmehr die Befugnis, von sich aus die Zahlung von Teilbeträgen zu fordern, sofern dies in **angemessenen zeitlichen Abständen** erfolgt und er die vertragsgemäße Erbringung der Leistungen, für die er einen Abschlag verlangt, nachweist. Abschlagsforderungen müssen damit auch nicht notwendigerweise in sich abgeschlossene Leistungsteile betreffen.

Praxishinweis

Zu weit geht damit auch die von einigen Autoren vertretene Auffassung, Abschlagszahlungen könnten nur für abgeschlossene Leistungsphasen verlangt werden, da diese die kleinste rechnerische Einheit nach der HOAI darstellen würden.

8.2.2 Wann darf der Auftraggeber Geld einbehalten oder zurückhalten?

Zurückbehaltungsrecht

Berechtigte Einbehalte sind geeignet, die Nachbesserungsbereitschaft des Unternehmers zu fördern. Rechtlich handelt es sich beim Einbehalt von geschuldeten Werklohnzahlungen oder Teilen hiervon um die Ausübung eines sogenannten „Zurückbehaltungsrechts" durch den Besteller/Auftraggeber. Um dieses ausüben zu können bzw. zu müssen, ist Voraussetzung, dass dem Auftragnehmer überhaupt eine **fällige** Werklohn- oder Teilwerklohnforderung zusteht. Hat der Unternehmer derzeit ohnehin keinen fälligen Zahlungsanspruch, bedarf es der Geltendmachung eines Zurückbehaltungsrechts nicht. Dies wird oftmals verkannt.

Von Abschlagsforderungen

Keine geringfügigen Mängel

Auch von Abschlagszahlungsforderungen können Gegenansprüche, so sie **fällig und gleichartig** sind, einbehalten werden. Bestehende Leistungsmängel können ein Leistungsverweigerungsrecht begründen, sofern sie nicht nur geringfügig sind und deshalb die Ausübung des Zurückbehaltungsrechts den Geboten von **Treu und Glauben** widersprechen würde. Regelmäßig wird man hierbei mehr als die geschätzten Nachbesserungskosten in Ansatz bringen können, um auf den Auftragnehmer hinsichtlich der erforderlichen Nachbesserung einen gewissen Drück auszuüben.

Vertragsgemäßer Leistungsstand

Abschlagsforderungen setzen allerdings regelmäßig das Erreichen eines bestimmten – vertragsgerechten (also auch mangelfreien) – Leistungsstands voraus, so dass es mangels **Fälligkeit** der Abschlagszahlungsforderung ohnehin keines Rückgriffs auf Einbehalte oder Gegenforderungen bedarf.

Praxishinweis

Die vorstehende Differenzierung ist nicht nur theoretischer Natur. Werden Einbehalte wegen bestehender Mängel geltend gemacht, führt dies bei gerichtlicher Geltendmachung zu einer Verurteilung Zug um Zug, also Zahlung nach Beseitigung der Mängel. Ist eine Abschlagszahlungsforderung nicht fällig, ist die Klage abzuweisen.

Bei der Schlussrechnung

Vereinbarter Gewährleistungseinbehalt

Haben Sie mit Ihrem Auftragnehmer – wirksam – vereinbart, dass Sie von dessen Werklohnforderung einen Teilbetrag (üblicherweise 5 % der Abrechnungssumme) bis zu einem bestimmten Zeitpunkt, meist bis zu dem Zeitpunkt, in dem Ihre Mängelansprüche verjähren, einbehalten dürfen, muss insoweit auf ein Leistungsverweigerungs- oder Zurückbehaltungsrecht nicht zurückgegriffen werden. Durch eine solche Vereinbarung wird vielmehr die **Fälligkeit** des entsprechenden Vergütungsteils bis zu dem vereinbarten Zeitpunkt **hinausgeschoben**.

Praxishinweis

Soll Ihr Auftragnehmer berechtigt sein, den Gewährleistungseinbehalt – etwa durch Bankbürgschaft – abzulösen, bedarf es hierzu im Rahmen eines BGB-Vertrags ebenfalls einer Vereinbarung.

Bei Insolvenz Ihres Auftragnehmers ist auch der Insolvenzverwalter an getroffene Vereinbarungen zum Sicherheitseinbehalt gebunden (BGH, NJW 99, 1261).

Zahlungsverweigerungsrecht

Wenn Sie die von Ihrem Auftragnehmer erbrachten Leistungen, auch unter Mangelvorbehalt, abgenommen haben, wird dessen Werklohn- oder bei vereinbarten und geleisteten Abschlagszahlungen dessen Restwerklohn zur Zahlung fällig. Haben Sie sich allerdings bei der Abnahme Mängel vorbehalten oder sind Mängel aufgetaucht, die Sie bei der Abnahme noch nicht gekannt haben, können Sie der Zahlungsanforderung ein **Leistungsverweigerungsrecht** entgegenhalten.

Der Höhe nach begrenzt

Dieses Leistungsverweigerungsrecht – oder besser gesagt – Zahlungsverweigerungsrecht ist allerdings betragsmäßig begrenzt. Regelmäßig dürfen Sie das **Dreifache der Kosten** zurückhalten, welche die Mangelbeseitigung erfordert. Sind Sie der Auffassung, dass dieser Betrag in Ihrem konkreten Fall nicht ausreicht, sind Sie hierfür im Streitfall **darlegungs- und beweispflichtig**. Nur in begrenzten Ausnahmefällen kann sich der auf das Dreifache der Nachbesserungskosten zu veranschlagende Betrag reduzieren. Denkbar ist dies etwa dann, wenn Ihr Unternehmer die Nachbesserung anbietet und Sie sich insoweit in Annahmeverzug befinden (vgl. BGH, NJW-RR 02, 1025 – nur die Nachbesserungskosten).

Achtung

Der Rückbehalt eines Betrags in Höhe der dreifachen Mangelbeseitigungskosten kann nur dann bzw. nur solange vorgenommen werden, als Sie gegenüber Ihrem Auftragnehmer noch Nacherfüllungsansprüche haben. Dies ist insbesondere dann nicht der Fall, wenn Sie die Leistungen Ihres Auftragnehmers trotz erkennbarer Mängel abgenommen und insoweit keinen Mangelvorbehalt erklärt haben. Gleiches gilt, wenn Ihr Auftragnehmer die Nacherfüllung berechtigterweise verweigern kann. Ihr Gegenanspruch reduziert sich in diesen Fällen vom Grundsatz her auf den einfachen Betrag der Mängelbeseitigungskosten, ggf. zusätzlich Zuschlag.

Wenn die VOB/B vereinbart wurde

Nur bei Vereinbarung

Auch unter Baufachleuten ist der nach wie vor verbreitete Irrtum anzutreffen, dass allein die Vereinbarung der VOB/B den Auftraggeber berechtigt, Sicherheitseinbehalte von der Schlussrechnung (5 %) oder gar von Abschlagsrechnungen (10 %) vorzunehmen. Hierfür gibt die VOB/B nichts her. Deren § 17 Nr. 1 Abs. 1 statuiert vielmehr, dass auch bei einem Vertrag, in dem die VOB/B zur Grundlage gemacht wurde, eine Sicherheitsleistung nur beansprucht werden kann, wenn diese zuvor **vereinbart** wurde. Ist zwar eine Sicherheitsleistung vereinbart, aber inhaltlich nicht ausgestaltet worden, kann sie durch Einbehalt von Geld oder dessen Hinterlegung oder durch Bürgschaft erfolgen, wobei insoweit das Wahlrecht dem Auftragnehmer zusteht.

Bei Abschlagszahlungen

Soll der Auftraggeber berechtigt sein, bereits von Abschlagszahlungen Einbehalte vornehmen zu dürfen, bedarf es auch hierzu einer entsprechenden Vereinbarung (§ 17 Nr. 6 Abs. 1 VOB/B).

Praxishinweis

Ist ein Einbehalt von Abschlagszahlungen vorgesehen (etwa 10 %), darf dieser soweit und solange vorgenommen werden, bis der Betrag des vereinbarten Gewährleistungseinbehalts (meist 5 %) erreicht ist. Hiervon abweichende Regelungen in Formularverträgen sind AGB-rechtlich bedenklich.

Abschlagszahlungen

Im Übrigen bestimmt § 16 Nr. 1 Abs. 2 ausdrücklich, dass auch von Abschlagszahlungsforderungen Gegenforderungen eingehalten werden können. Diese müssen sich nicht einmal aus dem konkreten Vertrag ergeben, sie können auch aus einer vorherigen vertraglichen Beziehung herrühren. Voraussetzung ist lediglich, dass berechtigter Anspruchssteller und Anspruchsgegner identisch sind, dass die Forderungen gleichartig (als Geldforderungen) und fällig sind. Es muss also eine **Aufrechnungslage** gegeben sein.

8.3 Bürgschaften

8.3.1 Wesen der Bürgschaft

Mit der Bürgschaft verpflichtet sich ein Dritter (Bürge), für eine Zahlungsverpflichtung des Schuldners (hier Ihres Auftragnehmers) einzustehen. Um den Bürgen in Anspruch nehmen zu können, muss der Auftraggeber eine **Forderung** gegen den Unternehmer haben. Ein solcher Zahlungsanspruch kann sich daraus ergeben, dass der Auftragnehmer trotz Fristsetzung Mängel nicht beseitigt hat. In diesem Fall kann der Auftraggeber beispielsweise einen Kostenvorschuss für eine Selbstvornahme geltend machen oder – sofern die Voraussetzungen hierfür vorliegen – Schadensersatz verlangen.

Einwendungen des Bürgen

Besteht allerdings eine solche Forderung gegen Ihren Auftragnehmer tatsächlich nicht (etwa weil Sie Ersatzvornahmekosten geltend machen ohne zuvor Ihrem Unternehmer zur Nacherfüllung eine angemessene Frist gesetzt zu haben), kann Ihnen – bei einer normalen Bürgschaft – diese Einwendung auch der Bürge entgegensetzen und aus diesem Grund die Zahlung verweigern. Halten Sie die Einwendungen für unbegründet, können Sie den Bürgen **verklagen**, müssen dann aber auch **darlegen und ggf. beweisen**, dass Ihre Forderung zu Recht besteht. Der Vorteil einer Bürgschaft liegt aber auch in diesem Fall darin, dass Sie sich um die Liquidität Ihres Hauptschuldners (Auftragnehmers) keine Sorgen zu machen brauchen.

8.3.2 Bürgschaft auf erstes Anfordern

Darlegungspflicht

Etwas anderes gilt, wenn sich der Bürge entsprechend den zwischen Ihnen und Ihrem Auftragnehmer getroffenen Vereinbarungen verpflichtet hat, auf erstes Anfordern zu bezahlen. In diesem Fall muss der Bürge regelmäßig dann bezahlen, wenn Sie ihm gegenüber eine Forderung gegen Ihren Auftragnehmer behaupten und darlegen.

Beispiel:

Nach Abnahme stellt sich ein Mangel heraus. Sie fordern Ihren Auftragnehmer auf, innerhalb der von Ihnen angemessen gesetzten Frist den Mangel zu beseitigen. Dieser reagiert nicht, Sie geben daraufhin die Mangelbeseitigung anderweitig in Auftrag und verlangen alsdann von der bürgschaftsgebenden Bank Zahlung Ihrer Aufwendungen.

Rückforderungsprozess

Im vorbezeichneten Fall kann der Bürge beispielsweise nicht einwenden, die von Ihnen gesetzte Frist sei zu kurz bemessen gewesen. Er muss vielmehr erst zahlen. Die Einwendungen sind dann ggf. erst in einem sog. Rückforderungsprozess zu klären.

Zahlungsverweigerung

Allerdings sind auch bei einer Bürgschaft auf erstes Anfordern Fallgestaltungen denkbar, bei denen der Bürge die Zahlung verweigern darf. Ist die Zahlungsanforderung des Gläubigers (Auftraggebers) offensichtlich **rechtsmissbräuchlich**, braucht der Bürge nicht zu zahlen. Dies kann beispielsweise dann der Fall sein, wenn Zahlung für eine Forderung verlangt wird, die durch die Bürgschaft nicht abgesichert ist.

Die Grenzen

Wirtschaftlich ist die Bürgschaft auf erstes Anfordern annähernd so gut wie Bargeld. Wegen der damit verbundenen Risiken (Insolvenz des Auftraggebers) wurden der Vereinbarung von solchen Bürgschaften Grenzen gesetzt. Durch von ihm vorformulierten Allgemeinen Geschäftsbedingungen kann beispielsweise der Auftraggeber nicht festlegen, dass der Auftragnehmer einen vereinbarten Barsicherheitseinbehalt **ausschließlich** durch eine Bürgschaft auf erstes Anfordern ablösen kann.

8.3.3 Regelung in der VOB/B 2002

Keine Bürgschaft auf erstes Anfordern

Bürgschaften auf erstes Anfordern schränken den Kreditrahmen des Auftragnehmers ein. § 17 Nr. 4 VOB/B 2002 legt deshalb fest, dass vom Auftraggeber keine Sicherheit gefordert werden kann, die den Bürgen zur Zahlung auf erstes Anfordern verpflichtet. Hiervon **abweichende Vereinbarungen** sind allerdings möglich. Die Rechtsprechung dazu, ob im Fall einer abweichenden Vereinbarung ein Eingriff in den Kerngehalt der VOB/B anzunehmen ist, bleibt allerdings abzuwarten.

Rückgabepflicht

Wurde vom Auftragnehmer eines VOB-Vertrags für Mängelansprüche des Auftraggebers Sicherheit durch Gestellung einer tauglichen Bürgschaft erbracht, ist diese, soweit sie noch nicht verwertet wurde, nach Ablauf von **zwei Jahren** zurückzugeben, obschon zu diesem Zeitpunkt im Normalfall die Verjährungsfrist für Baumängelansprüche (vier Jahre) noch nicht abgelaufen ist (§ 17 Nr. 8 Abs. 2 VOB/B 2002). Soweit jedoch von Ihnen als Auftraggeber bereits geltend gemachte Mängelansprüche zu diesem Zeitpunkt noch nicht erfüllt sind, dürfen Sie einen entsprechenden Teil der Sicherheit zurückbehalten.

8.4 Aufrechnung

Soweit Ihr Auftragnehmer von Ihnen noch Werklohn- oder Werklohnrestzahlungen beansprucht, Sie aber meinen, dass er hierauf wegen festgestellter Mängel keinen Anspruch mehr hat, ist Folgendes zu berücksichtigen:

Gleichartigkeit der Leistungen

Vergütungs(rest)ansprüche können grundsätzlich nur durch Zahlung oder eine sog. „Aufrechnung“ (sofern diese vertraglich nicht wirksam ausgeschlossen wurde) zum Erlöschen gebracht werden. Aufrechnung bedeutet in diesem Zusammenhang, dass Sie dem Zahlungsanspruch des Unternehmers eigene Forderungen entgegenhalten, die Sie gegen dessen Forderung verrechnen. Rechtlich setzt dies Gleichartigkeit der Leistungen voraus, bei der von Ihnen gegengerechneten Forderung muss es sich also um eine **Geldforderung** handeln. Solange Sie also vom Unternehmer noch Nachbesserung oder Nacherfüllung verlangen bzw. verlangen müssen, besteht insoweit wegen der Ungleichartigkeit der Forderungen keine Aufrechnungslage, wohl aber ggf. ein Zurückbehaltungsrecht bis zur ordnungsgemäßen Mängelbeseitigung.

Fälligkeit der Forderung

Kommt allerdings Ihr Vertragspartner seiner Nacherfüllungspflicht innerhalb einer von Ihnen gesetzten angemessenen Frist nicht nach und machen Sie nunmehr Minderung oder Schadensersatz im Rahmen der Ihnen dann zustehenden Gewährleistungsansprüche geltend, können Sie mit Fälligkeit dieser Forderung gegen den vom Unternehmer geltend gemachten Zahlungsanspruch (auch wenn dieser noch nicht voll wirksam bzw. fällig ist, etwa weil die zweimonatige Prüffrist nach VOB/B noch nicht abgelaufen ist) aufrechnen und damit bis zur Höhe der aufgerechneten Gegenforderung dessen Forderung zum Erlöschen bringen.

Ersatzvornahme

Entscheiden Sie sich nach fruchtlosem Ablauf der Nacherfüllungsfrist dafür, den Mangel selbst im Weg der Ersatzvornahme beseitigen zu lassen, können Sie hierfür vom Auftragnehmer Kostenvorschuss verlangen und dann mit diesem **Vorschussanspruch** aufrechnen (BGH, BauR 1970, 237).

Praxishinweis

Sollte Ihre Gegenforderung bereits verjährt sein, können Sie mit dieser dennoch aufrechnen, soweit sie bei Eintritt der Aufrechnungslage noch unverjährt war. Wegen der gegenüber der Werklohnforderung längeren Verjährungsfristen von Ansprüchen wegen Bauwerksmängeln scheint zwar die vorausgezeigte Konstellation auf den ersten Blick nicht praxisrelevant. Der Verjährungsbeginn für Werklohnforderungen setzt allerdings deren Fälligkeit voraus, sodass insbesondere bei VOB-Verträgen, bei denen die Fälligkeit der Vergütungsforderung von der Erteilung einer prüffähigen Schlussrechnung ebenso abhängt wie bei Architektenhonorarforderungen, die dargestellte Möglichkeit durchaus von Bedeutung sein kann.

8.5 Abtretung (von Forderungen gegen Subunternehmer)

Soweit Ihr Auftragnehmer (etwa ein Generalunter- oder -übernehmer) die an ihn beauftragten Leistungen nicht oder nicht sämtlich selbst erbringt, sondern Leistungen an Dritte vergibt, kann auch daran gedacht werden, sich gegen Nachunternehmer gerichtete Ansprüche abtreten zu lassen.

Vollständige Bezahlung vorausgesetzt

Hierbei darf allerdings nicht übersehen werden, dass solche abgetretenen Ansprüche nur dann werthaltig sind, wenn einerseits der Nachunternehmer seinerseits nicht notleidend (also **insolvent**) wird, andererseits der Nachunternehmer von seinem Auftraggeber (also Ihrem Auftragnehmer) auch vollständig bezahlt wurde. Ansonsten kann Ihnen Letzterer gegen Ihren Auftragnehmer gerichtete offene Vergütungsansprüche entgegenhalten und hiervon ggf. seine Nacherfüllungsbereitschaft abhängig machen. Sie haben dann mit Zitronen gehandelt.

9 Mängelansprüche bei Insolvenz des Auftragnehmers

9.1 Grundsätzliche Überlegungen

Bereits am 1. 1. 1999 ist die Insolvenzordnung, die an die Stelle der Konkurs-, Vergleichs- und Gesamtvollstreckungsordnung getreten ist, in Kraft getreten. Insolvenzverfahren sind seitdem nicht mehr nur auf Gesellschaften (GmbH, AG etc.) beschränkt. Gerade auch für das Baurecht sind damit erhebliche Veränderungen einhergegangen.

Bonität vor Vertragschluss prüfen

Schon vor Abschluss des Bauvertrags sollten deshalb die Bonität und Leistungsfähigkeit des künftigen Vertragspartners einer eingehenden Überprüfung unterzogen werden und, soweit erforderlich, **zusätzliche Sicherungen** (z. B. Vertragserfüllungsbürgschaft, Sicherheits-

einbehalte, Gewährleistungsbürgschaft etc.) überlegt und vereinbart werden.
Die Insolvenz des Unternehmers in der Bauerstellungsphase hat nicht selten in einem finanziellen Fiasko für den Bauherrn/ Auftraggeber geendet.

9.2 Insolvenz vor Fertigstellung

Ergeben sich im Zug der Bauerstellung Anhaltspunkte dafür, dass der Auftragnehmer wegen Zahlungsschwierigkeiten oder sonstiger finanzieller Engpässe voraussichtlich den Auftrag nicht zu Ende bringen kann, ist rechtzeitiges, zielgerichtetes Handeln angezeigt. Ist erst einmal der Insolvenzfall eingetreten, kann es vielfach schon zu spät sein. Mängelansprüche, bezogen auf die erbrachte Teilleistung, laufen dann nicht selten ins Leere, wenn der Auftragnehmer über seinen Leistungsstand hinaus abschlagsbezahlt wurde, von den Mehrkosten durch die Einschaltung von Drittunternehmern einmal ganz abgesehen.

Hinweise auf Insolvenz

Anzeichen für Liquiditätsschwierigkeiten des Auftragnehmers können sein:

- Subunternehmer beschweren sich über zögerliche Anweisung ihrer Abschlagsrechnungen,
- Baumaterialen werden nicht oder verspätet geliefert,
- der Auftragnehmer fordert nicht vereinbarte Vorschüsse an,
- Termine werden nicht eingehalten.

Leistungsstand überprüfen

Bei der Anforderung vereinbarter Abschlagszahlungen (bei vereinbarter VOB/B ist der Auftragnehmer hierzu auch ohne sonstige vertragliche Abrede berechtigt) sollte deshalb verstärkt kontrolliert werden, ob der zur Begründung der Abschlagsforderung herangezogene Leistungsstand – insbesondere auch frei von wesentlichen Mängeln – erreicht ist. Bestehen hierzu Meinungsverschiedenheiten, wird sich ein solventer Auftragnehmer einem vorsorglichen, **nachträglichen Sicherungsverlangen** seines Auftraggebers (etwa in Form einer Vertragserfüllungs- bzw. Gewährleistungsbürgschaft) nicht ohne weiteres verschließen.

Praxishinweis

Das BGB regelt in § 321 die sog. Unsicherheitseinrede. Danach kann derjenige, der aus einem gegenseitigen Vertrag vorzuleisten verpflichtet ist, von einem Leistungsverweigerungsrecht Gebrauch machen, wenn nach Vertragsschluss erkennbar wird, dass sein Anspruch auf die Gegenleistung durch mangelnde Leistungsfähigkeit seines Vertragspartners gefährdet wird. Der Auftragnehmer muss dann seinerseits vorleisten oder für eine anderweitige Absicherung Sorge tragen. Bei Bauverträgen wird diese Möglichkeit bei potenziellen Ansprüchen wegen Werkmängel im Regelfall nicht herangezogen werden können, da der Besteller nicht vor-, sondern nachleistungspflichtig ist (Hamm, NJW-RR 1997, 1242). Denkbar ist allerdings, dass der Auftraggeber mit seinem Auftragnehmer individuell ratierliche Vorauszahlungen vereinbart und damit seine Vorausleistungspflicht begründet hat.

VOB vereinbart

Bei vereinbarter VOB/B hat der Auftraggeber bereits dann ein außerordentliches Kündigungsrecht, wenn sein Auftragnehmer seine Zahlungen einstellt (was allerdings im Streitfall vom Auftraggeber nachgewiesen werden muss) oder dieser das Insolvenzverfahren bzw. ein vergleichbares gesetzliches Verfahren **beantragt** (§ 8 Nr. 2 Abs. 1 VOB/B).

9.3 Insolvenz nach Fertigstellung/Abnahme

9.3.1 Was ist veranlasst, wenn der Werklohn nicht oder nicht vollständig bezahlt ist?

Kosten der Mängelbeseitigung

Erklärt der Insolvenzverwalter den Vertrag, hier also die Gewährleistungsansprüche, nicht erfüllen zu wollen, kann mit den dann bestehenden Gegenansprüchen, also im Regelfall mit den Kosten, die zur ordnungsgemäßen Mängelbeseitigung erforderlich sind, gegen den Werklohn- oder Restwerklohnanspruch aufgerechnet werden. Darüber hinausgehende Beträge sind zur Tabelle anzumelden (vgl. nachstehend Abschn. 9.3.2).

9.3.2 Was ist veranlasst, wenn die Werklohnforderung voll bezahlt ist?

Mit Eröffnung des Insolvenzverfahrens über das Vermögen des Auftragnehmers können Mängelansprüche infolge der Verfahrenseröffnung nicht mehr durchgesetzt werden. Der Anspruch auf Vertragserfüllung (Gewährleistung) ist als Geldbetrag umzurechnen, wobei hier regelmäßig der Betrag anzusetzen ist, der zur ordnungsgemäßen **Mängelbeseitigung durch einen Drittunternehmer** üblicherweise aufgewandt werden muss. Diese Forderung kann dann zur Tabelle angemeldet werden.

Gewährleistungsanspruch in Geldbetrag umrechnen

9.3.3 Vorteile durch eine Bürgschaft des Auftragnehmers

Wenn Sie von Ihrem Auftragnehmer zur Absicherung Ihrer Mängelansprüche eine Gewährleistungsbürgschaft erhalten haben, können Sie wegen Ihnen zustehender Geldansprüche den Bürgen in Anspruch nehmen. Solange allerdings nicht sicher ist, ob der Gemeinschuldnerin nach eröffnetem Insolvenzverfahren noch Nacherfüllungsansprüche zustehen, sollten Sie eine **Frist zur Nacherfüllung** setzen.

Gewährleistungsbürgschaft

Die Aufforderung zur Nacherfüllung mit Fristsetzung ist an den Insolvenzverwalter zu richten (OLG Hamm, BauR 1984, 537 f.). Ein Nacherfüllungsverlangen dürfte sich allerdings dann erübrigen, wenn der Insolvenzverwalter Ihnen gegenüber bereits unzweideutig erklärt hat, dieses nicht zu erfüllen.

Adressat Insolvenzverwalter

Praxishinweis

Legen Sie der bürgschaftsgebenden Bank detailliert Ihre Ansprüche dar und fügen Sie, soweit möglich, Nachweise über Ihre Ansprüche (Werkvertrag, Nacherfüllungsverlangen), insbesondere über die erforderlichen Nachbesserungsarbeiten einschließlich der hierfür zu veranschlagenden Kosten (z. B. Kostenvoranschlag) bei. Sie können dadurch die Abwicklung beschleunigen.

10 Bestehen außergerichtliche Streitbeilegungsmöglichkeiten?

10.1 Welche Vorteile bietet eine außergerichtliche Streitbeilegung?

Schnelle Regelung

Je schneller eine Streitfrage zwischen den Parteien eines Bauvertrags geklärt werden kann, desto kostengünstiger und wirtschaftlicher ist regelmäßig das erzielte Ergebnis. Gerade im Zug der Bauabwicklung können auftauchende Streitigkeiten zu einem Lawineneffekt führen. Ein Unternehmer, der wegen eines vermeintlichen Abschlagszahlungsanspruchs seine Arbeiten vorerst einstellt, kann dadurch die Ausführung der Folgegewerke erheblich verzögern und den wirtschaftlichen Schaden seines Auftraggebers in ungeahnte Dimensionen treiben. Eventuelle Ersatzansprüche laufen selbst bei prozessualem Erfolg nicht selten ins Leere, wenn der in Anspruch genommene Unternehmer dadurch in die Insolvenz gerät. Die „Dummen" sind dann beide.

Außerhalb der staatlichen Gerichte besteht eine Reihe von Möglichkeiten, aufkeimende Konflikte zwischen Bauvertragsparteien einer raschen Einigung oder Entscheidung zuzuführen.

10.2 Welche Möglichkeiten gibt es?

10.2.1 Schiedsgutachten

Was ist ein Schiedsgutachten?

Feststellungen sind verbindlich

Auftraggeber und Auftragnehmer können sowohl bei Vertragsschluss oder zu jedem späteren Zeitpunkt **vereinbaren**, dass bei Streitigkeiten über das Vorhandensein eines Baumangels, über dessen Ursachen oder auch über dessen Umfang und die Kosten seiner Beseitigung ein Dritter als Schiedsgutachter seine Wertung abgeben soll. Die vom Schiedsgutachter getroffenen Feststellungen sind dann – sofern sie nicht offenbar unrichtig sind – für die Parteien verbindlich. Ruft dennoch eine Partei, was grundsätzlich möglich ist, das Prozessgericht an, ist dieses gehindert, die vom Schiedsgutachter nach dem Willen der Parteien getroffenen Tatsachenfeststellungen selbst noch einmal vorzunehmen. Eine ohne vorherige Einholung eines vorgesehenen Schiedsgutachtens erhobene Klage wäre als zur Zeit unbegründet abzuweisen.

Hemmung der Verjährung

Die Verjährung hinsichtlich eines festgestellten Mangels ist mit dem Beginn des Begutachtungsverfahrens gehemmt. Die Hemmung endet **sechs Monate**, nachdem der Gutachter den Parteien das Ergebnis mitgeteilt hat. Gegenüber einem selbstständigen Beweisverfahren hat ein Schiedsgutachten den Vorteil, dass der Gutachter ohne gerichtliche Formalitäten zu erreichen ist.

Wer benennt den Schiedsgutachter?

Vereinbarung

Sofern eine Schiedsgutachtenvereinbarung erst nach dem Entstehen eines Streits über einen Baumangel getroffen werden soll, bietet es sich an, sich mit der Gegenpartei auch gleich auf einen bestimmten Gutachter zu verständigen. der für die konkrete Mangelbehauptung über die ausreichende Fachkunde verfügt. Es besteht aber auch die Möglichkeit zu vereinbaren, dass der Schiedsgutachter durch einen Dritten, etwa die zuständige IHK, benannt werden soll.

Was kostet ein Schiedsgutachten?

Honorarvereinbarung nach Zeit

Grundsätzlich kann die Honorierung frei vereinbart werden. Üblicherweise berechnen Schiedsgutachter ihre Vergütung auf Zeithonorarbasis, also nach aufgewandten Stunden. In begründeten Fällen ist auch ein Pauschalhonorar denkbar.

Bei der Bemessung der Stundensätze orientieren sie sich erfahrungsgemäß an § 3 ZuSEG (25 bis 53 Euro/Stunde) oder an den Zeithonorarsätzen von § 6 HOAI (38 bis 82 Euro/Stunde), wobei sie bei den dort vorgesehenen Rahmensätzen ihr Entgelt wegen der höheren Verantwortung zumeist an der oberen Grenze, in begründeten Fällen auch darüber ansiedeln.

Wer trägt die Kosten des Schiedsgutachters?

Hälftig

Haben die Parteien hinsichtlich der Kosten des Schiedsgutachters keine anderweitige Regelung getroffen, trägt hiervon grundsätzlich jede von ihnen die Hälfte. Vertragsüblich sind Formulierungen, welche die Kostentragungspflicht am Umfang des **Obsiegens und**

Unterliegens, also daran, ob und ggf. in welchem Maß die Behauptung einer Partei vom Gutachter bestätigt wurde oder nicht, bemessen.

Praxishinweis

Die Kosten eines vor Einleitung eines gerichtlichen Verfahrens eingeholten Schiedsgutachtens zählen nicht zu den Kosten des Rechtsstreits, können damit also bei Obsiegen nicht nach § 91 ZPO dem Prozessgegner auferlegt werden.

Wer kann Schiedsgutachter sein?

Grundsätzlich kann Schiedsgutachter jeder unbefangene Dritte sein. Da aber i. d. R. technische Sachverhalte zu klären sind, sollte bei der Auswahl des Gutachters Wert auf **fachliche Kompetenz** gelegt werden.

Wie finde ich einen Schiedsgutachter?

Die Industrie- und Handelskammern (IHK) wie auch die Regierungsbezirke (Handwerkskammern) führen Sachverständigenverzeichnisse, in denen geordnet nach der jeweiligen Fachrichtung bzw. dem jeweiligen Handwerkszweig Sachverständige mit vollständiger Anschrift verzeichnet sind. Auch über die Architekten- bzw. Ingenieurkammern können Informationen über geeignete Personen hinterfragt werden.

10.2.2 Schiedsgerichts-/Schlichtungsvereinbarung

Grundsätzliche Überlegungen

Schiedsspruch

Schiedsgerichtsbarkeit hat nichts mit einvernehmlicher Streiterledigung zu tun, auch wenn selbstverständlich, wie vor einem staatlichen Gericht, eine Streitbeilegung durch Vergleich möglich ist. Auch das Schiedsgericht entscheidet auf Grund der im Verfahren gewonnenen Erkenntnisse für die Parteien verbindlich durch Endentscheidung, in diesem speziellen Verfahren „Schiedsspruch“ genannt. Ein Instanzenzug ist nicht vorgesehen.

Die Schiedsgerichtsbarkeit bietet den Vorteil, dass im geeigneten Einzelfall auch ein oder zwei **technische Sachverständige** bestimmt werden können. Gewährleistet wird dadurch, dass den Parteien zur Streitentscheidung mit spezifischer Sachkunde ausgestattete Dritte zur Verfügung stehen.

Achtung

Ohne Ihre Zustimmung können Dritte nicht in ein Schiedsverfahren einbezogen werden. Insbesondere sieht die Schiedsgerichtsbarkeit keine Streitverkündung vor. Probleme ergeben sich auch dann, wenn gegen mehrere Gesamtschuldner vorgegangen werden soll, diese sich aber nicht sämtlich der Schiedsabrede unterworfen haben.

Was bedeutet es, wenn Bauvertragsparteien eine Schiedsgerichtsvereinbarung getroffen haben?

Schiedseinrede

Haben Parteien eines Bauvertrags wirksam eine durchführbare Schiedsvereinbarung getroffen und klagt eine von ihnen dennoch vor einem staatlichen Gericht, kann der Beklagte die Schiedseinrede erheben, was bedeutet, dass das Gericht die Klage als unzulässig abweisen muss. Tut er dies nicht, steht dem Verfahren vor dem staatlichen Gericht insoweit kein Prozesshindernis entgegen.

Welche besonderen Vorteile bietet eine Schlichtungsvereinbarung?

Ziel der Schlichtung ist es, ausufernden Konflikten entgegenzuwirken. Hierbei stellt sie die Eigenverantwortlichkeit der Konfliktparteien in den Vordergrund und versucht auf diese Weise, reibungslose Bauabläufe ohne Baustillstand sicherzustellen. Beiden Seiten wird damit letztlich die Chance geboten, mit Gewinn die Baustelle zu verlassen.

Beispiel:

Der von Ihnen beauftragte Rohbauer behauptet im Zug der Bauausführung eine fällige Abschlagszahlungsforderung, Sie stellen dies in Abrede und wenden Ihrerseits ein, dies sei schon deshalb nicht der Fall, da Teilleistungen erhebliche Mängel aufweisen würden. Ihr Auftragnehmer droht daraufhin die Arbeitseinstellung an, dies würde bedeuten, dass sich auch die Nachfolgegewerke (Ausbauarbeiten, Dachdeckung etc.) erheblich verzögern würden.

Im vorbezeichneten Beispielfall stehen sich damit einerseits das Verlangen des Unternehmers, seiner Auffassung nach berechtigte Forderungen realisieren zu können und nicht weiter in Vorleistung treten zu müssen, andererseits Ihr Einwand, für Ihrer Meinung nach mangelhafte Teilleistungen derzeit noch nichts bezahlen zu müssen, gegenüber. Stellt Ihr Unternehmer daraufhin seine Arbeiten ein und stellt sich später heraus, dass er hierzu zum damaligen Zeitpunkt nicht berechtigt war, kann dies zu erheblichen **Ersatzansprüchen** Ihrerseits gegen Ihren Auftragnehmer führen. Aber auch der umgekehrte Fall ist möglich. War die Arbeitseinstellung berechtigt und haben Sie beispielsweise wegen der nach Ihrer Auffassung unberechtigten Weigerung, vorerst weitere Leistungen zu erbringen, die Vertragskündigung ausgesprochen, kann dies dazu führen (freie Auftraggeberkündigung), dass Ihr Unternehmer seinen Vergütungsanspruch auch für die dann nicht mehr erbrachten Leistungen abzüglich ersparter Aufwendungen geltend machen kann. Sie zahlen dann u. U. zumindest teilweise doppelt.

Ziel und Vorschlag

Ziel der Schlichtung wird es in diesem Fall sein, eine Baueinstellung verhindern zu helfen. Der Schlichter wird das Streitverhältnis unverzüglich mit den Parteien erörtern und hierzu ggf. vorläufige Feststellungen zur Vergütungsfähigkeit und Vergütungshöhe der Werkleistung treffen. Die Schlichtung soll im Idealfall erreichen, dass sich die Parteien untereinander einigen. Tun sie das nicht, unterbreitet der Schlichter einen Vorschlag, der dann von beiden Parteien **binnen zweier Wochen angenommen** werden kann. Ist dies nicht der Fall, ist die Schlichtung gescheitert. Ergebnis der Schlichtung könnte beispielsweise sein, dass der vermeintliche Vergütungsanspruch des Unternehmers abgesichert wird (etwa durch Bürgschaft).

Zu welchem Zeitpunkt sollte eine Schlichtungs- und/oder Schiedsgerichtsvereinbarung getroffen werden?

Grundsätzlich kann eine Schlichtungs- und/oder Schiedsgerichtsvereinbarung zu jedem Zeitpunkt abgeschlossen werden. Am effektivsten ist die Schlichtung, wenn Sie baubegleitend durchgeführt wird. Um später keine wertvolle Zeit zu verlieren, sollte deshalb die Vereinbarung einer Schlichtung möglichst frühzeitig, am besten **mit Vertragsabschluss** erfolgen.

Baubegleitend

Mit welchen Kosten ist zu rechnen?

Die Schlichtungs- und Schiedsordnung für Baustreitigkeiten (SOBau) der ARGE Baurecht im DAV sieht z. B. in ihrem Anwendungsbereich folgende Kosten (sofern nichts anderes vereinbart wurde) vor:

- Im Schlichtungsverfahren richten sich die Kosten nach dem **Zeitaufwand** des Schlichters. Empfohlen wird hierbei, bei Abschluss des Schlichtervertrags mit dem Schlichter auch die Höhe des Honorars festzulegen.

Schlichtungsverfahren

- Im schiedsgerichtlichen Verfahren bestimmen sich die Honorare des Schiedsgerichts nach dem **Streitwert**. Jeder Schiedsrichter erhält seine Gebühren nach den Grundsätzen der jeweils geltenden Regelungen über die Vergütung anwaltlicher Tätigkeit. Wie viele Gebühren anfallen, hängt vom Umfang der Tätigkeit ab. Maximal können für jeden Schiedsrichter drei Gebühren anfallen. Ausnahmsweise kann, allerdings nur mit Zustimmung der Parteien, eine darüber hinausgehende Honorierung angesetzt werden.

Schiedsgerichtsverfahren

- Soweit im Verfahren, etwa durch eine Beweisaufnahme, weitere Kosten entstehen, sind diese ebenso von den Parteien zu tragen wie notwendige Auslagen des Schlichters oder des Schiedsgerichts.

Wer trägt die Kosten?

- Nach der SOBau tragen die Parteien die Kosten der Schlichtung grundsätzlich **zur Hälfte** (§ 17 SOBau). Scheitert die Schlichtung und schließt sich ihr ein Schiedsgerichtsverfahren an, kann das Schiedsgericht auch über die Kosten der Schichtung nach billigem Ermessen entscheiden.

Schlichtungsverfahren

Schiedsgerichtsverfahren

- Im schiedsgerichtlichen Verfahren entscheidet das Schiedsgericht je nach dem **Ergebnis des Verfahrens**, wer die Kosten zu bezahlen hat. Die Entscheidung kann hierbei auch so ausfallen, dass die Kosten geteilt oder nach Quoten den Parteien auferlegt werden.

Wo finde ich einen Schiedsrichter/Schlichter?

In einigen Regionen Deutschlands haben sich ständige Schiedsgerichte etabliert, z. B. das Schiedsgericht für privates Baurecht Deutschland in Bad Honnef und das Ständige Münchner Bauschiedsgericht in München.

Hinweis

Auf der Homepage der ARGE Baurecht sind, getrennt nach Bundesländern und OLG-Bezirken, Schlichter verzeichnet (*www.argebaurecht.com*).

Informationen können auch direkt bei der ARGE Baurecht im DAV, Littenstraße 11, 10179 Berlin oder im Internet (www.dav.de) abgefragt werden.

11 Wie kann man außerhalb eines gerichtlichen Streitverfahrens Beweise sichern?

11.1 Grundsätzliche Überlegungen

Man könnte meinen, dass Beweislastfragen in Baumängelprozessen keine allzu große praktische Relevanz zukommt, da Baumängel ohne weiteres erkennbar und damit nachzuweisen seien. Dies ist allerdings allein schon aus den nachfolgenden zwei Überlegungen ein gefährlicher Trugschluss:

Um einen Baubeteiligten als Haftungsschuldner heranziehen zu können, muss – im Gewährleistungsbereich – dessen **Verantwortlichkeit für die Verursachung** oder zumindest Mitverursachung eines in Erscheinung getretenen Mangels nachgewiesen werden.

Beispiel:

In einem Neubau treten nach der ersten Winterperiode nach Fertigstellung Schimmelschäden auf. Planer, Bauunternehmer oder auch der Bauträger werden sich nicht selten darauf hinauszureden versuchen, dass die Schimmelbildung auf falsches Lüftungsverhalten des Eigentümers oder dessen Mieter zurückzuführen sei.

Die gesetzliche Definition der Mangelfreiheit eines Werkes stellt in erster Linie darauf ab, ob die Sache die **vereinbarte Beschaffenheit** hat. Gelingt der Nachweis einer vertraglich vereinbarten Beschaffenheit nicht und ist diese auch nicht aus dem nach dem Vertrag vorausgesetzten Gebrauch heraus zu bestimmen, wird auf die Eignung für die gewöhnliche Verwendung zurückgegriffen.

11.2 Das Problem der Beweislast

11.2.1 Was verbirgt sich hinter dem Begriff „Beweislast"?

Definition

Wenn in einem gerichtlichen Verfahren das Gericht trotz Ausschöpfung aller prozessual zu Gebote stehenden Beweismittel keine Überzeugung von der Wahrheit oder Unwahrheit einer streitigen und entscheidungserheblichen Tatsachenbehauptung gewinnen kann, greifen die Regeln der Beweislast ein. Diese bestimmen, zu wessen Lasten diese Unaufklärbarkeit geht. „Beweislast ist damit das eine Partei treffende **Risiko des Prozessverlustes wegen Nichterweislichkeit** der ihren Sachantrag tragenden Tatsachenbehauptungen."

Gutachterkosten

In gerichtlichen Verfahren, in denen über strittige technische oder sonst einem Sachverständigenbeweis zugängliche Fragen ein Gutachter beauftragt werden muss, entscheidet die Beweislast darüber, welche der Parteien für die zu erwartenden Gutachterkosten zu Vorschüssen heranzuziehen ist.

Praxishinweis

Individualvertraglich kann die Beweislast unter Vertragsparteien eines Bauwerk- oder Architektenvertrags frei vereinbart werden, sofern in dieser Vereinbarung die Grenzen von Treu und Glauben beachtet wurden. Vorüberlegungen zur Beweislast müssen damit immer die vertraglich getroffenen Absprachen mit berücksichtigen.

11.2.2 Wer muss zu welchem Zeitpunkt was beweisen?

Mangelfreiheit vor Abnahme

Auftragnehmer

Glaubt der Unternehmer, sein Werk vollständig und mangelfrei hergestellt zu haben, hält dem aber der Auftraggeber entgegen, dass vorliegende Mängel einer Abnahme entgegenstehen würden, trägt grundsätzlich der Auftragnehmer die Beweislast hinsichtlich der Mangelfreiheit seiner Leistungen. Dies gilt auch dann, wenn das Vertragsverhältnis vorzeitig durch Kündigung oder Auftragsentziehung beendet wurde (BGH, BauR 1993, 469; OLG Celle, BauR 1995, 394).

Unwesentlichkeit eines Mangels

Auftragnehmer

Gleiches gilt, wenn der Unternehmer zwar einräumt, ein oder mehrere Mängel seien vorhanden, er aber der Auffassung ist, diese seien nur unwesentlich. In diesem Fall trifft ihn die Beweislast insoweit, als er nachweisen muss, dass entgegen der Behauptung des Bestellers der Mangel nicht wesentlich ist.

Praxishinweis

Bei der letztgenannten Alternative hilft dem Unternehmer auch die Möglichkeit, eine Fertigstellungsbescheinigung beauftragen zu können, nicht weiter. Auch bei unwesentlichen Mängeln darf der Sachverständige – zumindest wenn man dem Gesetzeswortlaut folgt – die Fertigstellungsbescheinigung nicht ausstellen.

Nach Abnahme hervorgetretene Mängel

Auftragnehmer

Übereinstimmung besteht darin, dass der Besteller nach Abnahme des Werks für neu hervorgetretene Mängel im vollen Umfang darlegungs- und beweispflichtig ist (vgl. beispielsweise BGH, NJW-RR 1997, 339; OLG Hamburg, BauR 2001, 1749).

Praxishinweis

Beweiserleichterungen können dann gegeben sein, wenn, insbesondere im engen zeitlichen Rahmen zur Abnahme, bei einem Verstoß gegen die allgemein anerkannten Regeln der Technik der Beweis des ersten Anscheins auf die Verantwortung des Auftragnehmers hindeutet (BGH, NJW 1985, 554, 555).

Abnahme

Eine von ihm behauptete Abnahme durch den Besteller hat der Unternehmer zu beweisen. Hierzu hat er im Streitfall auch die Tatsachen vorzutragen, aus denen sich die Abnahme durch den Auftraggeber ergibt. Ein bloßer Hinweis darauf genügt hierzu nicht, es sei denn, die Abnahme ist zugestanden. Auftragnehmer

Mangelvorbehalt bei Abnahme

Nimmt der Bauherr die Leistungen des Auftragnehmers in Kenntnis eines oder mehrerer Mängel ohne Vorbehalt ab, führt dies nach § 640 Abs. 2 BGB zum Verlust bestimmter Mängelrechte. Die Beweislast für die **Mängelkenntnis** obliegt hierbei dem Auftragnehmer, für die Erklärung eines **Vorbehalts** bei Abnahme dem Auftraggeber. Trägt der Auftraggeber substantiiert vor, der vorbehaltene Mangel sei weiterhin vorhanden, trägt der Unternehmer die Beweislast für dessen ordnungsgemäße Beseitigung (so wohl BGH, BauR 1997, 129 ff.). Auftragnehmer/Auftraggeber

Vom Unternehmer nicht zu vertretende Mangelhaftigkeit

Nach § 634 Nr. 4, 280 BGB (bzw. § 635 BGB a. F.) kann der Besteller Schadensersatz verlangen, wenn der Unternehmer einen Mangel zu vertreten hat. Wendet der Auftragnehmer ein, der Mangel sei von ihm ausnahmsweise nicht zu vertreten, obschon die objektive Pflichtverletzung und die Ursächlichkeit für den eingetretenen Schaden dargetan sind, muss er die Gründe hierfür darlegen und beweisen (BGH, BauR 2000, 1762, 1764). Auftragnehmer

Entbehrlichkeit einer Fristsetzung

Stellt sich der Auftraggeber auf den Standpunkt, er habe seinem Auftragnehmer ausnahmsweise keine Frist zur Nacherfüllung setzen Auftraggeber müssen, da dieser eine Nachbesserung ernsthaft und endgültig abgelehnt habe, muss er dies, wenn der Auftragnehmer dem widerspricht, auch beweisen.

Fristsetzung mit Ablehnungsandrohung (nach Altrecht)

Auftraggeber

Nach §§ 634, 635 BGB a. F. ist zur Geltendmachung der dort beschriebenen Rechte erforderlich, dass der Auftraggeber seinem Auftragnehmer zuvor ergebnislos eine angemessene Frist zur Nachbesserung, verbunden mit der Erklärung, im Fall des fruchtlosen Fristablaufs weitere Leistungen abzulehnen, gesetzt hat. Das Vorliegen dieser Voraussetzungen muss der Auftraggeber im Streitfall beweisen.

Angemessene Fristsetzung zur Nacherfüllung

Auftraggeber

Für seine Behauptung, dem Auftragnehmer eine angemessene Frist zur Nacherfüllung gesetzt zu haben, ist der Auftraggeber beweispflichtig.

Mangelbeseitigung nach Fristsetzung

Auftragnehmer

Bessert der Auftragnehmer auf ein Mangelbeseitigungsverlangen des Auftraggebers hin nach, trägt er die Beweislast für die fristgerechte und ordnungsgemäße Mangelbeseitigung.

Gewährleistungsausschluss

Auftragnehmer

Will sich der Auftragnehmer auf einen Gewährleistungsausschluss berufen, obliegt ihm hinsichtlich dessen Voraussetzungen die Darlegungs- und Beweislast (Baumgärtel, ZfBR 1988, 112).

11.2.3 Fälle der „Beweislastumkehr"

Bei Vorliegen bestimmter Voraussetzungen kann es zu einer „Beweislastumkehr“ kommen. Dies bedeutet, dass die Beweislast, die zuvor einer Vertragspartei oblegen hat, in diesen besonderen Fällen auf die andere Vertragspartei übergeht.

Fertigstellungsbescheinigung

Auftraggeber

Wie bereits oben ausgeführt, kann der Unternehmer einen Gutachter beauftragen, der die vertragsgerechte Herstellung seiner Leistungen bestätigen soll. Verweigert der Auftraggeber pflichtwidrig die notwendigen Untersuchungen, ist vom **Sachverständigen**, sofern die Formalien im Übrigen eingehalten wurden, die Fertigstellungsbescheinigung zu erteilen. Damit die damit verbundenen Abnahmewirkungen nicht eintreten, muss nunmehr der Besteller beweisen, dass wegen wesentlicher Mängel tatsächlich Abnahmereife nicht vorgelegen hat.

Bei vereinbarter VOB/B

Teile der Leistung, die durch die weitere Ausführung der Prüfung und Feststellung entzogen werden, sind gesondert abzunehmen (§ 4 Nr. 10 VOB/B). Damit ist ein Feststellungsanspruch statuiert. Verlangt der Auftragnehmer bei Vorliegen der Voraussetzungen eine gemeinsame Überprüfung und entzieht sich dem der Auftraggeber ohne Begründung, geht es zu seinen Lasten, wenn das Vorhandensein von Mängeln an dieser Teilleistung später nicht mehr aufklärbar ist. Auftragnehmer

Wird der Bauvertrag vom Auftraggeber vorzeitig gekündigt, kann der Auftragnehmer Aufmaß und Abnahme seiner bis dahin erbrachten Leistung **alsbald** nach Kündigung verlangen (§ 8 Nr. 6 VOB/B). Lässt der Auftraggeber sofort weiterbauen, ohne dem Auftragnehmer den Nachweis der Mangelfreiheit seiner erbrachten Teilleistung zu ermöglichen, wird man insoweit bei späterer Unaufklärbarkeit von Mängeln ebenfalls zu einer Beweislastumkehr auf den Auftraggeber auszugehen haben. Auftraggeber

Praxishinweis

Allgemein wird eine Frist von etwa 12 Werktagen ab Kündigungszugang als angemessen angesehen, binnen derer der Auftragnehmer sein Aufmaß- und Abnahmeverlangen stellen sollte. Liegen besondere Gründe vor, die einen unverzüglichen Weiterbau angezeigt erscheinen lassen, sollten Sie deshalb vorsorglich die erbrachten Teilleistungen in ausreichender Weise dokumentieren. In jedem Fall aber sollten Sie Ihrem Auftragnehmer mitteilen, ab wann Sie die Bauarbeiten fortführen lassen werden, und diesem anheim stellen, kurzfristig eine Objektbegehung durchzuführen.

Anerkenntnis

Auftragnehmer

Erklärt der Unternehmer, einen von seinem Auftraggeber gerügten Mangel zu beseitigen, kann darin ein Anerkenntnis gesehen werden. Stellt sich der Auftragnehmer später auf den Standpunkt, seine Werkleistung sei tatsächlich nicht mangelhaft gewesen, wird auch insoweit von einer Beweislastumkehr zu seinen Lasten auszugehen sein. Dies bedeutet, dass er im Streitfall beweisen muss, dass sein Auftrageber keinen Anspruch auf Mängelbeseitigung besaß und ihm dies auch bewusst war.

Beispiel:

Bauherr A rügt einen Mangel. Unternehmer B bessert nach, behauptet aber später, er sei hierzu nicht verpflichtet gewesen, und stellt deshalb A die Nachbesserungsleistungen in Rechnung. Kann B nicht beweisen, dass der nachgebesserte Schaden nicht auf einen Mangel seiner Werkleistung zurückzuführen ist, bleibt er auf seiner Forderung sitzen.

11.3 Wie kann man vorsorglich Beweise sichern?

11.3.1 Welche Beweismittel stehen zur Verfügung?

Wie in jedem anderen ordentlichen Verfahren auch stehen im Bauprozess als Beweismittel der Sachverständigen- und Zeugenbeweis, die Augenscheinseinnahme, der Urkundenbeweis sowie die Parteieinvernahme zur Verfügung.

Urkunden

Für Gerichtsverfahren

Soweit Sie für Tatsachenbehauptungen, aus denen Sie Rechte ableiten wollen, im Streitfall den Nachweis führen müssen, kann dies beispielsweise auch durch Schriftstücke geschehen. Wurde über eine Abnahmebegehung, bei der Sie Mängel gerügt oder vorbehalten haben, eine von beiden Parteien unterzeichnete Niederschrift angefertigt, in welche die vorbezeichneten Erklärungen aufgenommen wurden, kann dieses Protokoll in einem eventuellen gerichtlichen Verfahren als Beweismittel vorgelegt werden. Gleiches gilt für schriftliche Mängelbeseitigungsaufforderungen oder Nachfristsetzungen. Deshalb sollte die **Schriftform in jedem Fall vorgezogen** werden, auch wenn dies nicht vom Gesetz gefordert ist.

Insbesondere Bautagebuch

Ablauf, Ausführung und Leistungsumfang

Im Bautagebuch werden der zeitliche Ablauf und die Umstände der Bauausführung ebenso dokumentiert wie der jeweilige Umfang der Vertragsleistung. Es kann deshalb durchaus auch als probate Beweisurkunde herangezogen werden. Bei einem beabsichtigten Vertragsschluss mit einem ausführenden Unternehmer sollten Sie diesem die Verpflichtung zur Erstellung von **Bautagesberichten** auferlegen, die dann Ihrem Bauleiter/Architekten vorgelegt werden müssen.

Objektüberwachung

Sofern Sie für Ihr Bauvorhaben einen **Architekten** beizogen und ihm - auch - die Objektüberwachung übertragen haben, ist dieser im Rahmen der sechsten Grundleistung der Leistungsphase 8 gehalten, ein Bautagebuch zu führen. In dieses sind u.a., vor allem auch aus Beweiszwecken, Umstände, die für spätere Mängelprozesse von Bedeutung sein können, aufzunehmen.

Praxishinweis

In das Bautagebuch muss Ihnen Ihr Architekt Einsicht gewähren, Sie können gegen Erstattung der Vervielfältigungskosten auch eine Kopie anfordern. Müssen Sie in einem Rechtstreit das Bautagebuch im Original vorlegen, hat es Ihnen Ihr Architekt hierfür zu überlassen.

Zeugen

Beschränkte Verwertbarkeit

In fast keinem Baurechtsprozess kommen die Parteien umhin, für einzelne Behauptungen Zeugenbeweis anbieten zu müssen. Gerade wegen der oftmals langen Verfahrensdauer werden Zeugen zu Tatsachenbehauptungen befragt, die längere Zeit, teilweise Jahre, zurückliegen. Der Zeitablauf trübt das Erinnerungsvermögen, demzufolge sind Zeugenaussagen oft ungenau oder unvollständig. Ihre Verwertbarkeit ist häufig eingeschränkt, wenn nicht gar ausgeschlossen.

Praxishinweis

Wenn Sie zu einem konkreten Vorgang einen Zeugen hinzugezogen haben, sollten Sie diesen bitten, hierüber eine schriftliche, mit Ort, Datum und Unterschrift versehene Gedächtnisstütze anzufertigen. Gleichermaßen sollten Möglichkeiten überlegt werden, einem späteren Einwand der Gegenseite, die Gedächtnisstütze sei nachträglich angefertigt und rückdatiert worden, vorzubeugen. In geeigneten Fällen bietet sich insoweit die Übermittlung des Schriftstücks etwa an Ihren Auftragnehmer an, wobei darauf zu achten ist, dass der Zeitpunkt des Zugangs auch dokumentiert ist.

Sachverständiger Zeuge

Eine besondere Bedeutung kommt in Baurechtsverfahren dem sachverständigen Zeugen zu. Auch wenn dieser, wie jeder andere auch, nur Zeuge ist (also nicht gerichtlicher Sachverständiger), beurteilt er auf Grund seiner besonderen **Fachkenntnisse** technische Geschehensabläufe anders als ein bautechnischer Laie. Seine Angaben, insbesondere wenn sie sachlich und nicht einseitig formuliert sind, vermögen deshalb in einigen Fällen ausreichen, um das Gericht von der Richtigkeit einer Parteibehauptung zu überzeugen. Vor allem dann, wenn ein zuvor erstelltes Privatgutachten lediglich näher erläutert und die dort getroffenen Feststellungen begründet werden.

Fotodokumentationen

Keine Urkunde

Auch wenn eine Fotografie keine Urkunde darstellt, kann sie dennoch zum Gegenstand eines gerichtlichen Augenscheins gemacht werden (vgl. OLG Hamm, JurBüro 1984, 401). Gerade dann, wenn im Zuge des Baufortschritts Leistungen und damit auch Mängel verdeckt werden können, bietet sich eine Dokumentation mittels Lichtbildern an.

Praxishinweis

Fotos sollten möglichst objektiv und aus verschiedenen Perspektiven abgebildet werden. Um die Größenordnungen zu verdeutlichen, sollte überlegt werden, einen Maßstock oder sonstiges Messgerät in der Nähe des fotografierten Bereichs niederzulegen und mit abzulichten.

In jedem Fall dokumentiert werden sollte der Zeitpunkt der Aufnahme. Um dem Einwand von Manipulationen vorzubeugen, sollten die

Aufnahmen von einer dritten Person angefertigt werden, die dann erforderlichenfalls zusätzlich als Zeuge benannt werden kann.

Privatgutachter

Auftragszweck

Die Beauftragung eines Privatgutachters hat in der Baupraxis zunehmend an Bedeutung gewonnen. Gegenüber dem selbstständigen Beweisverfahren besteht ein Vorteil darin, dass der Auftraggeber dem Privatgutachter Zweck und Umfang der Begutachtung aufgeben kann, z. B. eine Überprüfung – ohne konkrete Anhaltspunkte –, ob das erstellte Bauwerk mängelbehaftet ist oder nicht. Im selbstständigen Beweisverfahren würde ein solcher Antrag ohne konkrete Behauptungen einen unzulässigen Ausforschungsbeweis darstellen. Einem Privatgutachter kann beispielsweise auch aufgegeben werden, zu ermitteln, welcher Kostenaufwand voraussichtlich für die Mangelbeseitigung erforderlich sein wird.

Praxishinweis

In einem eventuellen gerichtlichen Verfahren ist allerdings der Auftraggeber nicht verpflichtet, zuvor die Kosten für die Sanierung eines Bauwerks durch einen Privatgutachter ermitteln zu lassen. Vielmehr genügt es, die Kosten zu schätzen und für den Fall, dass der Auftragnehmer diese bestreiten sollte, ein Sachverständigengutachten als Beweismittel anzubieten (BGH, BauR 2003, 385).

Wie kann ein Privatgutachten in einem späteren Rechtsstreit verwertet werden?

Parteivortrag

Feststellungen eines Privatgutachters können als Parteivortrag übernommen werden. Werden sie von der Gegenpartei als unzutreffend bestritten, muss über das Parteivorbringen, sofern das Bestreiten ausreichend substantiiert ist, **Beweis erhoben** werden. Sie haben allerdings als Bauherr die Möglichkeit, Ihren Privatgutachter als sachverständigen Zeugen zu benennen. Dies ist vorteilhaft, weil ein Privatgutachter seine getroffenen Feststellungen üblicherweise ausreichend dokumentiert (Fotos, Protokolle etc.). Als **Sachverständigengutachten** kann ein Privatgutachten i. Ü. nur dann verwertet werden, wenn dem auch Ihre Gegenpartei zustimmt (vgl. BGH, BauR 1994, 524, 525).

Wer muss die Kosten für den Privatgutachter bezahlen?

Besteller

Beauftragen Sie als Bauherr/Besteller einen Privatgutachter, sind Sie diesem gegenüber erst einmal Kostenschuldner. Welche Vergütung Sie für seine Leistungen schulden, richtet sich primär nach der mit ihm insoweit getroffenen Abrede. Öffentlich bestellte und vereidigte Sachverständige orientieren sich vielfach an den Gebührensätzen des Gesetzes für die Entschädigung von Zeugen und Sachverständigen (ZuSEG), ohne allerdings hieran gebunden zu sein.

Erstattung

Die Kosten des Privatgutachters können Sie von Ihrem Auftragnehmer erstattet verlangen, wenn der Gutachter zum Zweck der **Schadensfeststellung** oder zur Abklärung der für die **Schadensbeseitigung** erforderlichen Maßnahmen beauftragt wurde. Umgekehrt lösen Kosten, die für eine vorbeugende Überwachungstätigkeit (Kontrolle der Vollständigkeit und Mangelfreiheit der Leistungen des Auftragnehmers) eines Privatgutachters aufgewandt werden, regelmäßig keinen Erstattungsanspruch aus.

Klagemöglichkeit, Aufrechnung

Erstattet Ihnen Ihr Vertragspartner die begründet aufgewandten Kosten nicht freiwillig, können Sie diese gerichtlich geltend machen. Dies kann im Zusammenhang mit einer Mangelbeseitigungs- oder Schadensersatzklage erfolgen (sofern eine solche ohnehin notwendig wird) oder aber auch in einem eigenständigen Verfahren (OLG München, OLGR 1997, 132). Soweit Ihr Auftragnehmer gegen Sie noch offene Werklohnforderungen hat, können Sie hiergegen aufrechnen.

Welche Bedeutung hat in diesem Zusammenhang eine Fertigstellungsbescheinigung?

Abnahmefiktion

Wie bereits oben ausgeführt, hat der Unternehmer nach Fertigstellung seiner Leistungen die Möglichkeit, sich von einem Gutachter bestätigen zu lassen, dass seine Leistung frei von behaupteten oder sichtbaren Mängeln ist. Auch wenn das hierfür vorgeschriebene Verfahren eingehalten wurde, geht die Fertigstellungsbescheinigung, bei der es sich weder um ein Schiedsgutachten noch um ein Privatgutachten, sondern um eine bloße Privaturkunde handelt, über die Abnahmefiktion nicht hinaus. Dem Auftraggeber bleiben damit alle

Mängelansprüche erhalten, auch soweit sie nicht vorbehalten wurden. § 640 Abs. 2 BGB ist insoweit von der Abnahmefiktion ausdrücklich ausgenommen.

11.3.2 Das selbstständige Beweisverfahren

Was ist ein selbstständiges Beweisverfahren?

Gerichtliche Beweisaufnahme

Das selbständige Beweisverfahren ist – salopp ausgedrückt – eine ausgelagerte gerichtliche Beweisaufnahme. Es kann vor, aber auch während eines gerichtlichen Hauptsacheverfahrens beantragt und angeordnet werden. Ein ohne anhängiges gerichtliches Hauptsacheverfahren eingeleitetes Beweisverfahren zwingt nicht notwendig, im Anschluss ein Hauptsacheverfahren einleiten zu müssen. Reichen die dort getroffenen Feststellungen aus, um die Verfahrensparteien von der Richtigkeit oder Unrichtigkeit der von ihnen aufgestellten Behauptungen zu überzeugen, wird regelmäßig ein sich anschließendes Hauptsacheverfahren überflüssig werden. Nach § 485 ZPO kann ein Beweisverfahren in zwei Fällen angeordnet werden:

- während oder außerhalb eines Streitverfahrens, wenn der Gegner zustimmt oder wenn zu befürchten ist, dass Beweismaterial verloren geht oder seine Benutzung erschwert wird,
- bei nicht oder noch nicht anhängigem Hauptsacheprozess.

Besteht ein rechtliches Interesse, kann ein Beweisverfahren beantragt werden, um den Zustand oder den Wert einer Sache, die Ursachen eines Sachmangels oder Sachschadens oder den Aufwand für deren Beseitigung feststellen zu lassen.

Praxishinweis

Beantragt werden kann ausschließlich die schriftliche Begutachtung durch einen Sachverständigen. Zeugen werden, auch auf Antrag, nicht einvernommen. Ebenso wenig ist ein gerichtlicher Augenschein vorgesehen.

Welche Bedeutung haben die getroffenen Feststellungen?

Der gerichtlichen Beweisaufnahme gleichgestellt

In der Praxis am häufigsten wird das selbstständige Beweisverfahren eingeleitet, **bevor** die Parteien einen gerichtlichen Hauptsacheprozess anhängig machen. Kommt es zu einem Hauptsacheverfahren, können sich die Parteien auf die im Beweisverfahren getroffenen Feststellungen berufen. Das Ergebnis des selbstständigen Beweisverfahrens ist bei bestrittenem Sachvortrag wie eine vor dem Prozessgericht durchgeführte Beweisaufnahme zu behandeln. Dies schließt allerdings nicht aus, dass Ihr Prozessgegner mit **Einwendungen zur Ordnungsmäßigkeit** der Beweisaufnahme durchdringt, wenn deren Durchführung gravierende Mängel aufweist (z. B. eine unterbliebene Mitteilung über einen Ortstermin). Weitere Beweiserhebungen – die grundsätzlich möglich sind - wird das Hauptsachegericht regelmäßig nur bei begründetem Anlass anordnen.

Achtung

In einem selbstständigen Beweisverfahren getroffene Feststellungen schaffen keine Titel. Erkennt Ihr Vertragspartner seine Eintrittspflicht nicht an, haben Sie keine Möglichkeit, Vollstreckungsmaßnahmen gegen ihn allein aufgrund des Beweisergebnisses einzuleiten. Sie müssen ihn dann noch mit einem Hauptsacheverfahren überziehen.

Können mehrere Baubeteiligte gleichzeitig einbezogen werden?

Wirkung gegen alle

Sofern für den Mangeleintritt mehrere Verursacher in Betracht kommen, also beispielsweise neben dem Rohbauunternehmer auch der bauleitende Architekt wegen eines Überwachungsfehlers, der Statiker wegen Berechnungsfehlern oder Projektanten, kann der Beweisantrag auch gegen mehrere Baubeteiligte gerichtet werden. Er hat dann gegen alle Verfahrensgegner, sofern er zulässig ist, insbesondere **verjährungshemmende Wirkung**. Möglich ist auch, die **Haftungsquote** der einzelnen Baubeteiligten in den Beweisantrag mit einzubeziehen.

Wird eine anwaltliche Vertretung benötigt?

Für die Beantragung eines selbstständigen Beweisverfahrens benötigen Sie grundsätzlich keinen Anwalt. Sie können diesen Antrag auch zu Protokoll der Geschäftstelle des zuständigen Gerichts erklären. Ordnet ein Landgericht die mündliche Verhandlung über den Antrag an, muss insoweit für Sie ein Anwalt bestellt werden.

Praxishinweis

Soweit der Beweisantrag umfassender ist, insbesondere gravierende Mängel einer Begutachtung unterzogen werden müssen oder mehrere Beteiligte als Verantwortliche in Frage kommen, sollten Sie anwaltlichen Rat einholen. Mit dem Beweisantrag muss eine Reihe von Tatsachenbehauptungen substantiiert glaubhaft gemacht werden.

Kostenvorschusspflicht

Eventuelle Nachforderung

Bei Einreichung eines Antrags auf Einleitung eines selbstständigen Beweisverfahrens muss noch kein Gerichtskostenvorschuss einbezahlt werden. I. d. R. wird allerdings das Gericht, üblicherweise mit dem Beweisbeschluss, die Beweisaufnahme (etwa durch Einholung eines Sachverständigengutachtens) davon abhängig machen, dass zuvor ein vom Gericht bestimmter, ausreichender Kostenvorschuss einbezahlt wurde. Stellt sich heraus, dass der eingezahlte Vorschuss nicht ausreicht, wird erforderlichenfalls nachgefordert. Stellt Ihr Antragsgegner selbst Beweisanträge, wird insoweit von ihm ebenfalls ein Kostenvorschuss angefordert werden. Nachträglich von der Justizkasse berechnet werden auch noch die eigentlichen **Gerichtsgebühren**, die neben den eventuellen Sachverständigen- und Zeugenauslagen vom Antragsteller geschuldet werden.

Praxishinweis

Auch für ein außerhalb eines anhängigen Rechtsstreits beantragtes selbstständiges Beweisverfahren kann bei Vorliegen der Voraussetzungen Prozesskostenhilfe bewilligt werden (so die überwiegende Ansicht, z. B. OLG Oldenburg, BauR 2002, 825; OLG Köln, OLGR 1995, 110).

Kostenentscheidung?

Im selbstständigen Beweisverfahren, das außerhalb eines anhängigen Rechtsstreits angestrengt wird, ergeht grundsätzlich keine Kostenentscheidung. Auch wenn die von Ihnen behaupteten Mängel (im Regelfall nach Einholung eines Sachverständigengutachtens) bestätigt werden, bleiben Sie – erst einmal – auf den Kosten sitzen.

In die Kosten des Hauptsachverfahrens einbeziehen

Im Hauptsachverfahren sind dann die Kosten des selbstständigen Beweisverfahrens in die Kostenentscheidung mit einzubeziehen. Obsiegen Sie dort, trägt der **Unterliegende** auch die Kosten des selbstständigen Beweisverfahrens, sofern er dort Antragsgegner war und der Streitgegenstand identisch ist.

Kosten einfordern bzw. einklagen

Wird allerdings nach Abschluss des selbstständigen Beweisverfahrens ein Hauptsacheverfahren nicht mehr erforderlich, müssen Sie die Ihnen für die Durchführung des selbstständigen Beweisverfahrens entstandenen Kosten von Ihrem Antragsgegner einfordern und, falls er sie nicht ausgleicht, gegen ihn bezüglich des Kostenerstattungsanspruchs ein gerichtliches Verfahren einleiten. Der Erfolg wird allerdings davon abhängen, ob Ihnen eine solcher **Erstattungsanspruch materiell-rechtlich zusteht**. Dies kann z. B. dann nicht der Fall sein, wenn Sie ein selbstständiges Beweisverfahren eingeleitet haben, ohne zuvor Ihrem Auftragnehmer eine Möglichkeit zur Nacherfüllung einzuräumen, obschon dieser hierzu grundsätzlich berechtigt und auch bereit war.

Praxishinweis

Ist Ihr Auftragnehmer ebenfalls an der Durchführung eines selbstständigen Beweisverfahrens interessiert und stimmt dem zu, sollten Sie durch schriftliche Absprache festlegen, dass derjenige letztlich die Kosten zu tragen hat, dessen Behauptungen sich als unzutreffend erweisen, bei teilweiser Bestätigung kann eine quotale Beteiligung bestimmt werden.

Wie hoch sind die Kosten?

Bei Durchführung eines selbstständigen Beweisverfahrens außerhalb eines Streitverfahrens werden Sie als Antragsteller mit der Gerichtsgebühr (eine halbe Gebühr aus dem festgesetzten Streitwert) sowie mit den gerichtlichen Auslagen, also insbesondere für Sachverständige und Zeugen, belastet. Sofern Sie einen Anwalt mandatiert haben, erhält dieser regelmäßig zwei volle Gebühren gem. § 48 BRAGO (Bundesrechtsanwaltsgebührenordnung), bei Erörterung/Verhandlung kann eine weitere Gebühr entstehen, ggf. auch eine Vergleichsgebühr. Die Höhe der Gebühr richtet sich wiederum nach dem festgesetzten Streitwert, sofern Sie mit Ihrem Anwalt in zulässiger Weise keine anderweitige Honorarvereinbarung getroffen haben.

Der Streitwert

Über die zutreffende Bemessung des Streitwerts eines selbstständigen Beweisverfahrens sind sich Rechtsprechung und Literatur nach wie vor nicht einig. Teilweise soll er sich ausschließlich am Interesse des Antragstellers an der Beweissicherung orientieren, teilweise wird ein Bruchteil des Werts der Hauptsache bzw. des voraussichtlichen Mängelbeseitigungsaufwands in Ansatz gebracht.
Richtigerweise wird man wohl das gem. § 3 ZPO zu schätzende wirtschaftliche Interesse des Antragstellers zur Zeit der Antragstellung heranzuziehen haben. Dieses kann sich aus der Bemessung des Gegenstandswerts in der Antragsschrift ergeben, auch wenn derartige Angaben nicht bindend sind und damit durch das Gericht Korrekturen vorgenommen werden können. Wurde beispielsweise der Streitwert, wie sich oft nachträglich durch das im Verfahren eingeholte Gutachten herausstellt, überhöht angegeben, kann dies, z. B. nach Auffassung des OLG München, nur zu einer Korrektur ex nunc, etwa durch teilweise Antragsrücknahme oder Antragskorrektur, führen (so OLG München, Beschluss vom 5.8.2003, 13 W 1739/03).

Praxishinweis

Auch bei der vorläufigen Streitwertangabe in der Antragsschrift sollten deshalb keine Phantasiezahlen herangezogen, sondern halbwegs realistische Schätzungen – etwa durch Einholung eines Kostenangebots – als Bemessungsgrundlage genommen werden.

B Schadensbilder (technisch)

1 Die häufigsten Mängel und Schäden an Fassaden

Ca. 37 % aller Schäden bei Instandsetzungs- und Modernisierungsarbeiten verteilen sich auf Außenwände. Aber auch bei Neubauten beträgt der Anteil noch ca. 33 %. Da Schäden an der Fassade meistens erst nach mehreren Jahren auftreten, ist die Gewährleistungsfrist häufig bereits abgelaufen. Die Schadensbeseitigung geht dann voll zu Lasten des Eigentümers. Daher ist es besonders wichtig, über die Bestandteile einer Fassade Bescheid zu wissen, um mögliche Unregelmäßigkeiten bzw. Mängel bereits bei Errichtung eines Neubaus oder bei Ausführung einer Sanierung zu erkennen und entsprechend entgegenzuwirken.

Neue Putzsysteme

Der **Außenputz** ist ein wesentlicher Bestandteil der Außenwand, da er neben der optischen Gestaltung der Fassade auch einen Schutz der Außenwand vor eindringendem Wasser bietet. Im Zuge der Einführung der Energieeinsparverordnung (EnEV), gültig seit dem 1. Februar 2002, wurden neuere Putzsysteme entwickelt, wodurch eine Verbesserung der Wärmedämmung erzielt wird. Auf Grund der raschen Entwicklungen der vergangenen Jahre bereiten diese Putzsysteme, die aus mehreren Schichten bestehen, manchen Handwerkern Schwierigkeiten, da sie nicht mehr auf dem neuesten Stand der Technik sind. So müssen Putzsysteme auf den Untergrund abgestimmt sein, da bei Missachtung Schäden wie z. B. Rissbildungen etc. entstehen.

Wärmedämmverbundsysteme

Auch beim Einsatz von Wärmedämmverbundsystemen, die in den vergangenen Jahren einen erheblichen Marktanteil eingenommen haben, gibt es nicht nur bei der Auswahl der am besten geeigneten Dämmstoffe, sondern auch bei der Verarbeitung eine Menge zu beachten. Die Schadensbilder, die hier am häufigsten anzutreffen sind, sind ebenfalls z. B. Rissbildungen, Putzabplatzungen infolge Frosteinwirkung durch eindringendes Regenwasser etc.

1.1 Verputzte Fassaden

Geeigneter Putzaufbau

Außenputze werden im Wesentlichen durch Witterungseinflüsse, Temperaturschwankungen und Verformungen des Untergrunds belastet. Wegen des schnellen Baufortschritts kann es vorkommen, dass Verformungen des Putzgrunds erst auftreten, wenn der Außenputz schon aufgebracht ist. Damit der Putz langfristig diesen Belastungen widerstehen kann, muss dafür ein geeigneter Putzaufbau gewählt werden.

Der **traditionelle Putzaufbau** ist dreilagig, wobei die erste Lage aus Spritzwurf lediglich als Haftgrund dient und nicht als Putzlage zählt. Die Hauptschicht wird als **Unterputz** und der **Oberputz** (letzte Lage) als Dekorschicht bezeichnet. Als Beschichtung des Unterputzes sind folgende Oberputzweisen, wie z. B. Spritzputz, Reibeputz, Kellenwurf- und Kellenstrichputz sowie Kratzputz, geeignet.

Praxishinweis

Auf Grund o. g. Belastungen muss der Putzaufbau so gewählt werden, dass die äußere Schicht (Oberputz) die größten Formänderungen aufnehmen kann. Dementsprechend sollten die Putze von außen nach innen eine zunehmende Festigkeit aufweisen.

Wird dieser Aufbau nicht eingehalten, kann dies im Oberputz zu Rissen und Abplatzungen führen. Ausnahmen sind dabei Wärmedämmputze oder die Thermohaut.

Praxishinweis

Achten Sie bei der Ausschreibung und der Vergabe darauf, dass die Materialien ausschließlich von **einem** Hersteller verwendet werden, da diese im Aufbau aufeinander abgestimmt sind. Andernfalls kann dies zu Bauschäden führen.

Schäden durch unterschiedliche Materialien

Risse und **Abplatzungen** können auch entstehen, wenn unterschiedliche Materialien, wie z. B. Beton mit Ziegel, Ziegel mit unterschiedlicher Rohdichte, Ziegel mit Rollladenkasten usw., zusammentreffen und nicht mit einem Armierungsgewebe überspannt werden.

Putzschäden vermeiden

Putzschäden können vermieden werden, wenn folgende Punkte berücksichtigt werden: Generell sollte die Putzfestigkeit geringer als die Steinfestigkeit sein. Bei stark saugendem Untergrund wie z. B. Gasbeton ist i. d. R. ein volldeckender Spritzwurf notwendig, der verhindert, dass zu viel Anmachwasser aus dem Frischmörtel entzogen wird. Bei schwach saugendem Untergrund (wie z. B. bei Betonoberflächen oder Kalksandsteinen) wird die Haftung des Putzes beispielsweise durch einen grobkörnigen, nicht voll deckenden Spritzbewurf verbessert. Betonoberflächen werden i. d. R. mit einer Haftbrücke eingestrichen. Bei gering saugendem Untergrund kann auf einen Spritzbewurf oft verzichtet werden.

Praxishinweis

Bei warmem Wetter sollte das Mauerwerk ca. ein bis zwei Stunden vor dem Putzauftrag vorgenässt werden, damit nicht zu viel Anmachwasser aus dem Putzmörtel durch das Mauerwerk entzogen wird.

Vor dem Putzauftrag muss der Spritzbewurf weißtrocken und ausgerissen sein, was bei Ziegelmauerwerk je nach Witterung ca. zwei bis drei Tage dauert. Bei Mehrschicht-Verbundplatten, die häufig im Bereich von Rollladenkästen etc. zur Ausführung kommen, ist darauf hinzuweisen, dass der Spritzwurf mindestens ca. vier Wochen vor dem eigentlichen Putzauftrag aufgebracht werden muss.

Praxishinweis

Zur Vermeidung langer Wartezeiten empfiehlt sich bei Ziegelmauerwerk der Einsatz von speziellen Rollladenkästen aus Ziegelformteilen oder die Beauftragung des Rohbauunternehmers mit der Erstellung des Spritzwurfs für diese Bereiche.

Anforderungen an die Putzdicke

Die Gesamtputzdicke im Außenbereich, die den allgemeinen Anforderungen genügen soll, muss außen 20 mm (Unter- und Oberputz) betragen (zulässige Mindestdicke 15 mm).

Die Dicke von Putzen für zusätzliche Anforderungen (wie z. B. Putze mit erhöhter Wärmedämmung oder erhöhter Strahlungsabsorption) richtet sich nach dem angestrebten physikalischen Effekt. Die Mindestdicke von Wärmedämmputzen muss mindestens 20 mm betragen.

Auf Grund der rasanten Entwicklung verschiedenartiger Putzsysteme werden heute zunehmend Außenputze zweilagig ausgeführt, d. h. ohne Putzgrundvorbehandlung (Spritzwurf), aber mit Unterputz und mit einem zusätzlichen dünnen Oberputz als Dekorschicht.

Praxishinweis

Bei der Ausschreibung müssen Sie neben der optischen Gestaltung des Außenputzes auch die Anforderung angeben, ob der Putz wasserabweisend, wasserhemmend und ohne zusätzliche Anforderung bezüglich Schlagregen ausgeführt werden soll.

Diese Eigenschaften können durch Zusätze im Putz erreicht werden. Generell sollte nicht nur der Ober-, sondern auch der Unterputz, mindestens wasserhemmend ausgeführt werden, damit es zu keinen Abplatzungen am Oberputz – auf Grund von Rissen oder Anschlussmängeln in der letzten Lage – kommt.

Praxishinweis

Schädlich wirken Risse im Außenputz, wenn deren Breite so groß ist, dass Wasser (Niederschlagswasser, Schlagregen) in den Putz und Putzgrund eindringen kann. Schädliche Risse sind solche mit einer Breite über 0,2 mm, die bis in die oberflächennahen Bereiche des Putzgrunds verlaufen.

Risse mit kleineren Rissbreiten werden i. d. R. als Haarrisse bezeichnet und sind i. A. unschädlich. Haarrisse entstehen meist durch zu starkes oberflächennahes Schwinden des Putzes.

1.2 Wärmedämm-Verbundsysteme (WDVS)

Vorteile der WDVS

Um den Anforderungen der Energieeinsparverordnung (EnEV) gerecht zu werden, sind häufig zusätzliche Dämmmaßnahmen unumgänglich. Hier tragen Wärmedämm-Verbundsysteme (WDVS) wesentlich dazu bei, die höheren Grenzwerte mit geringen finanziellen Mehrkosten zu erfüllen.

WDVS sparen wertvolle Ressourcen durch **geringen Heizenergieverbrauch** und schützen somit die Umwelt, sorgen für ein behagliches Wohnklima zu jeder Jahreszeit und tragen zu einem gesunden Wohnen entscheidend bei.

Sie schützen nicht nur vor Kälte, sondern auch vor Wärme. Während der Sommermonate bleiben die Wohnräume länger angenehm kühl, weil das Mauerwerk sich nicht so stark aufheizt, also weniger Wärme nach innen abgibt. Im Winter bleiben die Temperaturen der Innenwände durch die Außendämmung konstant hoch. Die gedämmte Außenwand kühlt innenseitig nicht so schnell ab. Die Wärmedämmung **schützt wertvolle Bausubstanz** und senkt die Heizkosten eines Gebäudes. Jedes Grad Raumtemperatur weniger, bedeutet ca. 6 % Energiekosteneinsparung.

Luftporen als Dämmstoffe

Bauherren unterliegen oft dem Irrtum, dass schwere und massive Baustoffe gute Dämmwerte ergeben. Viel Luft bzw. im Dämmmaterial eingeschlossene Luftporen sind Voraussetzung hervorragender Wärmedämmeigenschaften.

Viele natürliche Stoffe, wie z. B. Stroh, Kork usw., weisen diese Eigenschaften auf, jedoch reicht das für die Erfordernisse des modernen Bauens nicht aus.

Fassaden müssen großen thermischen und statischen Spannungen standhalten, widerstandsfähig gegen Witterungseinflüsse und Schadstoffe sein.

Styroporplatten und Steinwolleplatten

In der Praxis haben sich zwei Dämmstoffe (Styroporplatten und Steinwolle- oder Steinlamellenplatten) am Markt bewährt, die diesen Kriterien genügen, umweltfreundlich und zugleich kostengünstig in der Herstellung und Verarbeitung sind und keinerlei gesundheitsschädigende Auswirkungen auf Verarbeiter und Benutzer haben.

Die derzeit gängigen Dämmstoffdicken für WDVS betragen bei Neubauten ca. 10 - 20 cm.

Der jeweilige Einsatz der Dämmstoffe hängt von der geforderten Kosten-/Nutzenrelation, von den Brandschutzauflagen und nicht zuletzt von individuellen Wünschen an die Baustoffe ab.

- **Polystyrol-Hartschaum nach DIN 18164 (Styropor)**
  Der meist verwendete Dämmstoff ist **PS-Hartschaum**, der aus natürlichen Rohstoffen künstlich hergestellt ist und zur Gruppe der organischen Dämmstoffe gerechnet wird. Die Dämmwirkung ist auf Grund des hohen Luftanteils von 98 % ausgezeichnet, das Material verrottungsfest. Der expandierte Hartschaum wird umweltschonend und ohne Verwendung von FCKW hergestellt. Weitere Vorteile sind gute Dämmwirkung, günstiger Preis, geringes Eigengewicht, gute Verarbeitungsmöglichkeit, gute Wasserdampfdiffusion, schwere Entflammbarkeit.

- **Steinwolle nach DIN 18165**
  Mineralfaserdämmstoffe erobern sich immer größere Marktanteile. Die Steinfaserdämmstoffe werden aus natürlichen, mineralischen Rohstoffen (Basaltgesteinen) hergestellt und gehören damit zur Gruppe der anorganischen Dämmstoffe. Weitere Vorteile sind gute Dämmwirkung, sehr gute Wasserdampfdiffusion, Unbrennbarkeit. Im Gegensatz zur normalen **Mineralfaser-Dämmplatte** gibt es auch die **Mineralfaser-Lamellenplatte** (vgl. Abb. 1), die dadurch gekennzeichnet ist, dass die Mineralfasern vorwiegend senkrecht zur Plattenebene ausgerichtet sind und auf diese Weise eine hohe Querzugfestigkeit gegeben ist, sodass eine reine Verklebung am Verankerungsgrund ausreichend ist. Bei Gebäudehöhen über 20 m ist eine zusätzliche Verdübelung mit bauaufsichtlich zugelassenen Dübeln erforderlich.

Abb. 1: Ansicht einer Mineralfaser-Lamellenplatte

Die Wärmedämmplatten werden mit einem speziell auf den Untergrund abgestimmten Klebemörtel verklebt und müssen abhängig von der Beschaffenheit des Untergrunds, von der Gebäudehöhe und vom Gewicht des Dämmsystems zusätzlich gedübelt oder mechanisch befestigt werden.

Praxishinweis

Beim Untergrund müssen Sie besonders darauf achten, dass dieser eben, trocken, schmutz-, staub-, öl- und fettfrei sowie tragfähig ist.

Klebebefestigung ist kostengünstig

Die Klebebefestigung ist besonders bei Neubauten geeignet und die kostengünstigste Befestigungsart; sie ist anwendbar bei Systemen mit Polystyrol-Hartschaumplatten und nicht mehr als 0,1 kN/m^2 Gesamtgewicht sowie bei Steinlamellenplatten. Während Polystyrol-Dämmplatten und Mineralfaser-Platten nach der „Wulst-Punkt-Methode" mit mindestens 40 % Fläche verklebt werden müssen, müssen Mineralfaser-Lamellenplatten vollflächig verklebt werden.
Bei Steinwolleplatten ist eine alleinige Verklebung nicht erlaubt, diese müssen zusätzlich mit speziellen Dübeln (vgl. Abb. 2) befestigt werden (bauaufsichtliche Vorschrift).

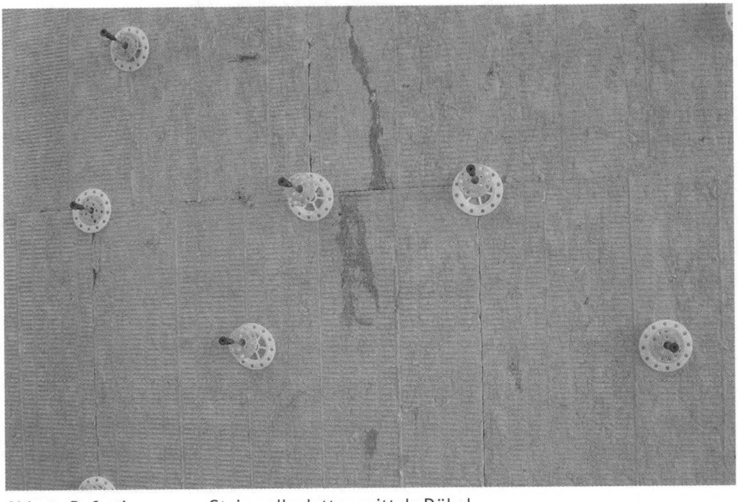

Abb. 2: Befestigung von Steinwolleplatten mittels Dübel

Praxishinweis

Die Befestigung der Platten (Verklebung, Verdübelung sowie die Anzahl und Anordnung der Dübel) am Untergrund sollten Sie auf jeden Fall mit dem jeweiligen System-Hersteller abstimmen.

Mechanische Befestigung

Eine mechanische Befestigung mittels Halte- und Verbindungsleisten wird i. d. R. bei Altbauten und nicht tragfähigem Untergrund angewendet.

Nachdem die Wärmedämmplatten befestigt worden sind, wird eine Spachtelung (Armierungsmasse ca. 4-5 mm stark) aufgetragen, in die ein Glasfasergewebe eingebettet wird.

In Gebäudeecken oder Kanten von Fenster- bzw. Türlaibungen sollten spezielle Eckschutzgewebe z. B. Panzerwinkel etc. (vgl. Abb. 3) mit angearbeiteten Kunststoff- oder Metallwinkeln aus nicht rostendem Stahl in die Spachtelmasse eingearbeitet werden.

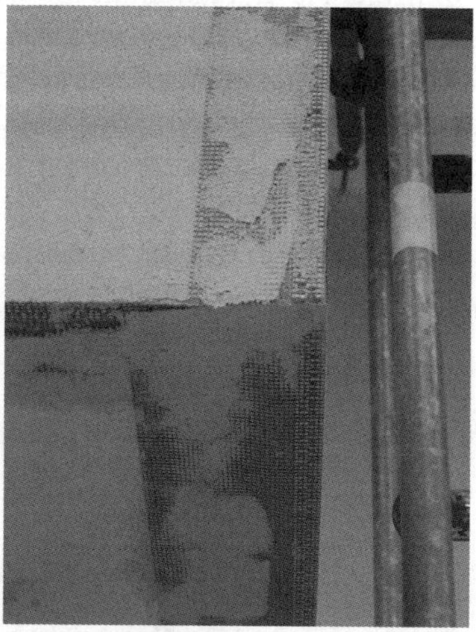

Abb. 3: Panzerwinkel im Eckbereich einer überkragenden Erkerdecke

Abschließend wird der Oberputz (Schlussbeschichtung) aufgetragen. Je nach Anforderung kann er mit einem Farbanstrich versehen werden.

Bei den Putzen (Oberputz) unterscheidet man:

Organisch gebundene Putze

Kunstharzputze

Kunstharzputze bestehen überwiegend aus mineralischen Bestandteilen (ca. 95 %). Die Verwendung eines organischen Bindemittels (Polymerisatharz), das aus dem Rohstoff Erdöl gewonnen wird, gibt dem Putz seine besonderen Eigenschaften:

- in allen Farbtönen lieferbar
- hohe Elastizität
- optimaler Wetterschutz
- gute Wasserdampfdurchlässigkeit

Silikonharzputze

Zwei Bindemittel geben diesem Putz seine charakteristischen Eigenschaften: Silikonharz und Kunststoffdispersion. Typische Vorteile:

- geringe Verschmutzungsempfindlichkeit
- hoch wasserabweisend
- gute Wasserdampfdiffusion
- große Farbtonauswahl

Mineralisch gebundene Putze

Silikatputze

Silikatputze sind verarbeitungsfertige Beschichtungen mit Wasserglas (Kaliumsilikat) als Bindemittelbasis. Typische Merkmale:

- gute Wasserdampfdurchlässigkeit
- trocknet ohne Fleckenbildung
- eingegrenzte Farbtonauswahl

Mineralputze

Kalk und Zement sind schon seit Jahrhunderten angewendete Bindemittel dieser Putze. Damit die Wasseraufnahme begrenzt bleibt, wird dieser Putz hydrophobiert. Kennzeichnung dieser Putze:

- unbrennbar
- sehr gute Wasserdampfdurchlässigkeit
- stark eingegrenzte Farbtonauswahl

Systemaufbau eines Wärmedämm-Verbundsystems (WDVS)

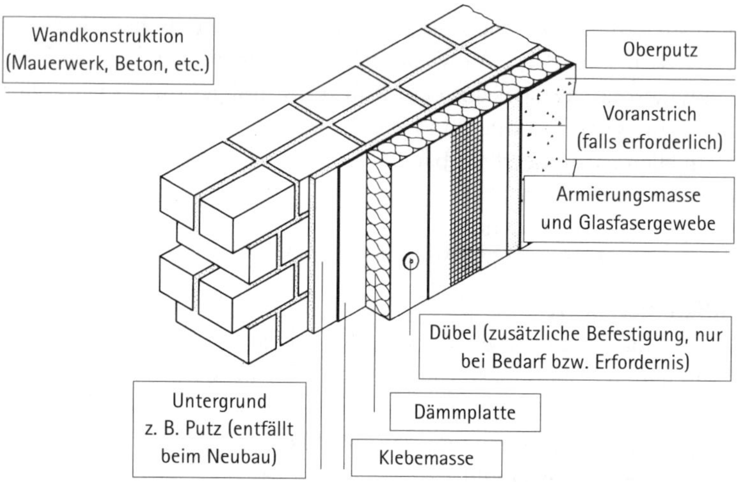

Abb. 4: Systemaufbau eines Wärmedämm-Verbundsystems (WDVS)

Kostenvergleich verschiedener Wärmedämmsysteme in Abhängigkeit von Dämmstoff und Schlussbeschichtung bei Neubauten

Dämmstoff	**Polystyrol-Hartschaum**	**Polystyrol-Hartschaum**	**Steinwolle**	**Steinlamelle**
Schluss-beschichtung	Kunstharz- oder Silikonharzputz	Silikat- oder Mineralputz	Silikat- oder Mineralputz	Silikat- oder Mineralputz
Befestigung[3]	kleben	kleben	kleben plus dübeln	kleben
Erstellungs-kosten	ca. 100 %	ca. 90 %	ca. 140 %	ca. 110 %

[3] Kleben: Je nach Gebäudehöhe müssen die Platten auch verdübelt werden! Zum Vergleich belaufen sich die Erstellungskosten für einen 3-lagigen Außenputz inkl. Oberputz auf ca. 55 - 60 %. Nicht berücksichtigt wurde die Stärke des Mauerwerks der Außenwand, die bei der Anwendung von Vollwärmedämmsystemen i. d. R. schwächer (ca. 24 cm) – und somit preisgünstiger – ausfällt als bei herkömmlich verputzten Außenwänden (mind. 30 cm).

Wärmedämm-Verbundsysteme amortisieren sich schneller, als viele vielleicht annehmen. Neben den tatsächlich eingesparten Kosten kommen noch andere positive Faktoren hinzu.

Praxishinweis

Bei Neubauten hält die Verwendung eines WDVS jedem Vergleich mit herkömmlichen Mauerdämmkonstruktionen stand. Vorteile sind geringere Rohbaukosten bei dünnen, schweren Wänden ohne zusätzliche Dämmmaßnahmen bei Wärmebrücken (z. B. Decken) und Wohnraumgewinn durch dünnere Wandkonstruktionen.

Voraussetzungen für die Dauerhaftigkeit des WDVS

Für die Dauerhaftigkeit des WDVS ist außer der Wahl des richtigen Systems, die ausschließliche Verwendung von Systemkomponenten eines Herstellers (Kleber, Wärmedämmung, Gewebespachtelung und Oberputz) und die fachgerechte Verarbeitung von ausschlaggebender Bedeutung.

Praxishinweis

Bei Anwendung eines WDVS ist eine genaue Detailplanung notwendig. Es darf kein Wasser (Regen, aufsteigende Feuchtigkeit) in bzw. hinter das System gelangen.

Überall dort, wo die Gefahr einer Rissbildung besteht (Anschlüsse an andere Materialien, Fensterbänke usw.) muss dafür gesorgt werden, dass kein Wasser eindringen kann. Falls nicht anders möglich, ist eine Anschluss- bzw. Dichtungsfuge auszubilden.

Abb. 5: zu kurz ausgeführte Fensterbank

Abb. 6: ausreichender Abstand der Fensterbank zur Fassade

In Abb. 5 ist die Fensterbank zu kurz ausgeführt, der Außenputz muss über das seitliche Aufsteckelement geführt werden. Bei WDVS sind die Fensterbänke seitlich in Aussparungen in die Leibung einzubinden. Die Oberfläche der gedämmten Leibung muss mit der Vorderkante des seitlichen Aufsteckelements bündig verputzt werden. Sie sind umlaufend regendicht einzubauen. Vorteilhaft für die Abdichtung im Bereich der Dehnzone sind vorkomprimierte Fugendichtbänder.

Praxishinweis

Bei der Verlegung der Wärmedämmplatten ist darauf zu achten, dass diese im Verband angeordnet werden. Das bedeutet, dass die vertikalen Dämmplattenfugen nicht übereinander liegen dürfen.

Dies muss insbesondere bei Gebäudeöffnungen (z. B. Fenster, Türen etc.) und an Gebäudeecken erfolgen, weil es bei der Anordnung der Platten mit Kreuzfugen (vgl. Abb. 7) in den Kreuzungspunkten zu Aufschüsselungen kommen kann, wodurch häufig Rissbildungen entstehen.

Abb. 7: Kreuzfugen (wie hier) sollten vermieden werden

Sorgfältige Verarbeitung

Die Verarbeitung von Wärmedämm-Verbundsystemen setzt insbesondere bei Sockelausbildung, Erdreichanschlüssen, stoßgefährdeten Bereichen, Fensteranschlüssen, Balkon- und Terrassenanschlüssen, Gebäudedehnfugen, Dachanschlüssen, Feuchträumen usw. ein gewissenhaftes Arbeiten voraus.

Abb. 8: Fensterbank, Auskragung

Da die Fensterbänke bei Wandaufbauten mit Wärmedämm-Verbundsystemen eine lange Auskragung haben, sollten diese mit Winkeln unterstützt werden, damit die Fensterbänke dauerhaft lagestabil im Wärmedämm-Verbundsystem eingebettet bleiben.

Abb. 9: Dehnungsfuge einer Kommunewand

Wird das WDVS von anderen Bauteilen wie z. B. Gartenwasserhähnen, Fallleitungen, vorgesetzten Balkonen, Geländern etc. durchdrungen, sind dauerhaft wirksame Abdichtungsmaßnahmen vorzusehen, damit kein Regenwasser in das System eindringen kann, das z. B. Frostschäden u.ä. verursacht.

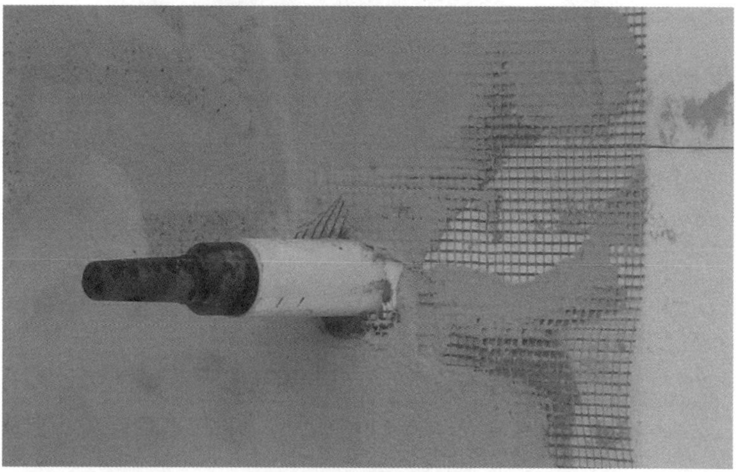

Abb. 10: durchdringende Wasserleitung ohne Abdichtung

Bei dieser durchdringenden Wasserleitung (hier für einen später zu montierenden Gartenwasserhahn) wurden keine Abdichtungsmaßnahmen vorgenommen.

Praxishinweis

Die häufig in der Praxis anzutreffende Einbettung des Gewebes in den Unterputz in der Art, dass das Gewebe zuerst direkt auf der Wärmedämmschicht angebracht wird, um dann anschließend den Putz in einem Arbeitsgang aufzutragen, führt zwangsläufig dazu, dass die Bewehrung nicht vollständig im Unterputz eingebettet ist (vgl. Abb. 10). Fehlt die Überdeckung der Bewehrung durch den Putz, können die im Putz entstehenden Zugspannungen nicht sicher in die Bewehrung eingeleitet werden. Die Folge sind Risse.

Richtige Verlegetechnik

Die Dämmplatten müssen **ohne Zwischenräume** verlegt werden, damit keine Wärmebrücken entstehen. Zwischenräume müssen ausgeschäumt werden und der Anteil der Fugen sollte möglichst gering gehalten werden.

Abb. 11: Perimeterdämmung, nicht fachgerecht

Die Perimeterdämmung im Lichtschachtbereich ist nicht fachgerecht angebracht. Die Dämmplatten müssen dicht gestoßen sein bzw. noch ausgeschäumt werden.

1.3 Risse im Fassadenputz

Wesentliche Aufgaben eines Außenputzes sind:

- schützende Außenhaut für die unter dem Putz liegenden Bauteile; d. h. im Wesentlichen Schutz vor Durchfeuchtung,
- ansprechende Ästhetik,
- spezielle Anwendungsfälle: hohe Beanspruchbarkeit, Sockelputz, erhöhter Wärmeschutz, Wärmedämmputz, Brandschutzbekleidung.

Schädliche Risse

Um diese Aufgaben erfüllen zu können, muss der Außenputz frei von schädlichen Rissen sein. Schädlich wirken Risse, wenn deren Breite so groß ist, dass Wasser (Niederschlagswasser, Schlagregen) in den Putz und Putzgrund eindringen kann. Schädliche Risse sind solche mit einer Breite über 0,2 mm, die bis in die oberflächennahen Bereiche des Putzgrundes verlaufen. Risse mit kleineren Rissbreiten werden i. d. R. als Haarrisse bezeichnet und sind i. A. unschädlich. Haarrisse entstehen meist durch zu starkes oberflächennahes Schwinden des Putzes.

Rissbreiten werden mittels eines Rissbreitenmessers (vgl. Abb. 12) ermittelt, der eine Messskala mit den Rissbreiten enthält. Die Genauigkeit beträgt ca. ± 0.05 mm.

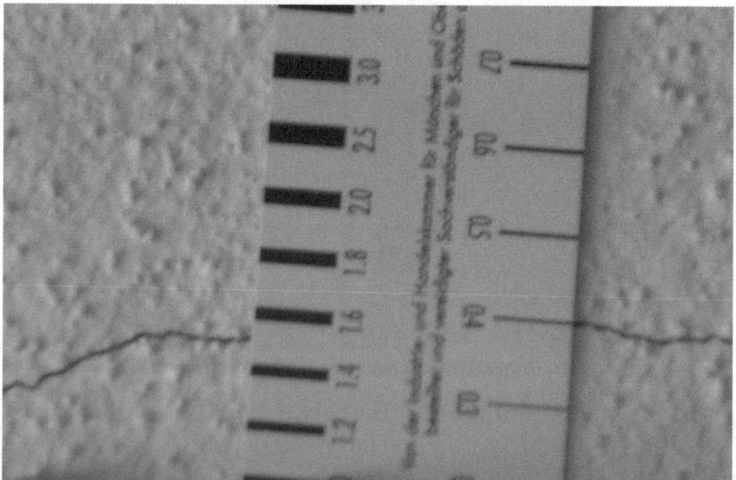

Abb. 12: Fassade, Schwind-Riss

Der hier dargestellte Schwind-Riss in der Fassade beträgt ca. 0,4 mm und stellt einen Mangel dar, da hier Regenwasser in die Fassade eindringen und Feuchteschäden verursachen kann.

Rissmonitore

Rissmonitore eignen sich besonders gut zum Messen von Bewegungen. Diese werden mit Schrauben oder durch Kleben am Objekt angebracht. Messungen können mit einer Genauigkeit ± 0.10 mm sowohl horizontal als auch vertikal protokolliert werden.

1.3.1 Wie kommt es zu schädlichen Rissen?

Ursachen für Risse

Schädliche Risse im Außenputz können statisch-konstruktive Ursachen haben oder durch einen ungeeigneten Putzgrund entstehen:

1. **Statisch-konstruktive Ursachen**

- Deckenverdrehung von Stahlbetondecken in den Auflagerbereichen auf den Mauerwerkaußenwänden. Ursache: meist die Durchbiegung der Decken infolge Kriechen und Schwinden.
- Abheben der Geschoss- insbesondere der Dachdecken im Bereich von Gebäudeaußenecken. Ursache: zu geringe Auflast auf der Decke im Auflagerbereich.
- Horizontale Längenänderungen von Dach- und Geschossdecken parallel zur Längsebene der Außenwände. Ursache: unterschiedliche Verformungen der Decken und der Außenwände infolge Schwinden, Quellen und Temperatur.
- Horizontale Verformungen von Ringanker und Ringbalken auf den Mauerwerkaußenwänden. Ursache: zu große Verformungsunterschiede gegenüber der Mauerwerkaußenwand infolge Schwinden, Quellen und Temperatur.
- Setzungen. Ursache: zu große Setzungsunterschiede zwischen einzelnen Bauteilen.

2. **Ungeeigneter Putzgrund**

Sachgerechte Herstellung

Der Putzgrund muss gewisse Voraussetzungen und Anforderungen erfüllen, damit das Putzsystem dauerhaft funktionsfähig sein kann. Die notwendigen Voraussetzungen können auch durch entsprechende Vorbehandlung und Bearbeitung des Putzgrunds – wie z. B. durch Auftrag eines Spritzbewurfs oder eines Putzträgers – geschaffen werden.

Besonders wichtig ist, dass der Putzgrund sachgerecht hergestellt wird durch:

- Einhalten des Überbindemaßes,
- Schließen von „Fehlstellen" mit Mörtel (z. B. Nut- und Federflächen sowie Mörteltaschen der Mauersteine in Wandanschlussbereichen, Gerüstlöcher, etc.),
- vollflächiges Vermörteln der Lagerfugen,
- nicht zu breite offene Stoßfugen (max. 5 mm!), andernfalls beidseitiges Verschließen der offenen Stoßfugen mit Mörtel direkt nach dem Aufmauern bzw. ausreichend lange vor dem Putzen.

Die nachfolgenden Abb. 13 und Abb. 14 zeigen, wie ein Mauerwerk nicht ausgeführt werden sollte: Die Lagerfugen sind nicht vollflächig vermörtelt, zudem ist die Stoßfuge zu breit bzw. nicht vollflächig vermörtelt. Hier sind Putzrisse bereits vorprogrammiert, sofern diese nicht fachgerecht geschlossen werden!

Abb. 13: nicht fachgerecht hergestellter Putzgrund, Beispiel. 1

Abb. 14: nicht fachgerecht hergestellter Putzgrund, Beispiel 2

1.3.2 Wie vermeidet man schädliche Risse?

Putzsystem an Putzgrund anpassen

Um schädliche Risse im Außenputz zu vermeiden, muss der Putzgrund rissverteilend – wie eine Stahlbewehrung im Beton – wirken können! Dies setzt voraus, dass die Steifigkeit bzw. Festigkeit des Putzgrunds geringer – möglichst deutlich niedriger – als die des Außenputzes ist. Besitzt der Putzgrund selbst eine relativ geringe Steifigkeit bzw. Festigkeit (wie dies bei Leichtmauerwerk aus Leichthochlochziegeln zwangsläufig der Fall ist), muss das Putzsystem an diesen Putzgrund angepasst sein. Dies bedeutet, dass auf ein

Leichtmauerwerk ein Außenputzsystem mit folgenden Eigenschaften aufgebracht werden sollte:

- hohe Verformbarkeit, d. h. niedriges Elastizitätsmodul,
- möglichst geringe Schwind- und Temperaturdehnung,
- möglichst hohes Relaxationsvermögen, d. h. ausgeprägter Abbau von entstandenen Spannungen,
- möglichst hohe Bruchdehnung.

Außenputze, die derartige Eigenschaftskennwerte aufweisen und deshalb für Leichtmauerwerk besonders geeignet sind, sind insbesondere Leichtputze und Wärmedämmputzsysteme.

Fachgerechte Ausführung

Eine wesentliche weitere Voraussetzung für einen Außenputz ohne schädliche Risse ist die sachgerechte Ausführung der Putzarbeiten. Dazu gehören vor allem:

- Putzauftrag nur bei geeigneten Witterungsbedingungen (nicht bei Frost, Beregnung etc.),
- gleichmäßige, vorgeschriebene Putzdicke,
- ausreichend lange Standzeit der Putzlage(n) vor weiterem Putzauftrag,
- wirksamer Schutz des jungen Putzes vor Beregnung, insbesondere Schlagregen, zu schnellem und zu starkem Austrocknen (Abhängen mit Folien, regelmäßiges Besprühen mit Wasser (vernebeln)).

1.3.3 Schäden durch Putzanschlüsse

Sichtbare und unsichtbare Putzanschlüsse

Bei Putzanschlüssen unterscheidet man zwischen sichtbaren Putzanschlüssen, bei denen der Putz sichtbar an andere Materialien, wie z. B. an Verblechungen, Holz, Stahl usw., anschließt und unsichtbaren Putzanschlüssen, bei denen der Putz nicht sichtbar an andere Materialien anschließt. Hierbei verwendet man häufig zwischen den zu verputzenden Baustoffen, wie z. B. Mauerwerk, Stahl, Holz etc., einen **Putzträger** (z. B. Drahtgewebe, Rippenstreckmetall, Armierungsgewebe etc.). Funktion des Putzträgers ist die Herstellung bzw. Verbesserung der Haftfähigkeit des Putzes auf dem Untergrund.
Gerade bei sichtbaren Putzanschlüssen treten häufig Schäden auf, wenn diese nicht fachgerecht ausgeführt wurden.

Schadensbilder

Häufige Schadensursache bei Putzanschlüssen an Fenster- und Türelementen sind Rissbildungen auf Grund mechanischer Beanspruchungen (z. B. durch Öffnen und Schließen der Türen und Fensterflügel usw.) sowie das unterschiedliche Verhalten des Materials bei Temperaturänderungen (vgl. Abb. 15). Andere Schadensbilder an Holzbaustoffen wie z. B. Sparren etc. zeigen sich z. B. anhand von Rissbildungen im Putz, Hohlstellen bis hin zur Absprengung des Putzes etc. Treffen Putzanschlüsse und Bauteile aus Holz aufeinander, sind sie durch Einschneiden bis auf den Putzgrund voneinander zu trennen.

Praxishinweis

In den letzten Jahren hat sich für die Ausbildung von Putzanschlüssen der Einbau von Anputzleisten (Apu-Leiste) bewährt. Apu-Leisten sind Kunststoffleisten, die normalerweise bei der Verwendung von Wärmedämm-Verbundsystemen zum Einsatz kommen. Diese sind mit einem doppelseitigen Klebeband versehen, womit die Leiste auf den Baustoff geklebt wird. Der Vorteil der Apu-Leiste liegt darin, dass ein exakt sauberer und gerader Anschluss zwischen Fenster und Putz entsteht.

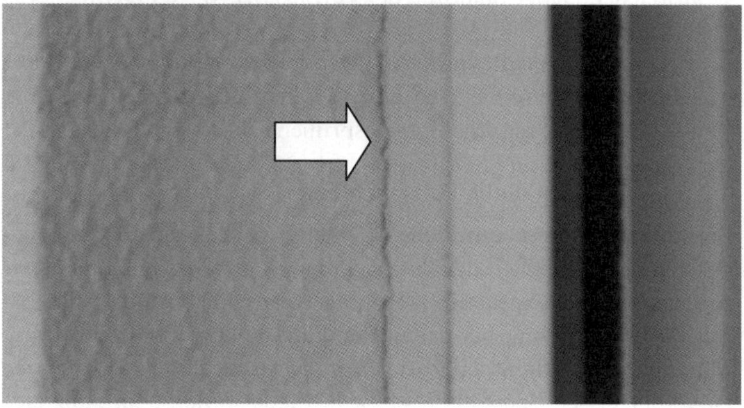

Abb. 15: unkontrollierte Rissbildung

Unkontrollierte Rissbildung ist die Folge des direkten Anputzens an den Fensterstock

1.3.4 Weitere Schadensbilder

Bei verputztem Mauerwerk aus großformatigen Porenbetonsteinen zeichnet sich das Fugennetz durch Risse im Außenputz ab (vgl. Abb. 16).

Abb. 16: Risse im Außenputz von Mauerwerk aus Porenbetonsteinen

In Abb. 16 sind die Lagerfugen fast durchgehend erkennbar. Infolge der sog. Kerbwirkung pflanzten sich die Risse der Stoßfugen z. T. auch in den angrenzenden Steinlagen fort. Schadensursächlich ist, dass das Mauerwerk aus wärmedämmenden Steinen und Normalmörtel oder mit nicht vermörtelten Stoßfugen nicht als homogener Putzgrund betrachtet werden kann.

Im Fugenbereich kann der Putzmörtel andere Eigenschaften annehmen als im Steinbereich. Wenn zudem die Mauersteine im Lauf der Trocknung schwinden, kann es zur Rissbildung im Fugenbereich kommen. Je größer die Abmessungen der Mauersteine sind, desto größere Schwindbewegungen bzw. -spannungen können an den Fugen auftreten. Der einmal entstandene Putzriss ist als **Bewegungsriss** zu betrachten, der entsprechend den Feuchteänderungen des Außenputzes bzw. der Mauersteine „arbeitet“. Zur Instandsetzung eignet sich eine zweilagige Überspachtelung, die je nach Untergrund

(Saugfähigkeit) und Regenbeanspruchung mit oder ohne Gewebeeinlagen ausgeführt werden soll.
Abb. 17 zeigt einen horizontalen Riss in der Außenwand des Stahlbeton-Flachdachs einer Garage. Von dem hier vorhandenen Ziegelmauerwerk ist eine Schicht über dem Horizontalriss noch fest mit der Stahlbetondecke verbunden. Die Decke hat sich am oberen Rand so stark verkürzt, dass im Rissbereich noch eine geringe Horizontalverschiebung der Rissufer vorhanden war. Die lotrechte Rissweite betrug ca. 2 mm. Schadensursächlich war die Schwindverkürzung der Stahlbetondecke gegenüber dem Mauerwerk. Während Mauerwerk aus Ziegel praktisch nicht schwindet (0 mm/m), ergibt sich für Beton ein Schwindmaß im Freien von ca. 0,32 mm/m, in trockener Luft (z. B. in trockenen Innenräumen) von ca. 0,46 mm/m.

Abb. 17: Horizontaler Riss in der Außenwand eines Stahlbeton-Flachdachs

2 Schäden und Mängel an Steil- und Flachdächern

Nach den Fassadenschäden nehmen Schäden an Dächern prozentual den zweiten Platz ein unter der Gesamtheit aller Schäden bei Arbeiten am Bestand bzw. bei Neubauarbeiten.

Die Schäden entstehen dabei im Wesentlichen sowohl durch mangelhafte Flachdachsanierungen als auch durch nicht fachgerechten nachträglichen Ausbau von geneigten Dächern.

Die Unterscheidung zwischen einem Flachdach und einem Steildach ist nicht, wie der Name aussagt, eine Frage der Dachneigung, sondern der Ausführungsart sowie der technischen Anforderung. Unter Steildächer fallen alle Abdeckungen von Gebäuden, die nicht zu den Flachdächern zählen, die also nicht mehr wasserdicht, wohl aber regendicht sein müssen. Steildächer sind i. d. R. mit Tonziegeln, Betonsteinen oder auch großformatigen Profilplatten gedeckt, deswegen bieten sie keine Wasserdichtigkeit.

Unterscheidungsmerkmale

2.1 Steildächer

Dächer haben in erster Linie die Aufgabe, Bauwerke vor äußeren Einwirkungen, im Wesentlichen der **Witterung** (Wärme, Wind, Regen, Schnee etc.), zu schützen. Die Schutzfunktion ist heute i. d. R. in der Dachschräge konzentriert. So entwickelten sich in schneereichen Gebieten Dächer mit geringem Neigungswinkel und großem Dachüberstand und in wind- und regenreichen Regionen steile Dächer mit geringem Dachüberstand. Neben regionalen Eigenheiten trug auch die Nutzung des Gebäudes zum Entstehen der Dachformen bei. Während der Witterungsschutz von der Dachziegeleindeckung übernommen wird, sind die **wärmedämmenden Schichten** meist zwischen den Dachsparren, z. T. aber auch als Unter- oder Übersparrendämmung angeordnet.

Witterungsschutz und Wärmedämmung

Speziell beim geneigten Dach ist der Einfluss der Dachgestaltung auf das Gebäude erheblich. Diese Gestaltungsfunktion des Dachs wird durch viele Einzelfaktoren, wie z. B. Dachneigung, Dachform bzw. die Kombination verschiedener Dachformen, Gauben, Dacheinschnitte, Dachüberstände, Farbe und Oberfläche des Eindeckmaterials etc., bestimmt.

Gestaltungsfunktion

Zur Verdeutlichung werden nachfolgende Fachausdrücke genauer definiert:

First	Schnittlinie zweier Dachflächen, deren Traufen parallel verlaufen
Traufe	Untere waagerechte Begrenzung der Dachfläche
Ortgang	Seitliche Begrenzung der Dachfläche am Giebel
Grat	Schnittlinie zweier Dachflächen bzw. ausspringendes Traufeck
Kehle	Schnittlinie zweier Dachflächen bzw. einspringendes Traufeck
Kniestock	Wandscheibe, auf welcher die Fußpfette aufliegt
Pfetten	Alle parallel zum Dachfirst verlaufenden Hölzer, auf denen die Sparren liegen, z. B. Fuß-, Mittel- und Firstpfette
Sparren	Parallel zum Ortgang verlaufende Hölzer, welche vom First zur Traufe verlaufen. Dabei werden die Sparren je nach Länge durch Pfetten, z. B. Mittelpfette, unterstützt.
Gauben:	Dachaufbauten

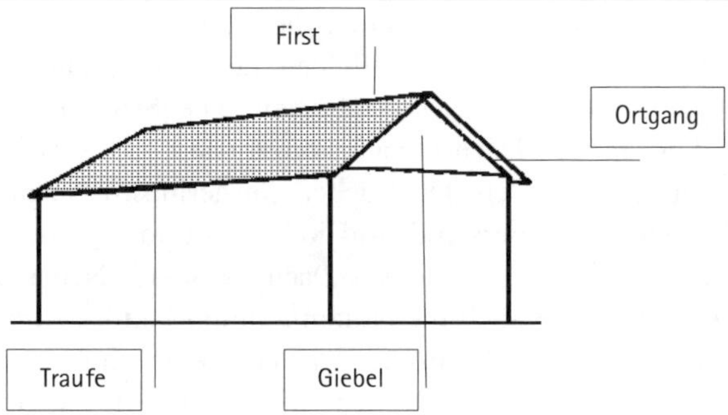

Abb. 18: Fachausdrücke, Dach

Dachformen

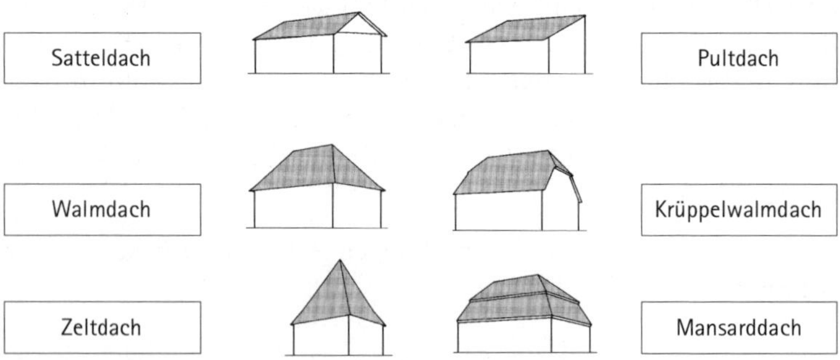

Abb. 19: Dachformen

2.1.1 Dachstuhl

Ausführungsarten

Der Dachstuhl, besteht in den meisten Fällen aus einer zimmermannsmäßigen Holzkonstruktion, die als Pfettendach oder als Sparrendach ausgeführt wird. Beide können als **Kaltdach** (belüftetes, zweischaliges Dach) oder als **Warmdach** (nicht durchlüftetes, einschaliges Dach) ausgeführt werden.

Bei größeren Wohnanlagen kommt es häufig vor, dass die Dachkonstruktion aus statischen und brandschutztechnischen Gründen betoniert werden muss. Wird das Dachgeschoss bewohnt, sollte großer Wert auf eine überdurchschnittlich gute Wärmedämmung des Dachs gelegt werden, da Beton Wärme und Kälte des Außenklimas schnell an den Innenraum weiterleitet.

Praxishinweis

Achten Sie darauf, dass das Holz nicht mit Frost- oder Blitzrissen, Insektenfraß (Bohrlöcher), Mistelbefall oder Fäulnis versehen ist. Diese Beschaffenheit ist für Bauhölzer unzulässig.

Nicht auf Dachschalung verzichten

Die **Dachschalung**, die auf den Sparren aufgenagelt wird, sollte der Güteklasse II entsprechen und mindestens 18 mm stark sein. Häufig wird bei ausgebauten Dachgeschossen aus Kostengründen und bei nicht ausgebauten Dachgeschossen auf eine Dachschalung verzichtet. Anstelle der Dachschalung und der Dachpappe wird dann lediglich eine Folie oberhalb der Sparren angebracht. Bei dieser Ausführung werden häufig Schäden durch eindringendes Regenwasser festgestellt, verursacht durch Beschädigung der Folie (Vordeckbahn) beim Verlegen der Dachziegel.

Praxishinweis

Verzichten Sie nicht auf die Dachschalung, insbesondere bei der Nutzung des Dachgeschosses als Wohnraum.

Die **Konterlattung** wird auf der Dachpappe (Vordeckbahn) und Dachschalung aufgebracht, muss der Güteklasse II entsprechen und sollte 30/50 mm nicht unterschreiten. Die **Dachlattung** muss bei einem Sparrenabstand von 70 cm bzw. 80 cm (Achsmaß) einen Querschnitt von 24/48 mm bzw. 30/50 mm aufweisen.

Achtung

Alle Holzteile sind mit einem **Holzschutzmittel** nach DIN 68800 gegen Pilz- und Insektenbefall zu imprägnieren. Dabei sollten aus gesundheitlichen Gründen ausschließlich nur umweltschonende, toxikologisch einwandfreie Imprägnierungen verwendet werden.

Schimmelbefall

Ursachen

Gelegentlich wird auf Dachstühlen Schimmelbefall festgestellt, dessen Ursache zu feucht eingebautes Holz ist. Die DIN 4074 unterscheidet zwischen trockenem Holz (u < 20 %), halb trockenem Holz (20 % < u < 30 % bzw. 35 %) und frischem Holz ohne Feuchtigkeitsbegrenzung. Die Holzschutznorm DIN 68800 lässt Holzfeuchten u > 20 % zu, sofern eine Trocknung innerhalb von sechs Monaten auf u < 20 % gegeben ist. Damit ist Schimmelpilzwachstum auf der Holzoberfläche möglich, wenn sich innerhalb dieser sechs Monate eine Holzfeuchte von 20 % < u < 35 % – z. B. auf Grund fehlender Trocknung – einstellt oder wenn trockenes Holz während des Einbaus durch Niederschläge befeuchtet wird.

Praxishinweis

Bekämpft wird der Schimmelpilz hauptsächlich durch Trocknung des befallenen Holzes. Schimmelpilze wachsen maximal 1 mm tief ins Holz hinein. Sobald das Holz trocken ist, stellt der Schimmelpilz sein Wachstum ein und die zusammengefallenen Pilzmycelien können durch abbürsten und eventuell abschleifen der obersten Holzschicht entfernt werden. Oft bleiben fleckige Verfärbungen zurück, die auch durch farbige Holzlasuren wieder durchschlagen können.

Außenbauteile, wie z. B. Dachuntersichten, Sparrenköpfe, Balkonbrüstungen etc., sollten je nach Wetterbeanspruchung nach zwei bis fünf Jahren nachbehandelt werden.

2.1.2 Dachaufbau

Wärmegedämmte Steildächer erlauben die Nutzung des Dachgeschosses als Wohnraum. Sie können in bauphysikalischer Hinsicht unterteilt werden in sog. Kalt- und Warmdächer. Diese Konstruktionsvarianten unterscheiden sich dadurch, dass beim Kaltdach zwischen dem Unterdach und der Wärmedämmschicht ein Durchlüftungsraum eingebaut wird, während das Unterdach beim Warmdach direkt auf der Wärmedämmschicht aufliegt.

Unterschied Kalt- und Warmdach

Kaltdach

Ein **Kaltdach** kommt i. d. R. bei geneigten Dächern – mäßig steiles Dach 5° - 40° (8,8 - 72 %) Dachneigung, Steildach ab 40° (72 %) Dachneigung – mit ihren vielfältigen Gestaltungsmöglichkeiten zur Ausführung. Dabei sollte eine bauphysikalisch richtig angeordnete Be- und Entlüftung (Hinterlüftung) unterhalb der Eindeckung und zwischen den Einbauschichten nicht fehlen, damit eine **Tauwasserbildung** sicher verhindert wird.

Hinterlüftung wichtig

Praxishinweis

Tauwasser kann, wenn es in großer Menge auftritt, die Holzfeuchte der Dachkonstruktion soweit erhöhen, dass die dadurch entstehenden Feuchtigkeitsschäden die Standsicherheit der Konstruktion beeinflussen. Außerdem wird das Dämmmaterial unter Umständen so stark durchfeuchtet, dass es seine Dämmfähigkeit vollständig verliert.

Einbauschichten sind z. B. Unterspannbahnen, die vor Schnee- und Staubeinflug schützen oder Unterdächer aus Schalung mit Dachpappenabdeckung, ferner die Wärmedämmschicht mit Deckenverkleidung.

Kaltdach – Traufe mit Unterdach

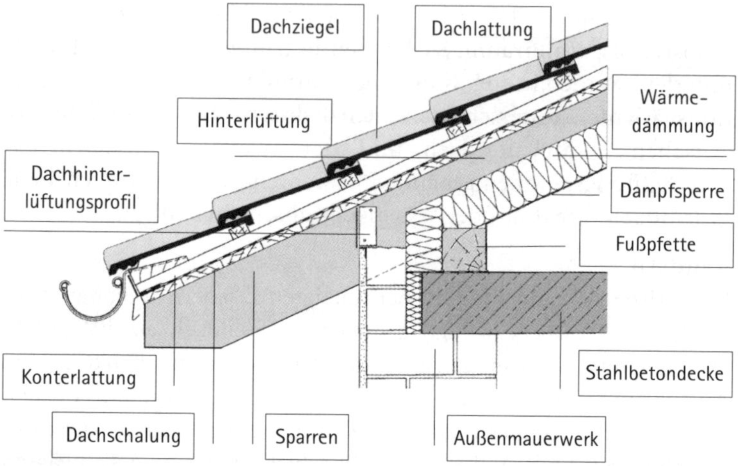

Abb. 20: Kaltdach – Traufe mit Unterdach

Arten von Dachaufbauten

Im Wohnungsbau kann beim ausgebauten Dachgeschoss die Wärmedämmung einerseits zwischen den Sparren – gebräuchlichste Möglichkeit –, andererseits auf die Sparren verlegt werden. Die zwei gängigsten Arten von Dachaufbauten bei Neubauten haben Vor- und Nachteile.

Die Möglichkeit, die Wärmedämmung **unterhalb der Sparren** zu verlegen, wird bei Neubauten i. d. R. selten ausgeführt, da sich der lichte Raum auf Grund des erforderlichen Aufbaus der gesamten Unterkonstruktion erheblich verringern kann und kaum Vorteile bringt.

Praxishinweis

Wird die **Wärmedämmung zwischen den Sparren** verlegt, muss bei der Planung darauf geachtet werden, dass auf Grund der Energieeinsparverordnung bei ausgebauten Dachgeschossen die Wärmedämmung eine Stärke von ca. 20 cm betragen soll. Die Dämmstoffdicke kann sich jedoch reduzieren, wenn höherwertige und somit teurere Materialien mit einer geringeren Wärmeleitfähigkeit verwendet werden. Damit eine Hinterlüftung von ca. 4 cm zwischen Oberkante

Wärmedämmung und Unterkante Dachschalung gewährleistet ist, muss dabei der Sparren mit einer ausreichenden Höhe z. B. 24 cm ausgeführt werden. Im Altbau ist daher häufig eine Sparrenaufdoppelung um mehrere cm erforderlich.

Auf den Sparren wird die Dachschalung, darauf die Dachpappe und anschließend die Konterlattung angebracht. Auf die Konterlattung befestigt der Dachdecker die Dachlatten und deckt das Dach mit z. B. Dachsteinen ein. Die **Dacheindeckung** kann in Beton- oder Tondachsteinen erfolgen, wobei Beton- günstiger als Tondachsteine sind. Jedoch sind Tondachsteine atmungsaktiver.
Andere Dacheindeckungen, wie z. B. Schieferdeckung, Rohr-, Schilf- oder Strohdeckung etc., sind möglich, müssen sich jedoch in die Umgebung einfügen.

Praxishinweis

Die Dachkonstruktion sollte auf jeden Fall winddicht ausgeführt werden und muss so beschaffen sein, dass die Ziegeleindeckung unterlüftet wird. Wenn eine absolute Winddichtheit des unteren Abschlusses der Dachkonstruktion nicht sichergestellt werden kann, sollte die Zwischensparrendämmung überlüftet werden. Abweichungen von dieser Regel sollten mit dem Dachziegel-Hersteller abgestimmt werden.

Die Unterseite der Sparren und der Wärmedämmung, die mit der Unterkante bündig verlaufen, werden mit einer Folie (Dampfsperre) winddicht ausgebildet, wobei die Stöße verklebt werden.

Negativbeispiele für Dampfsperren

Die nachfolgenden Abb. 21 bis Abb. 24 sind Negativbeispiele für eine fachgerechte, winddichte Ausführung der Dampfsperre. Die Verklebungen und Anschlüsse sind unfachmännisch, nachlässig und nicht dauerhaft ausgeführt. Schäden infolge einer Durchfeuchtung der Wärmedämmung sind bereits vorprogrammiert. Zudem kann es auch zu einer Durchfeuchtung des Holzdachstuhls auf Grund von Tauwasserbildung mit der Folge einer Fäulnisbildung kommen. Aber auch die Durchfeuchtung der Wärmedämmung setzt die Dämmfähigkeit des Dämmmaterials so stark herab, dass es seine Dämmfähigkeit vollständig verlieren kann.

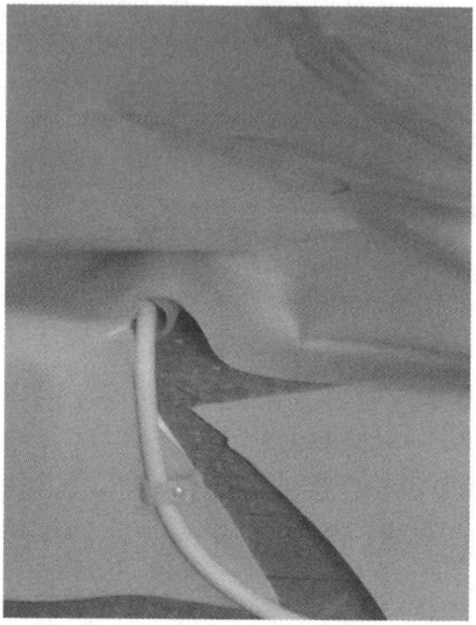

Abb. 21: unfachmännisch ausgeführte Dampfsperre, Beispiel 1

Abb. 22: unfachmännisch ausgeführte Dampfsperre, Beispiel 2

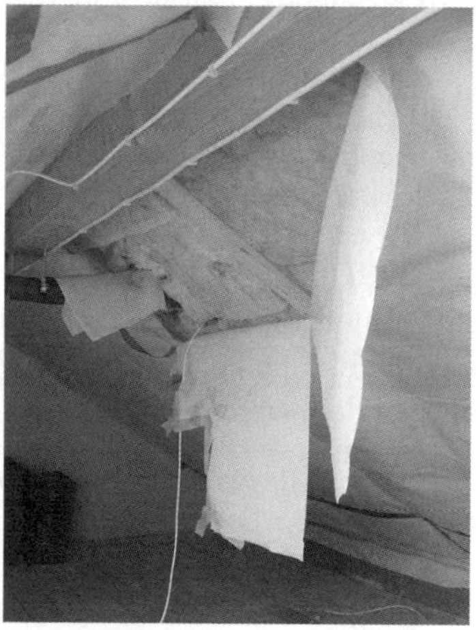

Abb. 23: unfachmännisch ausgeführte Dampfsperre, Beispiel 3

Abb. 24: unfachmännisch ausgeführte Dampfsperre, Beispiel 4

Abb. 25 zeigt das letzte Sparrenfeld zur Kommunewand einer Doppelhaushälfte, bei dem die letzten ca. 15 cm ohne Wärmedämmung ausgeführt wurden. Dabei ist es nicht verwunderlich, dass sich die Bewohner insbesondere in den Sommermonaten über hohe Innentemperaturen im Dachgeschoss beschwert haben.

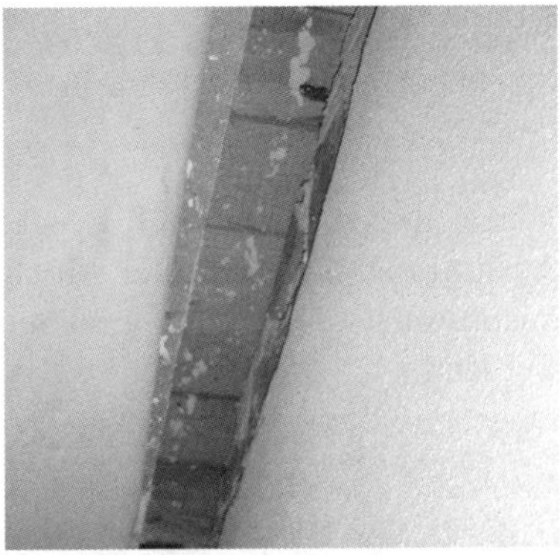

Abb. 25: Sparrenfeld zur Kommunewand einer Doppelhaushälfte ohne Wärmedämmung

Unterhalb der Dampfsperre kommt eine Unterkonstruktion aus Holz oder Metall, die eine Dachuntersicht (z. B. Gipskartonplatten, Holzverbretterung etc.) aufnehmen kann.

Dachuntersicht zwingend vorgeschrieben

Da Mehrfamilienhäuser aus brandschutztechnischen Gründen einer höheren Feuerschutzklasse unterliegen, ist eine Gipskartonverkleidung als Dachuntersicht i. d. R. zwingend vorgeschrieben. Kommt eine Gipskartonuntersicht zur Ausführung, sollte diese mit einer Tapete (z. B. Raufaser, Glasfaser etc.) belegt werden, da Tapeten im Gegensatz zum Gipskarton kleine Risse, die durch Bewegungen des Dachstuhls entstehen, mit aufnehmen können.

Nachteil dieser kostengünstigeren Ausbauvariante ist, dass hier ca. 5 cm Konstruktionshöhe unterhalb des Sparrens verloren gehen.

Warmdach

Eine weitere Möglichkeit der Steildachdämmung ist die **Vollsparrendämmung**. Dabei wird der Zwischenraum des gesamten Sparrenquerschnitts gedämmt. D. h. die Unterspannbahn liegt ohne Hinterlüftung auf der Wärmedämmschicht auf.

Praxishinweis

Diese moderne Methode setzt die bauphysikalisch richtige Abstimmung und vor allem die Luftdichtigkeit des Systems voraus. Auf der Unterseite muss eine Dampfbremse mit einem s_d-Wert von ca. 3 m und auf der Dachschalung eine diffusionsoffene Unterspannbahn mit einem s_d-Wert von 0,3 m angebracht werden, damit die ggf. im Dämmstoff enthaltene Feuchtigkeit nach außen abgegeben werden kann. Diese Ausführungsart erfordert besondere Fachkenntnis und hohes handwerkliches Geschick.

Bei einer nachträglich ausgeschnittenen Rigipsdecke (s. Abb. 26) kann bei dieser Ausführung ein luftdichter Anschluss der Dampfsperre an die Dunstrohreinfassung ohne größeren Aufwand nicht mehr hergestellt werden.

Abb. 26: nachträglich ausgeschnittene Rigipsdecke

Der s_d-Wert beschreibt die wasserdampfdiffusionsäquivalente Luftschichtdicke. Er ist ein Maß, der den Widerstand beschreibt, den ein bestimmtes Material gegenüber Wasserdampf-Durchgang besitzt.

Praxishinweis

Je größer der s_d-Wert ist, umso schwerer ist es für den Wasserdampf, durch das Material hindurch zu diffundieren.

Der s_d-Wert berechnet sich aus:

$s_d = \mu \times s$	
$[s_d]$ = m	
μ	Wasserdampf-Diffusionswiderstandszahl, die den Widerstand eines Materials gegenüber Wasserdampfdiffusion im Vergleich mit Luft angibt. Definition: μLuft = 1
s	Dicke des Materials in m

Beispiel: Holz

Holz besitzt einen μ-Wert von ca. 40. Das heißt, durch Holz diffundiert in gleicher Zeit 40 mal weniger Wasserdampf als durch eine Luftschicht gleicher Dicke.

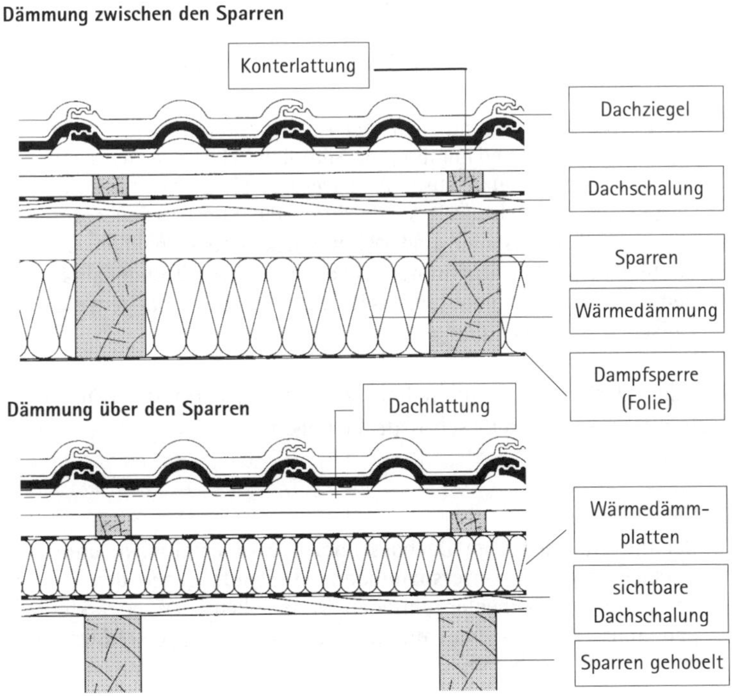

Abb. 27: Dämmung zwischen bzw. über Sparren

Aufsparrendämmung

Bauaufsichtliche Zulassung nötig

Eine weitere Ausbauvariante ist, die **Wärmedämmung auf den Sparren** (Aufsparrendämmung) zu verlegen. Diese Konstruktion ist keine Normkonstruktion. Sie benötigt daher eine generelle „Bauaufsichtliche Zulassung“. Sie darf auch nur von dafür ausgebildetem **Fachpersonal** eingebaut werden.
Bei dieser Möglichkeit wird die Dachuntersicht mit gehobelten, meist Nut- und Federbrettern auf gehobelten und geschliffenen Sparren aufgebracht. Die Untersicht bleibt als Gestaltungselement im Raum sichtbar. Darauf werden die Dachpappe und die Wärmedämmplatten – dazu sind sowohl Mineralfaser- als auch Hartschaumplatten geeignet – verlegt, auf denen die Konter- und Dachlattung sowie die Eindeckung mit Dachsteinen erfolgt. Teilweise werden von der Industrie vorgefertigte Elemente angeboten, die keine Lattung mehr erfordern.

Praxishinweis

Die Aufsparrendämmung ist in der Anschaffung erheblich teurer als die Zwischensparrendämmung, da sämtliche Holzteile als Sichtsparren und Sichtschalung ausgeführt werden. Sie bietet allerdings den Vorteil, die Luftdichtigkeit schon durch die Konstruktion sozusagen „von selbst" herzustellen und Wärmebrücken zu vermeiden. Der bedeutendste Vorteil liegt in der erheblich besseren Wohnqualität. Zudem gewinnt man noch an zusätzlicher Stehhöhe im Vergleich zur Zwischensparrendämmung.

Soll das Dachgeschoss nicht beheizt werden, kann die Dämmung auch auf der obersten Geschossdecke liegen.

Praxishinweis

Bei nicht ausgebauten Dachgeschossen wird empfohlen, unter der Dachdeckung eine **Unterspannbahn** als Schutz gegen den Eintrieb von Staub und Schnee anzubringen. Diese Folien oder verstärkte Pappen müssen genügend atmungsaktiv, wasserdicht, reißfest und schwer entflammbar sein.

2.2 Flachdächer

Flachdächer haben im Gegensatz zu den Steildächern eine geringe oder fehlende Neigung. Während Steildächer eingedeckt werden, werden Flachdächer abgedichtet, da Flachdächer **wasserdicht** sein müssen.
Je nach Materialbasis erfolgt eine Unterteilung in bituminöse Abdichtungen und in Kunststoffabdichtungen (Folien), vgl. Abb. 28.

Abb. 28: Ansicht eines Foliendachs

2.2.1 Abdichtung

Bituminöse Abdichtungen werden mit Bitumen-Dichtungsbahnen, Polymerbitumen-Dichtungsbahnen oder mit Gussasphalt ausgeführt.
Kunststoffabdichtungen bestehen aus Dichtungsbahnen auf der Basis von Thermoplasten, Thermoplast-Elastomeren oder Elastomeren sowie aus Beschichtungen mit sog. Flüssigkunststoffen. Zu den Thermoplasten zählen z. B. Bahnen aus PVC oder Mischpolymere von flexiblen Polyolefinen. Chlorsulfoniertes Polyethylen ist ein Vertreter der Thermoplast-Elastomere, während diverse Kunst-Kautschuke zu den Elastomeren zählen.
Bitumen-Dichtungsbahnen werden i. d. R. in drei Lagen eingebaut. Die Lagen werden durch Heißbitumenzwischenanstriche verklebt. Polymerbitumen-Dichtungsbahnen bestehen normalerweise aus zwei Lagen, die mit einem Bitumenzwischenanstrich verklebt oder Einbauweise

durch Erhitzen mit der Gasflamme verschweißt werden. Teilweise werden auch zweilagige bituminöse Abdichtungen eingebaut, bei denen die untere Lage aus einer Bitumen- und die obere Lage aus einer Polymerbitumen-Dichtungsbahn besteht.

Hersteller-Richtlinien beachten

Kunststoff-Dichtungsbahnen werden einlagig eingebaut. Für die Nahtverbindung der einzelnen Bahnen stehen diverse, materialspezifische Schweißverfahren zur Verfügung. Als Flüssigkunststoffe werden Zweikomponenten, neuerdings auch Einkomponenten Polyurethane sowie weitere Polymere eingesetzt. Für eine optimale Erhärtung müssen die Richtlinien der Hersteller bezüglich Verarbeitungstemperatur, Feuchtigkeit des Untergrunds und relativer Luftfeuchtigkeit beachtet werden. Langzeiterfahrungen über die Lebensdauer von Abdichtungen aus den genannten Flüssigkunststoffen bei Flachdächern liegen zurzeit nicht vor.

2.2.2 Wärmedämmung

Wärmedämmstoffe

Neben der Abdichtung besteht die zweite wichtige Funktion eines Flachdachs in der Wärmedämmung. Die Palette der eingesetzten Wärmedämmstoffe umfasst Schaumglas, Mineralfaserplatten und Kunststoff-Hartschaumplatten, z. B. auf der Basis von Polystyrol oder Polyurethan.

2.2.3 Dachkonstruktion

Ferner gibt es auch bei Flachdächern zwei grundsätzliche Konstruktionsarten: Das Warmdach und das Kaltdach. Das gängigste System für Flachdächer (Dachneigungen bis max. 5°) und **Dachterrassen** (vgl. Abb. 29) ist jedoch das **Warmdach**. Dabei liegen die einzelnen Schichten, wie Betondecke oder auch tragende Stahl-Profilbleche, Dampfsperre, Wärmedämmung, Dachabdichtung etc., unmittelbar übereinander. Die Wärmedämmung sollte man so dick wählen, wie es technisch überhaupt möglich ist.
Abb. 29 zeigt die Ansicht einer Dachterrasse über einem Erker als Warmdach ausgeführt. Auf die Abdichtung werden später Kunststeinplatten auf ca. 3 cm starkem Splittbett verlegt.

Abb. 29: Ansicht einer Dachterrasse als Warmdach

Kiesschüttung als Schutzschicht

Als Schutzschicht vor mechanischer Beschädigung und zu starker Erhitzung durch Sonneneinstrahlung (UV-Licht) dient bei Flachdächern i. d. R. eine Kiesschüttung. Die Kiesschicht nimmt dank ihrer großen Masse viel Wärme auf und schützt damit die darunter liegenden Schichten vor zu hohen Temperaturen. Ergänzt durch Gehweg oder Terrassenplatten kann das Flachdach auch begangen und intensiver genutzt werden, z. B. als Dachterrasse etc.

2.2.3.1 Warmdach

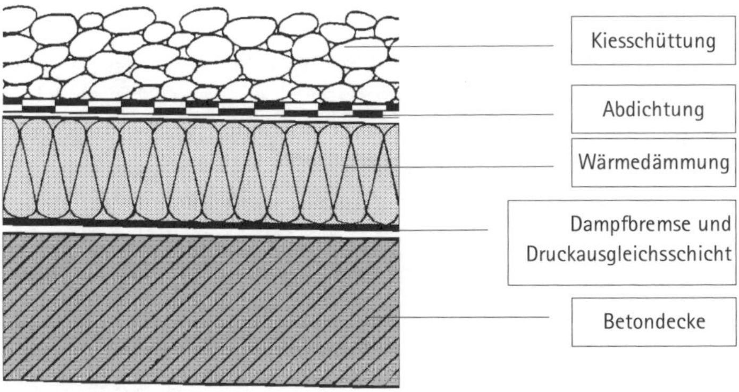

Abb. 30: Warmdach

Undichtigkeiten

Ursachen

Wenn Undichtigkeiten bei Foliendächern in der Oberfläche auftreten, dann sind die Ursache meistens **fehlerhaft hergestellte Schweißnähte**. Häufiger treten Schäden an Flachdächern an den Ecken von Lichtkuppen, an Dachdurchdringungen (siehe Abb. 31 und Abb. 32) oder an mangelhaft ausgeführten und reparierten Attikabereichen auf (siehe Abb. 33 und Abb. 34).

Abb. 31: mangelhafte Lichtkuppe

Abb. 32: mangelhafte Dachdurchdringung

Abb. 33: mangelhaft ausgeführte Attika-verblechung, Beispiel 1

Abb. 34: mangelhaft ausgeführte Attika-verblechung, Beispiel 2

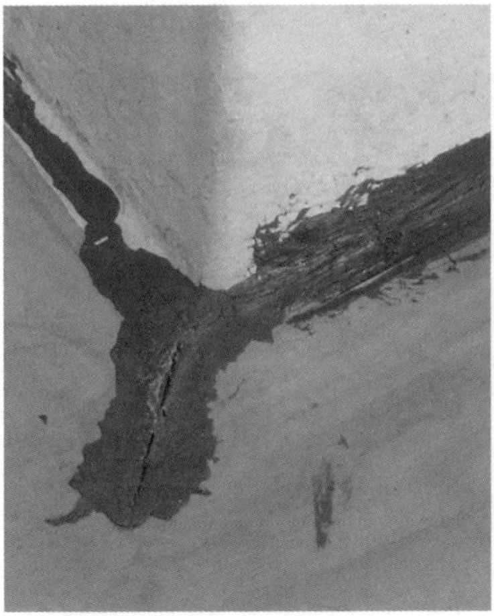

Abb. 35: missglückte und unfachmännische Reparatur eines Foliendachs mit Bitumenmasse am Fußpunkt einer Lichtkuppe

Abb. 36: missglückte und unfachmännische Reparatur eines Foliendachs mittels aufgeschweißter Folie am Fußpunkt einer Lichtkuppe

Abb. 37: mehrmals missglückter Versuch eine Attikaecke abzudichten

Aber auch Beschädigungen führen fast immer zum **Eindringen von Wasser** ins Gebäudeinnere.

Abb. 38: beschädigtes Foliendach

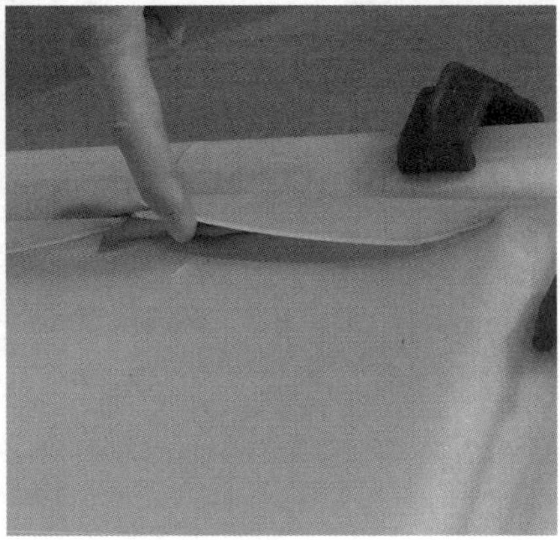

Abb. 39: beschädigte Lichtkuppe

Sanierung

Besonders gut hat sich die Sanierung von Flachdächern, insbesondere von Attika- und Lichtkuppenanbindungen etc. mit „Everlast®Roofskin" bewährt (vgl. Abb. 40). Bei diesem Produkt handelt

es sich um eine Elastomere-Flüssigabdichtung, die in einem Acrylflies getränkt und in einer Stärke von 1,5 bis 5 mm aufgebracht werden kann.
Die in der Flüssigabdichtung enthaltenen Aluminiumplättchen richten sich beim Aushärten des Elastomere parallel zur Oberfläche schuppenförmig zu einer hochglänzenden, silbrigen Oberfläche aus und bilden damit eine qualitativ hochwertige, UV-beständige Dachabdichtung. Das Material verbindet sich dauerhaft und unabhängig vom Untergrund (z. B. Bitumen- oder Foliendach, Blech, Welleternit etc.).

Abb. 40: sanierte Lichtkuppenanbindung mit „Everlast®Roofskin"

Praxishinweis

Informationen zum Produkt und zur Verarbeitung sowie zum Bezug können über Herrn Armin Wolf, Telefon 08152/998642 eingeholt werden.

Gealterte PVC-Abdichtung

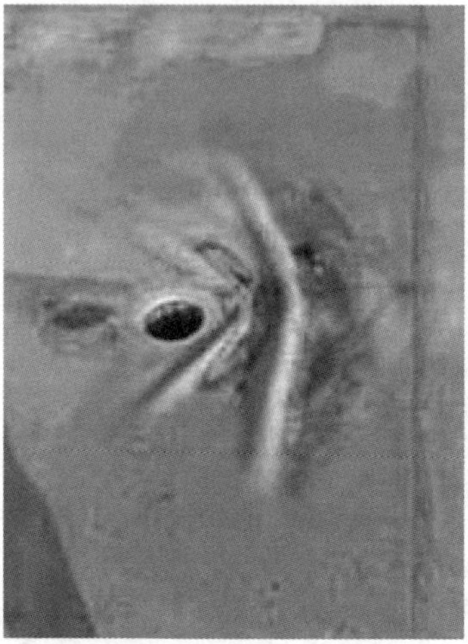

Abb. 41: Faltenbildung

Abb. 42: Faltenbildung im Eckbereich

Die in den Abb. 41 und Abb. 42 dargestellten typischen Faltenbildungen sind ein Hinweis für eine gealterte PVC-Abdichtung.
Das Schwinden von PVC-Dichtungsbahnen führt in den Gebäudeecken zu Falten, die vom jeweiligen Eckpunkt schräg nach unten führen (vgl. Abb. 42).

Praxishinweis

Da diese Falten auch von einem Laien festgestellt werden können, sollte immer ein Fachmann hinzugezogen werden, der auf Grund entsprechender Untersuchungen die Notwendigkeit für Sanierungsmaßnahmen prüft und bei Bedarf ausarbeitet.

Generell sollten Sie Flachdächer regelmäßig (jährlich) von einem Fachmann überprüfen lassen.

2.2.3.2 Umkehrdach

Konstruktion

Das Umkehrdach weist im Vergleich zum Warmdach einen **vereinfachten Schichtaufbau** auf. Im Gegensatz zum konventionellen Flachdachaufbau liegt hier die Abdichtung unterhalb der Wärmedämmschicht und unterliegt geringeren Temperaturschwankungen.

Sie wird dadurch vor Sonnenstrahlen, Wärmestaus sowie vor wechselnden Temperaturen geschützt.

Praxishinweis

Auf eine Dampfsperre kann i. d. R. verzichtet werden, da die Dachhaut selbst diese Funktion übernimmt. Es muss jedoch darauf geachtet werden, dass die Wärmedämmschicht, z. B. Hartschaumplatten mit Stufenfalz etc., um etwa 30 % größer ist als beim konventionellen Flachdach, damit Wärmeverluste durch Regen und aufgenommene Feuchtigkeit ausgeglichen werden. Weiterhin muss die Wärmedämmschicht wasser-, frost- und formbeständig sowie verrottungs-, trittfest und maßgenau sein.

Die Wärmedämmschicht sollte nach der Verlegung unverzüglich mit einer **Kiesschicht** oder bei Zuwegungen oder Terrassen etc. mit einem Plattenbelag versehen werden. Ein einwandfreier Wasserablauf ist zu gewährleisten.

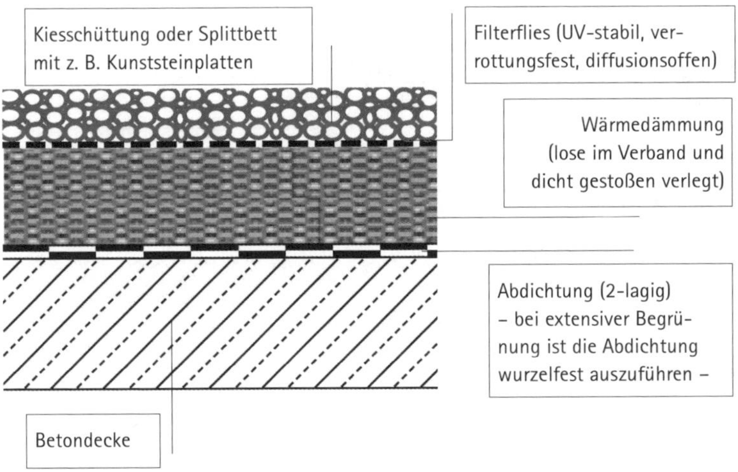

Abb. 43: Umkehrdach

2.2.3.3 Kaltdach

Besteht der Verdacht, dass sich oberhalb der Wärmedämmung mit Feuchtigkeit gesättigte Luft ansammeln kann, dann kann man auch Flachdächer als Kaltdächer ausbilden, indem eine Luftschicht ober-

Luftschicht über der Wärmedämmung

halb der Wärmedämmung angeordnet wird. In dieser Luftschicht von mehreren Zentimetern Höhe kann die feuchte Luft nach außen hin entweichen, was aber **Luftbewegung** (natürlich oder künstlich) in diesem Zwischenraum voraussetzt. Durch die Trennung der Wärmedämmung von der Abdichtungsschicht wird die Abdichtung vom Außenklima auf beiden Seiten gleich belastet.

Kaltdächer als Ausnahme

Kaltdächer sind bei Flachdächern, die in dieser Weise ausgeführt werden, nicht der Regelfall. Das Kaltdach hat sicherlich insoweit Vorteile, als es zu keiner Dampfbelastung unterhalb der Dachabdichtung kommen kann und die Dachabdichtung selbst auf beiden Seiten das gleiche Außenklima aufweist.

Die Hauptaufgabe, die sich bei einem Flachdach stellt, das als Kaltdach ausgeführt wird, ist die **richtige Bemessung der Luftschicht**. Kommt es nämlich zu einem Tauwasseranfall unterhalb der Abdichtungsebene in der Luftschicht, dann wird die Wärmedämmung durchnässt. Dies hat zur Folge, dass die Dämmeigenschaften der Wärmedämmung herabgesetzt werden, was wiederum zu einem Schaden führen kann.

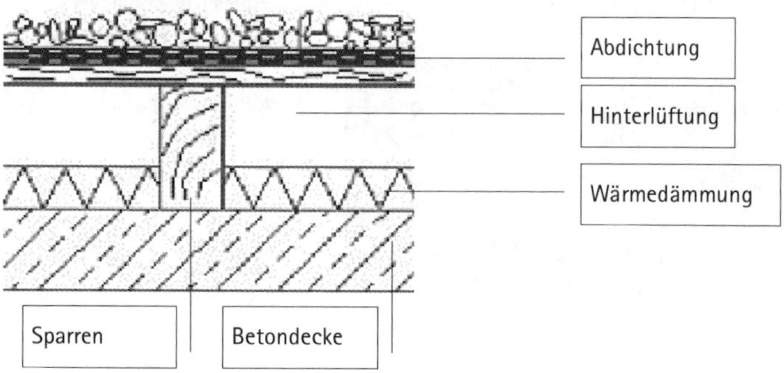

Abb. 44: Kaltdach

2.3 Spenglerarbeiten

Die Blecharten

Die gängigsten Materialien bei den **Spenglerarbeiten** (Gaubenverblechung, Dachrinnen, Fallrohre etc.) sind u.a. verzinkte oder beschichtete Bleche und Kupferbleche.
Kupferbleche sind meist teurer als verzinkte Bleche, weisen jedoch einen optisch wärmeren Charakter auf. Sofern verzinkte Bleche mit Anstrichen versehen werden, müssen sie aufwändig und gewissenhaft vorbehandelt werden, damit sie fettfrei sind und nach einigen Jahren keine Farbabplatzungen auftreten.

Praxishinweis

Blechteile aus verschiedenen Materialien – Kupfer in Verbindung mit Zink oder Aluminium – dürfen sich nicht berühren, da dadurch Korrosionsschäden (Kontaktkorrosion) entstehen können. Der unmittelbare Kontakt ist dann durch geeignete Beschichtungen oder durch isolierende Zwischenlagen zu verhindern. Die Anwesenheit eines Elektrolyten (z. B. Regenwasser, Baufeuchte usw.) zwischen zwei Metallen kann zu einer elektrochemischen Korrosion führen.

Ablaufspuren

Bei Metallabdeckungen und -bekleidungen führt ablaufendes Regenwasser, Schmutzpartikel und auch Spuren gelöster Metallverbindungen mit sich. Auf darunter liegenden hellen, porösen und rauen Oberflächen kann es bei falscher Konstruktion zu Ablaufspuren kommen, die bei Kupfer durch die Grünfärbung besonders auffallen.
Die zu geringe Kupferblechabdeckung auf der Wandscheibe hat in Abb. 45 zu Ablaufspuren und Grünverfärbungen an der Fassade infolge Grünspan geführt. Darüber hinaus haben sich bereits erhebliche Risse und Putzschäden gebildet.
Einen undichten Anschluss eines Blechdachs zur Dachrinne zeigt Abb. 46. Das Regenwasser läuft unterhalb der Dachrinne auf die Fassade, die erheblich durchnässt wurde, was durch Frosteinwirkung zur Putzabplatzung geführt hat.

Abb. 45: Grünverfärbungen an der Fassade infolge Grünspan

Abb. 46: undichter Anschluss eines Blechdachs zur Dachrinne

Praxishinweis

Daher sollten Sie bei der Ausführung der Spenglerarbeiten auf folgende Punkte achten:

- Überragende Bauteile müssen einen entsprechenden Abstand von der Fassade haben. Je größer der Abstand, umso geringer ist die Gefahr, dass ablaufendes Regenwasser die Fassade berührt. Um Grünfärbungen zu vermeiden, wird ein Wandabstand von ca. 40 - 60 mm vorgeschrieben.
- Bei allen großflächigen Kupferabdeckungen muss das Regenwasser über Regenrinnen abgeführt werden.
- Mauerwerks- und Dachrandabdeckungen sind mit leichter Neigung zu der Seite auszuführen, auf der Abschwemmungserscheinungen am wenigsten stören.

Abb. 47: zu geringe Überdeckung des Kupferblechs

Die zu geringe Überdeckung des Kupferblechs in Abb. 47 hat bereits zu Feuchteschäden an der Holzkonstruktion geführt.

Praxishinweis

Damit das Dach zügig eingedeckt werden kann, ist es vorteilhaft, wenn die Dachdecker- und Spenglerarbeiten an dieselbe Firma vergeben werden.

Dachrinnen werden heute meist in Kupfer oder verzinktem Blech ausgeführt. Der Rinnenquerschnitt ist von der Größe der zu entwässernden Dachfläche abhängig.

Laubfanggitter verhindern, dass Laub und Schmutz von den Dachrinnen in die Regenfallrohre gespült werden und Sickerschächte dadurch ihre Sickerfähigkeit verlieren.

Abb. 48: eingewachsene Dachrinne

Bei dem dieser Dachrinne zugehörigen Sickerschacht ist davon auszugehen, dass eine Sickerfähigkeit von Oberflächenwasser in den Untergrund nicht mehr gewährleistet ist.

Abb. 49: Regenfallrohr

Das Regenfallrohr einschließlich der zugehörigen Anbindeleitung zum Sickerschacht musste vollständig ausgewechselt werden, da diese komplett verschlossen waren. Zudem war das Fallrohr am Falz infolge Frosteinwirkung bereits aufgeplatzt.

Abb. 50: fehlendes Schneefanggitter

Schneefanggitter schützen nicht nur Passanten, sondern sie entlasten auch die Regenrinnen. Fehlende Schneefanggitter führen häufig auf Grund der Schneelast zu Schäden an der Dachrinne.

Da die Ortgangverbretterung stark der Witterung ausgesetzt (vgl. Abb. 51) und i. d. R. schlecht zugänglich ist, ist es von Vorteil, sie mit einer Verblechung (**Ortgangverblechung**) zu versehen (vgl. Abb. 52). Dabei ist die Ortgangverbretterung dauerhaft geschützt und bedarf keiner Kosten mehr im Unterhalt.

Abb. 51: verwitterte Ortgangverbretterung

Abb. 52: Ortgangbrett mit Kupferblech verkleidet

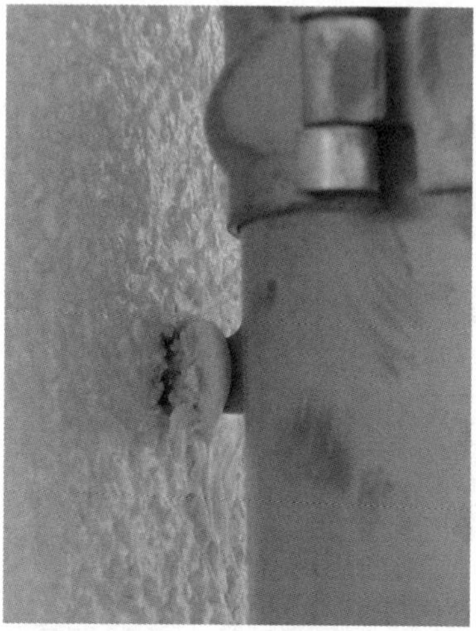

Abb. 53: Regenfallrohrhalterung an der Fassade, nicht dauerhaft abgedichtet

Fallrohre müssen an der Fassade so befestigt werden, dass an den Halterungen kein Regenwasser in den Putz eindringen kann und so Frostschäden und als Folge davon Putzabplatzungen entstehen.

3 Die häufigsten Schäden an Böden

3.1 Die Schadensursachen

Die Hauptursachen

Die meisten Schäden an Bodenbelägen entstehen auf Grund zu hoher Feuchtigkeit. Die Feuchtigkeit im Bauteil (Bauteilfeuchte) oder in der Luft (Luftfeuchtigkeit) kann folgende Ursachen haben:

- Restfeuchte aus Betondecken, Wänden, Estrich oder Putz
- Feuchte aus zu feucht eingebrachtem Bauholz
- Feuchte aus Tapezier- und Malerarbeiten
- Feuchte aus Dispersionsklebstoffen und/oder Wasserlacken
- Feuchte aus undichten noch unentdeckten Rohrleitungen
- unnormales/ungünstiges Lüftungsverhalten und/oder Heizungsverhalten

Praxishinweis

Besonders in Neubauten ist durch das Zusammentreffen vorgenannter Faktoren gerade in den ersten beiden Jahren die relative Luftfeuchte besonders hoch. Daher liegt es in der Verantwortung der Bewohner durch ihr Nutzungsverhalten dafür zu sorgen, dass keine unzuträglichen hohen relativen Luftfeuchten im Gebäude auftreten.

Die dadurch entstehenden Schadensbilder sind i. d. R. Aufwölbung, Fugenbildung, Schüsselung, Welligkeit, Hohlstellen, ein Ablösen des Belags vom Untergrund etc. Die Schadensbilder

Weitere Schadensursachen können im Untergrund liegen, auf Grund von Weitere Ursachen

- größeren Unebenheiten
- Rissen im Untergrund
- nicht genügend trockenem Untergrund
- nicht genügend fester Oberfläche des Untergrunds
- zu poröser und zu rauer Oberfläche des Untergrunds
- ungenügenden Bewegungsfugen im Untergrund
- verunreinigter Oberfläche des Untergrunds, z. B. durch Öl, Wachs, Lack, Farbreste
- unrichtiger Höhenlage der Oberfläche des Untergrunds im Verhältnis zur Höhenlage anschließender Bauteile
- ungeeigneter Temperatur des Untergrunds

Praxishinweis

Viele Schäden werden vermieden, wenn die Feuchte des Untergrunds gemessen und nur bei Einhaltung der Grenzwerte der Bodenbelag verlegt wird. Dabei müssen höhere Grenzwerte eingehalten werden, wenn der Untergrund mit Parkett- und PVC-Böden belegt wird, als bei der Verlegung von Fliesenbelägen oder Teppichböden.

Trotz dieser Vorgehensweise sind in seltenen Fällen Schäden möglich, da in der Praxis nur stichprobenartig gemessen wird. So kann z. B. partiell eine augenscheinlich nicht mehr erkennbare Auffeuchtung durch ein undichtes Heizungsrohr, einen umgestürzten Wassereimer etc. stattgefunden haben. Auch bei starken Unterschieden der Estrichdicke kann im Bereich der dickeren Schichten noch eine schadensträchtige Wassermenge vorhanden sein.

Der Faustregel misstrauen

Ein Schaden kann nicht ausgeschlossen werden, wenn man auf eine Feuchtemessung verzichtet und der Faustregel vertraut, ein Estrich sei nach vier bis sechs Wochen trocken.

Praxishinweis

Bei relativen Luftfeuchten von über 70 % kann der Estrich nicht mehr ausreichend trocken werden.

Trockengeräte

Kann durch Heizen und Lüften der gewünschte Raumluftzustand nicht erreicht werden, bedarf es der Unterstützung von Trockengeräten. Für diesen Zweck gut geeignet sind **Kondensationstrockner**, welche die feuchte Raumluft ansaugen und abkühlen. Dabei tritt Kondenswasser auf, das in einem Behälter aufgefangen wird und nach Bedarf geleert werden muss.

Praxishinweis

Auf keinen Fall sollten Gasbrenner zum Trocknen eingesetzt werden, da bei der Verbrennung von Propan oder Butan Wasserdampf erzeugt wird. Dabei wird die Raumluft erwärmt, aber auch wieder befeuchtet!

3.2 Die Messmethoden

3.2.1 Feuchtigkeitsmessung mit Aktiv-Elektroden

Schnell und ohne großen Aufwand

Die vom Wassergehalt abhängigen dielektrischen Eigenschaften eines Stoffs ermöglichen eine zerstörungsfreie Messung mit einer auf die Boden- oder Wandoberfläche zu drückenden Elektrode (vgl. Abb. 54). Hochwertige Messgeräte dieser Art sind sehr hilfreich bei der Ermittlung der Belegreife, da sie sehr schnell und ohne großen Aufwand anzeigen, ob der gemessene Feuchtegehalt erwarten lässt, dass eine umfangreiche CM-Messung (Calciumcarbid-Methode) Aussicht auf Erfolg hat. In Streitfällen sollte eine **CM-Messung** oder sogar eine **Darrprüfung** durchgeführt werden.

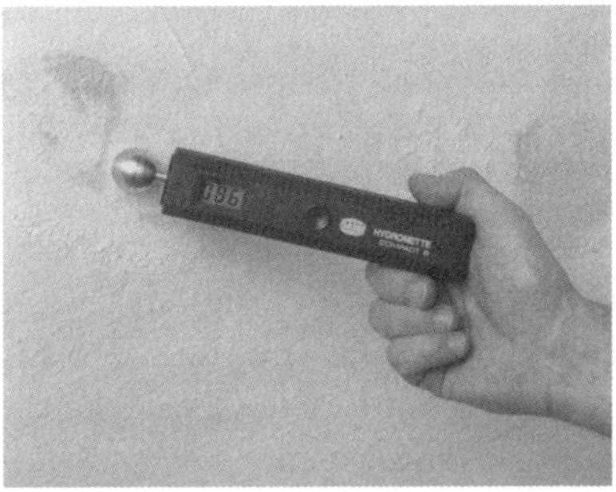

Abb. 54: zerstörungsfreie Feuchtigkeitsmessung mit einer Aktiv-Elektrode

3.2.2 Feuchtigkeitsmessung mit Tiefen-Elektroden

Der Vorgang

Mit zunehmendem Wassergehalt steigt die elektrische Leitfähigkeit des Estrichs, was für eine Feuchtemessung genutzt werden kann. Hierzu sind zwei Löcher mit 8 - 10 mm Durchmesser im Abstand von ca. 10 cm zu bohren, in die Elektroden mit hochleitfähiger Kontaktmasse eingeführt werden, zwischen denen der elektrische Widerstand gemessen wird (vgl. Abb. 55). Aus einer gerätespezifischen Tabelle lässt sich der zugehörige Feuchtegehalt ablesen.

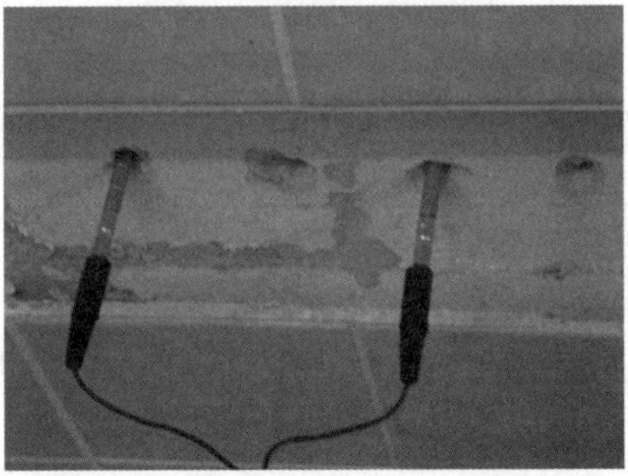

Abb. 55: Feuchtigkeitsmessung mit Hilfe von Tiefen-Elektroden

3.2.3 Feuchtigkeitsmessung mit der CM-Methode (Calciumcarbid-Methode)

Anerkannte und sehr sichere Messmethode

Die CM-Methode (Calciumcarbid-Methode) ist die einzige vor Ort anwendbare Methode zur Bestimmung der Feuchte in Estrichen, die in Deutschland allgemein und auch **vor Gericht** anerkannt wird. Sie basiert darauf, dass ungebundenes Wasser mit Calciumcarbid reagiert und Acetylen bildet. In einer geschlossenen Metallflasche baut sich dadurch Druck auf, der proportional der umgesetzten Wassermenge ist. Der Druck wird abgelesen und anhand von Tabellen der Wassergehalt des untersuchten Materials ermittelt. Die allerneueste Entwicklung zum CM-Gerät ist ein **digitales Manometer**, bei dem die Einwaagemenge eingestellt wird und das Ergebnis direkt in CM-% abgelesen werden kann. Die Genauigkeitsklasse dieses Manometers wird mit 0,1 % angegeben.

Die Mängel

Bei der CM-Messung wird lediglich die Feuchtigkeit des Estrichs, nicht jedoch die der Rohdecke ermittelt. Ein Schaden könnte dann entstehen, wenn der Estrich für den Einbau des Belags, z. B. Parkett, ausreichend trocken wäre, die Rohdecke jedoch noch solche Feuchtigkeitspotenziale aufweist, dass durch Diffusion Schäden auftreten können, wenn **keine Dampfsperre** verlegt worden ist. Besonders empfindlich sind dabei versiegelte Parkettböden und PVC-Beläge.

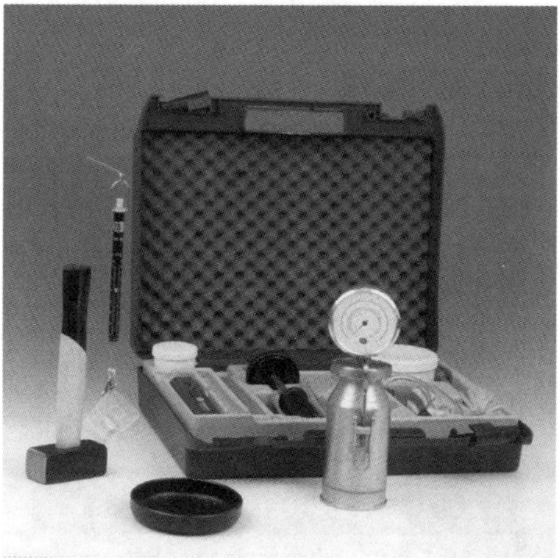

Abb. 56: CM-Messgerät mit diversem Zubehör

Praxishinweis

Die Firma Gann GmbH, Schillerstraße 63, 70839 Gerlingen, Telefon 07156/4907-0, www.gann.de ist mit ihren Messgeräten zur Feuchte und Temperaturmessung Marktführer auf diesem Gebiet und bietet auch für Verwalter spezielle Pakete an Messgeräten mit Zubehör an.

3.3 Weitere Ausführungsmängel

Fehlerhaftes Abziehen und Glätten

Neben Schäden, die z. B. aus zu hoher Feuchtigkeit im Bauteil herrühren, treten auch häufig Ausführungsmängel infolge unsorgfältigem Abziehen und Glätten des Estrichs auf. Weisen die Oberflächen eines Estrichs **Wellen** auf, die über den Ebenheitstoleranzen der DIN 18202 liegen, führt dies häufig zu Streit zwischen dem Auftraggeber und der ausführenden Firma über die Ebenheit.

DIN 18202

Estriche sind bezüglich ihrer Abweichungen von der Ebenheit bestimmten maximalen Abmaßen (Toleranzen) unterworfen, die in Tab. 3 (Ebenheitstoleranzen) der DIN 18202 festgelegt sind. Die Toleranzen für die Ebenheit der Oberfläche werden aus der DIN 18202 für flächenfertige (verputzte) Wände und Unterseiten von Decken und flächenfertige Böden z. B. Estriche zur Aufnahme von Bodenbelägen wie folgt wiedergegeben:

Messpunkt-abstand in m	0,1	0,6	1,0	1,5	2	2,5	3	3,5	4	Bauteile/Funktion
max. Toleranz in mm	3	4	5	6	7	8	8	9	10	Flächenfertige (verputzte) Wände und Unterseiten von Decken
max. Toleranz in mm	2	3	4	5	6	7	8	9	10	Flächenfertige Böden, z. B. Estriche zur Aufnahme von Bodenbelägen

Tabelle 1: Ebenheitstoleranzen von Estrichen nach DIN 18202

Die Messmethode

Die Ebenheit wird jeweils an Stellen der größten erkennbaren Ebenheitsabweichung gemessen. Dies geschieht durch

1. Auflegen einer Messlatte auf zwei Hochpunkten der Oberfläche,

2. Bestimmung der Messstrecke zwischen den Hochpunkten in m und
3. Bestimmung des Stichmaßes zwischen der tiefsten Stelle und der Unterkante der Messlatte, mithilfe eines z. B. Messkeils etc.

Besondere Vereinbarungen

Das festgestellte Stichmaß bezüglich des Abstands der Messpunkte (Hochpunkte) darf die Toleranzwerte der vorgenannten Tabelle nicht überschreiten. Werden „erhöhte Anforderungen" an die Ebenheit von Flächen gestellt, ist dies im **Leistungsverzeichnis** zu vereinbaren.

3.4 Schäden am Estrich

In Wohnbereichen werden Bodenbeläge aus bauphysikalischen Gründen – Wärmeschutz und/oder Schallschutz – nicht unmittelbar auf die konstruktive Decke verlegt. Hierbei sind Estriche erforderlich. Estrich nennt man eine **fugenlose Bodenbeschichtung** z. B. aus Zement, Gips und anderen Bindemitteln mit verschiedenen Zuschlägen.

Aufgabe und Beschaffenheit

Aufgabe des Estrichs ist, Unebenheiten des Untergrunds auszugleichen und eine begehbare oder zur Aufnahme eines Bodenbelags geeignete Fläche zu bilden. Estriche dienen in Wohn- und Büroräumen außerdem zur Verbesserung des Schallschutzes (Trittschall). Der Estrich kann als Frischmörtel bzw. als heiße Masse (**Gussasphaltestrich**) auf der Baustelle eingebaut oder als Fertigestrich (**Trockenestrich**) angeliefert werden.

Die Arten

Baustellen-Estriche werden nach den verschiedenen Materialien im Wesentlichen unterteilt in **Zementestrich**, Magnesia-Estrich, **Anhydritestrich**, **Gussasphaltestrich**, Kunststoff-Estrich etc.

Verlegearten

Je nach Verlegeart unterscheidet man Verbund-Estrich (direkt auf Untergrund), Estrich mit Trennschicht (Bitumenpappe, PE-Folie etc.) und schwimmenden Estrich (Dämmschicht aus Mineralfaser- und/oder Styroporplatten).

Trockenestrich besteht aus Gipsfaser-Platten oder Spanplatten und wird stets schwimmend verlegt, allerdings mit einem geschütteten Untergrund (z. B. Perlite).

Estrich wird im Wohnungsbau meist nach den Innenputzarbeiten auf dem tragfähigen Untergrund oder auf einer zwischenliegenden

Trenn- oder Dämmschicht in gleichmäßiger Dicke aufgetragen, damit keine Risse entstehen. Der Estrich ist **unmittelbar nutzfähig** oder kann nach dem Aushärten mit einem Belag versehen werden.

3.4.1 Die einzelnen Estricharten

Nach dem Anwendungszweck werden folgende Estriche unterschieden:

Verbundestrich

Von Verbundestrich spricht man, wenn der Estrich (ca. 30 - 50 mm stark) ohne jegliche Trennung direkt auf dem Untergrund aufgebracht wird. Verbundestrich kommt z. B. häufig in Tiefgaragen und untergeordneten nicht beheizten Kellerräumen etc. zur Ausführung.

In Tiefgaragen und Kellerräumen

Estriche auf Trennschicht

Liegt zwischen dem Estrich und der konstruktiven Decke eine dünne Trennschicht (z. B. eine PE-Folie 0,1 mm, 100-er nackte Bitumenpappe oder dergleichen), spricht man von einem Estrich auf Trennschicht. Der Estrich ist frei beweglich und wird i. d. R. häufig in Waschraum, Heizung und Kellerabteil verlegt.

In Waschräumen und Kellern

Schwimmender Estrich

Schwimmend bedeutet, dass der Estrich allseitig durch Wärme- und/oder Trittschalldämmstoffe verschiedenster Art **von den übrigen Bauteilen getrennt** ist und keine unmittelbare Verbindung mit angrenzenden Bauteilen, wie z. B. Wände, hat.

In Wohngeschossen

Vor dem Einbau der Dämmschicht sind an allen angrenzenden und die Fußbodenkonstruktion durchdringenden Bauteilen und festen Einbauten sowie an Türzargen und Türleibungen Randstreifen (ca. 10 mm stark) anzubringen (s. Abb. 58). Diese Randstreifen haben die Funktion einer Bewegungsfuge. Sie sind umlaufend ohne Unterbrechung einzubauen und sollen Schallbrücken vermeiden. Die Randstreifen müssen von der Rohdecke bis über den fertigen Fußboden reichen. Der überstehende Teil der Randstreifen ist erst nach Verfugung des Fliesenbelags bzw. im Zug der Verlegung der Oberböden abzuschneiden. Die Trennfolie muss so verlegt werden, dass sich der Estrich nicht mit der Wärme- und/oder Trittschalldämmung verbindet, da dies sonst zu erheblichen Schallproblemen

Beschichtungsmethode

führen kann. Der schwimmende Estrich ist **frei beweglich** und wird hauptsächlich in Wohngeschossen verlegt.

Unterschiede nach der Art des Bindemittels

- Zement-Estrich,
- Anhydrit-Estrich,
- Magnesit-Estrich,
- Trocken-Estrich,
- Gussasphalt-Estrich.

Auf die wichtigsten Estricharten wird nachfolgend näher eingegangen.

Zement-Estrich (ZE)

Die Güte des Zementestrichs

Die Mindestnormdicke beträgt bei schwimmenden Zementestrichen 35 mm, ist jedoch von der Dicke und der dynamischen Steifheit der Dämmschicht abhängig. Die Tragfähigkeit des Estrichs muss mindestens 1,5 KN/m^2 (150 kg/m^2) betragen. Im Wohnungsbau wird i. d. R. ZE 20 (200 kg/m^2) in einer erforderlichen Stärke von 40 - 45 mm eingebracht.
Die Dämmmatten sind gegen vom Estrich her eindringende Feuchtigkeit durch geeignete Abdeckfolien zu schützen.
Die Güte des Zementestrichs hängt nicht allein von der Zementzugabe (Mischungsverhältnis etwa 1:4), sondern in gleicher Weise von der Körnung der Zuschlagsstoffe, vom Wasserzementfaktor und von der Verdichtung ab.

Die Verlegetemperatur

Die Zuschlagsstoffe sollen innerhalb der Idealsieblinie liegen und Körnungen von 0 - 8 mm enthalten. Bei richtiger Körnung beträgt der Wasserzementfaktor 0,5, d. h. auf 100 Teile Zement kommen 50 Teile Wasser. Das Mischgut soll nahezu erdfeucht sein. Bei hohem Wasseranteil wandern Zementteilchen an die Oberfläche, wodurch die schädliche Zementschlempe entsteht. Zu viel Wasser verursacht mangelhafte Verdichtung und hat Absandungen zur Folge.
Die ideale Verlegetemperatur beträgt **10 - 15° C**. Bei höheren Temperaturen erfolgt eine schnellere Wasserabgabe, und es kommt gegebenenfalls zu mürben und abgesandeten Estrichoberflächen.

Praxishinweis

Zur Erhöhung der Oberflächenhärte und der Abriebfestigkeit können Estriche mit nutzbarer Oberfläche mit chemischen Tränkstoffen auf Fluat-, Silikat- oder Kunststoffbasis oder einer entsprechenden Versiegelung behandelt werden.

Anhydrit-Estrich (AE)

Bei Anhydrit-Estrich ist das Bindemittel der Anhydritbinder, ein dem Gips ähnliches Bindemittel. Das von der Lieferfirma vorgeschriebene Mischungsverhältnis ist genau einzuhalten, da es sonst zu Treibrissen kommen kann.

Die Vor- und Nachteile

Die wesentlichen Vorteile von Anhydrit-Estrichen sind ihre **gute Raumbeständigkeit** (schwund- und spannungsfrei). Bewegungsfugen sind normalerweise nicht erforderlich. Anhydrit-Estrich trocknet schneller als Zement-Estrich. Die Nachteile von Anhydrit-Estrich sind, dass es bei längerer Feuchtigkeitseinwirkung einen deutlichen Abfall der Druckfestigkeit gibt.

Die Beschichtungsmethode

Bei schwimmendem Anhydrit-Estrich ist eine Mindestdicke von 35 mm vorgeschrieben, die von der Dicke und der dynamischen Steifheit der Dämmmatte abhängig ist. Die Oberfläche von Anhydrit-Fliesestrichen muss – auf Grund der glatten Oberfläche – generell vor dem Verlegen von Oberböden mit geeigneten Maschinen angeschliffen oder anderweitig vorbehandelt werden, damit eine ausreichende Haftung mit dem Kleber entsteht.

Praxishinweis

Anhydrit-Estriche dürfen keiner dauerhaften Feuchtigkeit ausgesetzt werden. Es ist daher zwingend notwendig, Böden in Feuchträumen (z. B. Badezimmer) mit einer absperrenden Schicht, z. B. einer Kunstharz-Dünnbeschichtung, zu versiegeln, da es sonst zu Abplatzungen des Fliesenbelags kommt. Diese Beschichtung schützt zum einen den feuchtigkeitsempfindlichen Estrich vor dem Wasser, zum anderen verhindert sie die absprengende Bildung von Ettringit, die aus $CaSO_4$ und Zement entsteht, wobei $CaSO_4$ aus dem Anhydrit-Estrich und Zement aus dem Fliesenkleber stammt.

Magnesit-Estrich (ME)

Korrosionsgefahr

Er wird aus kaustisch gebranntem Magnesit mit Chlormagnesiumlauge und Füllstoffen aus Quarz-, Holz- oder Korkmehl hergestellt. Das Bindemittel Chlormagnesium enthält Feuchtigkeit. Die Trockenzeit beträgt etwa zwei bis drei Wochen. Magnesit-Estriche müssen vor der Spachtelung immer vorgestrichen werden. Magnesit-Estriche dürfen nicht mit Stahlteilen des Bauwerks in Berührung kommen, da hierdurch Korrosion ausgelöst wird. Träger, Zargen und Rohre sollen daher vor der Estrichverlegung mit Bitumenpappe oder einem anderen Sperrmaterial umkleidet werden.

Trocken-Estrich

Unterschiede in Material und Verarbeitung

Trocken-Estrich-Systeme bestehen aus einzelnen Platten (z. B. Gipskarton- und Gipsfaser-Elemente, Span- oder OSB-Platten), die auf der Dämmung verlegt und miteinander verbunden werden. Die Elemente sind mit 20 - 25 mm nur halb so dick wie ein konventioneller Zementestrich. Gerade beim Dachausbau sind sie schon auf Grund ihres **geringeren Gewichts** häufig von Vorteil.

Oft werden Trockenestriche mit Nut und Feder angeboten, analog zu vielen Ausbauplatten. Die Gemeinsamkeit zu anderen Estrichen liegt nicht im Material und der Verarbeitung, sondern nur in der Funktion: Einen ebenen Aufbau für einen Fußbodenbelag zu schaffen.

Praxishinweis

Bei der gesundheitlichen Bewertung von Trockenestrich spielen die einzelnen Basismaterialien eine entscheidende Rolle. Vor allem Trockenestrich auf Pressspan-Basis sollte nicht für allzu große Flächen eingesetzt werden, da trotz E1-Klassifikation erhöhte Formaldehydwerte in Wohnräumen auftreten können. Zwar kann der Fußboden, der später auf den Estrich gelegt wird, eine gute Bremse für Schadstoffe darstellen; vorhersehen oder einberechnen lässt sich der Effekt aber nicht.

Gussasphalt-Estrich (GE)

Keine Trockenzeiten

Die Mindestdicke eines schwimmenden Asphaltestrichs beträgt 20 mm. Die Zusammendrückbarkeit der Dämmschicht darf nicht mehr als 5 mm betragen. Es sind keine Trockenzeiten erforderlich.

Für den Bodenleger entfallen die bei anderen Estrichen notwendigen Feuchtigkeitsprüfungen und damit auch die entsprechenden Risiken.

Auf Grund der hohen Biegezugfestigkeit bleiben Gussasphalt-Estriche auch auf großen Flächen i. d. R. rissfrei. Deshalb kann auf Bewegungsfugen verzichtet werden. Wegen ihrer **geringen Einbauhöhe** haben Gussasphalt-Estriche ein niedriges Gewicht. Gussasphalt ist weitgehend feuchtigkeitsundurchlässig und damit günstig für Räume ohne Unterkellerung.

Rissfrei und feuchtigkeitsundurchlässig

Diese Estriche müssen in jedem Fall gespachtelt werden. Eine Spachtelschicht von 1,5 mm an jeder Stelle ist für alle Klebstoffe erforderlich (saugfähiger Untergrund und/oder Absperrwirkung bei Lösemittelklebstoff). In diesem Zusammenhang muss erwähnt werden, dass man auch bei anderen Untergründen selten ohne Spachtelschicht auskommt.

Spachteln Voraussetzung

3.4.2 Ausgleichsschicht, Mindestdicke, Fugenausbildung und Feldgröße

Ausgleichsschicht

Größere Unebenheiten in der Estrichoberfläche können ebenfalls durch Aufbringen mit Spachtel- bzw. Ausgleichsmassen korrigiert werden. Dabei ist auf eine optimale **Untergrundvorbehandlung** zu achten, damit sich die Ausgleichsschicht nicht vom Untergrund (Estrich) löst (vgl. Abb. 57).

Abb. 57: Ausgleichsschicht mangels Untergrundvorbehandlung vom Estrich gelöst

Die bis zu 8 mm starke Ausgleichsschicht wurde ohne Untergrundvorbehandlung auf den Estrich aufgebracht. Nach ca. sechs Monaten hat sich diese samt Belag vom Untergrund (Estrich) gelöst (siehe Abb. 57).

Die **Mindestnormdicke** für Estriche ist abhängig von der dynamischen Steifheit der Dämmschicht und beträgt für Zement- und Anhydrit-Estrich mindestens 35 mm.

Praxishinweis

In der Praxis sind Unebenheiten auf der Betondecke des Rohbaus – auch aus Gründen der geringeren Anforderungen der Ebenheitstoleranzen im Gegensatz zu flächenfertigen Böden (z. B. Estriche) – häufig vorhanden. Deshalb sollte eine Einbaustärke nicht unter 40 - 45 mm erfolgen. Somit wird die Einhaltung der Mindestdicke über die gesamte Fläche gewährleistet.

Fugenausbildung

Man unterscheidet vier Arten von Fugen:

1. **Trennfugen**
   sind statisch und konstruktiv erforderliche Bewegungsfugen. Sie gehen durch alle tragenden und nicht tragenden Teile des Bauwerks hindurch. Solche Fugen werden grundsätzlich mit geeigneten Fugenprofilen überdeckt. Der Bodenbelag schließt normalerweise an den Rand der Fugenprofile an.

2. **Bewegungsfugen**
   für Heizestriche sind zusätzliche Dehnungsfugen, wie sie z. B. bei schwimmenden Zementestrichen erforderlich sind. Sie unterteilen Flächen in einzelne Felder. Die Feldergröße ist von den bauphysikalischen Gegebenheiten abhängig.
   Insbesondere **Heizestriche** benötigen ab einer bestimmten Größe solche Bewegungsfugen. Heizkreise und Estrichfelder sind schon in der Planung grundsätzlich aufeinander abzustimmen. Die einzelnen Heizkreise einschließlich ihrer Estrichfelder sind zur Vermeidung von Spannungen wegen unterschiedlicher Temperaturen durch Anordnung von Bewegungsfugen voneinander abzugrenzen. Heizkreise sollen Bewegungsfugen nicht kreuzen.

Praxishinweis

Es kommt immer wieder vor, dass diese Bewegungsfugen einfach mit Spachtelmassen ausgefüllt und mit Bodenbelägen abgedeckt werden. Das muss zwangsläufig zu Schäden führen. Weder die Spachtelmasse noch der Bodenbelag sind in der Lage, stärkere Bewegungen des Estrichs aufzufangen. Das gilt natürlich auch für die notwendigen Randfugen. Auch sie sind als Bewegungsfugen anzusehen und dürfen keinesfalls mit Spachtelmassen geschlossen werden, da sonst der Schallschutz nicht mehr gewährleistet ist. Treffen Sie solche Stellen an, müssen Sie unbedingt den Handwerker auffordern, diese Mängel zu beheben oder den Bauleiter entsprechend zu informieren.

3. **Scheinfugen**
   werden i. d. R. in den frischen Estrichmörtel eingeschnitten. Sie gehen nur bis etwa zur Hälfte des Estrichquerschnitts und haben die Aufgabe, unkontrollierte Schwundrisse zu verhindern.

Gegen Schwundrisse

Praxishinweis

Während der Estrichabbindezeit bleiben diese Risse offen und werden vor Beginn der Bodenbelagarbeiten mit Zweikomponenten Harzmaterialien kraftschlüssig geschlossen. So behandelte Scheinfugen können dann überspachtelt und mit Bodenbelägen überdeckt werden.

Aufpassen vor Trittschallmängeln

4. **Randfugen**
sind Fugen, die den Estrich von seitlich angrenzenden und eingebauten Bauteilen trennen. Häufig werden die Randdämmstreifen vom Maler entfernt, was gelegentlich zu Trittschallmängel führen kann, insbesondere dann, wenn Fliesen oder Parkettböden verlegt werden und Kleber zwischen Estrich und Wand läuft.

Abb. 58: Randdämmstreifen eines schwimmend verlegten Estrichs

Praxishinweis

Der Randdämmstreifen darf erst – in Höhe Oberkante Bodenbelag – abgeschnitten werden, wenn der Bodenleger den Bodenbelag verlegt hat.

Maximale Feldgröße von Estrichflächen

Die Größe der Estrich-Teilflächen richtet sich nach dem Schwindverhalten des Bindemittels, der Art des vorgesehenen Belags und der Beanspruchung (z. B. durch Temperaturdifferenzen). Die Form der Teilflächen soll gedrungen rechteckig sein. Die Faktoren

Praxishinweis

Beheizte Zementestriche, die mit Keramikbelägen versehen werden, sollen nach DIN 18 560 Teil 2 durch Bewegungsfugen in Teilflächen von maximal 40 qm und max. 8 m Seitenlänge unterteilt werden.

Auch nicht beheizte Zementestriche auf Trennschicht oder Dämmschicht sollen die Grenzmaße von max. 8 m Seitenlänge und 40 qm nach Möglichkeit nicht überschreiten. Besser sind kleinere Feldgrößen. Bei Zementestrichen im Freien soll je nach thermischer Belastung eine Seitenlänge von 2,5 m bis 5 m nicht überschritten werden. Grenzmaße

Praxishinweis

Estrichflächen können abhängig von der Nutzung, z. B. für Schleusen, Kellerflure, Heiz- und Waschräume, mit einer Beschichtung, Versiegelung oder Imprägnierung versehen werden – sofern kein anderer Belag geplant ist –, damit diese Oberflächen nicht absanden und leichter zu pflegen sind.

3.5 Fliesenbeläge

Unter Fliesen werden allgemein Bodenbeläge zusammengefasst, die in quadratischen oder rechteckigen Formaten verlegfertig verkauft werden. Im weitesten Sinn zählen auch Fußboden- und PVC-Fliesen dazu. Allgemein, und auch im Folgenden, sind damit Beläge aus gebranntem Ton gemeint. Gebrannter Ton

Die wichtigsten Vorteile von Fliesenbelägen: Die Vorteile

- vielfältige Gestaltungsmöglichkeiten
- lange Lebensdauer
- formbeständig

- verschleißfest
- einfache Reinigung und Pflege

Der Verschleiß

Alle Bodenbeläge sind dem Verschleiß ausgesetzt. Der Verschleiß hängt im Wesentlichen von folgenden Faktoren ab:

- Beschaffenheit des Belags
- Art der Beanspruchung
- Art der Verschmutzung

Im Normalfall wird der Verschleiß von Bodenbelägen durch Sand- und andere Schmutzpartikel verursacht, die an den Schuhsohlen haften und bei Geh- und Drehbewegungen zu Beschädigungen (Kratzer) führen können.

Hoher Verschleißwiderstand

Unglasierte Steinzeugfliesen haben einen Verschleißwiderstand, der zu den höchsten aller Bodenbeläge gehört. Auch nach jahrzehntelanger intensiver Beanspruchung ist eine Abnutzung dieses homogenen Materials praktisch nicht erkennbar.

Pflegeleicht

Glasierte Steinzeugfliesen sind wegen ihrer glatten Oberfläche besonders pflegeleicht. Deshalb und wegen der Vielfalt ihrer Farben und Formen sind sie so beliebt. Regelmäßig gereinigte und für den jeweiligen Anwendungsbereich zweckmäßig ausgewählte glasierte Steinzeugfliesen haben eine lange Lebensdauer.

Praxishinweis

Kratzende Stoffe, wie z. B. Schmutzbeimengungen von Quarzsand, können im Lauf der Zeit allerdings zu einer Glanzminderung oder zu einer gewissen Aufrauung der Oberfläche führen. Um einem vorzeitigen Oberflächenverschleiß vorzubeugen, sollten an allen Haus- und Wohnungseingängen großflächige Fußmatten angebracht werden.

3.5.1 Die Belastbarkeit der Fliesen

Der **Oberflächenverschleiß-Widerstand** ist nicht bei allen Glasuren gleich. Deshalb sind die glasierten Steinzeugfliesen in vier Gruppen unterschiedlicher Belastbarkeit, die Abriebgruppen „I“ bis „IV“, eingeteilt und entsprechend gekennzeichnet. Die Bestimmung der Abriebgruppe erfolgt nach DIN EN 154.

Neu entwickelte Glasuren ermöglichen die Herstellung von glasierten Steinzeugfliesen, deren Oberflächenverschleißwiderstand weit über den Anforderungen der Abriebgruppe „IV" liegt und daher von DIN EN 154 nicht mehr erfasst wird. Es ist daher die internationale Norm ISO 10545, Teil 7, in Vorbereitung, von der die Definition einer Abriebgruppe „V" erwartet wird.
Aus der nachstehenden Einteilung ersehen Sie, welche Abriebgruppen für welche Anwendungsbereiche empfohlen werden.

Praxishinweis

An extrem beanspruchten Stellen – und das gilt für alle Anwendungsbereiche – sind vom Gesamtbild abweichende Oberflächenveränderungen nicht auszuschließen. In Grenzfällen empfiehlt es sich daher, die Fliese der nächst höheren Beanspruchungsgruppe zu wählen. Selbstverständlich können auch Fliesen höherer Abriebgruppen in Bereichen mit geringeren Anforderungen verlegt werden.

Abriebgruppe I – Sehr leichte Beanspruchung

Bodenbeläge in Räumen, die bei niedriger Begehungsfrequenz ohne kratzende Verschmutzung mit weich besohltem Schuhwerk begangen werden, wie z. B. Schlaf- und Sanitärräume im privaten Wohnbereich. Die Abriebgruppe I wird von manchen Firmen nicht mehr hergestellt.

Schlaf- und Sanitärräume

Abriebgruppe II – Leichte Beanspruchung

Bodenbeläge in Räumen, die bei niedriger Begehungsfrequenz unter geringer kratzender Verschmutzung mit normalem Schuhwerk belastet werden, wie z. B. privater Wohnbereich, außer Küchen, Treppen, Terrassen, Loggien.

Wohnbereich

Abriebgruppe III – Mittlere Beanspruchung

Bodenbeläge in Räumen, die bei mittlerer Begehungsfrequenz unter kratzender Verschmutzung mit normalem Schuhwerk belastet werden, wie z. B. gesamter Wohnbereich mit Bädern, Dielen, Fluren, Balkonen, Loggien, ausgenommen Küchen etc.

Wohnbereich und Dielen, Balkone

Abriebgruppe IV – Stärkere Beanspruchung

Bodenbeläge in Räumen, die bei stärkerer Begehungsfrequenz mit normalem Schuhwerk in Bezug auf die Verschmutzungs- und Belas-

Eingänge und Küchen, Terrassen

tungshäufigkeit intensiver beansprucht bzw. belastet werden, wie z. B. Eingänge und Küchen im Wohnungsbau, Terrassen.

Abriebgruppe V – Starke Beanspruchung

Öffentliche Eingangshallen

Für Anwendungsbereiche mit sehr starkem Publikumsverkehr stehen die Fliesen der Abriebgruppe V zur Verfügung, die einen sehr hohen Verschleißwiderstand aufweisen, wie z. B. Eingangshallen für Hotels und Banken, Restaurants etc.

Praxishinweis

Für stärkste Beanspruchung empfiehlt sich nach wie vor die Verarbeitung von unglasierten Steinzeugfliesen.

Vor- und Nachteile

Neben Bädern, Toiletten und Küchen sollten auch Dielen und Flure mit Fliesen oder Granitbelägen belegt werden. Da die Beläge in diesen Räumen am meisten beansprucht werden, Fliesen- und Granitbeläge eine hohe Abriebfestigkeit aufweisen und gegen Kratzer und Verunreinigungen unempfindlicher sind, sind sie Teppich- und Parkettböden vorzuziehen. Zudem lassen sie sich problemlos reinigen. Im Schlaf- und Kinderzimmer sind Fliesenbeläge nicht zu empfehlen, da diese „kalt" wirken. Hier ist ein Teppich- oder Parkettbelag vorzuziehen, da dabei eine gemütliche Wohnatmosphäre geschaffen wird.

Praxishinweis

Bevor mit dem Verlegen der Fliesen begonnen wird, sollten die Oberflächen (Böden und Wände) auf Ebenheit überprüft werden. Sollten hier noch Nachbesserungen notwendig werden, ist unbedingt der Bauleiter oder der Handwerker zu verständigen, damit der Mangel rechtzeitig behoben wird.

3.5.2 Das Verlegeverfahren

Der Arbeitsablauf

I. d. R. werden zuerst die **Wandflächen** mit Fliesen belegt. Dabei ist zu beachten, dass im Bereich von Badewannen und Duschwannen die Wandflächen mit einem Isolieranstrich versehen werden. Nachdem die Wandfliesen verklebt sind, werden sie verfugt. Zwischen Wand- und Bodenfliesen muss ein Spalt freigehalten werden, der keinen Fliesenkontakt und keine Kräfteübertragung zulässt.

Wurde als Estrich Anhydrit-Estrich verwendet, muss dieser z. B. mit einem Kunstharzanstrich eingestrichen werden. Bei Anhydrit-Estrich in Verbindung mit Wasser bilden sich sonst Ausblühungen, die ein Lösen der Fliesen bzw. des Fliesenklebers vom Estrich bewirken.

Nachdem die Wand- und Bodenfliesen verlegt und verfugt wurden, werden sämtliche **Innenecken und Übergänge** von Wand zu Boden oder Boden zu Sockelfliesen elastisch abgefugt. Bei Marmorbelägen ist darauf zu achten, dass das Verfugungsmaterial für Marmor geeignet ist.

Praxishinweis

Werden Balkone oder Außentreppen gefliest, sind ausschließlich frostsichere Fliesen und Kleber für Außenbereiche zu verwenden, damit keine Schäden, z. B. durch Frost, entstehen.

Abb. 59: Schäden durch Hohlstellen und Frosteinwirkung

Praxishinweis

Den Schwachpunkt für Fliesenbeläge im Außenbereich wie z. B. Balkone, Kelleraußentreppen etc. stellen meistens die Fugen dar. Daher sollten Sie den Fugenanteil möglichst gering halten. Dies erreicht man, indem man großformatige Fliesen verlegt.

Aufpassen beim Mörtelbett

Werden Fliesen auf dem Untergrund vermörtelt, müssen sie so verlegt werden, dass sich keine Hohlstellen bilden, in denen sich Wasser sammeln kann und **Schäden durch Frosteinwirkung** entstehen können (vgl. Abb. 59).

Auf Bündigkeit achten

Fliesensockel, wie in Abb. 60 dargestellt, sollten nicht auf den Außenputz aufgeklebt werden, da elastische Verfugungen nicht dauerhaft elastisch sind. Reißt die elastische Fuge ab, kann Oberflächenwasser zwischen Sockel und Außenputz eindringen, was wiederum zu **Feuchte- und Frostschäden** (bestenfalls nur zum Abplatzen der Sockelfliese) führen kann. Die technisch bessere, aber aufwändigere Lösung wäre, den Fassadenputz oberhalb des späteren Fliesensockels mittels einer Putzabschlussschiene enden zu lassen, anschließend den Fliesenbelag inklusive Sockel zu verkleben und die Fuge zwischen Oberkante Sockelfliese und Unterkante Putzabschlussschiene elastisch zu verfugen. Somit wären Fliesensockel und Außenputz lotrecht bündig.

Abb. 60: Fliesensockel auf dem Außenputz aufgeklebt

Praxishinweis

Für Fliesen, die auf Heizestrich verklebt werden, sind elastoplastische Kleber zu verwenden, die geringfügige Ausdehnungen auf Grund der Temperaturschwankungen der Fußbodenheizung aufnehmen können.

Darüber hinaus ist ein Aufheizen des Estrichs vor dem Verlegen der Fliesen bzw. Platten zwingend notwendig, damit später keine Beschädigungen in Form von Spannungsrissen auftreten.

Marmor

Da bei Marmorbelägen vom Käufer am häufigsten **Carrara-Marmor** ausgesucht wird, sind dabei insbesondere noch folgende Punkte zu beachten: Nicht für Küchen

- Carrara-Marmor wird i. d. R. in Platten mit einem Format 30 mal 30 cm und ca. 1 cm Stärke verlegt. Da dieser Naturstein relativ hell (grau/weiß) und je nach Stärke transparent wirkt, sollte ausschließlich ein **weißer Fliesenkleber** verwendet werden, damit sich kein Farbdurchschlag bildet.
- Nachdem der Marmorbelag fertig verlegt ist, sollte dieser mit einem geeigneten Mittel **imprägniert** werden, damit seine „Saugfähigkeit" unterbunden wird, und sich beim Verschütten von Flüssigkeiten keine Flecken bilden können, die nachträglich schlecht zu entfernen sind. Carrara-Marmor ist daher in Küchen nicht zu empfehlen.

Kleber oder Mörtel?

Das Klebeverfahren ist im Vergleich zum Verlegen der Fliesen auf Mörtelbett ein modernes Verfahren. Auf Grund neuer Bautechniken sind die für eine Fliesen-Verlegung vorgesehenen Wandflächen heute maßgenauer und ebenflächiger. Durch die Flucht- und Lotrichtigkeit des Belags ist gemäß der technischen Entwicklung das Dünnbettverfahren (auch auf Gipskarton- und Holzplatten) einfach und rationell.

Kleber und Mörtel, die sich für das Dünnbettverfahren eignen, basieren auf verschiedenen chemischen Wirkungsprinzipien. So gibt es Kleber, die nur für innen oder nur für Wände geeignet sind, sowie wasserfeste und frostbeständige. Chemische Wirkungsprinzipien

Kleber

Bezüglich ihrer stofflichen Eigenschaften nach der Anwendung unterscheidet man die normal erhärtenden Kleber von den flexibel bleibenden Elastikklebern. Letztere können Spannungen des Untergrunds in gewissem Umfang auffangen und sollten grundsätzlich Stoffliche Eigenschaften beim Fliesen kritischer Untergründe, z. B. bei Holzböden und über Fußbodenheizungen, eingesetzt werden. Zum Kleben geschliffener Natursteinfliesen gibt es Spezialkleber, da normale Kleber und Mörtel leicht Verfärbungen im Randbereich des Belags verursachen. Die endgültige Auswahl des Klebers erfolgt auf Grund der örtlichen Gegebenheiten des Objekts, z. B. Trocken- oder Nassbeanspruchung, Unebenheiten im Verlegeuntergrund, Rückseitenprofilierung des zu verlegenden Materials usw.

Praxishinweis

Je nach Kleberauftrag unterscheidet man beim Dünnbettverfahren das Floating- (Kleber auf Untergrund), das Buttering- (Kleber auf Fliese) und das kombinierte, das sog. Buttering-Floating-Verfahren (Kleber auf Untergrund und Fliese). Letzteres wendet man im Außenbereich an, da sich durch das beidseitige Auftragen des Klebers Hohlräume vermeiden lassen, in denen sich Wasser sammeln könnte.

Dünnbettverfahren

Die **Buttering-Technik** bietet sich bei der rückseitig stark profilierten Grobkeramik an. Fliesen in Innenräumen verlegt man jedoch i. d. R. im **Floating-Verfahren**. Man zieht eine dünne Kleberschicht auf den Untergrund und kämmt sie mit dem Zahnspachtel durch. Es sollte nur so viel Kleber aufgetragen werden, wie innerhalb von 15 Minuten verarbeitet werden kann. Die Fliesen werden schräg zur Kämmung in das Kleberbett eingelegt und kräftig angedrückt.

Dickbettverfahren

Während das Dünnbett-Klebeverfahren (dünnschichtiger Klebstoff-Auftrag) bei ebenen Wandflächen angewandt wird, findet das Dickbettverfahren Anwendung bei **rohem Mauerwerk.** Vor der Verfliesung muss das Mauerwerk mit einem Spritzbewurf versehen werden. Erst nach Tragfähigkeit des Bewurfs – um ein Abrutschen des Belags zu verhindern – können die Fliesen angesetzt werden. Jede Fliese wird einzeln mit einem Mörtelbatzen versehen und an die Wand angesetzt. Durch die unterschiedliche Dicke des Mörtelbatzen-Untergrunds lassen sich Unebenheiten des Untergrunds ausgleichen.

3.5.3 Verlegefehler

Die nachfolgenden Fotos zeigen einen Schadensfall, bei dem Risse in den Schenkelfliesen eines Balkons vorhanden sind.

Ursache des Schadens ist ein Verlegefehler des Fliesenlegers, da die Schenkelfliesen nicht nur im Gehbereich, sondern auch im Schenkelbereich verklebt wurden.

Dies zeigt sich insbesondere auch an den Abdrücken des Klebers am abgebrochenen Fliesenstück durch die Kupfer-Kiesleiste.

Auf Grund der eingeschränkten Bewegungsfreiheit (schwimmender Estrich zur starren Kiesleiste) haben sich Risse gebildet, welche durch eindringendes Wasser und Frost die „Absprengung" der Schenkelfliesen verursacht hat.

Abb. 61: Balkon mit Rissen in den Schenkelfliesen

Der Sanierungsablauf

Zudem wurden beim Abklopfen der Fliesen Hohlstellen entdeckt. Die Sanierung des Balkons wurde wie folgt durchgeführt: Der gesamte Fliesenbelag wurde entfernt, wodurch der Aufbau des Balkons zum Vorschein kam: Betonplatte, Estrich auf Trennlage und Fliesenbelag. Da die Betonplatte nicht im Gefälle nach außen verlegt war, bildete sich Wasser auf der Trennlage unterhalb des Estrichs. Das Wasser gelangte infolge Regens über die Fugen in den Belag und staute sich hinter überlappungsbedingten Wülsten der Trennlage in den Poren des Estrichs.

Dieses Wasser konnte auf Grund des fehlenden Gefälles nicht ablaufen und diffundierte durch den Estrich nach oben, was zu den Hohlstellen im Fliesenbelag führte.

Daraufhin wurde auch der Estrich entfernt. Auf die Rohbetonplatte wurde ein Gefälleestrich aufgebracht. Darauf wurde eine druckfeste, kapillarbrechende Flächendränage (vgl. Abb. 62) verlegt, auf der nochmals ein Estrich verlegt wurde. Der Estrich wurde mit einem Abdichtungsanstrich versehen, auf dem anschließend großformatige Fliesen mit einem Flexkleber (kunststoffmodifizierter Kleber, der geringe Bewegungen schadensfrei aufnehmen kann) verklebt wurden. Die Fugen wurden ebenfalls mit einem flexiblen Verfugungsmaterial verfugt.

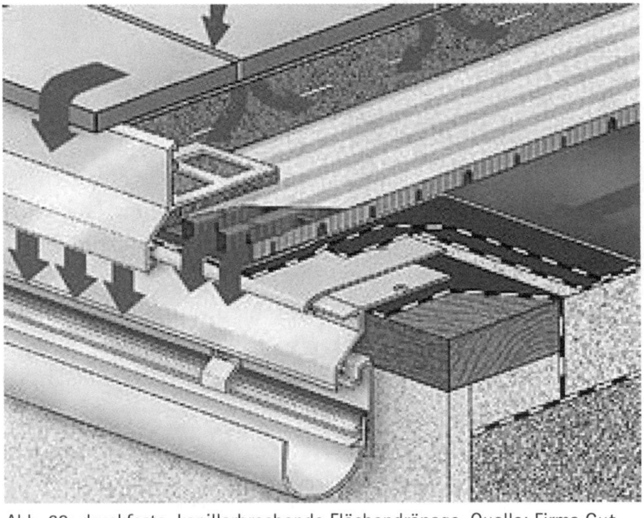

Abb. 62: druckfeste, kapillarbrechende Flächendränage, Quelle: Firma Gutjahr, Komplettsystem mit AquaDrain®FE+

Wenn Sickerwasser durch die Fugen des Fliesenbelags eindringt, fließt es in den Drainkanälen zur Dachrinne oder zum Bodeneinlauf ab – und kann deshalb keine Schäden anrichten.
Dieser Fall zeigt wieder einmal deutlich, dass fehlende oder mangelhafte Detailplanung und schlechte handwerkliche Arbeiten zu hohen Kosten bereits nach wenigen Jahren der Fertigstellung führen. Der Schaden trat nach dem fünften Jahr nach Abnahme der Bauleistungen auf, sodass keine Gewährleistungsansprüche (in diesem Fall fünf Jahre nach BGB) mehr geltend gemacht werden konnten und der Eigentümer die Kosten voll zu tragen hatte.

Aufschüsselungen und Randabsenkungen

Aufschüsselung des Estrichs

Häufig werden Aufschüsselungen und Randabsenkungen von schwimmenden Estrich-Konstruktionen reklamiert. Ursache hierfür ist, dass der schwimmend verlegte Estrich auf dem Untergrund lose aufliegt und sich in vertikaler Richtung frei bewegen kann. Der Estrich trocknet nach dem Verlegen auf der Oberfläche gegenüber der Unterseite der Estrichschicht stärker aus. Somit kommt es insbesondere in den Eckbereichen zum Abheben der Estrichränder. Man spricht dabei von einer „Aufschüsselung“ des Estrichs.

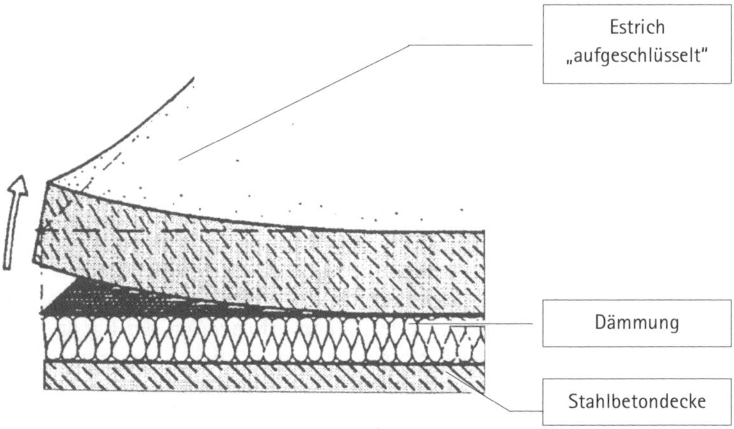

Abb. 63: „Aufschüsselung" des Estrichs

Eindringen von Putzwasser

Ca. zwei Jahre nach der Herstellung des Estrichs geht mit Erreichen der Ausgleichsfeuchte die „Aufschüsselung“ wieder zurück. Durch diese Randabsenkungen entstehen Fugen (vgl. Abb. 64), die dazu führen, dass die elastischen Fugen zwischen keramischem Wandsockel und keramischer Fußbodenoberfläche abreißt, wodurch Putzwasser in die jeweilige Raumfuge der schwimmenden Zementestrichkonstruktion eindringen kann.

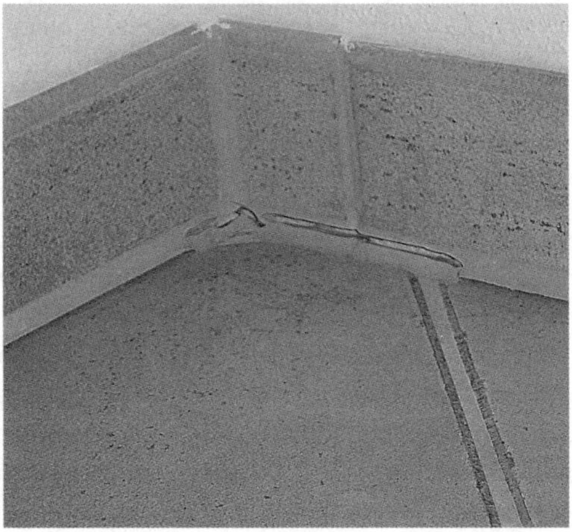

Abb. 64: Abriss einer elastischen Fuge infolge Aufschüsselung des schwimmenden Estrichs und späterer Randabsenkung

Sanierung

Eine Sanierung der elastischen Fuge erfolgt, indem diese vollständig entfernt, der Untergrund vorbehandelt und eine neue Fuge angebracht wird.

Praxishinweis

I. d. R. entstehen die klaffenden Fugen ca. sechs Monate bis zwei Jahre nach Fertigstellung der Arbeiten. Eine Sanierung der elastischen Fugen sollte erst nach ca. zwei Jahren erfolgen, da die Randabsenkung dann nahezu abgeschlossen ist und mit einem weiteren Abriss des elastischen Materials nicht mehr zu rechnen ist.

Fugenbild
Fliesenbeläge müssen ein einheitlich breites Fugenbild aufweisen. Das nachfolgend dargestellte Fugenbild (vgl. Abb. 65) stellt einen optischen Mangel dar.

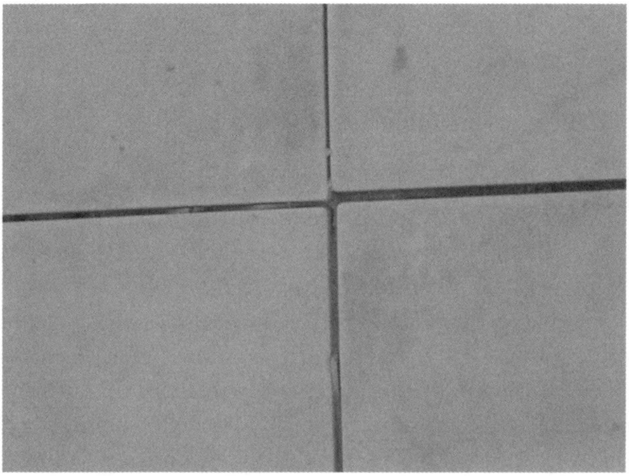

Abb. 65: ungleichmäßiges Fugenbild eines Fliesenbelags

Praxishinweis

Stellt sich ein vorgenanntes Fugenbild dar, sollten Sie gleich auf eine Reparatur (Neuverlegung der Fliesen in dem geschädigten Bereich) drängen, bevor die Fliesen verfugt werden.

3.6 Parkettbeläge

Holzfußböden werden seit über drei Jahrtausenden genutzt und sind insbesondere im Wohnungsbau sehr beliebt. Auf Grund der vielfältigen Erscheinungsformen, wie z. B. Bretter, Stäbe, Lamellen, Riemen, Klötze, Fertigparkett-Elemente etc., die nach unterschiedlichen Kriterien verlegt werden können, kommen sie auch häufig in gehobenen Gewerbebauten zum Einsatz.

Die wichtigsten Vorteile der Parkettbeläge:

- hoher Wohnkomfort, Die Vorteile

- vielfältige Gestaltungsmöglichkeiten,
- lange Lebensdauer,
- pflegeleicht, hygienisch und schmutzabweisend.

Parkettbeläge unterscheidet man im Wesentlichen nach der Konstruktion (einschichtig oder mehrschichtig), der Verlegeart, dem Verlegemuster etc.

3.6.1 Die einzelnen Parkettarten

3.6.1.1 Langriemen

Langriemen sind massive Holzbretter, die mittels Nut- und Feder-Technik zu einem Belag verarbeitet werden. Diese Art der Verlegung ist häufig bei **Holzbalkendecken** anzutreffen, auch auf sog. „Blindböden“ ist eine Verlegung möglich. Um das Maß der Durchbiegung der Bretter unter Last zu verringern, ist darauf zu achten, dass die Dicke der Hölzer auf den Trägerbalkenabstand abgestimmt wird. Eine minimale Materialstärke von 20 mm sollte keinesfalls unterschritten werden. Durch Reibung der einzelnen Bretter unter Belastung können lästige Knarrgeräusche entstehen.

Praxishinweis

Langriemen-Böden können durch Versiegelung oder Wachsbehandlung widerstandsfähig gegen Feuchtigkeit und Verschmutzung gemacht werden, jedoch ist auch ein Einbau von unbehandelten Hölzern möglich. Wenn der Belag durch äußere Einflüsse ein unansehnliches Aussehen erreicht hat, kann er abgeschliffen und mit Soda abgelaugt werden.

3.6.1.2 Holzpflaster

Große Oberflächenhärte

Holzpflaster besteht aus scharfkantig geschnittenen Holzklötzen. Während bei allen anderen Massivholzböden die Holzfaser parallel zur Bodenfläche verläuft, steht sie bei Holzpflasterklötzen senkrecht dazu. Die Hirnholzfläche dient dabei als begehbare Lauffläche. Bei gleicher Holzart ist deswegen beim Holzpflaster die Oberflächenhärte ca. doppelt so groß als bei anderen Massivholzböden.

Holzpflaster GE ist gedacht für den industriellen und gewerblichen Bereich mit besonderen Anforderungen durch Fahrzeuge oder Flurförderzeuge. Die hierbei auftretenden Kippmomente werden durch gegenseitiges Abstützen der recht hohen Klötze aufgefangen. Genormte Klötze sind 60 mm bis 140 mm lang, 60 mm bis 80 mm breit und 50 mm bis 100 mm hoch.

Gewerbliche Nutzung

Holzpflaster WE ist für Werkräume und gleichartig beanspruchte Räume ohne große Klimaschwankungen vorgesehen. Bei Klotzhöhen ab 40 mm aufwärts, Klotzlängen bis 100 mm und geeigneten Klebstoffen ist das Befahren mit Fahrzeugen und Flurförderzeugen möglich. Bei geringeren Klotzhöhen sollten nur Leichttransporte stattfinden. Genormte Klötze sind 40 mm bis 140 mm lang, 40 mm bis 80 mm breit und 30 mm bis 80 mm hoch.

Werkräume

Holzpflaster RE ist vorgesehen für Verwaltungsgebäude und Versammlungsstätten (z. B. Kirchen, Theatersäle, Gemeinde- und Freizeitzentren) sowie in Hobbyräumen und im Wohnbereich. Genormte Klötze sind 40 mm bis 120 mm lang, 40 mm bis 80 mm breit und 22 mm bis 80 mm hoch.

Öffentliche Räume

Praxishinweis

Holzpflaster kann sowohl im Innen- als auch im Außenbereich verlegt werden. Bei der Verlegung im Außenbereich kommt vorrangig eine Sand- oder Pressverlegung zum Einsatz, im Innenbereich erfolgt die Verlegung mittels schubfestem, hartplastischem Klebstoff.

3.6.1.3 Fertigparkett

Das Fertigparkett, bei dem die Oberfläche bereits fertig geschliffen und mehrfach versiegelt ist und die einzelnen Bretter verleimt auf einer Trittschalldämmung schwimmend verlegt werden, setzt sich gegenüber dem auf dem Estrich verklebten Parkett immer mehr durch, da es bei etwas handwerklichem Geschick auch in Eigenleistung verarbeitet werden kann. Nach dem Verlegen ist das Parkett **sofort begehbar**. Viele individuelle Muster und Designs, wie z. B. Schiffsboden, Flechtboden, Tafelparkett, Fischgrätmuster, Land-

Eigenleistung möglich

hausdiele, sind möglich. Die gängigsten Holzstärken für Fertigparkettböden sind ca. 8, 13 und 22 mm.

3.6.1.4 Massivparkett

Zahlreiche Arbeitsgänge

Das Massivparkett (ca. 8 mm stark) wird auf dem Estrich verklebt. Nach einigen Tagen wird das Parkett an der Oberfläche angeschliffen, versiegelt und in einem weiteren Arbeitsgang lackiert. Da bei dieser Verlegeart zahlreiche Arbeitsgänge benötigt werden, dauert das Verlegen oft mehrere Tage und wird wegen des maschinenintensiven Einsatzes (schleifen) und der vielseitig möglichen Verlegevarianten meist nur vom Fachmann ausgeführt. Je nach Hersteller werden bereits fertig versiegelte Massivparkett-Beläge angeboten.

3.6.2 Eigenschaften

Holz- und Farbpalette

Die Holz- und Farbpalette für Parkettböden reicht von der traditionellen Eiche über die beliebten hellen Hölzer wie Esche, Ahorn, Buche und Kiefer bis zu den dunklen Tönen der Edelhölzer.

Praxishinweis

Die Bodenlegerinnung rät allerdings Handwerkerbetrieben davon ab, Parkettböden aus Buche in Neubauten zu verlegen, da diese besonders feuchtigkeitsempfindlich sind und es des Öfteren zu Schäden oder Schadensquellen gekommen ist.

Holzsortierung

Bei der Sortierung (Holzart Eiche) unterscheidet man drei Gruppen: Holzart Eiche

Natur:	Hierbei ist die Oberfläche ast-, riss- und splintfrei. Zudem dürfen keine groben Farb- und Wuchsunterschiede vorliegen (Erscheinungsbild: eher fein/elegant).
Gestreift:	Gesunde, festgewachsene Äste bis zu einem Durchmesser von 10 mm und Farbunterschiede sind zulässig (Erscheinungsbild: ursprünglich/natürlich).
Rustikal:	Hier sind lebhafte Farb- und Wuchsunterschiede zulässig (Erscheinungsbild: rustikal).

Holzarten

Nachfolgend werden die gängigsten Holzarten für Parkettböden der Härte nach aufgelistet. Dabei ist die Holzart Birke, mit der Bezugsgröße 100 %, als das weichste Holz aufgeführt. Die Angaben (%) dienen ausschließlich zum Vergleich der Härte der Holzarten untereinander.

Birke als weichste Holzart

Holzart	Härte (%)
Birke	100
Ahorn (europäisch)	103
Kambala	116
Kirsche	125
Eiche	131
Esche	131
Buche	131
Ahorn (kanadisch)	150
Doussie	150
Merbau	153
Wenge	169

Praxishinweis

Der Materialpreis für Parkettbeläge richtet sich neben der Verlegeart, der Holzart und Sortierung auch nach der Stärke der Nutzschicht (oberste Holzschicht des Parkettbelags), die bis zu ca. 5 mm stark sein kann. Dies hat den Vorteil, dass nach mehrjährigem Gebrauch die Oberfläche ggf. mehrmals abgeschliffen und neu versiegelt werden kann. Somit kann ein komplett neu verlegter Boden eingespart werden.

3.6.3 Häufige Schadensbilder

Fugenbildung

Fugenbildung durch Feuchtigkeit

Ein überwiegendes Schadensbild ist das Vorhandensein von **Fugen** im Parkettbelag. Die meisten Ursachen für eine Fugenbildung im Parkettboden sind

- zu hohe Holzeinbaufeuchte
- nicht ausreichende Trocknung bei der Herstellung
- Feuchteaufnahme während Transport oder Lagerung des Materials
- nachträgliche Wasseraufnahme durch ausgießen von Flüssigkeit
- zu hohe Luftfeuchtigkeit
- durch nachstoßende Feuchte aus Betondecken

Die Folgen

Wird der Parkettbelag feucht oder nimmt er zu viel Feuchtigkeit auf, beginnt er zu quellen. Dabei kann es in seltenen Fällen bis zur Zerstörung des Parkettbodens durch **Aufwölbung** kommen (vgl. Abb. 66).

Abb. 66: Aufwölbung eines schwimmend verlegten Parkettbelags

Gibt der Holzbelag die Feuchtigkeit wieder ab, entstehen infolge der Austrocknung Fugen. Die Ursache hierfür ist, dass das in der Quellphase verschobene Holzelement in der Schwindphase auf Grund des Klebers dort verbleibt und die „Schwindung“ des Parkettelements als Fuge auftritt. Darüber hinaus schwindet das zusammengedrückte Parkettelement stärker ab, als es zu Beginn gequollen war. Bei wieder erreichter Einbaufeuchte zeigt sich ein schmäleres Holzelement als im Einbauzustand, wodurch wieder eine neue Fuge entstanden ist.

Holzgleichgewichtsfeuchte

Unter normalen Bedingungen liegt das Mittel aus jahreszeitlichen Holzfeuchteschwankungen in Wohnräumen bei ca. $u = 9\,\%$. Bei einer Holztemperatur von 20° C und einer relativen Luftfeuchte von 50 % stellt sich langfristig eine Holzgleichgewichtsfeuchte u_{gl} von 9,2 % ein.

Praxishinweis

Der Feuchtegehalt von massivem Parkett muss daher zum Zeitpunkt der Lieferung im Mittel $u = 9\,\%$ mit einer Schwankungsbreite der Einzelelemente bis maximal ± 2 %, bei Fertigparkett $u = 8\,\% \pm 2\,\%$, betragen.

Das „Arbeiten des Holzes“ auf Grund von Feuchteschwankungen kann rechnerisch mit nachfolgender Gleichung ermittelt werden.

$$\Delta b = \Delta u \times V \times \frac{b}{100\,\%}$$

Δb = Breitenänderung des Holzelements (mm)

Δu = Holzfeuchteänderung (%)
Die Holzfeuchte versiegelter Holzfußböden schwankt im Jahresverlauf durchschnittlich um ca. $\Delta u = 4\,\%$

V = differenzielles Schwindmaß der Holzart (%/%)
prozentuale Breitenänderung eines Holzelements je 1 % Holzfeuchteänderung (%/%), d. h. % Breitenänderung pro % Holzfeuchteänderung.

b = Breite des Holzelements (mm)

Schwindmaß

In nachfolgender Tabelle wird für die gängigsten Parketthölzer das Differenzielle Schwindmaß V in % je 1 % Holzfeuchteänderung, abhängig von den Schnittebenen des Holzes dargestellt.

Holzart	Differenzielles Schwindmaß V [%/%]		
	radial	tangential	mittel
Ahorn	0,15	0,26	0,21
Birke	0,21	0,29	0,25
Buche	0,20	0,41	0,31
Eiche	0,16	0,36	0,26
Esche	0,21	0,38	0,30
Fertigparkett (3-lagig abgesperrt)	0,03	0,03	0,03
Fichte	0,19	0,39	0,29
Kiefer	0,19	0,36	0,28
Lärche	0,14	0,30	0,22

Tabelle 2: Differenzielles Schwindmaß von Parketthölzern

Praxishinweis

Je kleiner das differenzielle Schwindmaß, umso weniger quillt oder schwindet Holz.

Beispiele:

Daraus ergeben sich im ungünstigsten Fall für Verlegeelemente mit liegenden Jahresringen (tangential) folgende Breitenänderungen.

22 mm breite Eichenmosaiklamellen: $\Delta b = 4 \times 0{,}36 \times \frac{22}{100} = 0{,}3$ (mm)

70 mm breite Buchestäbe: $\Delta b = 4 \times 0{,}41 \times \frac{70}{100} = 1{,}1$ (mm)

200 mm breite Ahorndielen: $\Delta b = 4 \times 0{,}26 \times \frac{200}{100} = 2{,}0$ (mm)

Praxishinweis

Das bedeutet aber auch, dass die Größe der Fugen keinen Mangel darstellen, da sie auf die natürlichen Eigenschaften des Holzes (Quellen und Schwinden) zurückzuführen sind und toleriert werden müssen.

Die Fugenbildung kann erheblich reduziert werden, indem man die Luftfeuchtigkeit möglichst konstant hält. Deshalb sollte in den Wintermonaten die Luftfeuchtigkeit mittels Luftbefeuchter um ca. 50 % Luftfeuchtigkeit gehalten werden.

Aufwölbungen

Neben der Fugenbildung treten auch des Öfteren Schäden an Parkettböden durch Schüsselung auf, z. B. infolge einseitiger Einwirkung von Feuchtigkeit auf der Ober- oder Unterseite des Belags. Schäden können auch durch Aufwölbungen entstehen, z. B. infolge zu geringen oder fehlenden Randfugen.

Hohlstellen

Darüber hinaus werden auch häufig Hohlstellen auf Grund z. B. mangelnder Vorbereitung des Untergrunds oder ungenügender Haftung des Klebers mit dem Untergrund etc. angetroffen.

Spachtelmassen

Spachtel- und Ausgleichsmassen haben die Funktion, eine ausreichende Ebenheit der Estrichoberfläche zu bewirken und eine saugfähige Schicht für die nachfolgende Klebung zu bilden. Sie müssen einen Haftgrund für den Klebstoff ergeben und so beschaffen sein, dass der Bodenbelag darauf ohne Formveränderung dauerhaft liegt.

Verkleben

Damit keine Verklebungsprobleme zum Untergrund auftreten, ist beim Verkleben darauf zu achten, dass eventuell eingesetzte Vorstriche und Spachtelmassen mit dem Klebstoff kombinierbar sind und die Vorschriften über den Klebstoffverbrauch für die jeweilige Fußbodenart und den verwendeten Klebstofftyp eingehalten werden.

Trittschallmängel

Häufig entstehen Trittschallmängel, wenn das Parkett infolge z. B. hoher Luftfeuchtigkeit quillt und dann auf Grund mangelnder Fugenbreite zwischen Belag und Wand am Putz ansteht. Die Randdämmstreifen, die den Estrich von seitlich angrenzenden und eingebauten Bauteilen trennen, werden meist vorzeitig entfernt.

Praxishinweis

Achten Sie darauf, dass die Randdämmstreifen bis zum Verlegen des Belags erhalten bleiben und beim Verlegen des Parkettbodens ein ausreichender Abstand (mindestens 10 mm) zwischen Belag und Wand vorhanden ist.

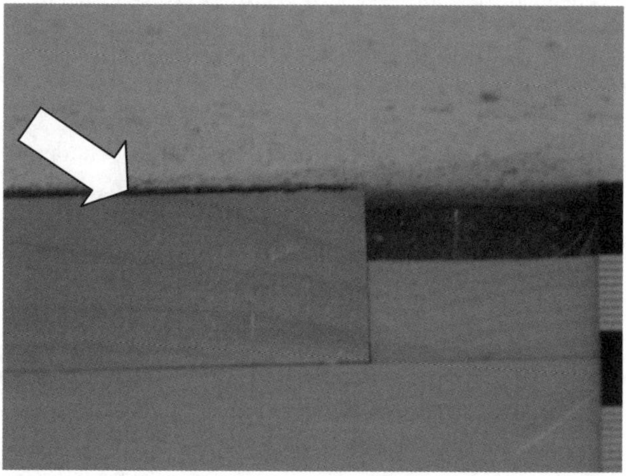

Abb. 67: völlig unzureichende Fuge zwischen Parkettbelag und angrenzender Wand

Praxishinweis

Treffen Sie die vorgenannte Situation an, beauftragen Sie den Bodenleger, die entsprechende Fugenbreite durch z. B. Nachschneiden des Belags oder Austausch des Parkettstabs herzustellen.

3.7 Laminatbeläge

Beschaffenheit

Bei einem Laminatboden ist die sichtbare „Holzstruktur“ nicht aus Echtholz, sondern eine Imitation des Holzmusters auf Folienbasis. Dieses wird auf Holzwerkstoffen, z. B. Holzfaserplatten oder MDF-Platten, aufgebracht. Die eigentliche Nutzschicht bildet eine Kunstharzbeschichtung, die im Gegensatz zu den Parkettböden nicht abgeschliffen werden kann, wenn Verschleißerscheinungen auftreten. Die **Verlegemöglichkeiten** sind analog zum Fertigparkett.

Vorteile

Vorteile von Laminatböden sind:

- Der vergleichsweise niedrige Preis gegenüber Fertigparkett (dem steht allerdings eine verkürzte Lebensdauer gegenüber),
- die Härte, die den Boden recht dauerhaft macht,
- die Wisch- und Fegbarkeit, ein Vorteil für Allergiker,
- die geringe Aufbauhöhe; oft kann sogar der alte Boden im Raum verbleiben.

Praxishinweis

Bei der Auswahl von Laminatböden ist zu beachten, wie stark der neue Laminatboden beansprucht wird. So kann es z. B. in einem Haushalt mit Kindern durchaus sinnvoll sein, für ein Wohnzimmer mit Gartenzugang Laminat der **Klasse 23** für starke Beanspruchung zu wählen.

Verpackungsangaben

Auf der Verpackung sollten die folgenden Angaben stehen: die Nummer der Euronorm, eines der Klassifizierungs-Piktogramme, der Name des Herstellers oder Lieferanten, der Produktname, Farbe, Dekor und Chargennummer, die Element-Abmessungen, die Anzahl der Elemente je Verpackungseinheit und die Gesamtfläche je Verpackungseinheit in Quadratmetern.

3.7.1 Beanspruchungsklassen

Europäische Norm

Nach der neuen europäischen Norm für Laminatböden (EN 13329) gibt es **sechs** Beanspruchungsklassen für Laminatbodenbeläge, die nach Ziffern unterschieden werden.
Die Klassen 21, 22 und 23 beziehen sich auf private, die Klassen 31 bis 33 auf die gewerbliche Nutzung. Jede Klasse wiederum ist in normale, mäßige und starke Benutzungsintensität unterteilt.

Die Kriterien

Abrieb- und Stoßfestigkeit, Fleck- und Lichtunempfindlichkeit sind einige der Kriterien, nach denen die Einstufung erfolgt. Die Beanspruchungsklassen sind mit Bildsymbolen auf den Verpackungen angegeben.

Wohnbereich

21: gering
z. B. Gästezimmer, Schlafzimmer

22: mittel
z. B. Esszimmer, Kinderzimmer

23: stark
z. B. Flur, Küche, Wohnzimmer, Heimbüro

Gewerblicher Bereich

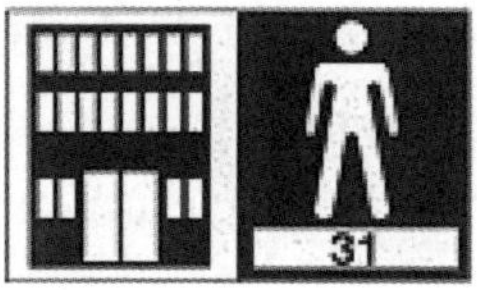

31: gering
z. B. Hotelzimmer, Büro

32: mittel
z. B. Boutique, Café

33: stark
z. B. Schulen, Kaufhäuser, Kino

3.7.2 Beurteilung von Fehlern

Für die Beurteilung von Überzähnen, Schüsselungen, Aufwölbungen und Fugen von Laminatfußbodenelementen gibt das Merkblatt EPLF „Verlegen von Laminatfußbodenelementen" folgende Anhaltspunkte, die hier als Auszug kurz wiedergegeben werden:

„Die Beurteilung der Oberfläche von Laminatfußbodenelementen wird in aufrecht stehender Haltung vorgenommen.
Schräglichtbeleuchtung oder andere Lichtbrechungen (z. B. Gegenlicht), sofern sie von der Gebrauchssituation abweichen, sind für die Beurteilung oder das Auffinden von z. B. Oberflächendefekten innerhalb der verlegten Elementfläche nicht heranzuziehen. Laminatelemente weisen überwiegend als Träger organische Holzwerkstoffplatten auf, die zwangsläufig infolge ihres hygroskopischen Verhaltens zu einem Dimensionsveränderungsbestreben der einzelnen Laminatfußbodenelemente und infolgedessen der Fußbodenfläche führen.
Hieraus resultieren Toleranzen der einzelnen Laminatfußbodenelemente und in der Folge auch innerhalb der Fläche, die sich aus den Laminatfußbodenelementen zusammensetzt.

Hierbei zeigen sich folgende Toleranzen:

- ***Überzahnungen (Höhenversätze im Stoßbereich)***
  Im Längs- und Kopfstoßbereich können sich hinzunehmende Unregelmäßigkeiten/Toleranzen zeigen, die Überzahnungen/Höhenversätze bis max. 0,10 mm verursachen, wobei auch im Einzelfall Verzahnungen bis zu einer Höhe von 0,15 mm hinzunehmen sind.
- ***Schüsselungen / Wölbungen***
  Innerhalb einer Flächeneinheit verlegter Laminat-Fußbodenelemente können sich Schüsselungen/Wölbungen der Elemente in der Breite in einer hinzunehmenden Unregelmäßigkeit/Toleranz von max. 0,25 mm zeigen.
- ***Fugen***
  Innerhalb der Verlegeeinheit der Laminatfußbodenelemente sind mit Leim gefüllte/dicht geschlossene Fugen mit einer hinzunehmenden Unregelmäßigkeit/Toleranz von 0,2 mm möglich.

Grundsätzlich sind bei ordnungsgemäß beschaffenem Material und fachgerechter Verlegung keine Fugenbildungen notwendig, sodass die zuvor dargelegte Toleranz die mögliche Winkeltoleranz/den Bananeneffekt berücksichtigt und daraus resultierende Fugen.
Die zuvor dargelegten, hinzunehmenden Unregelmäßigkeiten/Toleranzen der Laminatfußbodenelemente resultieren aus den produktspezifischen Eigenschaften und stellen in diesem Sinn keinen Mangel dar.

Die nachfolgende Abb. 68 zeigt im Eckbereich eines im „Klickverfahren“ verlegten Laminatbodens einen Überzahn von 0,45 mm, der den Anforderungen des Merkblatts der EPLF widerspricht. Die im vorliegenden Fall vorhandenen Überzähne waren auf einen Mangel bei der Herstellung der Laminatelemente zurückzuführen.
Die Beseitigung dieses Mangels erfolgt durch den Austausch der betroffenen Laminatfußbodenelemente.

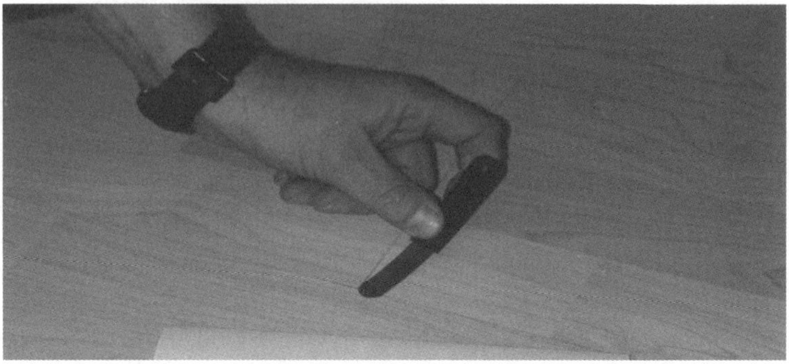

Abb. 68: Überzähne durch mangelhafte Herstellung der Laminatelemente

3.8 Teppichbeläge

Im Gegensatz zu Teppichen und Läufern versteht man unter einem Teppichboden einen Belag, der den gesamten Boden eines Raums bedeckt, also von Wand zu Wand ausgelegt ist.

Vorteile

Die wichtigsten Vorteile für Teppichbeläge sind:
- besonders behagliche und gemütliche Wohnatmosphäre,
- hohe Trittschall- und Raumschalldämmung (bis ca. 30 %),
- guter Gehkomfort,
- vielfältige, individuelle Gestaltungsmöglichkeiten in Oberfläche und Farbe.

3.8.1 Die Herstellungsverfahren

Teppichböden kann man nach verschiedenen Herstellungsverfahren produzieren:

Tufting-Teppichböden

Verfahren

„Tuften“ heißt frei übersetzt „sticken“. Beim Tuften werden die als Teppichflor sichtbaren Polfäden der Oberfläche in ein vorbereitetes Gewebe schlingenförmig eingestickt und mit dem Grundgewebe (Träger) verklebt. Deshalb nennt man Teppichböden mit solcher Struktur Schlingenflor oder Noppenflor. Wird die Schlinge während der Fertigung aufgeschnitten, erhält man einen **Schnittflor bzw. Velours**. Durch Veränderungen bei der Garnzufuhr lassen sich unterschiedlich hohe Polschlingen bilden. Auf diese Weise wird eine

Hoch-Tief-Musterung erzielt, die unter Verwendung mehrerer Fadenarten auch eine Flächenmusterung erlaubt.

Ausgereifte Technik

Ihr Anteil an der Gesamtproduktion textiler Bodenbeläge ist in Deutschland in 35 Jahren auf etwa 80 % angestiegen. Die Technik ist heute so ausgereift, dass bei Einsatz hochwertiger synthetischer Rohstoffe für Pol, Träger und Rücken getuftete Teppichböden den gewebten in Aussehen, Haltbarkeit und Gebrauchseigenschaften nahezu gleichwertig sind.

Nadelvlies-Teppichböden

Lange Lebensdauer

Die Nadelvliestechnik ist nach der Tuftingtechnik das wichtigste Herstellungsverfahren für textile Bodenbeläge. Wegen ihrer langen Lebensdauer haben sich diese Beläge im hochbeanspruchten Objektbereich bewährt.

Qualitätszeichen

Die wichtigsten Kriterien für die Qualität eines Teppichbodens sind:
- Art und Eigenschaft der verwendeten Form,
- Art und Eigenschaft der verarbeiteten Garne,
- das Trägergewebe und seine Einbindung,
- die Rückenbeschichtung,
- der konstruktive Aufbau des Teppichs.

Teppichfasern

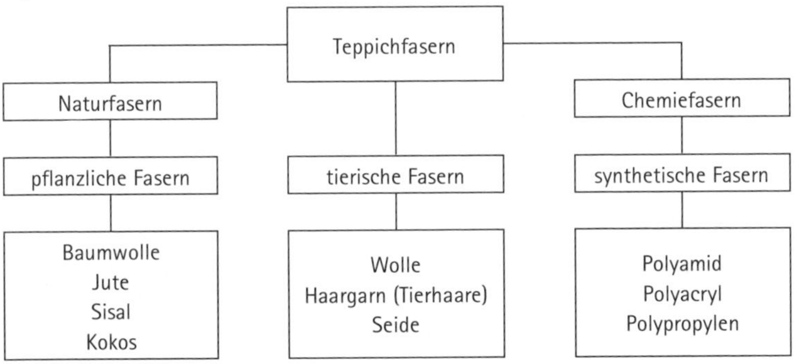

Abb. 69: Teppichfasern

Synthetische Faser

Vorzüge

Bei der Entwicklung der synthetischen bzw. vollsynthetischen Faser war es das Ziel, die guten Eigenschaften der Naturfaser zu erreichen und möglichst noch zu übertreffen. In vielen Punkten ist dies auch gelungen. Die synthetische Faser hat gegenüber der Naturfaser folgende wichtige Vorzüge:

- sehr viel größere Reißfestigkeit,
- besseres Wiederholungsvermögen,
- geringere Schmutzempfindlichkeit.

Beste Ergebnisse

Die **Polyamid-Faser** weist bei allen wichtigen technischen Kriterien die besten Ergebnisse auf. Sie hat heute einen Marktanteil von über 90 % bei textilen Bodenbelägen.

3.8.2 Vorder- und Rückseite

Teppichbodenrücken

Schaum oder Kaschierung

Die Rückseite von Teppichbelägen kann sowohl aus Schäumen als auch aus Gewebekaschierungen bestehen. Jede Rückenausstattung hat ihre Vor- und Nachteile.

Vorteile des Schaumrückens:
- Erhöhung der Flächenstabilität,
- Verbesserung der Trittelastizität,
- höhere Wärme- und Schalldämmung.

Vorteile des Doppelrückens:
- alterungsresistent,
- geringe Eindruckempfindlichkeit,
- hervorragende Stuhlrolleneignung,
- einfachere Wiederaufnahme bei Renovierungen.

Praxishinweis

Teppichböden mit synthetischem Doppelrücken sind wegen ihrer geringen Eindruckempfindlichkeit und ihrer hervorragenden Rolleneignung für das stark beanspruchte Objekt besser geeignet als Teppichböden mit Schaumrücken.

Nadel-Teilung

Häufig wird die Nadel-Teilung eines Teppichs als Kriterium für seine Qualität angegeben. Das stimmt jedoch nicht, denn die Tei-

lung hat keinerlei Einfluss auf die Qualität. Normalerweise gilt: Je enger die Teilung, desto dünner das Garn. Je gröber die Teilung, desto gröber das Garn. Die Teppichfaser ist ein Teil des Teppichgarns. Garne bestehen immer aus einem Bündel feiner Fäden, die auch „Filamente" genannt werden. Bei Markenfabrikaten stehen Teilung, Garnstärke, Florhöhe und Stichzahl in einem abgewogenen Verhältnis zueinander. Mit der Teilung (= Feinheit) bezeichnet man den seitlichen Nadelabstand von Nadelspitze zu Nadelspitze in der Tufting-Maschine.
Sie wird in englischem Zoll ausgedrückt (1" = 2,54 mm).

Die gebräuchlichsten Teilungen sind:

Teilung/Zoll	Anzahl der Nadeln auf 4 m Breite	Erläuterung
5/16"	504	sehr grob
5/32"	1.010	grob
1/8"	1.260	mittel
1/10"	1.575	fein
5/64"	2.000	fein

Tabelle 3: Nadel-Teilung der Teppiche

Teppichbodenoberfläche
Ein Teppichboden wird um so weicher und behaglicher, je höher sein **Flor** ist. Mit steigender Florhöhe wird er aber auch empfindlicher gegen „Laufgassen" und Eindruckstellen von Sitzmöbeln. Um dies auszugleichen, muss er dichter gearbeitet werden und ist deshalb entsprechend teurer.

Die Wahl der Teppichboden-Oberfläche wird sehr entscheidend vom Mobiliar des Zimmers bestimmt. Aber auch die Gebrauchstüchtigkeit der Oberflächenstrukturen sollte berücksichtigt werden: Die Kriterien

Normale Schlinge:

Unempfindlich

Besonders unempfindlich, gutes Wiedererholvermögen, guter Abriebwiderstand.

Normaler Velours (aufgeschnittene Schlinge):

Widerstandsfähig

Empfindlicher als Schlinge infolge Stauchwirkung bei der Begehung, wenn aber dicht genug verarbeitet, sehr widerstandsfähig.

Hoch-tief-Struktur, Schlinge:

Dichte Verarbeitung erforderlich

Empfindlicher als Normalvelours, da infolge Strukturmusterung die Hochschlingen auf kleinen Flächen stehen und leicht zusammengedrückt werden können; der Belag muss entsprechend dicht verarbeitet sein.

Hoch-tief-Struktur, Schlinge/Velours:

Höhere Preisklasse

Hier sind die Hochschlingen aufgeschnitten und die Stauchwirkung ist stärker als bei der einfachen Schlingenstruktur. Für die gleiche Gebrauchstüchtigkeit ist eine höhere Preisklasse erforderlich.

Softvelours:

Empfindlich

Gegenüber Normalvelours wird er aus sehr viel feineren Fasern hergestellt, die ihm seine angenehme Weichheit verleihen, entsprechend höher ist seine Empfindlichkeit.

3.8.3 Klebeverfahren

Akklimatisierung erforderlich

Teppichbeläge sollten bei einer Raum- und Bodentemperatur nicht unter 15° C und einer relativen Luftfeuchte unter 75 % verlegt werden. Auch wenn das Raumklima stimmt, müssen die Beläge vor der Verklebung im Raum gelagert werden, damit sie sich akklimatisieren können. Dies gilt besonders in der kalten Jahreszeit.

Teppichkleber

Sorgfältig auswählen

Bei der Auswahl des Teppichklebers sollte größte Sorgfalt angewendet werden, da an dieser Stelle ein ausgesucht schadstoffarmer Teppichboden u. U. wieder mit vermeidbaren Schadstoffen kombiniert wird. Außerdem können chemische Teppichkleber u. U. mit der Fixierschicht des Teppichbodens reagieren, was zu unvorhersehbaren chemischen Reaktionen führen kann. In vielen Fällen sind Teppichbodenkleber an den störendsten Gerüchen in Wohnräumen bzw. an den höchsten Belastungen der Luft beteiligt.

Praxishinweis

Das vollflächige Verkleben von Teppichböden bereitet beim Loslösen vom Untergrund erhebliche Probleme und erfordert i. d. R. einen hohen Arbeitsaufwand. Man geht daher immer mehr dazu über, einen Teppichboden, nur mit einem „Wiederaufnahmekleber" zu „fixieren".

Ein wichtiges Unterscheidungsmerkmal für Teppichkleber ist die „EMICODE" und „GISCODE"-Einstufung, auch wenn sie sich eher an den Verarbeiter richten.

Unterscheidungsmerkmale

EMICODE EC1	=	„Sehr emissionsarm"
GISCODE D1	=	„Lösemittelfrei" Es sind dennoch Spuren von Lösemitteln enthalten und auch die in Wasser dispergierten Kunststoffe können zu einem gewissen Grad ausdunsten.
GISCODE D2	=	„Lösemittelarm, aromatenfrei" Es sind bis 5 % Lösemittel enthalten.

Praxishinweis

Im Wohnbereich sollten höchstens EC1 oder D1 zum Einsatz kommen.

Schon die Auswahl des Teppichbodens muss so erfolgen, dass ein lösemittelfreier oder emissionsarmer Kleber zum Einsatz kommen kann. Es sind auch Teppichkleber auf Naturstoffbasis im Handel, die auf jeden Fall zu bevorzugen sind.

Neben der ganzflächigen Verklebung können Teppiche unter Spannung – auf Nagelleisten gespannt – befestigt oder mit doppelseitigem Klebeband verlegt werden. Fragen Sie den Lieferanten, ob sich der Teppich für Ihre gewählte Verlegemethode eignet. Ein Teppichkleber wird so u. U. ganz überflüssig.

Nagelleiste oder Klebeband

3.8.4 Gütesiegel

DIN-Vorschriften

Beachten Sie beim Kauf von Teppichbelägen, dass die Ware mit dem **Gütesiegel der ETG** (Europäische Teppichgemeinschaft e. V.) – auf der Rückseite des Teppichs angebracht – versehen ist. Diese Ware entspricht den DIN-Vorschriften der Eignungssymbole, wie z. B. der Symbole für Ruhebereich, Wohnbereich, Arbeitsbereich oder für die Zusatzeignungen rollstuhlgeeignet, treppengeeignet, nassraumgeeignet, antistatisch und fußbodenheizungsgeeignet.

4 Die häufigsten Schäden an Fenstern

Da Fenster nicht nur für die natürliche Belichtung, sondern auch maßgebend für den harmonischen Eindruck der Fassade verantwortlich sind, gilt ihnen besonderes Augenmerk. Für Bauherren ist es wichtig, individuelle optische Anforderungen mit aktuellen technischen Merkmalen, wie Wärme- und Schallschutz und Einbruchhemmung zu verknüpfen.

Mindestgröße

Um eine ausreichende Belichtung zu gewährleisten, muss die Fensterfläche – in Abhängigkeit der Landesbauordnung des jeweiligen Bundeslands – mindestens **1/10 bis 1/8 der Raumgrundfläche** des zu belichtenden Raums betragen. Die Belichtung von Aufenthaltsräumen wird in den jeweiligen Landesbauordnungen durch Mindestforderungen definiert und beinhaltet keine Unterschiede für Dachflächenfenster und senkrecht stehende Fenster. Weitere Anforderungen für die Belichtung werden in der Richtlinie DIN 5034 „Tageslicht in Innenräumen“ wiedergegeben.

Praxishinweis

Planen Sie Fenster möglichst groß, da sie auch für das psychische Wohlbefinden der Bewohner von enormer Bedeutung sind. Dabei sollten Sie jedoch den Wärmeschutz nicht außer Acht lassen (kleinere Fenster nach Norden und größere Fenster nach Süden ausrichten).

Fenster bestehen im Wesentlichen aus dem Rahmen und der Verglasung.

4.1 Fensterrahmen

Als Materialien für Fensterrahmen werden verwendet:
- Holz (z. B. Kiefer, Fichte, Meranti, Hemlock etc.)
- Kunststoff
- Aluminium

4.1.1 Das Rahmenmaterial

Anforderungen

Da die Rahmenwerkstoffe unterschiedliche Eigenschaften in Bezug auf Pflege, Gestaltungsspielraum, Dämmeigenschaften und Umweltfreundlichkeit des Materials aufweisen, sollten diese bei der Entscheidung der Fensterwahl mit einbezogen werden.
Generell muss das neue Fenster weitgehend witterungsbeständig und chemisch widerstandsfähig sein. Fenstermaterial und -oberfläche sollen verrottungsfest, wartungsarm, licht- und farbecht sowie UV-beständig sein. Bei richtiger und konsequenter Pflege erfüllen heute alle drei Rahmenmaterialien diese Grundvoraussetzungen.

Holz
- Garantiert hoher Wärmeschutz.
- Ist atmungsaktiv gegenüber Kunststoff und Aluminium.
- Bietet beste Gestaltungsmöglichkeit im Hinblick auf Farbgebung. Für einen deckenden Anstrich (Lasur) eignen sich am besten Fichte und Kiefer, für einen nicht deckenden Anstrich (Lacke) z. B. Meranti etc. Jedes Fenster muss mit einem Holzschutzmittel gegen Pilz- und Insektenbefall behandelt werden. Zusätzlich ist eine Oberflächenbehandlung mit Lasuren oder Lacken notwendig. Dabei sollten Sie darauf achten, dass umweltfreundliche und gesundheitsunschädliche Mittel verwendet werden.
- Ist leicht zu entsorgen.

Nachteile

Nachteilig bei Holzrahmen ist, dass sie auf Grund der schlechten Witterungsbeständigkeit alle drei bis acht Jahre – abhängig vom gewählten Anstrichsystem und der Bewitterung – **oberflächenbehandelt** werden müssen, wodurch ein höherer Pflegeaufwand notwendig ist und Mehrkosten entstehen. Mechanische Beschädigungen können leicht ausgebessert werden.

Praxishinweis

Werden Holzrahmen nicht in bestimmten Zeitabständen oberflächenbehandelt, können Schäden durch eindringendes Wasser wie z. B. Fäulnisbildung entstehen.

Abb. 70: Ausschnitt eines beschädigten Holzfensters

Im Innenbereich des Fensters (Abb. 70) blättert der Lack bereits ab. Im Außenbereich ist die Lasur dringend zu erneuern.

Skizze eines Fensterstocks (Holz)

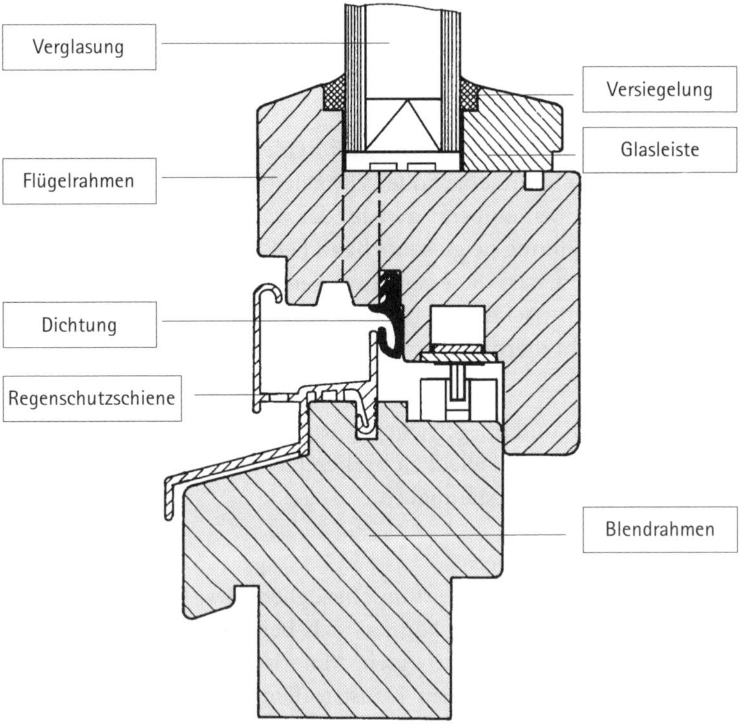

Abb. 71: **Skizze eines Fensterstocks (Holz)**

Kunststoff

- Ca. 10 % günstiger als Holz (bei normaler Größenordnung). Bei großen Fensterelementen können aufwändige Metallprofile für die notwendige Versteifung den Preisvorteil aufzehren.
- Dämmeigenschaften bei den neuesten Kunststoffrahmen besser als bei Holz.
- Nahezu wartungsfrei, da keine spätere Oberflächenbehandlung erfolgen muss.
- Pflegeleicht, da nur gelegentliches Abwaschen der Außenseiten notwendig ist.
- Sehr gute Witterungsbeständigkeit.

Nachteile

Kunststoffrahmen sind teuer in der Entsorgung, da sie meist als **Sondermüll** gelten.

Aluminium

Nachteile

- Auf Grund der hohen Herstellungskosten teurer als Holz und Kunststoff.
- Verglichen mit Holz und Kunststoff schlechte Dämmeigenschaften. Da Aluminium eine hohe Wärmeleitfähigkeit hat und bei niedrigen Außentemperaturen auf der warmen Seite zur Kondenswasserbildung neigt, sollte beim Fensterrahmen darauf geachtet werden, dass dieser aus zwei Teilprofilen der Rahmenmaterialgruppe 1 nach DIN 4108 besteht, die durch eine zusätzliche Dämmschicht thermisch getrennt sind und somit mehr Wärmeschutz bieten.

Vorteile

- Wartungsfrei und pflegeleicht wie Kunststoff.
- Gute Gestaltungsmöglichkeit bei beschichtetem Aluminium.
- Hohe Witterungsbeständigkeit.

Materialkombinationen

Verbinden Vorteile

Letztendlich ist eine Bewertung bezüglich des Rahmenmaterials immer sehr subjektiv. Sie können sich bei allen drei Alternativen eigentlich nicht falsch entscheiden. Materialkombinationen verbinden Vorteile. Bei Aluminium-Kunststofffenstern z. B. gewährleistet die Aluminiumbeplankung außen die individuelle Farbgebung nach der RAL-Farbpalette, innen garantieren Kunststoffprofile mit korrosionsbeständigen Metallverstärkungen hohe Formstabilität und Funktionssicherheit verbunden mit ausgezeichneter Wärmedämmung.

Praxishinweis

Im Mietwohnungsbau haben sich Kunststofffenster gegenüber Holzfenstern durchgesetzt, da sie hinsichtlich der Oberflächenbehandlung nahezu wartungsfrei und unempfindlicher gegen Beschädigungen sind.

4.1.2 Darstellung der gängigsten Öffnungsarten und deren Symbole in Ansichtsplänen

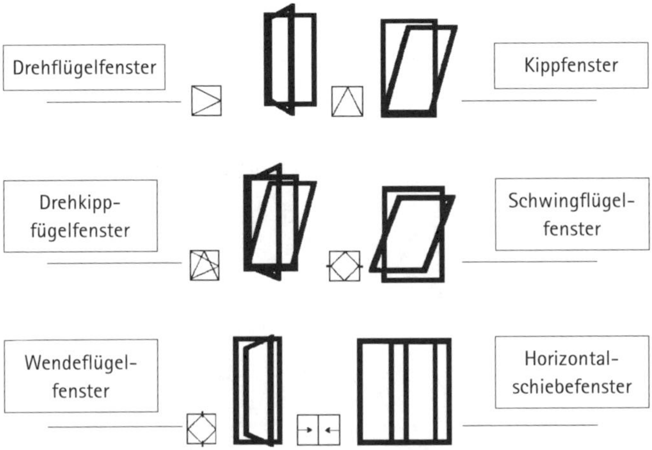

Abb. 72: Fensteröffnungsarten

4.2 Verglasung

Schnitt durch Zweifach-Verglasung

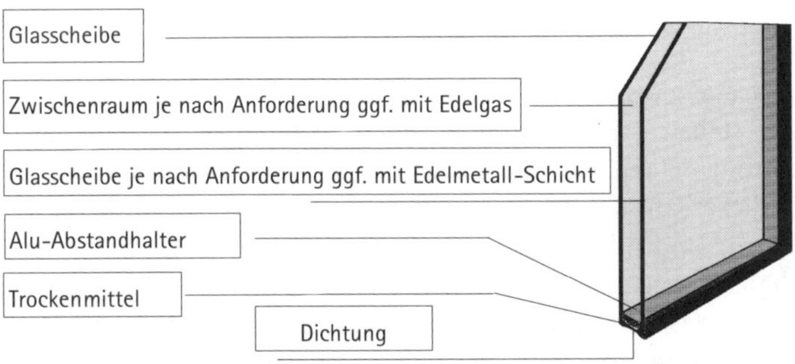

Abb. 73: Schnitt durch Zweifach-Verglasung

Die Verglasung eines Fensters umfasst die **Lagerung der Verglasungseinheit** im Fensterrahmen und die Abdichtung zwischen der Verglasungseinheit und dem Rahmen. Die Lagerung der Verglasungseinheit muss dabei so vorgenommen werden, dass im Glas keine mechanischen Spannungen entstehen, die das Bruchrisiko des Bestandteile

Glases erhöhen. Durch die **Abdichtung** zwischen Rahmen und Verglasungseinheit muss der Eintritt von Wasser und Luft in den Glasfalz vermieden werden. Das ist sowohl zum Schutz des Rahmens als auch zum Schutz der Verglasungseinheit notwendig. Insbesondere bei Mehrscheibenisolierglas ist ein „trockener“ Glasfalz Voraussetzung dafür, dass die Lebenserwartung des Isolierglases nicht gemindert wird.

Abb. 74: Isolierglasscheibe, innenseitig (zwischen den Scheiben) angelaufen

Kunststoffklötze

Damit Isolierglasscheiben nicht auf der ganzen Länge im unteren Glasfalz stehen und dort durch **Feuchtigkeit** in der gegenseitigen Abdichtung Schaden erleiden, müssen die Scheiben auf mindestens 5 mm dicke Kunststoff-Klötze gestellt werden. Ein Klotz ist ca. 8 - 10 cm lang und mindestens so breit wie die Isolierglasscheibe. Die Scheibenlast wird somit punktförmig über die Klötze abgetragen.

Klotzung zwingend notwendig

Der Abstand ist zwingend notwendig, um eine **Wasserfadenbildung** vom Glasfalz hin zur Glasscheibe zu vermeiden. Jegliche Wasserbelastung auch in Dampfform zerstört die Verbindung von zwei Scheiben und damit die Isolierglasscheibe.

Die Klotzung von Scheiben ist von der Öffnungsart des Flügels (Drehflügel, Drehkippflügel oder fest verglast) abhängig und liegt im Regelfall ca. um eine Klotzlänge von der Glasecke entfernt.

4.2.1 Die Glasarten

Wärmeschutzglas

Die Verglasung besteht heute meist aus einer Doppelverglasung, auch **Isolierglas** oder Warmglas genannt. Dabei werden zwei Glasscheiben über einen Zwischenraum durch ein Umfassungsprofil miteinander verbunden. Der Zwischenraum ist dicht abgeschlossen und entweder mit trockener Luft oder einem speziellen Gas gefüllt. Die hohen Anforderungen an die Dichtheit des Umfassungsprofils machen eine industrielle Fertigung erforderlich.

Industrielle Fertigung

Praxishinweis

In hochwertigen Wärmeschutzgläsern enthält der Zwischenraum Edelgase mit einer geringeren Wärmeleitfähigkeit als Luft, z. B. Argon oder Krypton, die das Dämmvermögen vergrößern. Außerdem ist die Innenseite der raumseitigen Scheibe mit einer dünnen, kaum sichtbaren und farbneutralen Metalloxidschicht versehen. Mit solchen Gläsern werden u-Werte für das Fenster von ca. 1,1 $W/(m^2K)$ erreicht. Grundsätzlich ist die Verwendung solcher Wärmeschutzgläser zu empfehlen.

Ein u-Wert von ca. 0,7 $W/(m^2K)$ lässt sich mit einer Dreischeibenverglasung erzielen, wobei die Zwischenräume mit Edelgasen gefüllt und die Scheiben i. d. R. mit einem hauchdünnen Edelmetallfilm beschichtet sind. Auf Grund dieser Maßnahmen sind diese Gläser nicht hundertprozentig durchsichtig, wodurch mit einem **Lichtverlust** zu rechnen ist.

Dreischeibenverglasung

Mit der derzeit gültigen Energieeinsparverordnung will der Gesetzgeber Energieverluste durch die Fenster drastisch senken. Dabei ist für Neubauten sowie für den Ersatz und die Erneuerung von Bauteilen (Fenstern) nur noch ein maximaler Wärmedurchgangskoeffizient von $u_{max} = 1,7\ W/(m^2K)$ zulässig.

Energieeinsparverordnung

u-Wert:

Der u-Wert ist das Maß für den Wärmedurchgang eines 1 qm großen Bauteils. Er gibt an, wie viel Wärmeenergie (Watt) bei einem Kelvin Temperaturunterschied (K) – das entspricht einem Grad Celsius – aus dem Gebäude nach außen fließt. Angegeben wird der

Wärmedurchgangskoeffizient

u-Wert in W/(m^{2}K). Einfachglas hat einen u-Wert von ca. 5,8 W/(m^{2}K), Standardisolierglas von ca. 3,0 W/(m^{2}K).

Praxishinweis

Um eine möglichst hohe Wärmedämmwirkung des Gebäudes zu erzielen, sollten Verglasungen mit einem niedrigen u-Wert gewählt werden. Je nach System und Hersteller erzielen die gebräuchlichsten Gläser derzeit Werte um ca. 1,1 W/(m^{2}K). Vergleicht man diesen Wert mit dem u-Wert einer Fassade, stellt man fest, dass der Energieverlust durch das Fenster ca. 4 bis 5 mal höher ist als durch die Fassade.

Allgemein gilt: Je kleiner der u-Wert, desto besser die Verglasung.

g-Wert:

Energiedurchlassungsgrad

Als transparente Bauteile können Fenster an Schönwettertagen einen Teil der einfallenden Sonnenwärme nutzen und so die Heizkosten senken. Der g-Wert beschreibt im Gegensatz zum u-Wert, wie viel Energie durch die Scheibe fließen kann, und wird in Prozent angegeben. Je nach Beschichtung des Wärmeschutzglases liegt der g-Wert zwischen etwa 45 und 80 %.

Strahlungsgewinne

Bei transparenten Bauteilen werden in der Wärmebilanz nicht nur die Verluste, sondern auch Strahlungsgewinne (Solare Gewinne) infolge Sonneneinstrahlung berücksichtigt. Diese Strahlungsgewinne heizen das Gebäudeinnere auf, sodass im Winter Transmissionswärmeverluste kompensiert werden und in den Übergangsjahreszeiten Frühling und Herbst die Energiebilanz sogar positiv ist.

Die Einflussfaktoren

Die Strahlungsgewinne sind abhängig von der **Himmelsrichtung**, nach der das Fenster orientiert ist, und vom **Energiedurchlassgrad** (g-Wert) der Verglasung. Sie können bei Südfenstern mit u-Werten von etwa 1,5 W/(m^{2}K) zu einem Ausgleich in der Wärmebilanz führen, d. h. dass die Transmissionswärmeverluste und die Strahlungswärmegewinne etwa gleich sind. Bei Wärmeschutzfenstern mit einem sehr geringen u-Wert kann sich sogar ein Energiegewinn ergeben, d.h. die Gläser erwirtschaften in Südausrichtung sogar mehr Wärme, als durch sie verloren geht.

Nur diese Gesamtbetrachtung ergibt ein tatsächlich korrektes Bild. Entscheidend für die Wärmedämmung ist dabei die eingesetzte Verglasung.

u-Werte und g-Werte heute üblicher Fenster

Bezeichnung	Aufbau, Beschreibung	u-Wert $W/(m^2K)$	g-Wert
Isolierglas	Zwei Glastafeln gleicher Dicke durch umlaufenden Abstandhalter und Dichtmasse luftdicht verbunden und trockener Luft zwischen den Glasscheiben	2,6 - 3,4	0,80
Wärmeschutzglas	■ wie Isolierglas aber mit Wärmestrahlung reflektierender Metallbeschichtung auf der Innenseite der raumseitigen Scheibe	1,7 - 2,0	0,72
	■ mit zusätzlicher wärmedämmender Gasfüllung zwischen den Glasscheiben	1,1 - 1,5	0,65

Tabelle 4: Fenster: u-Werte und g-Werte

Praxishinweis

Der Wärmeschutz des Fensters kann durch geeignete Rollläden, Klappläden usw., in der Fachsprache „Temporärer Wärmeschutz" genannt, gesteigert werden. Wichtig ist, dass die Rollläden o. ä. dicht schließen und eine ruhende Luftschicht erzeugen.

Die u-Wertverbesserung liegt je nach Qualität des Fensters zwischen 10 % bei Wärmeschutzverglasung und 20 % bei Isolierglas.

Schallschutzglas

Bestimmend für den Schallschutz an Fenstern ist die vorhandene Masse der Scheiben, der Abstand der Scheiben bei Doppelverglasungen sowie die Falzdichtung und hohe Anforderungen an den Einbau in den Baukörper.

Faktoren für den Schallschutz

Sicherheitsglas

Einsatzmöglichkeiten

Sicherheitsgläser bestehen i. d. R. aus Drahtflechteinlagen oder Ein- bzw. Zwei-Scheiben-Sicherheitsglas, das einbruch-, feuerhemmende oder verletzungsmindernde Aufgaben erfüllen soll. Diese werden z. B. beim Einsatz an **Treppen- und Balkongeländern** von der Baubehörde gefordert. Zudem sind sie bei Fenstern vorgeschrieben, bei denen die Brüstungshöhe (Höhe von Oberkante Fußboden bis Oberkante Fensterstock) geringer ist als die maximal zugelassene Brüstungshöhe (z. B. 90cm Brüstungshöhe bei Gebäuden bis 8 m Höhe). Dies trifft des Öfteren bei außen liegenden Treppenhäusern zu, sofern außen kein Schutzgitter angebracht ist.
Für einbruchhemmend ausgestattete Fenster gemäß DIN V 18054 ist Sicherheitsverglasung erforderlich, für durchschusshemmende Konstruktionen mehrschichtiges Spezialglas nach DIN 52290.

4.2.2 Sonstige Fensterbestandteile

Sprossen

Die Sprossenarten

Fenstersprossen können entweder **aufgeklebt** oder konstruktiv als **glasteilende Sprossen** ausgebildet werden. Dies ist vom Laien kaum zu unterscheiden. Glasteilende Sprossen vermindern den Schalldämmwert um mindestens 2 dB. Darüber hinaus werden auch vorgesetzte und innen liegende Sprossen angeboten.

Praxishinweis

Unterliegt ein Gebäude höheren Schallschutzauflagen, sollten glasteilende Sprossen vermieden werden, da diese den Schalldämmwert der Verglasung reduzieren.

Beschläge

Die Anforderungen

Als Beschläge sollten nur noch **Einhand-Drehkipp-Beschläge** mit verdeckt liegender Mechanik verwendet werden, da sie sehr einfach zu handhaben sind. Hierbei handelt es sich um eine Beschlagsart, die sich durch Drehen eines Fenstergriffs in unterschiedliche Richtungen entweder öffnen, kippen oder schließen lässt.
Balkon- und Terrassentüren sollten außen mit einer **Griffschale** versehen werden, damit sie zugezogen werden können.

Sämtliche Leichtmetallteile wie Griffe, Oliven etc. sollten **eloxiert-oberflächengeschützt** sein. Alle Stahlteile, Gestänge usw. müssen mit **galvanischem Oberflächenschutz** versehen werden.

Ein serienmäßiger Basis-Schutzbeschlag sollte mit folgenden zusätzlichen einbruchhemmenden Beschlagsteilen ausgestattet sein:

Einbruchhemmende Beschlagsteile

- Sicherheits-Eckumlenkung,
- Sicherheits-Mittelverschluss mit Sicherheits-Schließstücken,
- Eckband-Sicherung (erschweren Einbruchsversuche und schützen vor dem Aushebeln),
- abschließbare Fenstergriffe, die trotz Zerstören des Glases ein Öffnen des Flügels verhindern.

Gummidichtung

Die Anforderungen

Die Gummidichtung muss umlaufend, verrottungsfrei, witterungsbeständig und auswechselbar sein. Sie darf nicht locker in den vorgegebenen Fugen sitzen, so dass sie von allein herausfallen können. Auch die Straffung der Dichtlippen ist beim Bau des Fensters so anzulegen, dass die Dichtlippen rundum in gleichmäßiger Weise unter Zugspannung stehen.

Abb. 75: Ausschnitt einer umlaufenden Dichtung eines Fensterflügels

Verstärkungen

Anforderungen nach DIN und Arbeitsrichtlinien

Alle Kunststofffenster- und Türelemente, Blendrahmen und Flügel sind generell unter Zugrundelegung der DIN 18056 und 1055 sowie der Arbeitsrichtlinien des Profilherstellers, umlaufend mit einer Metallarmierung, Mindeststärke 1,5 mm, zu versehen. Stahlprofile sind mit feuerverzinkter Oberfläche einzusetzen. Die Verstärkungen sind mit dem PVC-Profil gemäß den Arbeitsrichtlinien des Profilherstellers zu verschrauben oder zu vernieten.

Garantienachweis

Heute wird kaum noch ein Fenster angeboten, das nicht eine Prüfung oder Garantie aufweist. DIN-Normen, Werksgarantien und Prüftests bescheinigen die unterschiedlichsten Sicherheiten. Häufig müssen dabei zu große Toleranzen in Kauf genommen werden und die Kontrollen werden lediglich subjektiv und werksintern durchgeführt. Hohe Qualitätsansprüche erfordern jedoch zusätzliche Kontrollen einer neutralen und objektiven Institution.

RAL-Gütezeichen

Bei der Sanierung bzw. beim Kauf von Fenstern und Türen sollte auf das RAL-Gütezeichen geachtet werden. Im Auftrag der RAL-Gütegemeinschaften Fenster und Haustüren überwacht das neutrale Institut für Fenstertechnik in Rosenheim die Mitgliedsbetriebe.

Prüfkriterien

Die wesentlichen Prüfkriterien für RAL-Gütefenster sind:

- Einhaltung der Konstruktion nach den Vorgaben der Güte- und Prüfkriterien,
- Maßhaltigkeit zwischen Blend- und Rahmenflügel,
- Einbau der Dichtungen und Dichtigkeit an Ecken und Stößen,
- Einbaugenauigkeit, Funktion und Sitz der Beschläge,
- einwandfreie Oberflächenbeschaffenheit,
- Passgenauigkeit der Flügelauflage
- und neuerdings auch die Überwachung bei der Montage von Fenstern und Türen.

Absolute Qualität

Innerbetrieblich wird ein Überwachungssystem aufgebaut, das die Hersteller zur absoluten Qualitätsfertigung verpflichtet und das vom Prüfinstitut kontrolliert wird. Nur die Hersteller, die diese Voraussetzungen erfüllen, sind berechtigt, ihre Produkte mit dem RAL-Gütezeichen zu kennzeichnen. Heute gilt RAL (Name und Zeichen) zugleich als Symbol für ein **gehobenes Güteniveau** im Sinn solider Gebrauchsqualität.

Fensterbank

Die Anforderungen

Fensterbänke müssen ein Gefälle nach außen haben. Die Neigung der Fensterbleche soll nicht unter 5° liegen. Der Überstand der Abtropfkante der Fensterbleche über die Vorderkante der fertigen Fassade soll ca. 30 bis 40 mm betragen. Fensterbleche müssen am Blendrahmen der Fenster mit ausreichender Festigkeit und dicht gegen Schlagregen befestigt werden. Dabei muss eine ausreichende Dehnmöglichkeit für thermisch bedingte Längenänderungen gewährleistet sein. Dies erreicht man, indem man Fensterbleche gegenüber dem Wandanschluss nicht einputzt, sondern mit Dichtstoff verfüllt, damit sie sich bewegen können.

Abb. 76: mangelhafter Putzanschluss an das Fensterblech

Hier wurde lediglich nur ein Dämmstreifen auf die seitliche obere Abdeckkappe des Fensterblechs gelegt und angeputzt. Der verbleibende Zwischenraum wurde mittels elastischer Dichtmasse verschmiert. Ein Eindringen von Regenwasser ist nach wie vor gegeben.

4.3 Fenstermontage

Grund-anforderungen

Ein besonderes Augenmerk ist der Montage der Fenster zu schenken. Die wesentlichen Grundprinzipien, die über der gesamten Montage nach dem „Stand der Technik" stehen, sind:

1. innen luftdicht,
2. außen schlagregendicht,
3. innen dichter als außen.

Innere und äußere Dichtebene

Ein Bauanschluss ist funktionsfähig, wenn die Abdichtung der Bauanschlussfuge durch eine innere und äußere Dichtebene gebildet wird. Die innere Dichtebene verhindert, dass warme, feuchte Raumluft in die Bauanschlussfuge durch Luftströmung eindringt und im kalten Bereich des Bauanschlusses zu **Tauwasserbildung** führt. Die äußere Dichtebene hat die Aufgabe, zu verhindern, dass **Schlagregen** in die Bauanschlussfuge eindringt.

Praxishinweis

Beide Dichtebenen müssen so gestaltet werden, dass anfallende Feuchtigkeit nach außen abdiffundieren kann, damit es in der Außenhülle nicht zu einem Feuchtestau in der Konstruktion kommt. Dies wird erzielt, wenn die innere Dichtebene einen höheren Dampfdiffusionswiderstand aufweist als die äußere Dichtebene. Je größer der Unterschied zwischen beiden Dichtstufen ist, desto geringer ist die Gefahr eines Feuchtestaus in der Fuge.

Fugenausbildungen

Die nachfolgende Abb. 77 zeigt verschiedene Fugenausbildungen. Jede einzelne Fugenausbildung oder Kombination erfüllt die Anforderung an eine Fugenabdichtung nach dem „Stand der Technik", wenn die genannten Rahmenbedingungen beachtet und die Wahl der Materialien darauf abgestimmt werden.[4]

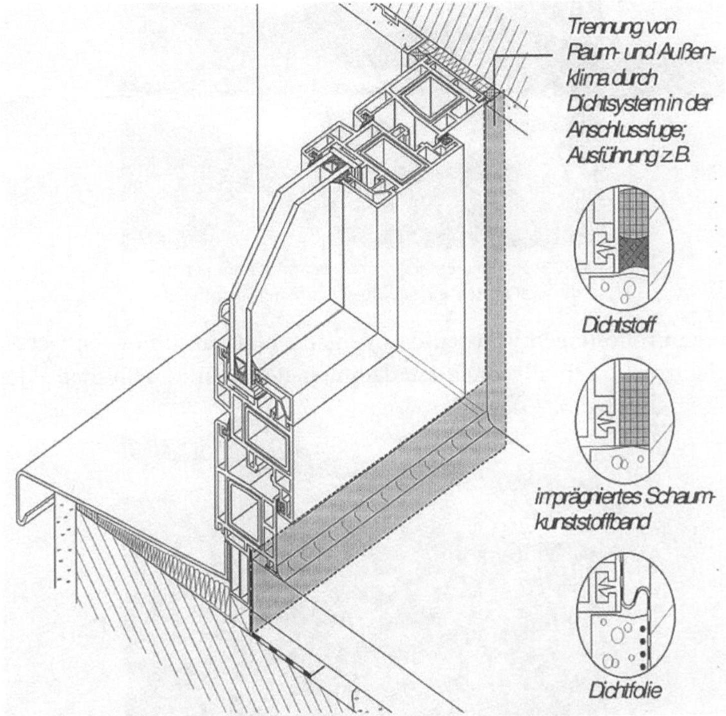

Abb. 77: Vorschlag möglicher Fugenausbildungen des „Instituts für Fenstertechnik e.V."

[4] Fachinformation – ift Rosenheim, Fenster und Montage – immer wieder spannend, Teil 2: Grundprinzipien der Abdichtung des Bauanschlusses und deren Umsetzung – David Hepp, Dipl. Ing. (FH) Wolfgang Jehl - ift Rosenheim.

Die nachfolgende Abb. 78 zeigt einen fachgerechten Anschluss der Außenfuge (Fenster/Wand) mittels eines **diffusionsoffenen Dichtbands**.

Abb. 78: Fachgerechter Anschluss der Außenfuge (Fenster/Wand) mittels eines diffusionsoffenen Dichtbands

Schaummontagen gehören der Vergangenheit an und entsprechen nicht mehr den allgemein anerkannten Regeln und dem Stand der Technik (s. Abb. 79).

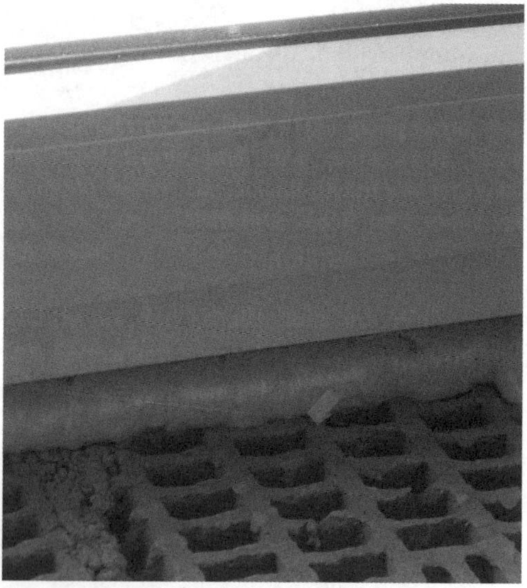

Abb. 79: Schaummontage eines Fensters

Schaden bei festverglasten Elementen

Planungs- und Ausführungsfehler

Festverglaste Elemente, wie in Abb. 80 dargestellt, stellen den Immobilienbesitzer häufig vor das Problem, worauf der Schaden letztendlich zurückzuführen ist. Häufigste Ursachen sind dabei fehlende oder fehlerhafte Details in der Planung und Ausführungsfehler durch die Handwerker.

Abb. 80: undichte, fest verglaste Fensterkonstruktion über einem Treppenhaus

Falsche Oberflächenbehandlung

Wasserspuren an Dachflächenfenstern und deren Leibungen sind nicht nur hässliche Erscheinungen. Bei unterlassener oder fehlerhafter Oberflächenbehandlung des Fensterrahmens und -flügels können dabei Fäulnisschäden auftreten.

Abb. 81: Dachflächenfenster, Kondenswasserschaden, Beispiel 1

Abb. 82: Dachflächenfenster, Kondenswasserschaden, Beispiel 2

Abb. 81 zeigt ein Dachflächenfenster mit deutlich sichtbaren Wasserspuren infolge Kondenswasser. Die Holzteile sind nicht behandelt.
Bei dem Dachflächenfenster in Abb. 82 löst sich der Lack vom Fensterflügel. Der Lack hält einem stärkeren Kondenswasseranfall nicht stand.

Lackschicht über feuchtem Holz

Bei Holzfenstern tritt gelegentlich Fäulnisbildung auf (vgl. Abb. 83). Ursache ist häufig, dass bei der Herstellung von Fenstern zu feuchtes Holz verarbeitet wurde, das mit dicken Lackschichten überzogen worden ist. Die Lackschicht hat dabei die Austrocknung des Holzes behindert. Das Holz, in diesem Fall der Fensterrahmen, war bereits nach vier Jahren „angefault“.

Abb. 83: angefaultes Holz, das zu feucht verarbeitet und mit einer Lackschicht überzogen wurde

Sanierung

Der Schaden konnte durch partielle Ausbesserung beseitigt werden.

Praxishinweis

Treten Pilze an Fenstern auf, ist es ratsam, eine Probe zu entnehmen und eine Analyse des Pilzes vornehmen zu lassen.

Der sog. „Blättling", ein Fruchtkörper von „Gloeophyllum", ist ein holzzerstörender Pilz, der Erreger der „Innenfäule". D. h. wenn die Fruchtkörper auf der Oberseite erscheinen, hat der Pilz seine Zerstörung im Innern des Holzes bereits vollendet. Da sich die Fäule zunächst nur im Innern des Holzes entwickelt, bleibt ein Befall i. d. R. lange Zeit unerkannt. „Gloeophyllum" kann feucht gewordenes verarbeitetes Holz besiedeln und langfristig in eine würfelförmig zerfallene Braunfäule verwandeln, sofern das Holz nicht mit einem geeigneten Holzschutzmittel behandelt worden ist. Obwohl der Pilz feuchtigkeitsliebend ist, kann er lange Trockenperioden überstehen, um dann bei erneuter Feuchtigkeit die Holzzerstörung fortzusetzen. Pilzbefall

Abb. 84: Fensterflügel, der von einem holzzerstörenden Pilz befallen ist.

Die Sanierung besteht – ohne Alternative – in einer vollständigen Entfernung des geschädigten Holzes, d. h. das Fenster ist komplett auszutauschen! Sanierung

5 Die häufigsten Schadensursachen an Dränagen

Anfällig: die Fugen

Ein großes Ärgernis ist die Abdichtung von Gebäuden im Erdreich. Der Bewohner erkennt das Problem schnell anhand z. B. feuchter Wände, Schimmelbildung oder im schlimmsten Fall durch Eindringen von Wasser in das Gebäudeinnere. Bei der Sanierung entstehen häufig verhältnismäßig hohe Kosten.
Besonders anfällig gegen eindringendes Wasser sind z. B. die Fugen zwischen Bodenplatte und Kelleraußenwand.

Ursachen

Schadensursachen sind u.a.
- falsch bzw. mangelhaft eingebaute Fugenbänder,
- Verarbeitungsfehler beim Einbringen des Betons in die Schalung sowie beim Verdichten des Betons (siehe Abb. 85),
- die falsche Einschätzung des Wasserandrangs in Verbindung mit der Wahl der geeigneten Abdichtungsmaßnahme,
- eine falsche Einschätzung der Sickerfähigkeit des Bodens,
- fehlende Auskunft über den Grundwasserstand, so dass bei länger anhaltenden Regenfällen plötzlich drückendes Wasser vorherrscht, für dessen Lastfall die Abdichtung des Gebäudes nicht konstruiert wurde.

Abb. 85: schlampig ausgeführte Außenecke einer Kellerumfassungswand

Schäden zeigen sich zuerst durch feuchte Stellen im Bodenbereich (siehe Abb. 86). Werden keine geeigneten Maßnahmen getroffen, den Wasserandrang zu stoppen, können sich die Schäden immer mehr nachteilig auf die Gebäudesubstanz auswirken (siehe Abb. 87 und Abb. 88). Schadensbilder

Abb. 86: feuchte Kelleraußenwand im Bodenbereich

Abb. 87: durchfeuchtete betonierte Kelleraußenwand, Beispiel 1

Abb. 88: durchfeuchtete gemauerte Kelleraußenwand, Beispiel 2

Abdichtungen

DIN-Normen oder bauaufsichtliche Zulassungen

Bauwerke im Erdreich sind durch Abdichtungen gegen das Eindringen von Wasser zu schützen. Für Abdichtungen mit Bitumenwerkstoffen, Metallbändern und Kunststoff-Dichtungsbahnen gilt DIN 18195, Teile 1 - 10 (Bauwerksabdichtungen). Für andere Abdichtungen, wie z. B. Dickbeschichtungen, zementgebundene Dichtschlämmen oder wasserundurchlässiger Beton, gelten entsprechende bauaufsichtliche Zulassungen oder die Empfehlungen der Hersteller in den jeweiligen Produktinformationen.

Praxishinweis

Es sollten jedoch immer nur Produkte verwendet werden, die sich einer Güteüberwachung unterziehen und bauaufsichtlich zugelassen sind.

Schutz von Kellerfußböden

Für den Schutz von Kellerfußböden gegen Feuchtigkeit sieht die Abdichtungsnorm DIN 18195-4 zwei Möglichkeiten vor: Abdichtung des Fußbodens mit **bituminösen Bahnen** (vgl. Abb. 89) oder **Kunststoff-Bahnen**, sofern in einfachen Fällen eine grobkörnige Schüttung (vgl. Abb. 90) unter der Bodenplatte nicht ausreicht.

Abb. 89: bituminöse Abdichtung einer Bodenplatte

Abb. 90: grobkörnige Schüttung (kapillarbrechende Schicht), auf der die Bodenplatte erstellt wird

Praxishinweis

Um die Abdichtungsart festlegen zu können, ist daher die Feststellung der Bodenart, der Geländeform und des durch langjährige Beobachtungen ermittelten höchsten Grundwasserstands am geplanten Bauwerksstandort unerlässlich.

Der Wasserlastfall

Grundsätzlich werden nach der Art des Wasserandrangs für die Abdichtung drei Lastfälle unterschieden:

- Bodenfeuchte,
- nichtdrückendes Wasser,
- drückendes Wasser.

Falsche Einschätzung des Lastfalls

Schadensursächlich sind nicht nur Fehler bei der Bauausführung, sondern auch häufig die falsche Einschätzung des Lastfalls, verbunden mit der Ausführung einer nicht der Wasserbelastung entsprechenden Abdichtung.

Bodenfeuchtigkeit

Die Beanspruchung der Bauteile durch Bodenfeuchtigkeit wird häufig unterschätzt. Bei anstehender Bodenfeuchtigkeit kommt es zur gleichmäßigen oder fleckenförmigen flächigen Durchfeuchtung der Wand, die bis zur Geländehöhe reichen kann.

Praxishinweis

Insbesondere wenn Kellerräume als Aufenthaltsräume genutzt werden sollen, empfiehlt es sich auch bei der geringsten Beanspruchungsgruppe, also bei Bodenfeuchte und nicht drückendem Sickerwasser, eine Dränung als Ringleitung vorzusehen und an den Wänden eine Filter- und Sickerschicht anzubringen. Auch hier kann es bei starken Regenfällen kurzfristig zu Stauwasser kommen, das schnell und ohne Rückstau vor der Wand ins Grundwasser abgeleitet werden muss.

Hanglagen

Bei bindigen Böden und/oder Hanglagen ist jedoch immer das Andringen von Wasser in tropfbar flüssiger Form anzunehmen. Für die Abdichtung von Bauwerken oder Bauteilen in solchen Böden und/oder Geländeformen gelten deshalb die Festlegungen für Abdichtung gegen nichtdrückendes, ggf. auch gegen drückendes Wasser, wenn die **Gefahr des Aufstauens** besteht.

Drückendes Wasser

Der Fall drückendes Wasser kommt dann vor, wenn das Bauwerk in das **Grundwasser** reicht. Da i. A. für das Beseitigen von Grundwasser über eine Dränanlage keine wasserrechtliche Genehmigung erteilt wird, ist in diesen Fällen das Kellergeschoss mit einer **wasserdruckhaltenden Wanne** auszuführen. Drückendes Wasser entsteht aber auch an der Bauwerkswand, vor allem in Hanglagen, wenn sich die Baugrube, meist zeitweilig und jahreszeitlich bedingt, mit Schichtwasser oder Stauwasser füllt, das nicht abfließen kann.
Gegen diese Gefahr können auch Maßnahmen nach DIN 4095 (Dränung zum Schutz baulicher Anlagen) getroffen werden.

Dränanlage
Eine funktionsgerechte Dränanlage besteht aus mehreren miteinander in Verbindung stehenden Bauelementen, der Sickerschicht, der Dränleitung, den Kontroll- und Spüleinrichtungen und dem Vorfluter bzw. dem Sickerschacht (siehe Abb. 91).

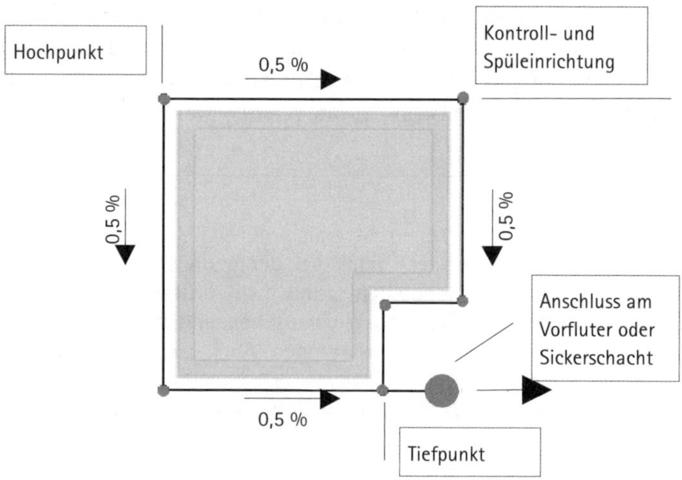

Abb. 91: schematische Darstellung einer Dränanlage im Grundriss

Die Bauweise

Zur Anlage einer Dränung wird der Boden höchstens bis zur Fundamentsohle ausgehoben. Die Breite des Grabens beträgt etwa 50 cm. Die Abböschung erfolgt je nach Bodenart so, dass Erdreich nicht nachrutscht.

Die Dränleitung wird in einem Kiesplanum vom Hochpunkt in einem Gefälle von ca. 0,5 % - 1 % zum Tiefpunkt (Vorfluter, Sickerschacht) verlegt.
Die Dränleitung ist entlang der Außenfundamente anzuordnen. Die Rohrsohle ist am Hochpunkt mindestens 20 cm unter der Oberfläche der Rohbodenplatte anzuordnen. In keinem Fall darf der Rohrscheitel die Oberfläche der Rohbodenplatte überschreiten. Der Rohrgraben darf nicht unter die Fundamentsohle geführt werden. Die Fundamente sind notfalls zu vertiefen oder der Rohrgraben ist außerhalb des Druckausbreitungsbereichs der Fundamente zu verlegen. Die Auflagerung auf Fundamentvorsprüngen ist unzulässig.
Das Dränrohr soll allseitig mit einer ca. 20 cm dicken Kiesschicht ummantelt sein.
Zweckmäßig wird am Tiefstpunkt der Dränleitung ein Sammelschacht angeordnet. An allen Knickpunkten mit 90° Richtungsänderung sollten Spülrohre (mindestens DN 300) angeordnet werden.
Der Abstand der Spülrohre soll höchstens 50 m betragen. Für Kontrollzwecke dürfen anstelle der Spülrohre Kontrollrohre mit mindestens DN 100 angeordnet werden. Der Übergabeschacht sollte mindestens DN 1000 betragen.

Abb. 92: Darstellung eines Spül- und Kontrollschachts - Quelle: Fränkische Rohrwerke, „opti-drän System"

Das Material

Als Dränleitung haben sich Betonfilterrohre aus haufwerksporigem Beton oder geschlitzte PVC-Rohre bewährt.
Vor der Kelleraußenwand muss eine senkrechte Sickerschicht aus Kies das zudränende Stauwasser schnell der Dränleitung zuführen.

Diese Kiesschicht ist insbesondere bei feinkörnigen Böden durch eine Filterschicht vor dem Zuschlämmen zu schützen.
Als **Sicker- und Filterschicht** haben sich auch Filterkörper aus haufwerksporigem Beton bewährt. Diese Hohlkörper werden lose im Verband vor der Außenwand aufgestellt. Als Ergänzungsstein dazu gibt es Abflussrinnsteine und Abdecksteine.
Nur bei bindigen und quellfähigen Böden sollte vor den Filterkörpern ein **Filtervlies** angeordnet werden, um so das Zuschlämmen der Hohlräume zu verhindern. Die Sickerschicht zwischen den Streifenfundamenten sollte ebenfalls an die Dränung angeschlossen und so entwässert werden.

Praxishinweis

Vor der Hinterfüllung sollten sämtliche Anschlüsse, Gefälle und die Höhenlage der Dränanlage überprüft werden, damit eine einwandfreie Funktion gewährleistet ist.

Ringdränage

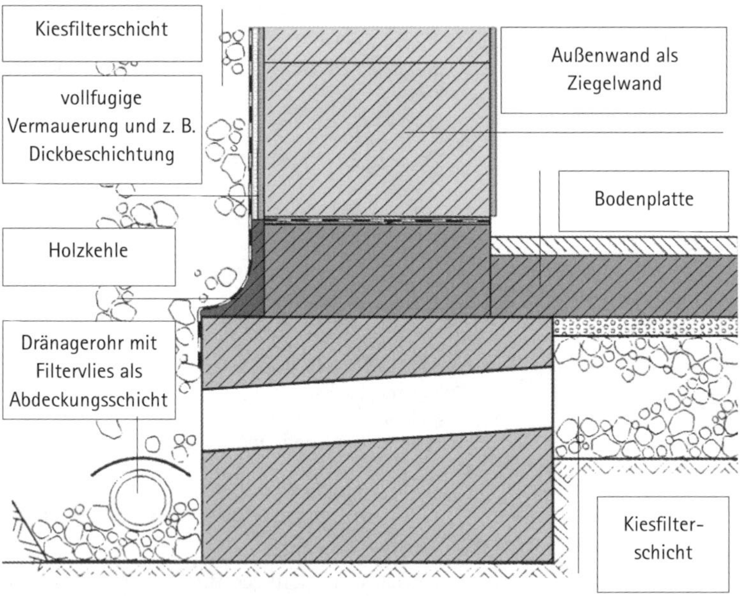

Abb. 93: Dränage im Schnitt

6 Schimmelpilze und Bakterien in Gebäuden[5]

Schimmelpilzbildung in Wohnungen ist in zunehmendem Maß der Streitgegenstand in Mietrechtsangelegenheiten. Dabei steht meist die Frage im Vordergrund, ob die **Baukonstruktion** verantwortlich ist oder ob **falsches Nutzerverhalten** vorliegt. Bei der rechtlichen Bewertung der Verschuldensfrage ist eine sichere Beurteilung der Ursachenkette erforderlich. Hierbei ist die kritische Untersuchung folgender Einflussfaktoren notwendig:

Einflussfaktoren

- Heiz- und Lüftungsverhalten der Bewohner
- Funktionsfähigkeit der Heizungsanlage
- Wärmeschutz und Wärmebrücken
- Luftdichtigkeit der Gebäudehülle
- Erhöhtes Risikopotenzial bei Neubauten
- Raumklimatische Veränderungen als Folge von Wohnungssanierungen

6.1 Grundlagen für das Wachstum von Schimmelpilzen und Bakterien in Innenräumen

Die Ursachen

Der Schimmelpilz benötigt in seinem Milieu folgende Lebensbedingungen:

Hohe relative Luftfeuchte

Die Entwicklung der Sporen findet i. d. R. bei einer hohen advertiven Feuchte von 90 % statt, d. h. es wird zumindest kurzfristig eine Feuchtigkeitsanreicherung an der Bauteiloberfläche benötigt. Wenn die Sporenkeimung stattgefunden hat, ist der Schimmelpilz auch noch bei einer relativen Luftfeuchte von ca. 70 % entwicklungsfähig. Periodischer Kondenswasserniederschlag ist somit in der Lage, den Schimmelbewuchs zu fördern. Auch bevor Tauwasser an der Oberfläche sichtbar wird, kann im Zustand der Kapillarkondensation ein mikrobieller Befall entstehen.

---

5 Vgl. Webseite der Firma PSP GmbH, Dipl. Ing. Gunter Hankammer, http://www.pspgmbh.de/Gutachten/Themen/_Schimmel-pilz/_schimmelpilz.html.

Fehlende Frischluftzufuhr
Sofern ein ausreichendes Frischluftangebot besteht, kann ein Kondenswasserfilm an der Oberfläche nicht entstehen und dem Schimmelpilz fehlt das notwendige feuchte Milieu.

Ausreichende Nährstoff-Ressourcen

Raufasertapeten

Als Nährstoff benötigt der Schimmelpilz Kohlenstoffvorräte, wie z. B. Stärke, Cellulose und Lignin. Raufasertapeten enthalten diese Nährstoffe in Form von Zucker, Eiweiß und Lignin – im durchfeuchteten Zustand in der Kombination dieser Bestandteile mit Wasser eine nahezu perfekte Nährlösung für den Schimmelpilz.
Aber auch auf älteren bereits fungizid (pilztötend) behandelten Oberflächen kann Schimmelpilz gedeihen, wenn eine oberflächige Ablagerung von organischen Verunreinigungen zuvor entstanden ist.

ph – Wert

Saures Milieu

Die Schimmelpilze gedeihen vorzugsweise in einem leicht sauren Milieu bei ph-Werten zwischen 4,5 und 6,5. Einzelne Arten entwickeln sich jedoch auch bei einem ph-Wert um 2 oder bei einem ph-Wert um 8.

Temperatur
Die Mindesttemperatur für das Myzelwachstum beträgt 0° Celsius. Die Idealtemperatur beträgt zwischen 20° Celsius und 45° Celsius.

Praxishinweis

Eines haben alle Schimmelpilzarten gemeinsam: Sie entstehen vorzugsweise dort, wo auch konzentrierte Feuchtigkeit auf den innenseitigen Bauteiloberflächen vorhanden ist. Insofern sind die weiterführenden Betrachtungen und Untersuchungen hier anzusetzen.

6.2 Bauphysikalische Grundlagen

Auf Grund des für die Schimmelpilzbildung erforderlichen frei verfügbaren Wassers (a_W - Wert) kann die Entstehung von Schimmelpilz immer als Indikator für eine mangelhafte bauliche oder nutzungsbedingte Situation angesehen werden. Zwei unterschiedliche bauphysikalische Vorgänge gehen der Schimmelpilzbildung häufig voraus:

- Tauwasserausfall auf Bauteiloberflächen oder im Bauteilquerschnitt,
- Durchfeuchtungen der Bauteile.

6.2.1 Tauwasserausfall auf Bauteiloberflächen

Der Taupunkt

Luft, die mit Wasserdampf gesättigt ist, hat eine relative Luftfeuchtigkeit von 100 %. Diese Sättigungsgrenze ist abhängig von der Lufttemperatur. Wärmere Luft hat einen höheren Sättigungsgehalt als kalte Luft. Erwärmt man also in einem geschlossenen System feuchte Luft, ohne dass Wasserdampf nachströmt, sinkt die relative Luftfeuchtigkeit. Umgekehrt erhöht sich die relative Luftfeuchtigkeit, wenn die Luft abgekühlt wird. Die Temperatur, auf die eine abgeschlossene Luftmenge absinken muss, bis die relative Luftfeuchtigkeit 100 % beträgt, wird als „Taupunkt“ definiert. Wird die Taupunkttemperatur unterschritten, wird Wasserdampf als Nebel sichtbar und auf festen Oberflächen fällt Tauwasser aus.

Als Beispiel: das kalte Glas

Prominentes Beispiel hierfür ist das kühle Glas Bier, das im warmen Raum sofort beschlägt und damit zum Indikator für das Vorhandensein von Feuchtigkeit in der Raumluft wird. Solange die Temperatur des Biers unterhalb der spezifischen Taupunkttemperatur der Umgebungsluft liegt, fällt permanent Tauwasser an der Außenseite des Glases aus.

Tauwasserausfall

Werden diese beiden vorgenannten Temperaturen unter den oben genannten Randbedingungen z. B. von Wand- oder Fensteroberflächen unterschritten, fällt dort definitiv Tauwasser aus. Auf Glasscheiben und Spiegeln wird dies durch Beschlagen visualisiert, auf Wandoberflächen nimmt man den Tauwasserausfall selten wahr, weil Putz und Tapete häufig zunächst eine Speicherwirkung ausüben. Ständig **innenbeschlagene isolierverglaste Scheiben** sind daher ein deutliches Indiz für die nachhaltige Unterschreitung des Taupunkts.

Diagramm für die Berechnung der Taupunkt-Temperatur:

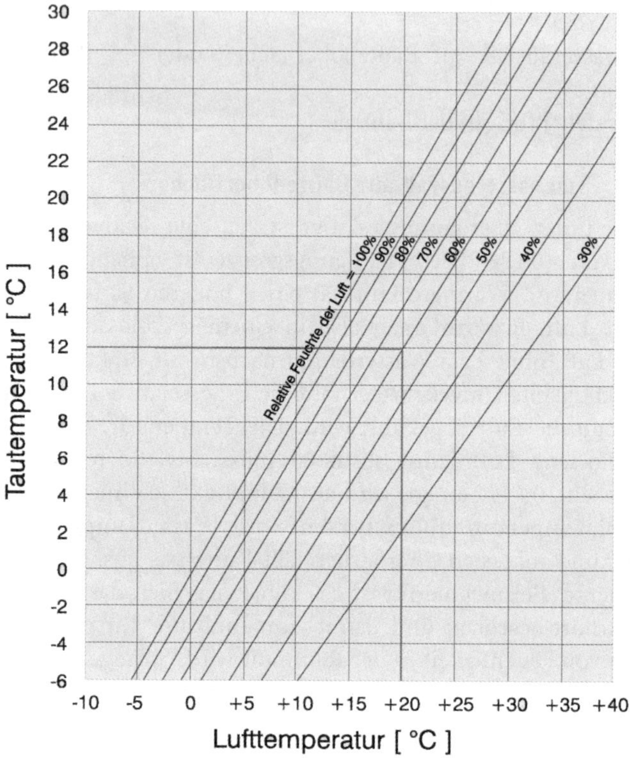

Abb. 94: Diagramm für die Berechnung der Taupunkt-Temperatur

Beispiel:

Bei einer relativen Luftfeuchte von 60 % und einer Lufttemperatur von 20° C liegt der Taupunkt bei 12° C (siehe Abb. 94). Auf Bauteiloberflächen, die kälter als 12° C sind, schlägt sich Tauwasser nieder. Dieser Vorgang dauert so lange, bis der Feuchtigkeitsgehalt der Luft kleiner oder gleich dem maximal aufnehmbaren Feuchtigkeitsgehalt $\varphi \leq 100$ % ist.

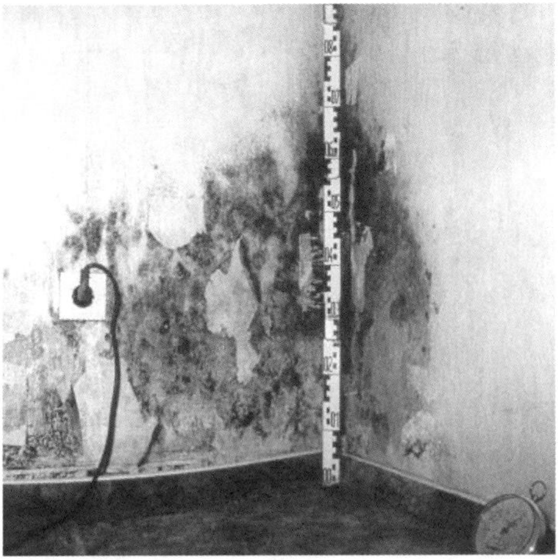

Abb. 95: Schimmelpilzbildung

Abb. 95 zeigt eine Schimmelpilzbildung in Folge fehlender Zirkulationslüftung hinter einem volumenbildenden Einbauschrank in einem bauphysikalisch ungünstigen Bereich der Außenwand.

Abb. 96: Tauwasserausfall auf Grund geringer Beheizung im Zusammenhang mit überhöhter Luftfeuchtigkeit

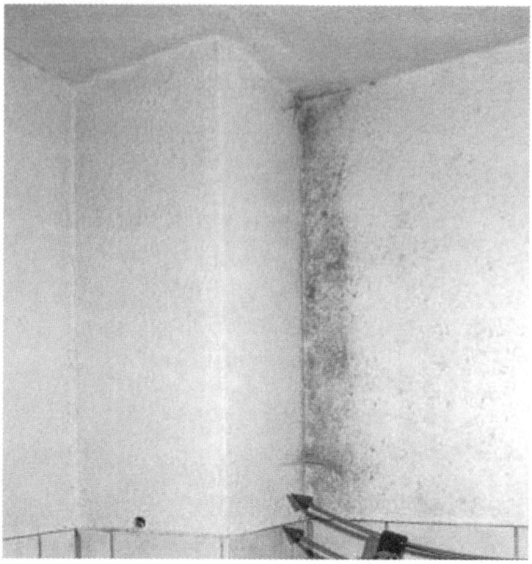

Abb. 97: Schimmelbefall im angrenzenden Bereich eines ungedämmten Installationsschachts

Relative Luftfeuchte

Luft kann nur so viel Wasser in Gasform (Wasserdampf) aufnehmen, bis sie gesättigt ist. Diese Menge ist sehr stark von der Temperatur abhängig. Je höher die Temperatur, desto mehr Wasserdampf kann die Luft aufnehmen (vgl. Tab. 1). Ist der Wasserdampf in der Luft in geringerer Konzentration vorhanden als bei der betreffenden Temperatur löslich wäre, so bezeichnet man die Luft als ungesättigt. Zur Kennzeichnung dieser Situation gibt man das Verhältnis der vorhandenen Wasserdampfkonzentration c zur maximal löslichen Konzentration c_s bei der betreffenden Temperatur an und bezeichnet es als relative Luftfeuchte φ [%].

$$\varphi = c / c_s$$

φ = relative Luftfeuchte

c = Wasserdampfteilmenge

c_S = Wasserdampfsättigungsmenge

Wasserdampfkonzentration in der Luft im Sättigungszustand, abhängig von der Temperatur

Temperatur in °C	c_s in g/m3	Temperatur in °C	c_s in g/m3	Temperatur in °C	c_s in g/m3	Temperatur in °C	c_s in g/m3
- 10	2,14	0	4,85	10	9,39	20	17,3
- 9	2,33	1	5,20	11	10,0	21	18,3
- 8	2,53	2	5,57	12	10,7	22	19,4
- 7	2,75	3	5,95	13	11,3	23	20,6
- 6	2,98	4	6,36	14	12,1	24	21,8
- 5	3,23	5	6,79	15	12,8	25	23,0
- 4	3,50	6	7,25	16	13,7	26	24,4
- 3	3,81	7	7,74	17	14,5	27	25,8
- 2	4,14	8	8,26	18	15,4	28	27,2
- 1	4,49	9	8,81	19	16,3	29	28,8

Tabelle 5: Wasserdampfkonzentration in der Luft im Sättigungszustand, abhängig von der Temperatur

Beispiel 1:

Temperatur °C	Wasserdampf-teilmenge c	Wasserdampf-sättigungsmenge c_s	relative Luftfeuchte
	g Wasser/m³ Luft		φ %
10	6,57	9,39	70
20	8,65	17,30	50

Bei 20° C kann die Luft maximal 17,30 g Wasserdampf aufnehmen, bis sie gesättigt ist. Bei einer relativen Luftfeuchte von 50 % beträgt die Wasserdampfteilmenge nur noch 8,65 g, d. h. die Luft kann nochmals 8,65 g Wasserdampf aufnehmen, bis sie gesättigt ist (100 % Luftfeuchte).

Beispiel 2

Bei 20° C und 50 % relativer Luftfeuchte sind in der Luft 8,65 g Wasserdampf enthalten. Steigt die Lufttemperatur bei gleich bleibender Wasserdampfmenge auf z. B. 28° C an, so sinkt die relative Luftfeuchte auf ca. 32 % (ö= c /c_s = 8,65 g / 27,2 g).

Praxishinweis

Beispiel 2 zeigt, dass für den Abtransport der in unseren Gebäuden enthaltenen Feuchtigkeitsmengen **mehrmaliges tägliches Lüften zum Erfolg führt**.

6.2.2 Durchfeuchtungen der Bauteile

Die Ursachen

Bauteildurchfeuchtungen können als Auswirkungen folgender Ursachen auftreten:

1. mangelnde Schlagregensicherheit der Außenwände. Hierzu zählen:
   - mangelhafter Farbanstrich,
   - stark saugfähiges Verblendsteinmaterial,
   - stark saugfähige Verfugung von Verblendsteinen,
   - fehlerhaft angedichtete Bauteilanschlüsse.
2. Kapillar aufsteigende Feuchtigkeit infolge fehlender oder mangelhafter Sperrschichten.
3. Durchfeuchtungen erdberührter Bauteile infolge mangelhafter oder unzureichender Bauwerksabdichtung.
4. Restfeuchtigkeit junger Bauwerke sowie Durchfeuchtungen in Folge von Witterungseinflüssen aus der Bauzeit.
5. Dachleckagen.
6. Leitungshavarien, Rohrbrüche.

Abb. 98: Außenwanddurchfeuchtung auf Grund fehlender Abdichtung der Bodenaufstandsfuge des Mauerwerks

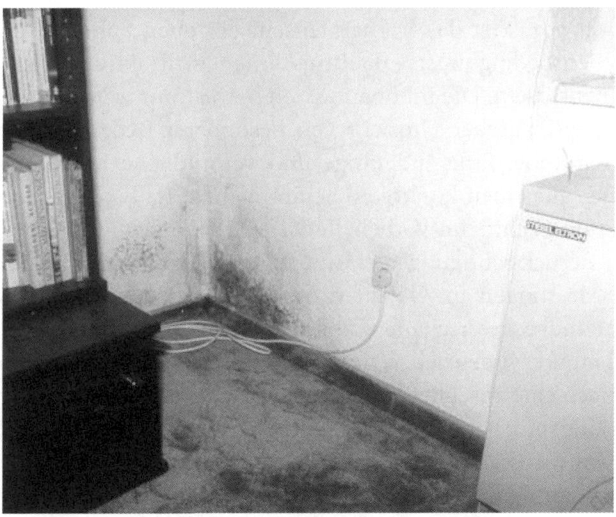

Abb. 99: Schimmelpilzbildung infolge kapillar aufsteigender Feuchtigkeit auf Grund fehlender Horizontalabdichtung

Abb. 100: Schimmelpilzbildung oberhalb der Fußleiste auf Grund fehlender Außenwandverkleidung

6.3 Ursachen für das Auftreten von Schimmel in Wohnräumen

Kurze Inkubationszeit

Schimmelpilzsporen kommen praktisch ständig in der Umgebungsluft vor. Erst das Vorhandensein der oben näher beschriebenen Lebensbedingungen erlaubt es ihnen, sich aktiv an Bauteilflächen anzusiedeln. Die Inkubationszeit beträgt nur wenige Tage.

Sachverständigenurteil einholen

In bauphysikalischer Hinsicht von besonderer Bedeutung sind die **Außenbauteile**. Eine endgültige und verbindliche Beurteilung der Ursachen für einen konkreten Schimmelpilzbefall sollte einem spezialisierten Fachmann vorbehalten bleiben. Dieser wird unter sorgfältiger Berücksichtigung aller inneren und äußeren Einflussfaktoren eigene Messungen am Objekt vornehmen und sich einen situativen Gesamteindruck verschaffen. Sofern notwendig, wird er ergänzende Laborbefunde hinzuziehen, um dann anhand der getroffenen Auswertungen eine abschließende Beurteilung vornehmen zu können.

Ursachenverkettung

Auch eine mögliche **Überschneidung** mehrerer unterschiedlicher Ursachen muss ebenso in Betracht gezogen werden wie eine Ursachenverkettung in zeitlicher Abfolge. So führt z. B. eine gravierende Bauteildurchfeuchtung immer auch zu einem unvermeidbaren und daher unverschuldeten Anstieg der relativen Raumluftfeuchte innerhalb von Mietwohnungen. Pauschale Schimmelpilz-Beurteilungen sind daher stets fehl am Platz.

Praxishinweis

Eine systematische Einteilung der typischen Symptome und eine Zuordnung der jeweils möglichen Ursachen werden im Fachbuch „Schimmelpilze und Bakterien in Gebäuden", erschienen im *Rudolf Müller Verlag, Köln* erstmals von *Hankammer* ausführlich vorgestellt.

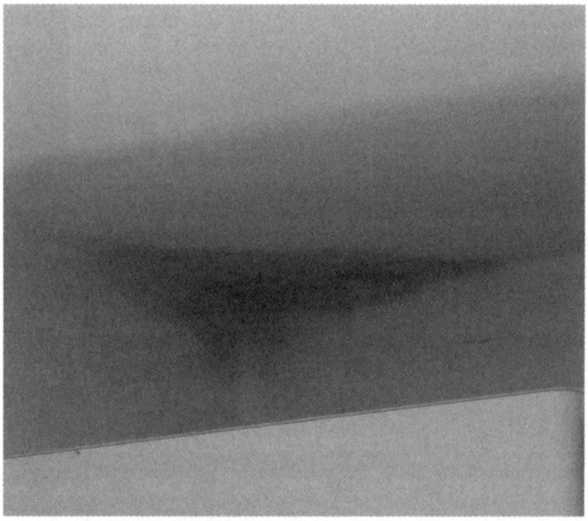

Abb. 101: Schimmelbildung an einer Gebäudeaußenecke im obersten Geschoss eines Flachdachgebäudes

Die Ursache der Schimmelbildung an einer Gebäudeaußenecke im obersten Geschoss eines Flachdachgebäudes (siehe Abb. 101) war ein Baumangel, infolge einer undichten Folienverklebung des unmittelbar darüber liegenden Flachdachs.

Typische Erscheinungsmerkmale

Es lassen sich jedoch typische Erscheinungsmerkmale in Zusammenhang mit einer statistischen Ursachenhäufigkeit bringen. Anhand des nachstehenden Ursachenbaums für das Schadensbild „Schimmelpilze auf Bauteilen"[6] lassen sich die häufigsten Ursachen herleiten.

[6] Prof. Dr.-Ing. Rainer Osswald: Schimmelpilzbewertung aus der Sicht des Bausachverständigen, AIBau, Aachen.

Ursachenbaum[7] – „Schimmelpilze auf Bauteilen“

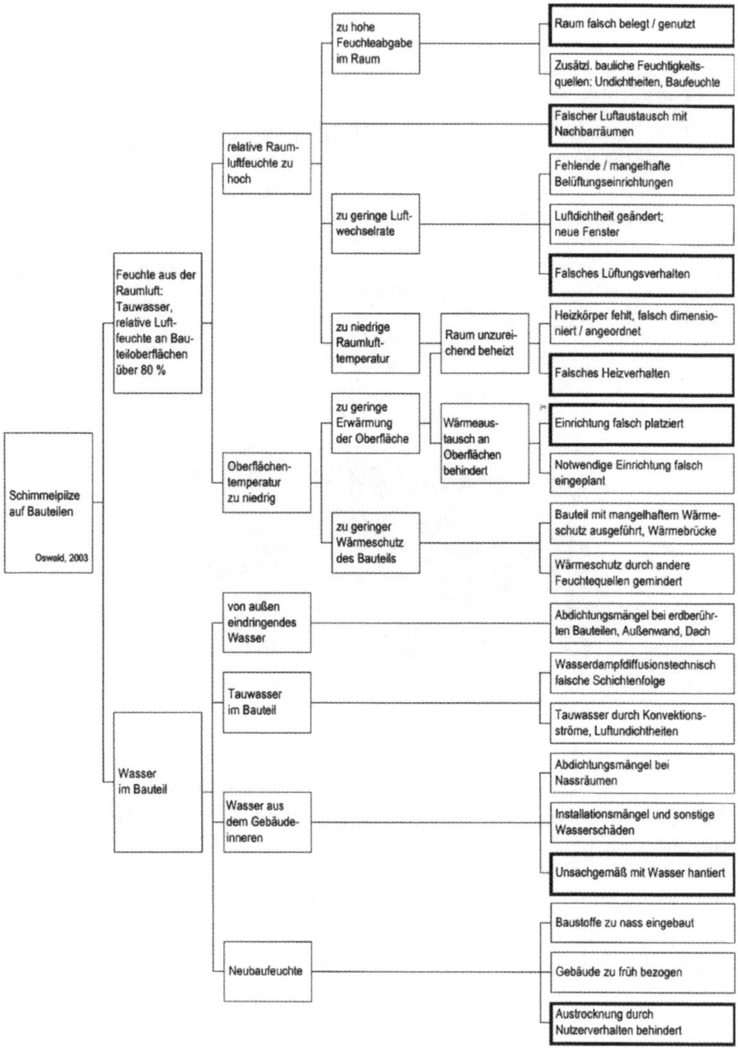

Abb. 102: Ursachenbaum – „Schimmelpilze auf Bauteilen"

[7] Die dick umrandeten Ursachenfelder fallen in den Verantwortlichkeitsbereich des Nutzers.

6.4 Prüf- und Messverfahren für die Bestimmung von Schimmelpilz

Als Messmethoden zur Bestimmung von Schimmelpilz werden der Mycometertest, die Positionierung von Nährschalen, die Material- und Luftprobe, der Luftporensammler, die Abstrichprobe, die MVOC-Messung, aber auch der Schimmelsuchhund eingesetzt.

Für Stichprobenmessungen, ob ein Nutzerverhalten oder ein Baumangel Ursache der Schimmelbildung ist, gibt es Datenlogger, die das Lüftungsverhalten des Bewohners aufzeichnen (vgl. Abb. 103). Dabei zeichnen diese Geräte die Luftfeuchte, die Raumtemperatur sowie über einen externen Fühler die Wandoberflächentemperatur für mehrere Wochen auf. Der Taupunkt wird über die gespeicherten Daten errechnet und graphisch dargestellt (vgl. Abb. 104).

Beispiel 1:

Bei regelmäßigem Lüften sinken der Taupunkt und die Temperaturen schlagartig. Die Öffnungsdauer des Fensters ist in der Grafik bzw. in einer Tabelle genau ersichtlich.

Wenn sich herausstellt, dass regelmäßig gelüftet wurde (der grafische Mittelwert liegt bei etwa 55 bis 60 % relativer Luftfeuchte über mehrere Wochen) und die Wände trotzdem feucht werden, liegt ein Fehler in der Baukonstruktion vor, z. B. fehlende oder nicht ausreichende Wärmedämmung.

Die Oberflächentemperatur der Wand ist an diesen Stellen herabgesetzt. Die Taupunkt-Temperatur der Luft ist gleich der Oberflächen-Temperatur.

Im Winter sinkt an dieser Stelle die Temperatur auf beispielsweise 5° C Celsius ab. Dies führt zu einer zusätzlichen Kondensatbildung.

Abb. 103: Der Datenlogger mit Wandoberflächenfühler registriert unauffällig und manipulationssicher das Raumklima und Lüftungsverhalten des Bewohners.

Praxishinweis

Einer der führenden Hersteller von tragbaren Messgeräten ist die Firma Testo AG, Testo-Straße 1,79853 Lenzkirch, Telefon 07653/681700, Internet www.testo.de.

Beispiel 2:

Nachweis eines Bauschadens[8] (vgl. Abb. 104)

Auf dem Rolladenkasten an der Außenwand des Schlafzimmers sind trotz idealen Raumklimas und ausreichender Lüftung Schimmelpilze entstanden. Achtung: Die Taupunkt-Temperatur liegt über der Wandoberflächen-Temperatur. An der kalten Wand schlägt sich Tauwasser nieder.

Von 9.30 bis 9.45 Uhr wird die Schlafzimmertür geöffnet. Die Raum- und die Oberflächentemperatur sind konstant. Der Taupunkt und die relative Feuchte sinken, da sich die trockene Luft der Wohnung mit der feuchten Luft des Schlafzimmers mischt.

[8] Quelle: Dipl. Ing. (FJ) Wolfgang Blessing: Die Wohnungswirtschaft, Grundlagen der Physik – Feuchteschäden vermeiden. Harmonia Verlag GmbH Hamburg, 5/97.

Von 9.45 bis 9.55 Uhr wird das Fenster ganz geöffnet. Die trockene, kalte Außenluft mischt sich mit der feuchten Schlafzimmerluft. Taupunkt, relative Feuchte und Temperatur sinken. Dagegen bleibt die Oberflächentemperatur der Außenwand konstant. Der Taupunkt der Raumluft liegt unter der Wandoberflächentemperatur, die Wand trocknet.

Danach wird das Fenster wieder geschlossen. Temperatur, relative Feuchte und Taupunkt steigen wieder an. Die feuchten Wände geben ihre Feuchtigkeit wieder an die Raumluft ab. Der Taupunkt steigt wieder über die Wandoberflächentemperatur. An der kalten Außenwand schlägt sich Tauwasser nieder.

Das Ergebnis der Messung hat gezeigt, dass ein ideales Raumklima zwischen 45 % und 65 % relativer Luftfeuchte und eine ausreichende Lüftung gegeben sind. Deshalb muss ein Bauschaden vorliegen, und zwar eine fehlerhafte Isolierung am Rolladenkasten.

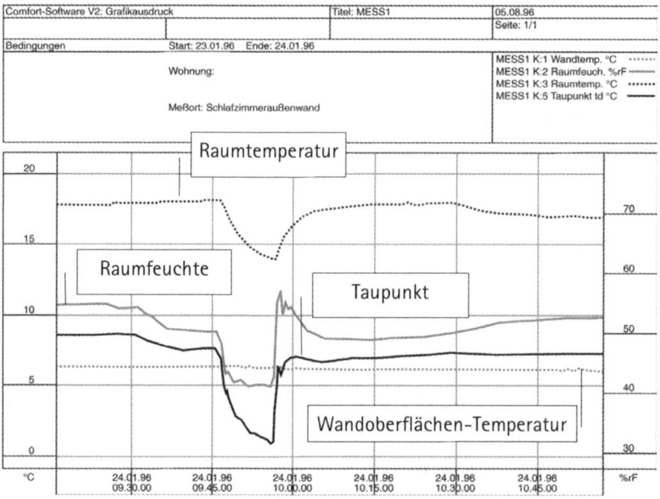

Abb. 104: Graphische Auswertung der Messergebnisse

Eine weitere Möglichkeit für die Feststellung eines Bauschadens infolge Tauwasserbildung sind die rechnerische Ermittlung und graphische Darstellung des Temperaturverlaufs und die Diffusionsberechnung innerhalb eines Bauteils.

Praxishinweis

Der rechnerische Nachweis einer Tauwasserbildung bzw. eines Baumangels ist jedoch nur möglich, wenn die Baustoffe und deren Kennwerte wie z. B. Wärmeleitfähigkeit, u-Werte, Schichtstärken etc. bekannt sind.

Der Vorgang

Dabei werden die einzelnen Bauteilschichten z. B. einer Kelleraußenwand mit innen liegender Wärmedämmung graphisch dargestellt und unterschiedlichen Norm-Klimabedingungen (Innenklima und Außenklima des Bauteils) während der Winter- und der Sommermonate rechnerisch zugeordnet. Auf Grund der unterschiedlichen Baustoffe wie z. B. Putz, Beton und Dämmstoff etc. und Baustoffeigenschaften wie z. B. Schichtstärke, u-Werte und Diffusionswiderstände etc. entstehen unterschiedliche Grenzschichttemperaturen und Dampfteildrücke. Ergibt sich die Ermittlung eines Tauwasseranfalls, kann anhand des **„Glaser-Diagramms“** genau ermittelt werden, zwischen welcher Bauteilschicht Kondenswasser auftritt.

Praxishinweis

Bauphysik-Software zur Ermittlung von Tauwasser, aber auch Schallschutz-, Feuchteschutzberechnungen etc. bietet z. B. die Firma Kern Ingenieurkonzept, Hagelbergerstr. 17, 10965 Berlin, Telefon 030 / 789 567 80, Internet wwwBauphysik-Software.de an.

6.5 Vorbeugende Maßnahmen gegen Schimmelpilzbefall

Die wichtigste Voraussetzung für das Entstehen von Schimmelpilzen ist das Vorhandensein von Feuchtigkeit, die im Wesentlichen auf einen Bauschaden und/oder falsches Nutzerverhalten zurückzuführen ist. Damit ein Schimmelpilzwachstum durch Feuchteschäden vermieden wird, sollten folgende vorbeugenden Maßnahmen eingehalten werden:

6.5.1 Bauseitige Maßnahmen

- Einhaltung der Anforderungen des Mindestwärmeschutzes.
- Herstellen der Schlagregensicherheit als Schutz der Gebäudeaußenhülle.
- Abdichtung der Bodenplatte mittels geeigneter Sperrschichten gegen kapillar aufsteigende Feuchtigkeit.
- Dichte Dacheindeckung und bauphysikalisch richtiger Aufbau der Dachkonstruktion.
- Wasserdichte Heizungs- und Sanitärinstallation.
- Reduzierung der Restfeuchte in Neubauten sowie Durchfeuchtungen infolge von Witterungseinflüssen aus der Bauzeit.

6.5.2 Nutzerbedingte Maßnahmen

Luftaustausch

Um zu verhindern, dass die Luftfeuchte allmählich auf den Wert von 100 % ansteigt, muss ein Teil der in der Luft enthaltenen Wasserdampfmenge der Raumluft entzogen werden. I. d. R. erfolgt dies durch die Raumlüftung, d. h., ein Teil der Raumluft wird durch Außenluft ersetzt.

Der Luftaustausch in einem Gebäude kann auf zwei Arten erfolgen:

1. durch natürliche Lüftung durch Öffnen der Türen und Fenster sowie durch Undichtigkeiten in der Außenhülle des Gebäudes oder
2. durch maschinelle Lüftung mittels Ventilatoren.

In einen Vier-Personen-Haushalt können täglich durchaus 10 Liter Wasser an die Raumluft abgegeben werden:

• Menschen (Schwitzen):	1,0 bis 1,5 l
• Kochen:	0,5 bis 1,0 l
• Duschen, baden (pro Person):	0,5 bis 1,0 l
• Wäsche trocknen (4,5 kg) (geschleudert):	1,0 bis 1,5 l
(tropfnass):	2,0 bis 3,5 l
• Zimmerpflanzen:	0,5 bis 1,0 l

Der Vorgang

Die Möglichkeit, durch Lüftung Feuchtigkeit aus dem Raum zu entfernen, beruht darauf, dass Luft abhängig von der Temperatur unterschiedliche Mengen Wasserdampf aufnehmen kann. Warme Luft enthält bei gleicher relativer Feuchte viel mehr Wasser als kalte

Luft. Kalte Außenluft im Winter enthält wenig Wasser, selbst bei relativ hoher Feuchte. Kalte Luft, die beim Lüften in den Innenraum gelangt, nimmt beim Erwärmen Feuchtigkeit auf, die mit der erwärmten Luft wieder nach außen abgeführt wird. Bei kalter Außenluft kann im Innenraum durch Lüftung eine Austrocknung erzielt werden. Je kälter die Luft ist, desto mehr Wasser kann sie beim Erwärmen aufnehmen.

Beispiel:

Wird z. B. wasserdampfgesättigte Außenluft mit einer Temperatur von 5° C in einen Raum eingebracht und mit einer Temperatur von 20° C und einer relativen Feuchte von 60 % wieder hinausgefördert, dann wird je Kilogramm Luft auch Wasser nach außen transportiert.

Um zehn Kilo Wasser aus Innenräumen abzuführen, müssen ca. 2.800 Kilogramm Luft bewegt werden.

10 kg Wasser / 0,0036 kg Wasser je kg Luft = ca. 2.800 kg Luft.

Bei einem Gebäude mit einem Volumen von 500 m^3 ergibt sich ein Luftinhalt von 600 kg (1 m^3 Luft wiegt ca. 1,2 kg).

Dies bedeutet, dass der Luftinhalt der Innenräume im Mittel etwa 5mal täglich (= 2800 kg / 600 kg) ausgetauscht werden muss, um die unerwünschte Feuchtigkeit abzutransportieren.

Der stündliche Luftwechsel beträgt dann 5 / 24 h = 0,2/h.

Mittlerer Luftwechsel

Aus hygienischer Sicht wird ein Luftwechsel von 0,5 bis 1,0/h bei normaler Wohnraumnutzung für sinnvoll erachtet. In der DIN V 4108 - 6, welche die Grundlage der Energieeinsparverordnung bildet, wird dem reduzierten Lüftungsverhalten Rechnung getragen und von einem erforderlichen mittleren Luftwechseln von 0,7/h bei freier oder kontrollierter Lüftung ausgegangen. So können z. B. bei einem Fenster in Kippstellung Luftwechselraten von 0,3/h bis 4/h, bei ganz geöffnetem Fenster von 4/h bis 20/h und bei mechanischen Lüftungseinrichtungen mit Gebläse von 0,5/h bis 10/h Luftwechsel erreicht werden.

Mehrmaliges Lüften erforderlich

Zum Abtransport der tagtäglich in unseren Gebäuden entstehenden Feuchtigkeitsmengen muss unbedingt mehrmals täglich gelüftet werden. Durch die dicht schließenden modernen Isolierglasfenster müssen auch die Feuchtigkeitsmengen, die früher über die sog. Fugenlüftung infolge der Undichtigkeit der Fenster abtransportiert wurden, durch Öffnen der Fenster entfernt und unschädlich gemacht werden.

Gefahr der Tauwasserbildung

Besonders im Winter nimmt die Oberflächentemperatur von Außenwänden ab. Eine weitere Minderung der Oberflächentemperatur ergeben schlecht gedämmte Außenwände und Wärmebrücken etc. Wird dann zusätzlich die Raumluftzirkulation z. B. durch Schränke, Bilder, Wandverkleidungen etc. behindert, werden in diesen Bereichen die Außenwände kaum noch erwärmt. Damit nehmen die relative Feuchte an der Innenwandoberfläche und die Gefahr der Tauwasserbildung entsprechend zu. Daher sollten an Außenwänden, vor allem bei ungenügender Wärmedämmung, keine dicht abschließenden Möbelstücke, Bilder oder schwere Gardinen aufgestellt bzw. aufgehängt werden. In der Praxis hat sich ein Mindestabstand von ca. 10 cm bewährt.

6.6 Vorgehen bei Schimmelpilzwachstum in Innenräumen

Ablauf der Untersuchung auf eine Schimmelpilzbelastung in Gebäuden[9]

Anmerkung: Die in Abb. 105 dargestellten Schritte sind denkbare Optionen, müssen im Einzelfall und in Abhängigkeit der Ortsbegehung jedoch nicht alle durchgeführt werden.

---

[9] Quelle: Dr. Heinz-Jörn Moriske, Dr. Regine Szewzyk: „Schimmelpilz-Leitfaden“ Leitfaden zur Vorbeugung, Untersuchung, Bewertung und Sanierung von Schimmelpilzwachstum in Innenräumen; Herausgeber Umweltbundesamt, Innenraumlufthygienekommission des Umweltbundesamtes, Berlin.

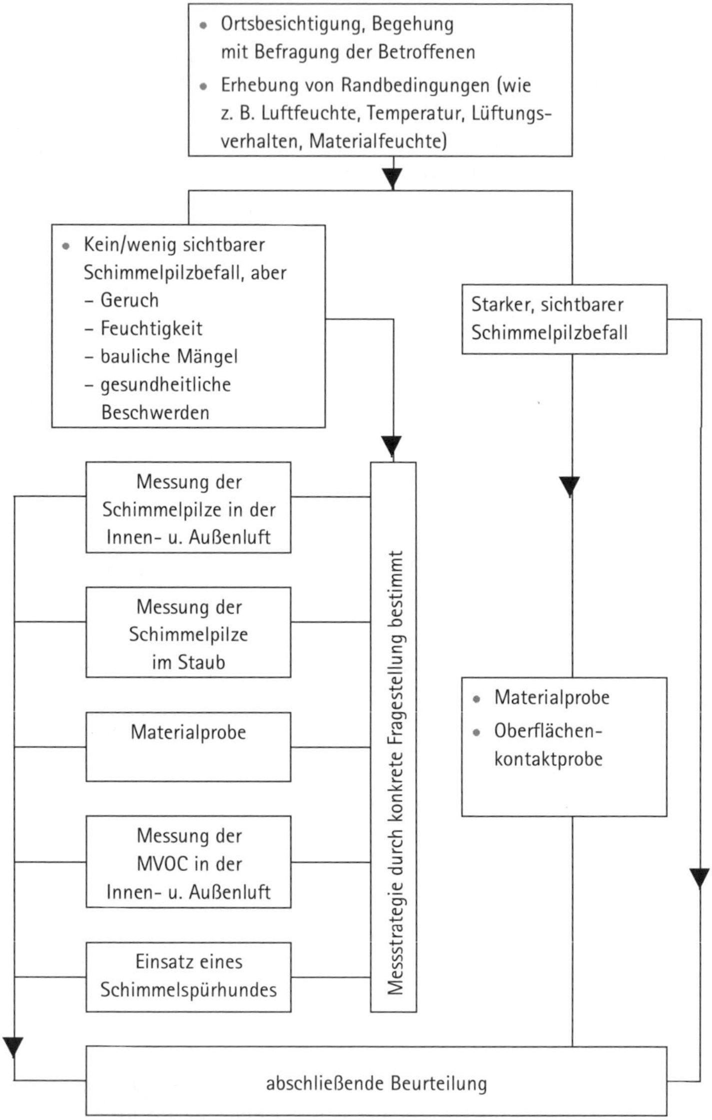

Abb. 105: Ablauf der Untersuchung auf eine Schimmelpilzbelastung

Ursachenforschung

Sind Gebäudeteile von Schimmelpilz befallen, sind zuerst die Ursachen für die Entstehung der Schimmelpilzbildung und des Wachstums zu erforschen. Dabei ist immer eine gründliche Untersuchung notwendig, denn die Beseitigung von Schimmelpilzschäden ist nur dann dauerhaft möglich, wenn geeignete Maßnahmen getroffen werden. Das Entfernen des Pilzes allein reicht dabei nicht aus.

Sicherheitsvorschriften beachten

Die Schadstellen müssen zuerst ausgetrocknet und gründlich gereinigt bzw. desinfiziert werden. Ist der Befall schon älter, dann ist der Pilz schon tiefer in die Wandbaustoffe eingedrungen und die Tapete, Anstrich und evtl. auch der Putz sind befallen und müssen vorsichtig und großzügig entfernt werden. Besonderer Wert ist auf die Beseitigung von Staub zu legen, da dieser oft stark mit Schimmelpilzen versetzt ist. Während der Arbeiten sollte eine **Schutzmaske** getragen und mit einem **Sicherheitsabstand** von ca. 50 cm vorgegangen werden. Bei der Sanierung von besonders belasteten Gebäuden (z. B. bei massenhaftem Auftreten von Stachybotrys chartarum) sind spezielle Sicherheitsvorschriften zu beachten.

Die Reinigungsmittel

Glatte Oberflächen können mit alkoholhaltigen Reinigungsmitteln, einer Essigessenz oder einer Sodalösung abgewischt werden. Im fortgeschrittenen Stadium können hochprozentiger Alkohol oder eine Salmiakverdünnung verwendet werden. Ist der Bauteil bereits länger mit Schimmelpilz befallen, sollte die Durchführung der Sanierungsmaßnahmen von einem erfahrenen Fachbetrieb ausgeführt werden.

Holzuntergründe trocknen lassen

Die Bekämpfung des Schimmelpilzes auf Holzuntergründen besteht hauptsächlich in der Trocknung des befallenen Holzes. Schimmelpilze wachsen maximal 1 mm tief ins Holz hinein. Sobald das Holz trocken ist, stellt der Schimmelpilz sein Wachstum ein und die zusammengefallenen Pilzmycelien können einfach entfernt werden (abbürsten und eventuell die oberste Holzschicht abschleifen). Oft bleiben fleckige Verfärbungen zurück, die auch durch farbige Holzlasuren noch wieder durchschlagen können.

Praxishinweis

Weitere Informationen bietet das Umweltbundesamt mit dem „Schimmelpilz-Leitfaden". Der Leitfaden zur Vorbeugung, Untersuchung, Bewertung und Sanierung von Schimmelpilzwachstum in Innenräumen kann im Internet kostenlos unter www.umweltbundesamt.de herunter geladen werden.

Darüber hinaus liefert das Buch „Schimmelpilze und Bakterien in Gebäuden" von Hankammer, Gunter; Lorenz, Wolfgang - Verlagsgesellschaft Rudolf Müller 2003 - ISBN 3-481-01953-X - ebenfalls wertvolle Hinweise zu diesem Thema.

7 Die häufigsten Ursachen für unzureichenden Schallschutz

Dem Schallschutz muss, insbesondere im Wohnungsbau, ein hoher Stellenwert eingeräumt werden, da durch Fehlplanung, Verwendung von falschen Materialien und nicht fachgerechter Ausführung Schäden entstehen, die im Nachhinein oft nur unter großem Aufwand und hohen finanziellen Kosten saniert werden können.

Praxishinweis

Für den Schallschutz ist die **DIN 4109** maßgebend, die 1989 nochmals überarbeitet wurde und eine umfassende Sicherheit gegen Schallbelästigung bietet. Die Schallschutznorm ist, wie die Wärmeschutznorm, eine sog. eingeführte Norm und somit verpflichtendes öffentliches Recht.

Vorrangig im Wohnungsbau

Besonders wichtig ist der Schallschutz im Wohnungsbau, da die Wohnung dem Menschen sowohl zur Entspannung und zum Ausruhen dient als auch den eigenen häuslichen Bereich gegenüber den Nachbarn abschirmen soll. In dieser Norm sind Anforderungen an den Schallschutz mit dem Ziel festgelegt, Menschen in Aufenthaltsräumen vor unzumutbaren Belästigungen durch Schallübertragung zu schützen.

Praxishinweis

Auf Grund der in der DIN 4109 festgelegten Anforderungen kann nicht erwartet werden, dass Geräusche von außen oder aus benachbarten Räumen nicht mehr wahrgenommen werden.

Die Anforderungen setzen voraus, dass in benachbarten Räumen keine ungewöhnlich starken Geräusche verursacht werden. Daraus ergibt sich insbesondere die Notwendigkeit gegenseitiger Rücksichtnahme durch Vermeidung unnötigen Lärms.

Schutzbereiche

Die DIN 4109 gilt zum Schutz von Aufenthaltsräumen

- gegen Geräusche aus **fremden Räumen**, z. B. Sprache, Musik oder Gehen, Stühle rücken und den Betrieb von Haushaltsgeräten,
- gegen Geräusche aus **haustechnischen Anlagen** und aus Betrieben im selben Gebäude oder in baulich damit verbundenen Gebäuden,
- gegen **Außenlärm** wie Verkehrslärm (Straßen-, Schienen-, Wasser- und Luftverkehr) und Lärm aus Gewerbe- und Industriebetrieben, die baulich mit den Aufenthaltsräumen im Regelfall nicht verbunden sind.

Praxishinweis

Nicht genormt sind **Nutzergeräusche**, sie unterliegen nicht den Anforderungen dieser Norm (siehe DIN 4109 Absatz 4). Unter Nutzergeräuschen werden z. B. das Aufstellen eines Zahnputzbechers auf einer Abstellplatte, hartes Schließen des WC-Deckels, Spureinlauf, Rutschen in der Badewanne usw. verstanden.

Achtung

Die Erwartungshaltung der Nutzer darf keinesfalls von einem „totalen" Schallschutz ausgehen.

Wie in der Fachliteratur publiziert, bestehen zwischen Grundlärmpegel, Schalldämm-Maß *R* ‘w und dem Durchhören von Sprache folgende Abhängigkeiten:

Drei Schallschutzstufen

Beurteilung der Hörbarkeit:		
	erforderliches Schalldämm-Maß R'_w in [dB] bei Grundgeräuschpegel von	
	30 dB(A)	20 dB(A)
nicht zu hören	mind. 57 dB	mind. 67 dB
zu hören, jedoch nicht zu verstehen	mind. 47 dB	mind. 57 dB
teilweise zu verstehen	mind. 42 dB	mind. 52 dB
gut zu verstehen	mind. 32 dB	mind. 42 dB

Tabelle 6: Beurteilung der Hörbarkeit

In Ergänzung der Schallschutzanforderungen der Norm DIN 4109, die durch bauaufsichtliche Einführung **öffentlich-rechtliche** Bedeutung erlangt haben, definiert die VDI 4100 drei Schallschutzstufen für die Planung und Bewertung von Wohnungen. Mit Hilfe dieser drei Gütestufen kann der gewünschte Schallschutz zwischen allen am Bau Beteiligten und den Wohnungsnutzern **privatrechtlich** vereinbart werden.

Praxishinweis

Beachten Sie, dass den baulichen Aufwendungen zur Reduzierung der akustischen Störwirkung konstruktive, aber auch finanzielle Grenzen gesetzt sind. Die Mehrkosten für eine Verbesserung des Schallschutzes von SSk I auf SSk II betragen ca. 1,7 % der reinen Baukosten, von SSk I auf SSk III ca. 2 %. Trotzdem wird dringend empfohlen, preiswerte technische Möglichkeiten zum baulichen Schallschutz voll auszuschöpfen.

Nicht nur für Neubauten, sondern auch bei vorhandenen Bauten sollten Sie sich den schriftlichen Nachweis über die Qualitätsstufe des ausgeführten Schallschutzes bzw. den Vereinbarungsumfang vorlegen lassen. Wesentlich sind Bauteile, wie z. B. Kommunewände, Treppenhauswände, Decken etc.

Wahrnehmung üblicher Geräusche aus Nachbarwohnungen und Zuordnung zu den drei Schallschutzstufen (SSt) nach VDI 4100

Art der Geräuschemission	Wahrnehmung der Immission aus der Nachbarwohnung, abendlicher Grundgeräuschpegel von 20 dB und üblich große Aufenthaltsräume vorausgesetzt		
	SSt 1	SSt 2	SSt 3
laute Sprache	verstehbar	I. A. verstehbar	I. A. nicht verstehbar
Sprache mit angehobener Sprechweise	I. A. verstehbar	I. A. nicht verstehbar	nicht verstehbar
Sprache mit normaler Sprechweise	I. A. nicht verstehbar	nicht verstehbar	nicht hörbar
Gehgeräusche	I. A. störend	I. A. nicht mehr störend	nicht störend
Geräusche mit haustechnischen Anlagen	unzumutbare Belästigungen werden I. A. vermieden	gelegentlich störend	nicht oder nur selten störend
Hausmusik, laut eingestellte Rundfunk- und Fernsehgeräte, Parties	deutlich hörbar		I. A. hörbar

Tabelle 7: Schallschutzstufen nach VDI 4100

Praxishinweis

Um spätere Auseinandersetzungen über den geschuldeten Schallschutz zu vermeiden, wird dringend empfohlen, die gewünschte Schallschutzstufe (SSt) vertraglich zu vereinbaren!

Erhöhter Schallschutz

Für die Bauteile Decken, Treppenläufe, Treppenpodeste, Wände und Wohnungseingangstüren gibt es neben den Mindestanforderungen auch Anforderungen für den erhöhten Schallschutz. Dieser umfasst jedoch höhere, umfangreiche bauliche Maßnahmen, wodurch die Wohnruhe auf Grund der hohen Qualität weitgehend garantiert wird. Jedoch bedeutet die exakte Bauausführung auch einen **finanziellen Mehraufwand.** Da die Anforderungen für den erhöhten Schallschutz aufwändiger sind, müssen sie im Vertrag bzw. in der Baubeschreibung mit dem Zusatz z. B. „Ausführung der Bauleistungen nach erhöhtem Schallschutz“ **ausdrücklich vereinbart** werden.

Die Schallformen

In der Bautechnik unterscheidet man folgende Schallformen:

- **Luftschall** ist ein sich in der Luft ausbreitender Schall, der von Personen, Maschinen, Installationen etc. erzeugt wird und mittels Masse gedämmt werden kann.
- **Körperschall** entsteht durch Luftschall, der sich über flankierende Bauteile, z. B. Wände und Decken, überträgt. Diese werden zum Mitschwingen angeregt, wobei sich der Schall auf diese Weise im Bauteil ausbreiten kann. Körperschall wird generell durch elastische Stoffe gedämmt.
- Als **Trittschall** bezeichnet man den - durch unmittelbare Anregung eines Fußbodens über Tritte, fallende Gegenstände usw. - in der Decke sich ausbreitenden Körperschall und den von der angeregten Decke nach unten abgestrahlten Luftschall. Die Trittschalldämmung wird z. B. durch fachgerechtes Einbringen von schwimmendem Estrich erzielt.

Praxishinweis

Die Grundrisse sollten so angeordnet werden, dass die Räume schalltechnisch günstig zueinander liegen. So sollten z. B. bei Küchen und Bädern die Installationen gemeinsam an einer Wohnungstrennwand platziert werden oder Wohnräume unmittelbar fremden Wohnräumen oder Schlafräumen gegenüber gelegt werden. Ungünstig dagegen ist es, bei Ausführung eines Bads oder einer Küche die Installationswand an einen Aufenthaltsraum (Wohnzimmer, Schlafzimmer etc.) zu legen. Zudem sollte vermieden werden, dass bei versetzten Grundrissen Küchen oder Bäder sich über oder unter Wohn- und Schlafräumen befinden, da dadurch in der Decke Leitungsverzüge notwendig werden, die den Schall auf umliegende Bauteile übertragen. Auch sollten die Installationen nicht in, sondern vor der Wand verlegt werden.

Rohdichte des Baustoffs

Generell ist der Schallschutz für Luftschall direkt abhängig von der Rohdichte des Baustoffs. Je schwerer das Material bei gleichem Volumen ist, desto besser ist seine Schalldämmung. So bietet eine Wand aus Beton oder Kalksandstein einen besseren Luftschallschutz als Wände aus Porenbeton aus gleicher Dicke. Dies gilt jedoch nur für eine ungestörte Wand wie z. B. eine Trennwand zwischen zwei Doppelhäusern, also ohne Fenster und Türen. Bei Wänden mit großen Fensteranteilen muss die schalldämmende Wirkung durch eine entsprechende Fensterkonstruktion bzw. Verglasung hergestellt werden.

Praxishinweis

Sie sollten bereits in der Entwurfsphase die Entscheidung über die eigentliche Qualität des Schallschutzes festlegen, indem die Stärken und Materialien der Wände und Decken in der ausreichenden Dimension der Bauteile berücksichtigt werden.

Zweischalige Gebäudetrennwand

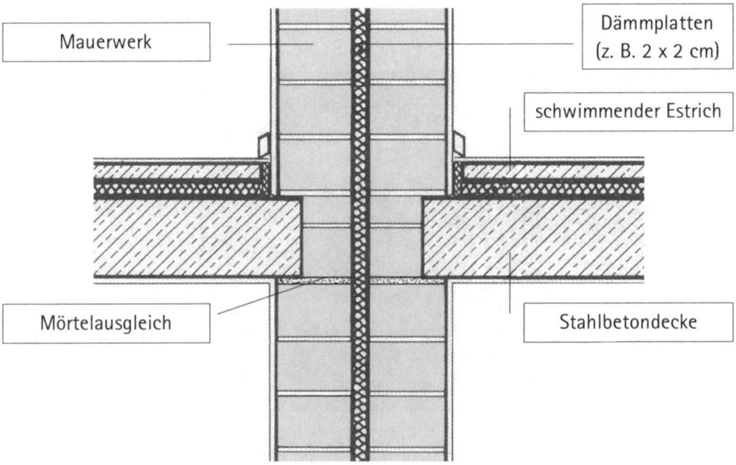

Abb. 106: Gebäudetrennwand, zweischalig

Nachfolgend wird auf die wichtigsten Bauteile im Wohnungsbau eingegangen. Dabei wird dargelegt, wie der Schallschutz erreicht werden kann und was Sie dabei beachten müssen.

7.1 Schallschutz für Decken

Für Decken wird der geforderte Schallschutz im Geschosswohnungsbau bereits mit einer mindestens 16 cm starken Decke und einem schwimmenden Estrich erreicht. Darüber hinaus kann für

Mindestanforderungen

Böden eine Trittschallverbesserung durch textile Bodenbeläge (z. B. Teppiche) erzielt werden.

7.2 Schallschutz für Wände

Erhöhte Schallschutzqualität

Bei **Trennwänden zwischen Doppel- und Reihenhäusern** reicht die Einhaltung der Mindestanforderungen zumeist nicht aus, da solche Häuser oft in Gegenden errichtet werden, bei denen ein relativ geringer Geräuschpegel herrscht. Hierbei ist dem Bauherrn anzuraten, eine erhöhte Schallschutzqualität anzustreben. Dies kann erreicht werden durch zwei Wandscheiben, die von der Oberkante des Fundaments bis zum Dach und von Außenwand zu Außenwand eine mindestens 4 cm durchgehende Fuge erhalten. Diese zweischalige Wand wird zwischen den Fugen mit einer nicht brennbaren mineralischen Faserdämmplatte ausgeführt (vgl. Abb. 107).

Abb. 107: Ausführung einer Kommunewand eines Doppelhauses mit einer mineralischen Faserdämmplatte

Bei der Ausführung einer Kommunewand spielen die Rohdichte der Wände, das Dämmmaterial und der Abstand der Wände hinsichtlich des Schallschutzes eine wesentliche Rolle. So sind z. B. Polystyrol-Hartschaumplatten auf Grund ihrer zu hohen dynamischen Steifigkeit von s' = rd. 60 - 80 MN/m^3 als Trennfugenplatte zwischen Haustrennwänden ungeeignet.

Gute Trennfugenplatten

Sehr gut geeignet sind Trennfugenplatten aus **Mineralfaser** mit einer dynamischen Steifigkeit von s' = 10 MN/m^3.

Es ist auch sinnvoll, die Trennfuge möglichst breit zu erstellen, da sich bei einer Verdopplung der Fugenbreite von z. B. 30 mm auf 60 mm die Schalldämmung um ca. 6 dB verbessern lässt.

Praxishinweis

Bei der Planung ist es schalltechnisch sinnvoll, die beiden Wandscheiben möglichst schwer oder auch in unterschiedlicher Dicke (z. B. 17,5 cm und 11,5 cm) herzustellen.

Abb. 108: Kommunewand mit einer klassischen Schallbrücke im Deckenbereich

Verlegetechnik

Beim Verlegen der Platten ist darauf zu achten, dass diese auf das bestehende Mauerwerk geklebt und zusätzlich mit einer Folie abgedeckt werden, die verhindert, dass ausquellender Mörtel durch die Plattenstöße dringt, oder dass die Dämmplatte zweilagig versetzt verlegt wird, damit es zu keiner Schallübertragung kommt.

Praxishinweis

Für Kommunewände bei Einfamilien-Doppelhäusern und Einfamilien-Reihenhäusern beträgt lt. DIN 4109 (11.89) die Mindestanforderung an den Luftschallschutz erf. R'_w = 57 dB.

Massivkonstruktionen

Bei **Wohnungstrennwänden** ist die homogene einschalige Wand Standard. Damit hier der Schalldämmwert erreicht wird, müssen die flankierenden Bauteile, also Außenwände, Decken, tragende und nichttragende Innenwände, eine mittlere flächenbezogene Masse von ca. 300 kg/m^2 aufweisen. Dies wird in der DIN 4109 gefordert und mit den üblichen Massivkonstruktionen erfüllt. Um Luftschallbrücken auszuschließen bzw. einzuschränken, sollten Sie beim Mauern von Wänden darauf achten, dass die Mauerwerksfugen satt mit Mörtel ausgefüllt sind.

Praxishinweis

Für Wohnungstrennwände und Wände zwischen fremden Arbeitsräumen bei Mehrfamilienhäusern beträgt lt. DIN 4109 (11.89) die Mindestanforderung an den Luftschallschutz erf. $R'_w = 53$ dB.

Für Treppenraumwände und Wände neben Hausfluren $R'_w = 52$ dB.

Mindestanforderungen

Installationswände sind einschalige Wände, an denen Installationsleitungen, Armaturen und Abwasserleitungen um-, aus- oder vorgemauert werden. Diese Wände müssen eine flächenbezogene Masse von mindestens 220 kg/m^2 aufweisen, die bei einer 11,5 cm starken Wand mit einem Ziegel der Rohdichteklasse von mindestens 1,8 und höher erzielbar ist.

Abb. 109: Installationsleitungen vor Trennwand

Installationsleitungen sollten, wie in Abb. 109 dargestellt, **vor** und **nicht in** Trennwänden zu Aufenthaltsräumen verlegt werden. Auf gar keinen Fall dürfen sie in Wohnungstrennwände montiert werden!

Praxishinweis

Installationsgeräusche sind umso leiser, je schwerer die Wand ist, an der Rohrleitungen und Armaturen befestigt sind.

Leichte, nichttragende Wände können zu einer Verschlechterung der Schalldämmung führen, wenn sie fest mit Decken oder Wohnungstrennwänden verbunden sind. Auf Grund ihrer geringen flächenbezogenen Masse werden sie von schweren Trennwänden und Decken leicht zu Schwingungen angeregt.

Praxishinweis

Diese Körperschallübertragung vermeidet man, indem zwischen nichttragenden Wänden und schwingungsübertragenden Bauteilen elastische Stoffe, z. B. Dämmstreifen, eingelegt werden.

Verankerung

Um einen optimalen Schallschutz bei einem Anschluss einer **tragenden Wand**, z. B. Wohnungstrennwand an eine Außenwand, zu erhalten, muss eine möglichst biegesteife Verbindung geschaffen werden, damit die Schalllängsleitung verringert wird. Diese schalldämmende Wirkung wird erreicht, wenn z. B. die tragende Wand in die Außenwand eingebunden und in jede Schicht ein Flachstahlanker eingemauert wird. Die Stoßstellen müssen darüber hinaus gewissenhaft mit Mörtel ausgefüllt werden.

Einbindung einer Wohnungstrennwand in die Außenwand

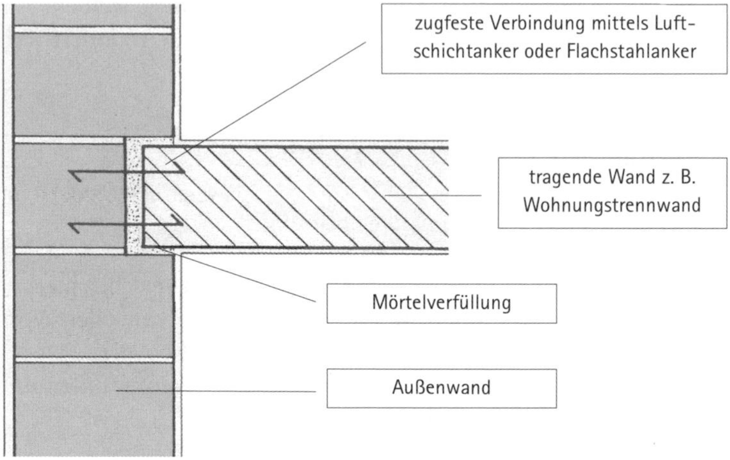

Abb. 110: **Einbindung einer Wohnungstrennwand in die Außenwand**

7.3 Trittschallschutz

Gründe für mangelnden Schallschutz

Die Forderung der DIN 4109, dass das ausreichende Trittschallschutzmaß bei Wohnungstrenndecken ohne Bodenbeläge erbracht werden muss, setzt den Einbau von **schwimmendem Estrich mit Trittschalldämmung** voraus. Rechnerisch kann der Mindestaufbau für den schwimmenden Estrich eingehalten werden, jedoch wird der berechnete Schallschutz in der Praxis häufig unterschritten, was folgende Ursachen haben kann:

- Bei einem Mindestaufbau von 70 mm wird die Estrichplatte trotz zulässiger Rohbautoleranzen geschwächt. Dies hat einen „Dröhneffekt" und eine Minderung der errechneten Verbesserungsmaße zur Folge.
- Auf Grund von Sonderwünschen und Umplanungen werden häufig Heizungs- und Wasserleitungen sowie Elektroleerrohre am Fußboden verlegt. Da bei einem geplanten Mindestaufbau von ca. 70 mm eine Ausgleichsschicht zwingend erforderlich ist, jedoch nicht mehr aufgenommen werden kann, sind neben Rissbildungen, die meistens auf Einschnürungen der Estrichplatte zurückzuführen sind, Körperschallbrücken bereits vorprogrammiert.

Aus diesen Gründen sollte bereits bei der Planung ein ausreichend starker **Fußbodenaufbau mit mindestens 90 mm** gewählt werden, damit Rohrkonstruktionen und Rohbautoleranzen in der Decke nicht zu Schallproblemen führen können.

Auf starken Fußbodenaufbau achten

Fußbodenaufbau

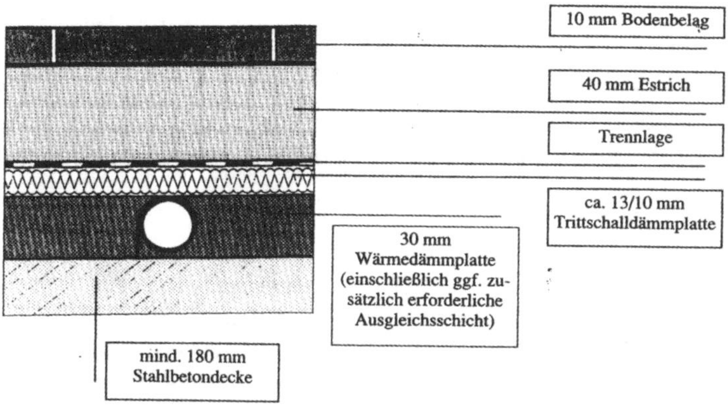

Abb. 111: Fußbodenaufbau

Um ein Höchstmaß an Trittschalldämmung zu erzielen, muss darauf geachtet werden, dass die Trittschalldämmplatte **ohne Unterbrechung durch Rohrleitungen** etc. verlegt wird, also immer auf der dem Estrich näher zugewandten Seite.

Richtige Verlegetechnik

Die Ausbildung der Randfuge zwischen Estrichplatte und Wand, Türzargen etc. kann zu Schallproblemen führen, wenn hier nicht sorgfältig gearbeitet wird. Dabei kommt es oft zum Überbrücken der Randfuge durch Estrichmaterial – insbesondere bei Fliesestrich – durch einlaufenden Fugenmörtel des Fliesenlegers oder durch zu dicht an der Wand anliegende Parkett- oder andere Plattenbeläge.

Praxishinweis

Um dabei ein höchstes Maß an Sicherheit zu gewährleisten, sind vor Einbringen des Estrichmaterials Randstreifen zu verlegen, die von der Oberkante der Rohdecke bis ca. 20 mm über die Oberkante des späteren fertigen Fußbodenbelags reichen, der jedoch erst vom Bodenleger abgeschnitten werden darf.

Aufschüsseln der Estrichränder

Ein weiteres Problem, das zur Minderung der Trittschalldämmung führen kann, ist ein „Aufschüsseln" der Estrichränder. Dies entsteht dadurch, dass der Estrich zu schnell, z. B. durch Sonneneinstrahlung oder Zugerscheinung etc., an seiner Oberfläche austrocknet, sofern ihm nicht genügend Abbindefeuchte zugegeben wurde. Da der Estrich oben schneller als unten trocknet, tritt eine Verkürzung der oberen Estrichrandzone ein, die ein mehr oder weniger starkes „Aufschüsseln" der Ränder zur Folge hat. Dieser Mangel bringt neben einem unangenehmen „Dröhneffekt" auch eine Minderung der Trittschalldämmung mit sich.

Praxishinweis

Um diesen Effekt zu verhindern, sollte dafür Sorge getragen werden, dass der Abbindeprozess der Estrichplatte gleichmäßig vor sich gehen kann. Sie sollte vor starker Sonneneinstrahlung und starkem Luftzug geschützt und im Außenbereich, z. B. auf Balkonen, mit Folie abgedeckt werden.

7.4 Schallschutz für Treppen und Treppenpodeste

Mindestanforderungen

Für Treppen und Treppenpodeste wird der geforderte Schallschutz erreicht, indem das Treppenpodest mindestens 12 cm stark und mit schwimmendem Estrich ausgeführt wird. Der Stahlbetontreppenlauf ist von der angrenzenden Wand durch eine Mineralfaser-Dämmmatte zu trennen und am Übergang zum Treppenpodest (Antritt und Austritt) auf ein Neoprenlager aufzulegen. Alternativ sind auch spezielle Einbauelemente empfehlenswert.

Nach den Innenputzarbeiten sind die Übergänge Treppenlauf/Wand und Treppenlauf/Podest mittels eines Kellenschnitts – Ausbildung einer Trennfuge – zu trennen. Dabei muss die sichtbare Fuge genau unter der Rohbaufuge liegen. Werden die Treppen mit einem Plattenbelag wie z. B. Marmor oder Fliesen versehen, ist darauf zu achten, dass der Fliesensockel, der an der Wand befestigt wird, keine feste Verbindung mit dem Treppenbelag aufweist und der dadurch entstandene Zwischenraum mit einer dauerelastischen Verfugung ausgeführt wird.

Treppenauflager an Podest

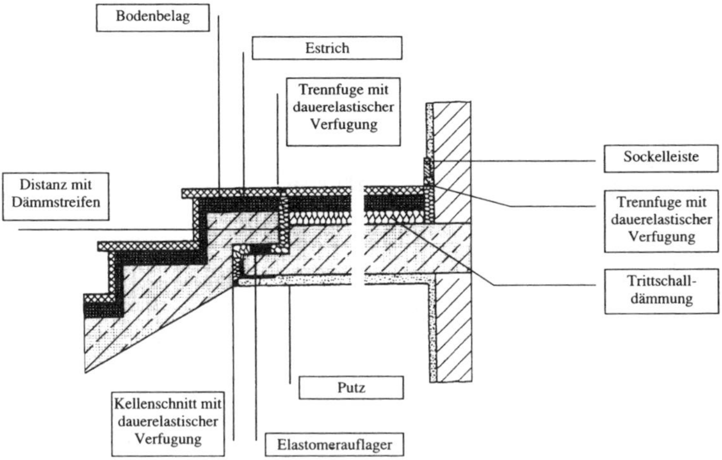

Abb. 112: Treppenauflager an Podest

Abb. 113: Treppenlaufanschluss, unfachmännisch ausgeführt

Die in Abb. 113 ausgeführte Variante eines Treppenlaufanschlusses an die Erdgeschossdecke wurde schlampig ausgeführt. Hier sind so große Betonnester vorhanden, dass der Abstandhalter und die Bewehrung sichtbar sind. Die Trennfuge zwischen Treppenlauf und Decke ist zwar mit einem sehr breiten Mineraldämmstreifen schalltechnisch getrennt. Eine Schallbrücke besteht dennoch durch die Spachtelmasse, die über die Trennfuge verspachtelt wurde.

7.5 Schallschutz für Armaturen

Armaturengruppe I verwenden

Strömendes Wasser in Frischwasser-Rohrleitungen erzeugt hauptsächlich an den Engstellen Geräusche – also in den Auslaufarmaturen. Daher sollten ausschließlich Armaturen der Armaturengruppe I (sehr leise) eingebaut werden. Der zulässige Armaturen-Geräuschpegel bei der Prüfung im Labor darf den Wert L_{AF} = 20 dB(A) nicht übersteigen. Bei Grundrissen, bei denen Wasserinstallationen direkt an Wänden zu Wohn- und Schlafräumen befestigt sind, dürfen nur Armaturen der Gruppe 1 angebracht werden.

Praxishinweis

Empfehlenswert sind körperschallgedämmte Befestigungen für Armaturen.

Körperschall-isolierte Einrichtungen

Beim Benutzen der Sanitär-Einrichtungsgegenstände (z. B. Duschen, Abstellen des Zahnputzbechers auf der Ablage etc.) wird Körperschall erzeugt, der auf die angrenzenden Wände und Decken übertragen wird. Die Einrichtungsgegenstände müssen daher gut körperschallisoliert werden. Dies wird erreicht, wenn z. B. Dusch- und Badewannen auf schwimmenden Estrich aufgestellt werden.

7.6 Mindestluftschalldämmung von Außenbauteilen

Erwünschter Schallpegel

Der Schallschutz für **Fenster** wird durch die Art und Stärke des vorhandenen bzw. zu erwartenden Geräuschpegels und dem gewünschten Schallpegel in den Innenräumen bestimmt.

Für Wohnräume wird ein Schallpegel von 30 dB(A) als angenehm empfunden und ist daher anzustreben. Eine Erhöhung/Reduzierung des Schallpegels um 10 dB(A) bedeutet eine Verdoppelung/Halbierung des empfundenen Lärms.

Ermittelt wird das erforderliche resultierende Schalldämmmaß (erf. $R'_{w,res}$) des Außenbauteils (Wand und Fenster) aus der unten aufgeführten Tabelle, die in Lärmpegelbereiche (I - VII) eingeteilt ist, die je nach Bereich dem entsprechenden „maßgeblichen Außenlärmpegel" zugeordnet sind.

Maßgeblicher Außenlärmpegel

Jeder Festlegung des erforderlichen resultierenden Schalldämmmaßes (erf. $R'_{,res}$) muss eine Ermittlung des „maßgeblichen Außenlärmpegels" vorausgehen. Der kann durch Berechnung, Entnahme aus Lärmkarten, Festlegung in gesetzlichen Vorschriften oder Verwaltungsvorschriften, Messungen, Nomogrammen etc. ermittelt werden und muss bei der Ermittlung über Nomogramme, ggf. mittels Korrekturfaktoren, ergänzt werden, wenn das Gebäude z. B. an einer Straße mit beidseitiger Bebauung liegt (+ 3 dB[A]).

Eine Lautstärke (Schallpegel) von 60 dB(A) – z. B. Wohnsammelstraße bis 200 Fahrzeuge/Stunde in ca. 20 m Entfernung – wird bereits als unangenehm empfunden.

Autobahnen in einer Entfernung von ca. 100 m und einer Verkehrsdichte bis ca. 3.000 Fahrzeuge/Stunde erreichen einen Schallpegel von 70 dB(A).

Mindestluftschalldämmung von Außenbauteilen (Wand einschließlich Fenster) für Wohnräume (Auszug aus der DIN 4109)

Lärmpegelbereich	maßgeblicher Außenlärmpegel dB(A)	erf. $R'_{w,res}$ des Außenbauteils in dB
I	bis 55	30
II	56 - 60	30
III	61 - 65	35
IV	66 - 70	40
V	71 - 75	45
VI	76 - 80	50
VII	> 80	[10])

Tabelle 8: Mindestluftschalldämmung von Außenbauteilen für Wohnräume

Schalldämmmaß

Diese **erforderlichen resultierenden Schalldämmmaße** (erf. $R'_{w,res}$) müssen (ausgenommen sind Küchen, Bäder und Hausarbeitsräume) eingehalten werden.

Die Berechnung erfolgt jeweils für einen Raum und nicht für das gesamte Gebäude. Aus Vereinfachungsgründen und um Verwechslungen beim Einbau der Fensterelemente vorzubeugen, sollte man jedoch eine möglichst geringe Differenzierung vornehmen.

Korrekturwerte

Unter bestimmten Voraussetzungen müssen die ermittelten Tabellenwerte nochmals korrigiert werden. Die Korrekturwerte sind in Abhängigkeit vom Verhältnis der gesamten Außenfläche eines Raums (Wand und Fenster) zur Grundfläche des Raums zu ermitteln und aus Tabellen zu entnehmen. Diese betragen im günstigsten Fall – 3 dB, im ungünstigsten Fall + 5 dB.

Überschlägig kann der erforderliche Schalldämmwert aus dem Außenlärmpegel abzüglich 30 dB für den gewünschten Innenraumpegel abgeschätzt werden. Im Anschluss daran müssen die geeignete Fensterkonstruktion und Verglasung ausgesucht bzw. in Auftrag gegeben werden, die das erforderliche Schalldämmmaß **im eingebauten Zustand** erreicht.

[10] Die Mindestwerte sind hier auf Grund der örtlichen Gegebenheiten im Einzelfall festzulegen.

7.7 Schallschutz von Fenstern

Erforderliche Schalldämmmaße

Labormessungen und deren ermittelte Werte (wie häufig in den Prospekten angegeben) weisen i. d. R. höhere Schalldämmwerte auf. Die Forderungen sollten jedoch immer auf das eingebaute Fenster (Rahmen einschließlich Verglasung) bezogen werden.
Einfachfenster mit einer Standard-Wärmeverglasung (4/16/4) – jeweils 4 mm Scheibenstärke und 16 mm Zwischenraum – erreichen bereits Schalldämmmaße um 35 dB.

Praxishinweis

Generell sollte eine Konstruktion ausgewählt werden, die ein Prüfzeichen mit Eignungsbescheinigung einer dafür anerkannten Prüfstelle aufweist, oder Konstruktionen, die in der DIN 4109, Beiblatt 1, Tabelle 40, aufgeführt sind.

Voraussetzungen für hohe Schalldämmwerte

Hohe Schalldämmwerte setzen eine aufwändigere Verglasung, höhere Anforderungen an die Konstruktion, z. B. Kastenkonstruktionen mit getrennten Fensterblendrahmen, und an den Einbau voraus. Bei hohen Außenlärmpegeln sind ggf. zusätzliche Einrichtungen für die Zwangsbelüftung, z. B. schallgedämmte Luftkanäle, notwendig, die ein Öffnen der Fenster erübrigen.

Schallschutzglas

Der Aufbau

Bestimmend für den Schallschutz an Fenstern sind die vorhandene Masse der Scheiben, der Abstand der Scheiben bei Doppelverglasungen sowie die Falzdichtung und hohe Anforderungen an den Einbau in den Baukörper.
Schallschutzglas besteht i. d. R. aus zwei unterschiedlich dicken Glasscheiben (z. B. 6/16/4, bedeutet 6 mm Scheibe / 16mm Scheibenabstand / 4 mm Scheibe). Zudem kann deren Zwischenraum mit einem schalldämmenden Gas gefüllt sein.

Tabelle 2 aus VDI-Richtlinie 2719 – Schallschutzklassen von Fenstern			
Schallschutzklasse	**bewertetes Schalldämmmaß RW des am Bau funktionsfähig eingebauten Fensters, gemessen nach DIN 52 210 Teil 5, in dB**	**erforderliches bewertetes Schalldämmmaß RW des im Labor funktionsfähig eingebauten Fensters, gemessen nach DIN 52 210 Teil 2, in dB**	**Orientierende Hinweise auf Konstruktionsmerkmale von Fenstern ohne Lüftungseinrichtungen**
1	25 bis 29	≥ 27	Isolierverglasung in Fenstern ohne zusätzliche Dichtung
2	30 bis 34	≥ 32	Verbundfenster mit zusätzlicher Dichtung; Isolierverglasung, fest eingebaut oder in dichten Fenstern
3	35 bis 39	≥ 37	Kastenfenster ohne zusätzliche Dichtung; Verbundfenster mit zusätzlicher Dichtung; Isolierverglasung in schwerer, mehrschichtiger Ausführung; in dichten Fenstern
4	40 bis 44	≥ 42	Kastenfenster mit zusätzlicher Dichtung; Verbundfenster mit besonderer Dichtung, Scheibenabstand über ca. 60mm
5	45 bis 49	≥ 47	Kastenfenster mit besonderer Dichtung, großem Scheibenabstand; Verbundfenster mit entkoppelten Flügelrahmen, besonderer Dichtung, Scheibenabstand über ca. 100mm
6	≥ 50	≥ 52	Kastenfenster mit getrennten Blendrahmen, besonderer Dichtung, sehr großem Scheibenabstand

Tabelle 9: Schallschutzklassen von Fenstern

Ausschlaggebend: die Dichtheit

Die Dichtheit zwischen Blend- und Flügelrahmen gilt neben der Verglasung als Haupteinflussfaktor für die Schalldämmung von Fenstern. Deshalb müssen Dichtungsprofile in einer Ebene ohne Unterbrechung umlaufend angeordnet werden. Eine zweite Dichtung kann die Schallausbreitung über die Fuge zwischen Blendrahmen und Flügel mindern. Dabei muss jedoch gewährleistet sein, dass die Dichtung überall anliegt. Das kann nur erreicht werden, wenn die Fertigungstoleranzen bei der Fensterherstellung sehr gering sind. Ist dies nicht der Fall, kann eine zweite Dichtung eventuell zu einer Verschlechterung des Schalldämmwerts führen. Die **Anordnung der Dichtung** bei Verbundfenstern sollte im raumseitigen Flügel vorgenommen werden, um die Gefahr der Tauwasserbildung im Scheibenzwischenraum zu reduzieren.

Vor- und Nachteile

Der Einbau von Schallschutzglas empfiehlt sich besonders, wenn die Bebauung an stark befahrenen Straßen, in der Einflugschneise eines Flughafens oder in einem Tieffluggebiet liegt. Dem Vorteil einer erhöhten Lärmdämmung stehen aber ein **Lichtverlust** und ein um ca. **10 % höherer Preis** als Nachteile gegenüber.

7.8 Schallschutz von Türelementen

Der Einsatz schallhemmender Türelemente ist in vielen Bereichen des Innenausbaus nicht nur sinnvoll, sondern oft auch zwingend vorgeschrieben. Im Hinblick auf die unterschiedlichen Anforderungen und baulichen Gegebenheiten haben die meisten Hersteller ein Schallschutzprogramm entwickelt, das mit unterschiedlichen Konstruktionen alle Anforderungen nach DIN 4109 abdeckt.

Praxishinweis

Für Wohnungseingangstüren sollten ausschließlich geprüfte Türelemente (Prüfung Türblatt mit Zarge) mit Prüfzeugnis eingebaut werden.

Beim Einbau von Schallschutztürelementen in klimatisch kritischen Bauteilen (z. B. in unbeheizten Treppenhäusern) kann der erforderliche Schalldämmwert nur erbracht werden, wenn das Türblatt der Klimaklasse III entspricht, da hier durch Aluminiumeinlagen als Dampfsperre ein Verziehen des Türblatts nahezu ausgeschlossen ist.

Praxishinweis

Beim Einbau von Türspionen mindert sich der Schallschutz um ca. 3 dB.

Luftschalldämmung von Türelementen nach DIN 4109

	Bauteile	am Bau zu erfüllende Schalldämmung	um das Vorhaltemaß erhöhte Anforderung
Gebäudeart	**Bereiche und Räume, zwischen denen eine Tür eingesetzt wird**	**$R_{w,R}$ in dB**	**$R_{w,P}$ in dB**
Geschosshäuser mit Wohnungen und Arbeitsräumen	Türen zwischen Fluren, Hausfluren oder Treppen-Dielenräumen	27 (37)	32 (42)
	Türen unmittelbar zwischen Aufenthalts-/ Hausflurenräumen oder Treppenräumen und Wohnungen	37	42
Die in Klammern angegebenen Werte entsprechen den Vorschlägen für **erhöhten Schallschutz** gemäß Blatt 2 DIN 4109.			

Tabelle 10: Luftschalldämmung von Türelementen

Vorhaltemaß

Damit die erforderliche Mindestanforderung an die Schalldämmung einer Tür zuverlässig realisiert werden kann, hat man das so genannte Vorhaltemaß eingeführt. Das Vorhaltemaß beträgt für Türen 5 dB. In der Praxis bedeutet dies, dass der erzielte Schalldämmwert ($R_{w,P}$) bei Eignungsprüfungen in Prüfständen nach DIN 52 210, Teil 2, um 5 dB höher sein muss als der geforderte Rechenwert ($R_{w,R}$). Dieser aufgeführte Wert entspricht demjenigen, welchen ein Türhersteller mit Prüfzeugnis für die jeweilige Kategorie mindestens nachweisen muss.

$$R_{w,R} = R_{w,P} - 5\ \text{dB}$$

Bodendichtungen

Die Systeme

Die für die Funktion einer Tür erforderliche Bodenluft kann bei geschlossener Tür – insbesondere bei Wohnungseingangs- oder Haustüren – durch Bodendichtungen je nach Verwendungszweck

(z. B. Schall-, Wärme-, Brandschutz) wirksam abgedichtet werden. Dabei gibt es je nach Hersteller verschiedenartige Systeme, wobei für mechanisch absenkbare Bodendichtungen Nutausfräsungen im unteren Türblattbereich notwendig sind.

Horizontalschnitt einer Bodendichtung

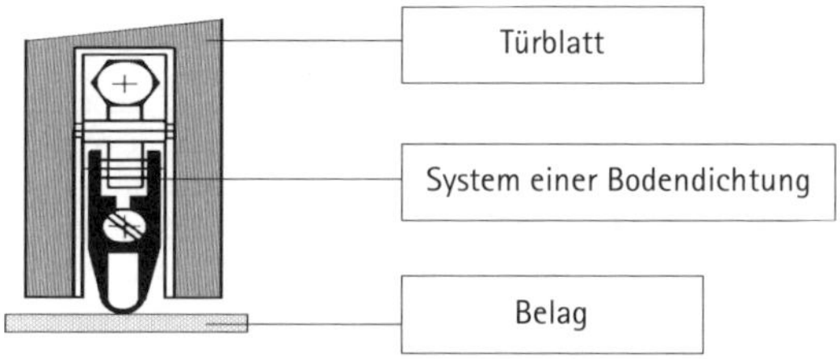

Abb. 114: Horizontalschnitt einer Bodendichtung

7.9 Prüf- und Messverfahren bei Schallschutzproblemen

Ist der Verwalter oder Immobilienbesitzer mit dem Problem konfrontiert, dass sich zwei Parteien über einen unzureichenden Schallschutz beschweren, sollte in erster Linie eine Aufklärung dahingehend erfolgen, dass ein „totaler" Schallschutz, bei dem keine Geräusche aus Nachbarwohnungen wahrzunehmen sind, nicht erwartet werden kann.

Zusammenhang zwischen Luftschalldämmung und Sprachverständlichkeit

Wird unterstellt, dass das Gebäude nicht nach erhöhtem Schallschutz erstellt wurde (eher der Regelfall) und dass sich aus einer exklusiven Ausstattung kein erhöhter Schallschutz herleiten lässt, kann zur Wahrnehmung der Immission aus der Nachbarwohnung folgender Zusammenhang zwischen dem Wert der Luftschalldämmung und der Sprachverständlichkeit nach VDI 4100, Schallschutzstufe I (SSt I), in Verbindung gebracht werden: Je höher die Luftschalldämmung, desto geringer ist die Sprachverständlichkeit zwischen den Wohnungen. Dabei werden ein abendlicher Grundgeräuschpegel von 20 dB und üblich große Aufenthaltsräume in der Nachbarwohnung vorausgesetzt.

Dabei gilt:

Art der Geräuschemission	Wahrnehmung der Immission aus der Nachbarwohnung, abendlicher Grundgeräuschpegel von 20 dB und üblich große Aufenthaltsräume vorausgesetzt		
	SSt 1	SSt 2	SSt 3
laute Sprache	verstehbar	i. A. verstehbar	i. A. nicht verstehbar
Sprache mit angehobener Sprechweise	i. A. verstehbar	i. A. nicht verstehbar	nicht verstehbar
Sprache mit normaler Sprechweise	i. A. nicht verstehbar	nicht verstehbar	nicht hörbar
Gehgeräusche	i. A. störend	i. A. nicht mehr störend	nicht störend
Geräusche mit haustechnischen Anlagen	unzumutbare Belästigungen werden i. A. vermieden	gelegentlich störend	nicht oder nur selten störend
Hausmusik, laut eingestellte Rundfunk- und Fernsehgeräte, Parties	deutlich hörbar		i. A. hörbar

Tabelle 11: Schallschutzstufen (SSt) nach VDI 4100

Beispiel

Wird in der Nachbarwohnung mit z. B. angehobener Sprechweise gesprochen, ist diese in der eigenen Wohnung i. A. verstehbar! Dies stellt nach VDI 4100, SSk I noch keinen Mangel dar.

Da diese Vorgehensweise auch für einen Leinen nachvollziehbar ist, kann man hiermit bereits im Vorfeld prüfen, ob ein schalltechnischer Mangel vorliegt.

Praxishinweis

Für eine genaue Betrachtung helfen allerdings nur Schalltechnische Gutachten weiter, die von für Bauakustik spezialisierte Sachverständigenbüros durchgeführt werden können. Im Fall eines vorhandenen Mangels können diese die Ursachen i. d. R. erkennen und geeignete Maßnahmen zur Mängelbeseitigung vorschlagen.

Praxishinweis

Die Kosten für die Erstellung von schalltechnischen Gutachten einschließlich Auswertung (Messbericht) betragen für Luftschallmessungen oder für Trittschallmessungen ca. 1.000 Euro bis 1.200 Euro zuzüglich Mehrwertsteuer für die erste Messung. Für weitere Messungen müssen ca. 350 Euro zuzüglich Mehrwertsteuer veranschlagt werden.

Beispiel

Messung der Luftschalldämmung einer Wohnungstrennwand:

Trennwand zwischen zwei Wohneinheiten bestehend aus 24 cm Planziegel SBZ verputzt, mit 2000 kg/m³, Rohdichteklasse 2,0.

Hinweis: SBZ-Ziegel sind Ziegelschalen, die geschosshoch aufgemauert und danach ausbetoniert werden.

- Bewertetes Schalldämm-Maß $R'_{w,R}$ = 55 dB (lt. Prospekt, bei fachgerechter Ausführung).
- Die Mindestanforderung an die Luftschalldämmung nach DIN 4109, Ausgabe 1989, ist erf. R'_w = 53 dB.
- Messwert R'_w = 49 dB. (Je kleiner das Schalldämmmaß, desto schlechter die Dämmwirkung!)

Da der Messwert von R'_w = 49 dB geringer als die Mindestanforderung nach DIN 4109, nämlich R'_w = 53 dB ist, stellt die Ausführung einen Mangel dar. Nach Angabe des Herstellers hätte die mit Beton verfüllte Ziegelschalenwand ein Schalldämmmaß von 55 dB bringen müssen, sofern die Arbeiten sorgfältig durchgeführt werden.

Die stärksten Einbrüche sind im Frequenzbereich der Sprache (mittlerer Bereich) ca. 300 bis 600 Hz (Hauptanteil) aufgetreten (vgl. Abb. 115) und wirken sich deshalb besonders störend aus. Bei einer Frequenz von ca. 400 Hz ergibt sich dabei nur noch ein Schalldämmmaß von R'_w = 43 dB. Dieser Wert ist bereits um 10 dB schlechter als die nach DIN 4109 geforderte Mindestanforderung.

Eine Erhöhung/Reduzierung des Schallpegels um 10 dB(A) bedeutet eine Verdoppelung/Halbierung des empfundenen Lärms.

Ursache hierfür ist eine stellenweise fehlende Befüllung der Wand.

Eine Mangelbeseitigung (Verbesserung der Schalldämmung) kann z. B. durch eine ca. 8 cm starke, mit Mineralfaser gedämmte, biegeweiche Vorsatzschale erfolgen.

Bau-Schalldämm-Maß ISO 140-4:1998

Messung der Luftschalldämmung zwischen Räumen in Gebäuden

Aufbau des Prüfgegenstandes:
Trennwand: 24cm Planziegel SBZ verputzt
Außenwand: 30cm Planziegel-T-14-V-PLUS

Prüffläche: 7.2 m²
Senderaum Volumen: 42 m³
Empfangsraum Volumen: 19 m³

Frequenz [Hz]	R' Terz [dB]
50	-,-
63	-,-
80	-,-
100	31,9
125	35,2
160	33,9
200	37,2
250	40,8
315	43,5
400	43,0
500	44,2
630	47,1
800	49,0
1000	48,5
1250	51,0
1600	53,6
2000	57,4
2500	60,4
3150	61,3
4000	-,-
5000	-,-

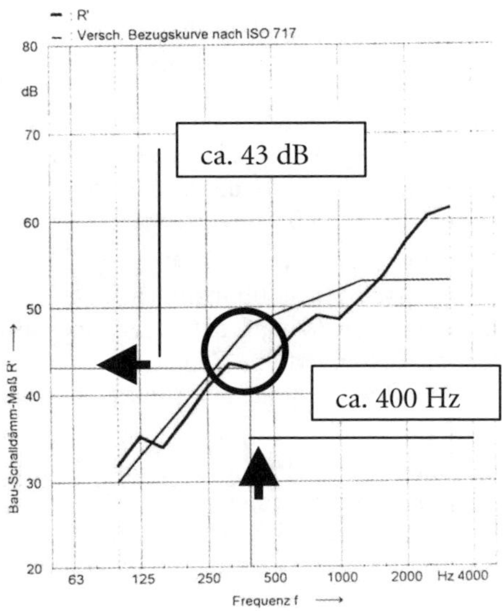

Bewertung nach ISO 717-1
Bewertetes
Bau-Schalldämm-Maß R'w = 49 dB
Die Ermittlung basiert auf Gebäude-Messungen, die in Terzbändern gewonnen wurden.

Abb. 115: Darstellung einer Messkurve (Luftschalldämmung)

Beispiel:

Messung der Trittschalldämmung einer Wohnungstrenndecke:

Wohnungstrenndecke, bestehend aus 18 cm Stahlbetondecke, Schwimmender 5 cm; Anhydritestrich auf 43/40 PST und 20 PS, dynamische Steifigkeit s'= 10 MN/m^3, Parkettbelag.

- Rechnerischer Normtrittschallpegel $L'_{n,wR}$ = 41 dB. Dieser ergibt sich rechnerisch aus dem Bodenaufbau.
- Die Mindestanforderung an die Trittschalldämmung nach DIN 4109, Ausgabe 1989, ist erf. $L'_{n,w}$ = 53 dB.
- Messwert $L'_{n,w}$ = 56 dB. Hier wurde weder die Mindestanforderung nach DIN 4109 erreicht, noch der rechnerische Wert auf Grund des gewählten bzw. ausgeführten Bodenaufbaus. (Je größer der Schallpegel, desto schlechter die Ausführung!)

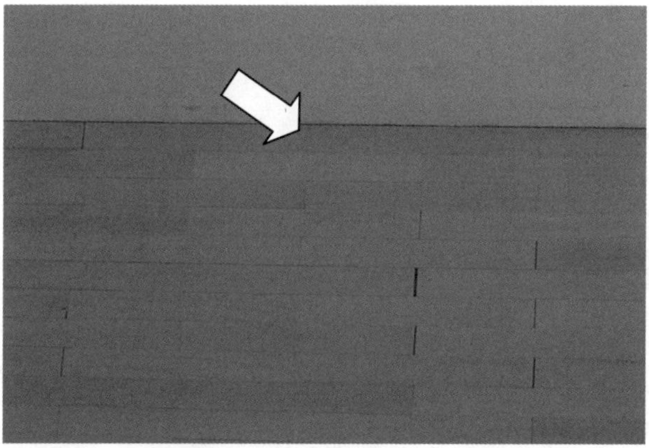

Abb. 116: Parkett steht an der Wand an

Ursachen: Die Körperschallbrücken sind entstanden durch das Verlegen eines schwimmend verlegten Parketts und durch den Einbau eines offenen Kamins.

Beim Verlegen des Parketts wurde der Randdämmstreifen vorzeitig entfernt, so dass der Belag großflächig an der Wand angestanden ist (vgl. Abb. 116).

Beim Einbau des offenen Kamins hatte der Kaminsims eine feste Verbindung mit dem schwimmenden Estrich.

Der Luftschallschutz war durch die Körperschallbrücken ebenfalls abgemindert.

Die Körperschallbrücken sind deutlich in der Messkurve erkennbar (Spitze z. B. bei 250 Hz und Buckel zwischen 500 und 1000 Hz) (s. Abb. 117).

Norm-Trittschallpegel ISO 140-7:1998

Messung der Trittschalldämmung von Decken in Gebäuden

Aufbau des Prüfgegenstandes:
Wohnungstrenndecke: 18cm Stahlbetondecke
Schwimmender Estrich:43/40 PST&20 PS-
5cm Anhydritestrich-Parkettbelag
Außenwand:Poroton-Planziegel- T16 -V.Plus
Rohdichte 0,8
F
Prüffläche: 25 m²
Empfangsraum Volumen: 56 m³

Frequenz [Hz]	L'n Terz [dB]
50	-.-
63	-.-
80	-.-
100	54,7
125	58,6
160	56,4
200	56,7
250	60,8
315	59,3
400	58,7
500	58,3
630	58,7
800	58,9
1000	57,7
1250	52,5
1600	48,2
2000	43,2
2500	34,0
3150	25,4
4000	-.-
5000	-.-

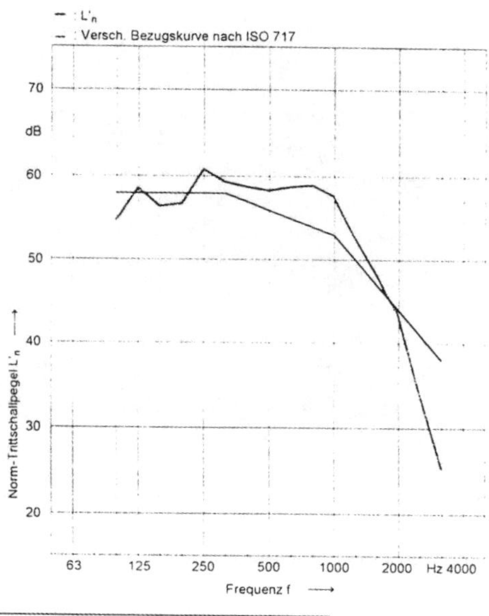

Bewertung nach ISO 717-2
Bewerteter
Norm-Trittschallpegel $L'_{n,w}$ = **56 dB**
Die Ermittlung basiert auf Gebäude-Messungen, die in Terzbändern gewonnen wurden

Abb. 117: Darstellung einer Messkurve (Trittschalldämmung)

8 Die häufigsten Schäden im Bereich der Haustechnik

Die Haustechnik, insbesondere die Heizungs-, Sanitär- und Elektroinstallation, ist nicht nur im Neubau, sondern auch bei der Sanierung ein sehr schwieriges und komplexes Thema, das den Laien häufig vor Probleme stellt. Daher ist eine gründliche und vorausschauende Planung erforderlich, damit im Vorfeld keine Mängel und/oder Schäden auftreten.

Sanitär und Heizung

Häufige Schadensbilder bei der Sanitär- und Heizungsinstallation sind z. B. undichte Leitungen auf Grund unzureichender Sorgfalt und **Ausführungsfehlern**, wenn Verlegerichtlinien der Hersteller nicht eingehalten worden sind bzw. hiervon abgewichen wurde. Während früher für die Wasserversorgung ausschließlich verzinkte Stahlleitungen eingebaut wurden, werden heutzutage z. B. Edelstahl- und Kunststoffleitungen verwendet, wobei für die Verbindungsstellen spezielle Techniken, Spezialwerkzeuge und industriell vorgefertigte Fittinge (z. B. Pressfittinge) zum Einsatz kommen. Oftmals fehlt den Handwerkern die Erfahrung mit dem Umgang neuer Technologien.

Elektro

Durch Strom verursachte Defekte können manchmal unerhebliche Folgen haben, oftmals aber sehr gravierend sein und folgenschwer enden. Die Bandbreite reicht von schadhaften Elektro-Kleingeräten bis hin zum Hausbrand, dem meist ein Fehler in der elektrischen Anlage vorausgeht. Im Extremfall wird nicht nur die Elektrik zerstört, sondern stellt der Schaden eine Gefahr für Leib und Leben dar.

8.1 Sanitärinstallation

Druckminderer und Schmutzfilter

Die **zentrale Wasserversorgung** erfolgt i. d. R. aus dem öffentlichen Trinkwassernetz, wobei die Versorgungsleitung meist im Gehwegbereich in einer Tiefe von ca. 1,20 m verlegt ist. Durch von der Stadt zugelassene Fachfirmen wird die Hausanschlussleitung vom öffentlichen Wassernetz bis zum Wasserzähler – der von den Wasserwerken gesetzt wird – verlegt. Nach dem Wasserzähler und der Hauptabsperrvorrichtung beginnen die Leistungen des Sanitärinstallateurs: Montage eines ggf. erforderlichen Druckminderers und eines

Schmutzfilters, der vorgesehen werden sollte, um Schmutzpartikel aus dem öffentlichen Trinkwassernetz zu filtern (siehe Abb. 118). Es könnte sonst die Funktion der Armaturen beeinträchtigt werden.

Abb. 118: Druckminderer und Schmutzfilter

Druckerhöhungsanlage

Je nach geographischer Lage des Standorts der Immobilie ist ggf. nicht ein Druckminderer, sondern eine Druckerhöhungsanlage notwendig. Eine häufige Schadensursache ist eine Unterdimensionierung von Trinkwasserleitungen. Dabei stellt sich oft schnell als Schadensursache eine fehlende Druckerhöhungsanlage heraus.

Praxishinweis

Durch die Verordnung über Allgemeine Bedingungen für die Versorgung mit Wasser (AVBWasserV) werden Wasserversorgungsunternehmen verpflichtet, Wasser mit einem Druck zu liefern, der für eine einwandfreie Deckung des üblichen Bedarfs in dem entsprechenden Versorgungsgebiet erforderlich ist. Dabei beträgt der ausreichende Mindestversorgungsdruck in Neubaugebieten für eingeschossige Wohngebäude (Gebäude mit Erdgeschoss) 2,0 bar. Für jedes weitere Geschoss wird ein zusätzlicher Versorgungsdruck von 0,5 bar, bei historisch gewachsenen Gebieten von 0,35 bar hinzugerechnet. Der Wasserdruck wurde früher in atü und heute in bar gemessen. Der Wasserdruck von einem bar entspricht einer 10 m hohen Wassersäule.

Verteilungs- und Steigleitungen

Nach dem Schmutzfilter wird die Kaltwasserleitung als Verteilungsleitung i. d. R. in die Heizungsanlage geführt. Zu den einzelnen Entnahmestellen (z. B. Waschbecken, WC, Bad, Dusche etc.) gelangt das Wasser über Steigleitungen (Kalt-, Warmwasser- und Zirkulationsleitung), die über die Geschosse hinweg in Installationsschächte verlegt werden. Weitere Abzweigungen für Gartenwasser, Waschküche etc. sind bei Bedarf zu berücksichtigen.

Rohrmaterial	Eigenschaften
Kupfer	als Stangen- oder Ringrohr, nahtlos biegsam, widerstandsfähig
Stahl (feuerverzinkt)	mit Gewindeverbindungen, Fittings und Bögen, biegen und schweißen nicht zulässig
Edelstahl	Rohrverbindungen durch Muffen mit Pressverbindungen, nichtrostend, schweißen nicht zulässig
Kunststoff	meist aus PVC, Polypropylen, innen glattwandig, korrosionsbeständig

Damit sämtliche Leitungen, Absperrventile, Entleerungseinrichtungen etc. eindeutig identifiziert werden können, sollten sie beschriftet bzw. durch Schilder gekennzeichnet werden.

Die **Schmutzwasserbeseitigung** erfolgt i. d. R. über das Rohrnetz der kommunalen Entwässerung und Einleitung in eine Kläranlage oder in am Grundstück vorhandene Versitzgruben, die je nach Erfordernis von Spezialunternehmen geleert werden.

Fall- und Grundleitungen

Von den einzelnen Objekten (z. B. WC, Dusche, Bad, Waschtisch) wird das Schmutzwasser von den jeweiligen Geschossen in die Fallleitungen, die aus Gusseisen, Polypropylen etc. bestehen, geführt, je nach Höhe des Kanalanschlusses bis unter die Kellerdecke oder unter die Bodenplatte. Unter der Bodenplatte verlaufende Leitungen (Grundleitungen) werden meist in Kunststoff (KG-Rohre), Steinzeug (glasiert) etc. verlegt. Sofern Grundleitungen zur Ausführung kommen, sind sie vor dem Betonieren der Bodenplatte und der Fundamente vom Installateur im Gefälle zu verlegen.

Praxishinweis

Liegen sanitäre Einrichtungen unterhalb der Rückstauebene – z. B. durch Anordnung von Toilette, Waschbecken, Waschmaschine, Ausgussbecken etc. im Keller –, sind zusätzliche Maßnahmen durch Rückschlagventile, die einen Rückstau vom Kanal verhindern, und Hebepumpen bzw. Hebeanlagen zur Beförderung der Abwässer in den höher liegenden Kanal erforderlich.

Die Steigleitungen sowie die Fallleitungen werden i. d. R. in einem **gemeinsamen Installationsschacht** verlegt. Vor dem Abmauern der Installationsschächte ist zu prüfen, dass sämtliche Leitungen – aus Schallschutzgründen – elastisch (z. B. Rohrschellen mit Rillengummi) und an möglichst schweren Bauteilen befestigt sind (vgl. Abb. 119).

Ungeeignetes Rohrmaterial

Bei Abwasserleitungen treten Strömungsgeräusche nicht wegen zu hoher Strömungsgeschwindigkeiten, sondern als Folge ungeeigneter Rohrmaterialien mit einer zu geringen Schalldämmung und/oder einer unzureichenden Vormauerung auf. Das Verlegen von Abwasserleitungen sowohl in Wänden als auch an Trennwänden zu schutzbedürftigen Daueraufenthaltsräumen wie z. B. Wohn- und Schlafzimmer sollte unterbunden werden, da bei dieser Anordnung immer mit Geräuschbelästigungen zu rechnen ist.

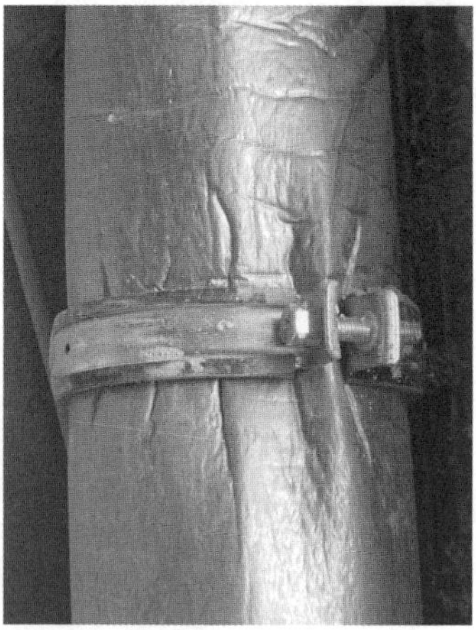

Abb. 119: Wärmegedämmtes und fachgerecht befestigtes Fallrohr

Darüber hinaus sollten die Querschnittsabmessungen der Wasserleitungen ausreichend dimensioniert und die Leitungsführung strömungsgünstig angeordnet werden.

Eine ausreichende Wärmedämmung – gemäß der gültigen Heizungsanlagen-Verordnung – für Kalt- und Warmwasserleitungen sowie der Fallrohre sorgt dafür, dass die Wärmeverluste bei den Warmwasserleitungen gering gehalten werden und dass durch Kondenswasserbildung keine Korrosionsschäden entstehen.

Arbeitsablauf

Wegen der Bedingungen der DIN 1053, Teil 1 „Mauerwerk" – die u.a. ein Schlitzen bzw. Fräsen in Wandscheiben nur unter bestimmten Voraussetzungen zulassen – und aus Schallschutzgründen werden i. d. R. **Vorwand-Installationen** ausgeführt. Dabei werden das Mauerwerk bzw. die statische Funktion des Bauteils nicht geschwächt und die Leitungs- und Armaturen-Installation erleichtert. Für eine einfachere und sichere Leitungs- und Armaturen-Installation bieten sich die selbsttragenden Elemente für WC (mit Wandeinbau-Spülkasten), Bidet, Waschtisch, Badewanne und Dusche an. Auch bei betonierten Wänden werden Leitungen und Wandeinbauobjekte an der Wand befestigt. Eine saubere Lösung ist die Vorwandinstallation mit selbsttragenden Elementen - wie in Abb. 120 abgebildet für WC und Waschtisch.

Abb. 120: Vorwandinstallation

Abschließend werden die Elemente je nach Montageart ausgemauert und verputzt oder mit Gipskartonplatten verkleidet und gefliest.

Die Verlegung von Leitungen in der Wand sollte aus Schallschutzgründen vermieden werden. Die Montage muss fachgerecht mit Rohrschellen erfolgen und nicht wie in abgebildet mit PU-Schaum fixiert werden.

Abb. 121: unfachmännisch verlegte Leitungen in der Wand

Die Verlegung von Leitungen in der Wand sollte aus Schallschutzgründen vermieden werden. Die Montage muss fachgerecht mit Rohrschellen erfolgen und nicht wie in Abb. 121 abgebildet mit PU-Schaum fixiert werden.

Armaturen können für die Bade- und Duschwanne als Unterputz- oder Aufputzarmatur mit Thermostatbatterie oder als Einhebelmischer ausgeführt werden.
Zweigriffarmaturen werden i. d. R. kaum noch eingebaut.

Praxishinweis

Aus Schallschutzgründen sollten Sie ausschließlich Armaturen der Armaturengeräuschgruppe „I" verwenden.

Ursachen für Betätigungsgeräusche

Die Ursachen für Betätigungsgeräusche bei der Sanitärinstallation können z. B. ungeeignete Armaturen, unzureichende Befestigung der Rohrleitungen, ungünstige Wohnungsgrundrisse (z. B. Bad bzw.

Dusche grenzt unmittelbar an Schlafzimmer), fehlende schalltechnische Entkopplung der Armaturen und Sanitäreinrichtungen vom Baukörper usw. sein.
Die Badewanne muss schalltechnisch von der Wand entkoppelt werden. Dies geschieht in Abb. 122 mittels eines auf dem Badewannenrand aufgeklebten Schalldämmbands.

Abb. 122: Badewanne mit Schalldämmband

Auf den Pflegeaufwand achten

Bei der Auswahl der Sanitärgegenstände und Armaturen ist auf die Oberflächenbeschaffenheit und deren Pflegeaufwand zu achten. So sind z. B. Acrylwannen empfindlicher und daher aufwändiger zu pflegen als emaillierte Stahlwannen. Armaturen mit Lack- oder Goldoberflächen sind empfindlicher als Chromoberflächen. Griffe und Ablagen aus Acryl sind kratzempfindlicher als Porzellan.

Individualberatung suchen

Sofern Sie Einfluss auf die Wasserversorgung nehmen können, ist auf Grund der verschiedenartigen Kombinationsmöglichkeiten von Heizenergien (Gas, Öl, Kohle/Koks, Elektroenergie etc.) und Arten der Warmwasserversorgung (zentrale Wasserversorgung, Einzelversorgung, Speicher, Durchlauferhitzer etc.) eine individuelle Beratung, z. B. in Bauzentren, bei Herstellerfirmen von Heizungsanlagen, Installationsfirmen o.ä., dringend anzuraten.

Praxishinweis

Für Badewanne, Dusche und Waschbecken ist eine Warmwassertemperatur von ca. 40° C ausreichend. Darüber hinaus sollte eine Warmwassertemperatur von ca. 60° C nicht überschritten werden, da bis zu diesen Temperaturen einer Kesselsteinbildung vorgebeugt wird. Damit nicht zuviel Energie und somit Kosten verschwendet werden, sollte nur so viel Wasser erwärmt und gespeichert werden, wie tatsächlich benötigt wird. Die Warmwasserbereitung sollte dem tatsächlichen Wärmebedarf angepasst werden.

8.2 Heizungsinstallation

Heizungsarten

Die Wärmeerzeugung für die Gebäudeheizung, auch in Kombination mit der zentralen Warmwasserversorgung, kann sowohl durch die Verbrennung von flüssigem (Öl), gasförmigem (Erdgas) oder festen Brennstoffen (Kohle/Koks), meist in zentralen Wärmeerzeugern oder Einzelgeräten, aber auch durch Elektroenergie und alternative Energien wie z. B. Solarenergie, Wärmepumpen, Windenergie, Biogasanlagen erfolgen.

Brennstofflagerung

Die Brennstofflagerung ist abhängig von der Wahl des Brennstoffs. Für Festbrennstoffe (Kohle/Koks) ist ein Lagerraum erforderlich, für Heizöl ein entsprechender Tank im Keller oder außerhalb des Gebäudes im Erdreich. Für gasbefeuerte Anlagen sind Flüssiggastanks notwendig, sofern das Gebäude nicht mit Erdgas erschlossen werden kann. Für diese Energienutzungen ist ein Schornstein erforderlich.

Für Erdgas gibt es Geräte, die Schornstein unabhängig arbeiten, sofern die Heizzentrale im Dachgeschoss mit senkrechter oder waagerechter Luftabgasführung ausgestattet ist.

Völlig schornsteinlos arbeiten z. B. elektrische Heizanlagen, Fernwärmesysteme oder alternative Energien.

Die Vorteile von Erdgas

Obwohl in Westdeutschland im Jahr 1995 ca. 42 % der Wohnungen mit Heizöl und nur 38 % mit Gas beheizt wurden, gewinnt Erdgas immer mehr an Bedeutung. Man rechnet, dass bis ins Jahr 2010 der Anteil an Erdgas auf 43 % ansteigen wird. Gas bietet viele Vorteile. Es ist praktisch, wirtschaftlich und verbrennt besonders sauber. Deshalb trägt eine Wärmeversorgung mit Gas zur **Umweltentlastung** bei. Außerdem muss Gas i. d. R. **nicht gelagert oder vorfinan-**

ziert werden. So benötigt man keinen Lagerraum, und man zahlt nur das, was man bereits verbraucht hat. Auf Grund der kompakten Ausmaße können die Geräte, je nach Hersteller und Typ, als Heizgerät mit und ohne Warmwasserbereitung (indirekt beheizte Speicher) oder als Kombigerät für Heizung und Warmwasserversorgung **platzsparend**, z. B. im Keller, in der Küche, im Bad oder in einem Abstellraum in Schornsteinnähe an der Wand, montiert werden. Auf einen gesonderten Heizkeller kann daher häufig verzichtet werden.

Praxishinweis

Deshalb ist bereits bei der Planung die Wahl der richtigen Heizenergie, des Heizungssystems, des Wärmeerzeugers, des Wärmeträgers, der Regelung und der Heizkörper wichtig. Darüber hinaus muss das Schornsteinsystem – hinsichtlich der Beschaffenheit und des erforderlichen Querschnitts – auf die Heizungsanlage abgestimmt sein, damit keine Schäden, z. B. durch Kondenswasserbildung, entstehen.

Versottungsschäden

An Schornsteinen treten die meisten Schäden bei der Sanierung von Heizungsanlagen auf, wenn der Heizkessel ohne Überprüfung der Schornsteindimensionierung ausgetauscht wird. Da Niedertemperatur- und Brennwertkessel mit wesentlich niedrigeren Abgastemperaturen als die früher üblichen Standardkessel arbeiten, verringern sich die Abgasverluste und der Wirkungsgrad des Heizkessels steigt an. Auf Grund der geringeren Abgastemperaturen bei diesen Kesseltypen kann davon ausgegangen werden, dass bei einer Kombination eines modernen Heizkessels mit einem bestehenden Schornstein sowohl die Mindesttemperatur als auch die Mindestgeschwindigkeit unterschritten werden, sodass Versottungsschäden eintreten.

Praxishinweis

Damit Versottungsschäden vermieden werden, muss der Schornstein (am besten im Zusammenhang mit dem Austausch des Heizkessels) saniert werden. Hierbei wird in den vorhandenen Schornstein ein feuchtigkeitsunempfindliches Innenrohr aus Edelstahl oder Kunststoff eingeführt, um so den Schornsteinquerschnitt an die veränderten Abgastemperaturen anzupassen.

Wirtschaftlichkeit

Die **wirtschaftlichste Heizungsart** sollten Sie von einem Fachmann ermitteln lassen. Berücksichtigen Sie auch die Kombination mit alternativen Energien. Häufig werden dabei auch Zuschüsse von der Gemeinde erteilt. Für die Wirtschaftlichkeit des Heizkessels ist der Jahresnutzungsgrad entscheidend. Er gibt an, wie viel der eingesetzten Wärme über das ganze Jahr in Nutzwärme umgesetzt wird.

Kombinationsmöglichkeiten

Praxishinweis

Heizungsanlagen, die mit dem Umweltzeichen „Blauer Engel" ausgezeichnet sind oder innerhalb der **„Zürich-Normen"** liegen, sind Produkte, die energiesparend und relativ schadstoffarm arbeiten.

Warmwasserbereitung

Da die Heizungswärme zur Erwärmung von Brauchwasser zum einen direkt im Heizkessel oder zum anderen über den Heizkessel im separaten Boiler mitgenutzt werden kann, bietet sich bei zentraler Wärmeerzeugung die **zentrale Warmwasserbereitung** an. Das System sollte jedoch so konzipiert sein, dass eine Erweiterung auf künftige Energiequellen, z. B. Solarenergie, Anschluss einer Wärmepumpe, problemlos möglich ist.

Ein immer wieder auftretendes Problem bei Gebäuden, die mit Heizkesseln mit einer Brauchwarmwasser-Vorrangschaltung ausgestattet sind: Während der Heizperiode werden teilweise zu niedrige und nicht mehr akzeptable Raumtemperaturen bemängelt. Die Ursache ist meist eine Unterdimensionierung der Heizkessel, die sich – wegen der Brauchwarmwasser-Vorrangschaltung - nicht bei der Trinkwassererwärmung, sondern i. d. R. immer bei der Gebäudebeheizung zeigt.

Heizkreisverteiler

Bei der Warmwasserheizung wird das aufgeheizte Wasser über Steigleitungen in die einzelnen Geschosse vom Kellergeschoss bis ins Dachgeschoss geleitet. In jedem Geschoss sollte ein Heizkreisverteiler (vgl. Abb. 123) angeordnet werden, von dem über Rohrleitungen (Heizkörperanbindeleitungen) die Energie in die einzelnen Räume verteilt und z. B. über Heizkörper etc. wieder abgegeben wird.

Abb. 123: Heizkreisverteiler

Rohrsysteme

Die Art der Verrohrung ist insbesondere abhängig vom Wärmebedarf, der Raumgröße, der Vorlauftemperatur am Heizkörper. Dabei unterscheidet man Einrohr- und Zweirohrsysteme. Beim **Einrohrsystem** wird das Vorlaufwasser nacheinander durch die einzelnen Heizkörper geführt. Der Rücklauf des einen ist der Vorlauf des darauffolgenden Heizkörpers. Durch die zunehmende Abkühlung des Heizwassers wird von Heizkörper zu Heizkörper eine größere Dimension der Heizkörper erforderlich, um den entsprechenden Wärmebedarf wieder auszugleichen.

Praxishinweis

Typische Mängel sind daher Fehler bei der Dimensionierung der Heizkörper. Da diese an eine gemeinsame Ringleitung angeschlossen werden, müssen die Heizkörper in Strömungsrichtung immer größer dimensioniert werden, da die Temperatur des Wassers mit der Anzahl der Heizkörper stetig abnimmt, die Heizfläche aber eine ausreichende Wärmemenge an die Raumluft abgeben muss.

Beim **Zweirohrsystem** wird das Heizwasser bereits nach jedem Heizkörperdurchlauf über die Rücklaufleitung zum Kessel zurückgeführt. Somit wird jeder Heizkörper mit der gleichen Vorlauftemperatur versorgt.

Praxishinweis

Geben Sie wenn möglich immer dem Einrohrsystem den Vorrang. Das Einrohrsystem ist zwar auf Grund der erforderlichen Anbindeleitungen teurer, bietet Ihnen jedoch einen wesentlich besseren Komfort.

Bei der Wahl und der Anzahl bzw. Größe der Heizkörper spielen daher die Art der Kesselanlage und das System der Verrohrung eine wesentliche Rolle. So sind z. B. beim Einsatz von Niedertemperaturkesseln oder Brennwertgeräten auf Grund der niedrigen Vorlauftemperaturen entsprechend große Heizflächen erforderlich.

Knackgeräusche in der Heizungsanlage

Treten Knackgeräusche in Heizungsanlagen auf, ist eine Mängelbeseitigung i. d. R. sehr aufwändig. Diese Geräusche gehen nicht, wie häufig vermutet, von der Heizungsanlage selbst, sondern von den **Heizkörperanbindeleitungen** aus. Diese dürfen nicht direkt am Baukörper anliegen, damit die thermisch bedingte Längenänderung nicht behindert wird. Knackgeräusche treten sowohl bei metallischen Leitungen als auch bei Kunststoffleitungen und in seltenen Fällen auch in Rohr-in-Rohr-Systemen auf.
Die Knackgeräusche lassen sich nur beseitigen, wenn die direkten Kontaktstellen der Rohrleitungen mit dem Baukörper nachgebessert werden. In der Praxis ist dies sehr schwierig, da diese Kontaktstellen im Allgemeinen nicht bekannt sind und auch nicht zerstörungsfrei festgestellt werden können, da sie unter dem Estrich verlaufen. Daher erfolgt eine Mängelbeseitigung fast ausschließlich durch eine **Neuinstallation** der Rohrleitungen. Dabei werden die Leitungen auf Putz in Leitungs-Kanälen oberhalb des Fußbodens verlegt.

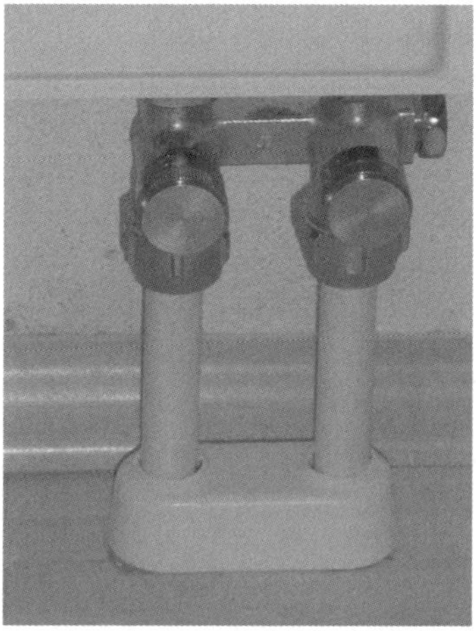

Abb. 124: Heizkörperanbindeleitungen mit Anschlussgarnitur und Anschlussverschraubungen

Häufig tritt an den Anschlussverschraubungen zwischen Anbindeleitung und Anschlussgarnitur zum Heizkörper (Hahnbock) Wasser aus. Die Ursache ist meistens eine ungleiche lotrechte Ablängung der Rohrenden oder die Überwurfmutter, in die eine Gummimanschette integriert ist, wurde nicht mit ausreichendem Überstand über die Heizleitung aufgeschoben.

Praxishinweis

Sofern eine **Warmwasser-Fußbodenheizung** zur Ausführung kommt, sollten Sie diese mit Heizkörpern kombinieren, da insbesondere bei kalten Temperaturen Heizkörper den Raum schneller erwärmen als das trägere System einer Fußbodenheizung. Daher sollte die Fußbodenheizung im Winter und in den Übergangszeiten wie Frühling und Herbst ständig in Betrieb sein. Die Wärmezufuhr kann dann bei Bedarf über die Heizkörper individuell erhöht werden.

Fußbodenheizung

Fußbodenheizungen erhöhen die Baukosten erheblich, da neben dem Heizkreisverteiler i. d. R. ein eigener Heizkreislauf – wegen der niedrigeren Vorlauftemperatur von ca. 40° C gegenüber Heizkörpersystemen von ca. 60° C – notwendig ist.

So vermeidet man Bodenfeuchtigkeit

Um ein Aufsteigen von Bodenfeuchtigkeit zu verhindern, sind bei ans Erdreich angrenzenden Flächen Abdichtungsmaßnahmen von Fachfirmen durchzuführen. Die Heizkreise werden meist auf Systemplatten verlegt. Dabei sollten Sie darauf achten, dass die Wärmedämmung der geltenden DIN-Norm entspricht. Häufig ist eine Verlegung von zusätzlichen **Wärmedämmplatten** erforderlich.

Nachdem die Heizkreise verlegt, die Dichtheit der Fußbodenheizung mit einer **Druckprobe** überprüft und der Zement-Estrich auf der Fußbodenheizung aufgebracht wurde, muss dieser i. d. R. drei Wochen aushärten (Anhydrit-Estrich ca. 7 Tage). Heizkreise und Estrichfelder sind schon in der Planung grundsätzlich aufeinander abzustimmen. Die einzelnen Heizkreise einschließlich ihrer Estrichfelder sind zur Vermeidung von Spannungen aus unterschiedlichen Temperaturen durch Anordnung von Bewegungsfugen voneinander abzugrenzen. Heizkreise sollten Bewegungsfugen nicht kreuzen.

Vor dem Verlegen der Bodenbeläge, insbesondere bei Fliesenbelägen, ist ein **langsames Aufheizen des Estrichs** durch die Fußbodenheizung notwendig. Dadurch wird rechtzeitig festgestellt, ob der Estrich sich bei maximaler Temperaturänderung schadensfrei ausdehnt bzw. sich verkürzt.

Auf- und Abheizprotokoll

Dabei muss die Vorlauftemperatur stufenweise um täglich 5° C erhöht werden. Die maximale Temperatur ist mindestens drei Tage ohne Nachtabsenkung beizubehalten. Das Abheizen sollte in Temperaturstufen von täglich max. 10° C erfolgen. Über das erstmalige Aufheizen sollte vom Heizungsinstallateur ein Auf- und Abheizprotokoll erstellt werden. Diese Zeiträume sind für die Terminplanung bzw. für den Abruf der Ausbauhandwerker zu berücksichtigen.

Für Räume, in denen nur zeitweise Fußwärme gewünscht wird, wie z. B. Bäder und Küchen, haben sich in den letzten Jahren **elektrische Fußbodenheizungen** in Ergänzung mit Heizkörpern durchgesetzt, sofern in den anderen Räumen keine warmwasserbetriebene Fußbodenheizung installiert ist. Dabei werden meist Kupfermatten durch den Elektriker in Zusammenarbeit mit dem Estrichleger in den Estrich verlegt. Andere Systeme können direkt auf den Estrich im Fliesenkleber verlegt werden. Elektrische Fußbodenheizungen können z. B. über Temperaturregler und Zeitschaltuhren individuell geregelt werden.

Praxishinweis

Weitere Möglichkeiten der Beheizung sind z. B. Wand- oder Deckenheizungen, die mit Warmwasser oder elektrisch betrieben werden.

8.3 Elektroinstallation

Die Ausführung der Elektroinstallation setzt nahezu die Fertigstellung der Heizungs- und Sanitärrohinstallation sowie das Abmauern der Installationsschächte und die Vormauerungen der Sanitärgegenstände voraus. Da vom Elektriker häufig Installationsschächte für die Elektroinstallation genutzt werden, empfiehlt es sich, vor dem Schließen der Versorgungsschächte sich mit dem Elektriker abzusprechen. Die Heizungsinstallation sollte insoweit im Rohbau abgeschlossen sein, damit Schweißarbeiten in Aussparungen keine Elektroleitungen bzw. Leerrohre verbrennen.

Heizungsinstallation abgeschlossen?

Praxishinweis

Grundlage für eine sichere Ausführung der Elektroinstallation sowie der Herstellung von Elektrogeräten und Betriebsmitteln wie z. B. Kabel, Sicherungen, Steckdosen, Schalter sind die VDE-Bestimmungen. Durch Aufdruck des VDE-Zeichens hat der Benutzer Gewissheit, dass das Betriebsmittel den Sicherheitsanforderungen entspricht.

Als Leitungsmaterial wird i. A. eine dreiadrige Kupferleitung mit einem Querschnitt von 1,5 mm² eingesetzt. Der Elektroherd ist über eine Geräteanschlussdose und eine bewegliche Anschlussleitung von mind. 5x 2,5 mm² Cu (Gummischlauchleitung) anzuschließen.

Bei der Elektrorohinstallation werden generell zwei **Unterputzverlegearten** unterschieden. Zum einen können die Leitungen als **Stegleitungen** an die Wand und Decke angenagelt bzw. geklebt werden. Zum anderen werden in den Wänden in eingefräste Schlitze **Leerrohre** verlegt, darin werden die Kabel eingezogen.

Unterputzinstallation

Praxishinweis

Das Leerrohrsystem hat den Vorteil, dass bei der Endmontage zusätzliche Kabel für Sonderwünsche oder auf Grund von Nutzungsänderungen verlegt werden können, ohne dass nochmalige Stemmarbeiten und Beiputzarbeiten notwendig sind. Auf Grund des Materialaufwands und des Mehraufwands durch das Verlegen der Leitungen ist dieses System gegenüber der Verlegung mit Stegleitungen um ca. 20 % teurer.

Aufputzinstallation

Eine weitere Verlegemethode ist die **Aufputzinstallation**, die vorwiegend in Garagen, untergeordneten Räumen wie z. B. Kellerräumen oder nicht verputzten Räumen zur Ausführung kommt. Dabei werden die Kabel in Leerrohre oder Kabelschächte, die auf der Wand oder an der Decke befestigt sind, eingezogen.
Bereits bei der Planung sind **Installationsschächte** und Aussparungen in den Decken und Wänden zu berücksichtigen, damit im Nachhinein keine aufwändigen Brecharbeiten notwendig sind. Dabei dürfen die geforderte Standfestigkeit der Bauteile nicht beeinträchtigt und der Wärme-, Schall- und Brandschutz nicht unzulässig gemindert werden.

Praxishinweis

Da die Arbeiten für die Rohinstallation meist nach Fertigstellung des Rohbaus erfolgen, müssen Sie sich rechtzeitig Gedanken über die Platzierung von Steckdosen, Lichtschaltern und Lichtauslässen machen, damit diese individuell nach Ihren Vorstellungen gesetzt werden. Für die Installation der Küche sollte ein Einrichtungsplan, der von einem Küchenstudio angefertigt werden kann, dem Elektriker übergeben werden.

Extras mitplanen

Sofern Rollladen, Markisen usw. elektrisch bedient oder zusätzliche Leerrohre für Lautsprecherboxen verlegt werden sollen, sofern Alarmanlagen, Hauskommunikationsanlagen, elektrische Fußbodenheizungen in Bädern o. Ä. zur Ausführung kommen sollen, ist dies dem Elektriker rechtzeitig – bei der Elektrorohmontage – mitzuteilen. Kommen spezielle Beleuchtungssysteme in Betracht, wie z. B. in die Betondecke eingelassene Aussparungskörper für Halogenlampen und Trafos, sind entsprechende Vorkehrungen bereits während des Rohbaus notwendig.

Praxishinweis

Vor Beginn der Elektrorohmontage empfiehlt es sich, gemeinsam mit dem Elektriker auf der Baustelle die Steckdosen, Lichtschalter, Lichtauslässe und Sonderwünsche festzulegen.

Sie sollten Ihre eigene Installation so planen, dass sie langfristig Ihren Gewohnheiten und Einrichtungsvorstellungen entspricht. Gute Firmen beraten Kunden individuell.

Mindestanforderungen der RAL

Das Deutsche Institut für Gütesicherung und Kennzeichnung e.V. (RAL) legt drei Ausstattungswerte (Mindestanforderungen) fest, die in einer Zusammenstellung der RAL- RG 678 gegenübergestellt sind und durch einen, zwei oder drei Sterne gekennzeichnet werden. Die Anzahl der Steckdosen, Auslässe (i. d. R. für den Anschluss von Leuchten bestimmt) und Stromkreise usw. regelt die DIN 18015, Teil 2.

Praxishinweis

Der Ausstattungswert 1 orientiert sich im Wesentlichen an der DIN 18015. Diese Ausstattung ist häufig die Grundausstattung vieler Bauträger. Die Werte 2 – wählen Sie mindestens diese Ausstattung – und 3 (gehobene Ausstattung) garantieren entsprechend höheren Komfort bei der Elektroinstallation.

Für jeden der drei Ausstattungswerte ist raumbezogen die Anzahl der erforderlichen Steckdosen und Beleuchtungsauslässe angegeben. Dabei können durchaus einzelne Räume verschiedenen Ausstattungswerten zugeordnet werden. So können auf Grund individueller Nutzung Abstellraum, WC etc. nur den Ausstattungswert 1, die übrigen Räume den Ausstattungswert 2 haben.

Ausstattung mit elektrischen Betriebsmitteln

Grundsätzlich ist mindestens der Ausstattungswert 1 (*) immer zu erfüllen. Er entspricht den zur Zeit bestehenden Mindestanforderungen an eine bedarfsgerechte Elektroinstallation.

	DIN 18105 Teil 2	HEA-Ausstattungswert		
		1 (*)	2 (**)	3 (***)
Installationsgeräte				
Stromkreisverteiler	2-reihig	2-reihig	3-reihig	4-reihig
Stromkreise für Beleuchtung und Steckdosen[11]	4	4	6	7
Stromkreise für Haushaltsgeräte[12]	7	5	8	9
Antennenverstärker	1	1	1	1
Antennensteckdosen	1[13]	1[14]	4	7
Telefonsteckdosen	1	1	3	5
Klingel/Gong	1	1	1	1
Türöffner	1	1	1	1
Gegensprechanlage	1	1	1[15]	1[16]
Alarmanlage[17]	–	–	–	1

Tabelle 12: Ausstattung mit Installationsgeräten

[11] Wenn Hausarbeitsraum vorhanden: 1 Stromkreis mehr.
[12] Wenn andere Warmwasserversorgung vorhanden: 1 Stromkreis weniger.
[13] Bei mehr als 4 Räumen: 2 Antennensteckdosen.
[14] Siehe Fußnote 13.
[15] Mit mehreren Wohnungssprechstellen.
[16] Siehe Fußnote 15.
[17] In Ein- und Zweifamilienhäusern.

		DIN 18105 Teil 2		HEA-Ausstattungswert					
Raumbezeichnung		S	L	S	L	S	L	S	L
Wohn-[18]/ Schlafräume[19]	≤ 12 m²	3	1	3	1	5	2	7	3
	> 12 m² ... 20 m²	4	1	4	1	7	2	9	3
	> 20 m²	5	1	5	1	9	3	11	4
Küche[20]		6	2	7	2	9	3	11	3
Kochnische		4	2	5	2	7	2	8	2
Hausarbeitsraum		3	1	4	1	7	2	9	3
Räume mit Badewanne oder Dusche		3	2	3	2	4	3	5	3
Toilettenraum		1	1	1	1	2	1	2	2
Flur/Diele ≤ 2,5 m Länge		1	1	1	1	1	2	1	3
Flur/Diele > 2,5 m Länge		1	1	1	1	2	2	3	3
Freisitz (Balkon/Terrasse) ≤ 3 m Breite		1	1	1	1	1	1	2	1
Freisitz (Balkon/Terrasse) > 3 m Breite		1	1	1	1	2	1	3	2
Abstellraum		-	1	1	1	2	1	2	1
Keller/Bodenraum		1	1	1	1	2	1	2	1
Hobbyraum		3	1	3	1	5	2	7	2
S = Steckdose L = Lichtauslass									

Tabelle 13: Elektrische Betriebsmittel pro Raum

Installationsausstattung in Wohnräumen; bei wohnungsbezogenen Angaben gelten Wohnungsgrößen von 75 m² bis 100 m².

Gestiegene Anforderungen

Die Angebote der Hersteller in den Bereichen Kommunikation, Unterhaltungselektronik und Haushaltsgeräte nehmen ständig zu, ebenso wie neue Technologien. Viele Elektro-Installationen sind mit dieser Überbelastung hoffnungslos überfordert. Neben teilweise völlig unzureichender Sicherheit leidet nicht zuletzt auch der Komfort. Bei einem Neubau wird heutzutage vom Elektroinstallations-

[18] In Räumen mit Essecke: 1 Steckdose und 1 Lichtauslass mehr.

[19] Bettsteckdosen als Doppelsteckdosen.

[20] Siehe Fußnote 18.

betrieb etwa die dreifache Menge an Steckdosen verlegt, als das noch vor 15 Jahren der Fall war.

Praxishinweis

Auf Dauer überbelastete elektrische Leitungen leiden schnell an Materialermüdung, was einen Kurzschluss und u.U. sogar einen Brand auslösen kann. Ein weiteres Sicherheitsrisiko birgt die Tatsache, dass in überforderten Installationen vorhandene Schutzmaßnahmen wirkungslos sind.

Einheitspreise für Sonderwünsche festlegen

Da die Anzahl der Gegenstände für die Grundausstattung bei der Baubegehung fast immer überschritten wird, sollten Sie mit dem Auftraggeber **bereits in der Baubeschreibung** die Einheitspreise für zusätzliche Sonderwünsche wie z. B. Steckdosen, Lichtschalter, Lichtauslässe etc. festlegen, um später keine überteuerten Preise zahlen zu müssen.

Stromkreise anpassen

Wird eine darüber hinausgehende Anzahl von Steckdosen, Auslässen etc. gewünscht, muss auch die Anzahl der Stromkreise angemessen erhöht werden. Soll neben der Waschmaschine noch ein Wäschetrockner platziert werden, ist i. d. R. ein weiterer Stromkreis erforderlich. Generell gilt bereits bei der Planung, dass ein eigener Stromkreis anzuordnen ist, wenn ein Verbraucher mit mehr als 2 kW Anschlusswert vorgesehen ist. Großgeräte ab 3,7 kW Anschlusswert (16 A) werden ortsfest über Geräteanschlussdosen angeschlossen.

Für Gemeinschaftsanlagen ist die Anzahl der Stromkreise den betrieblichen und technischen Erfordernissen entsprechend vorzusehen.

Die Anzahl der Stromkreise richtet sich nach der Wohnfläche der Wohnung.

Wohnfläche der Wohnung (m^2)	Anzahl der Stromkreise für Steckdosen und Beleuchtung
bis 50	2
über 50 bis 75	3
über 75 bis 100	4
über 100 bis 125	5
über 125	6

Tabelle 14: Anzahl der Stromkreise

Stromkreisverteiler

Der Wohnungszentralverteiler ist in der Nähe des Lastschwerpunkts anzubringen, damit die Länge der Anschlussleitungen zu den leistungsstarken Verbrauchern minimiert werden kann. Die Anbauhöhe ist zwischen 1,10 m bis max. 1,85 m festzulegen, damit eine einfache Bedienung möglich ist. Es ist mindestens ein zweireihiger Verteiler vorzusehen. Der Stromkreisverteiler sollte grundsätzlich mit **Reserveplätzen** ausgestattet sein, sodass eine ausreichende Anzahl an Sicherungen für weitere Stromkreise Platz finden kann. Hauptbestandteile der Stromkreisverteiler sind Überstrom-Schutzorgane, Fehlerstrom-Schutzschalter, Klingeltrafo und Fernschaltrelais.
Bei der Abnahme ist auf eine vollständige Beschriftung des Stromkreisverteilers zu achten.

Bei den Lichtauslässen ist festzulegen, wie sie schaltbar eingerichtet werden sollen.

Die Schaltungsvarianten

Nachfolgend werden die gängigsten Schaltungsvarianten beschrieben:

Schaltungsvarianten	
Ausschaltung	eine oder mehrere Leuchten von einer Stelle gemeinsam schaltbar
Serienschaltung	zwei oder mehrere Leuchten getrennt in zwei Gruppen von einer Stelle schaltbar
Wechselschaltung	eine oder mehrere Leuchten von zwei gemeinsamen Stellen schaltbar
Kreuzschaltung	eine oder mehrere Leuchten von drei bis vier Stellen gemeinsam schaltbar
Tasterschaltung	eine oder mehrere Leuchten von beliebig vielen Stellen gemeinsam schaltbar
Doppelwechselschaltung	zwei oder mehrere Leuchten getrennt von zwei Stellen in zwei Gruppen schaltbar

Tabelle 15: Schaltungsvarianten

Anstelle von Leuchten können auch andere Verbraucher geschaltet werden!

Im Freien zugängliche Steckdosen, z. B. auf Balkonen, Terrassen, sollten gegen unbefugte Benutzung gesichert werden, indem man die Steckdosen vom Rauminneren abschaltbar ausführt.

Standard-programm

Sie sollten auch einen Blick auf die Standardausstattung bezüglich der Schalter und Steckdosen werfen und dabei das Fabrikat und den Typ in der Baubeschreibung festhalten. Dabei ist auch zu erfragen, ob sich andere Betriebsmittel wie z. B. Raumthermostate und Schaltuhren ebenfalls in das Standardprogramm integrieren lassen.
Für feuchte und feuergefährdete Räume gibt es spezielle Schalter, Steckdosen und Abzweigdosen, die sowohl Aufputz als auch Unterputz gesetzt werden können.

Unterputz-Installations-zonen

Die **Anordnung der elektrischen Leitungen,** die Unterputz verlegt werden, beschränkt sich auf bestimmte festgelegte Zonen, um bei der Montage anderer Leitungen oder bei sonstigen nachträglichen Arbeiten an den Wänden die Gefahr der Beschädigung der elektrischen Leitungen einzuschränken.
Leitungen, die an den Wänden verlegt werden, dürfen nur waagerecht und senkrecht verlaufen. Für die Unterbringung der Leitungen sind folgende **Installationszonen** festgelegt:

Waagrechte Installation (30 cm breit)

Installationszone	Anordnung		
	Maß (cm)	Vorzugsmaß (cm)	
oben	15 - 45	30	unter der flächenfertigen Decke
Mitte	90 - 120	100	über der flächenfertigen Fußbodenoberfläche
unten	15 - 45	30	über der flächenfertigen Fußbodenoberfläche

Tabelle 16: Elektrische Leitungen; waagerechte Installation

Senkrechte Installation (20 cm breit)

Installationszone	Anordnung		
	Maß (cm)	Vorzugsmaß (cm)	
Türen	10 - 30	15	neben den Rohbaukanten bzw. -ecken
Fenster	10 - 30	15	neben den Rohbaukanten bzw. -ecken
Wanddecken	10 - 30	15	neben den Rohbaukanten bzw. -ecken

Tabelle 17: Elektrische Leitungen; senkrechte Installation

Abb. 125 zeigt einen falsch ausgeführten, schrägen Leitungsverlauf.

Abb. 125: falsch ausgeführter, schräger Leitungsverlauf

Für Fußböden und Decken werden keine Installationszonen festgelegt.

Badezimmerinstallationen

Bei der Installation im **Badezimmer** ist auf Folgendes zu achten: Das Badezimmer wird in die Bereiche 0 bis 3 eingeteilt, welche die Gefährdung durch Feuchteeinwirkung widerspiegeln. Der Bereich 0 (innerhalb der Badewanne oder dem Duschbecken) darf nur Betriebsmittel (Verbraucher) enthalten, die ausdrücklich zur Verwendung in Badewannen erlaubt sind. Der Bereich 1 (senkrecht auf dem Bereich 0 bis zu einer Höhe von 2,25 m) darf nur ortsfeste Abluftgeräte und Wassererwärmer beinhalten und der Bereich 2 (Radius von 60 cm und bis zu einer Höhe von 2,25 m anschließend an den Bereich 0) nur ortsfeste Wassererwärmer, Abluftgeräte und Leuchten.
Im Bereich 0, 1 und 2 sind keine Leitungen, Schalter und Steckdosen erlaubt, außer Schalter der Betriebsmittel, die in den Bereichen 1 und 2 fest angebracht sind, sowie deren Zuleitungen, wenn sie senkrecht verlegt und von hinten in diese eingeführt werden.
Werden Leitung bzw. Kabel auf, unter oder im Putz auf der Rückseite der Wände, die die Schutzbereiche 1 und 2 begrenzen, verlegt, so muss, einschließlich der Wandeinbaugehäuse, eine Wanddicke zum Schutzbereich von mindestens 6 cm erhalten bleiben.
In den Bereichen 0 bis 3 sind keine Leitungen, die der Versorgung anderer Räume oder Orte dienen, erlaubt. Im Bereich 3 (Radius von 2,40 m und bis zu einer Höhe von 2,25 m anschließend an den Bereich 2) dürfen nur Steckdosen, die mit einer FI- Schutzeinrichtung ($I_n \leq 30$ mA) geschützt sind und einzeln von Trenntransformatoren oder mit Schutzkleinspannung gespeist werden, installiert werden. Die Installation von Verbindungsdosen ist im Bereich 3 erlaubt.

Anordnung der Schalter und Steckdosen

Schalter sind vorzugsweise neben den Türen in den senkrechten Installationszonen so anzuordnen, dass ihre Mitte 105 cm über der fertigen Fußbodenfläche liegt. Steckdosen und Schalter über Arbeitsflächen an Wänden sollen innerhalb der mittleren waagerechten Installationszone in einer Vorzugshöhe von 115 cm über der fertigen Fußbodenfläche angeordnet werden. Der Anschluss von **Auslässen, Schaltern und Steckdosen**, die notwendigerweise außerhalb der Installationszonen angeordnet werden müssen, ist mit senkrecht

geführten Stichleitungen aus der nächstgelegenen waagrechten Installationszone vorzunehmen.
Die gängigsten **Materialien für Schalter und Steckdosen** bestehen aus:

- Duroplast, das durch seine Materialhärte für eine hohe Kratz- und Abriebfestigkeit der Oberfläche und lang andauernde Gebrauchseigenschaften sorgt.
- Polycarbonat, das aus der Familie der Thermoplaste stammt und Stoß- und Bruchfestigkeit sowie Hitze-, Witterungs- und UV-Beständigkeit aufweist.

Fundamenterder vorsehen

Bei jedem Neubau ist ein **Fundamenterder** für das Gebäude und seine Installationen vorzusehen, der an die Potenzialausgleichsschiene anzuschließen ist. Der Fundamenterder ist als allseitig von Beton umgebener, geschlossener Ring – als verzinkter Bandstahl i. d. R. 30 × 3,5 mm – in die Fundamente der Außenwände einzulegen. Die Anschlussfahne ist in der Nähe des Standorts der Potenzialausgleichsschiene hoch zu führen.

Praxishinweis

Da im Heizraum im Rahmen der Überbrückung sämtlicher leitfähiger Rohrleitungen (Heizung, Wasser, Gas) der Potenzialausgleich ausgeführt werden muss, empfiehlt sich der Anschluss auf die Potenzialausgleichsschiene gerade hier besonders.

Eine weitere Anschlussfahne im Bereich des Hausanschlusskastens ist vorteilhaft, wenn der Heizraum weiter von diesem Platz entfernt liegt. Dadurch kann eine Leitungsverlegung durch ggf. mehrere Räume entfallen.

Potenzialausgleichsleitungen

Zur Vermeidung gefahrbringender Potenzialunterschiede sind elektrisch leitfähige Rohrleitungen, die Blitzschutzanlage, die Antennenanlage und andere leitfähige Bauteile untereinander und mit dem Schutzleiter durch Potenzialausgleichsleitungen zu verbinden.
Die VDE-Bestimmung **VDE 0100** verpflichtet jeden Errichter einer elektrischen Anlage, sich vor deren Inbetriebnahme von der einwandfreien Funktion der angewendeten Maßnahmen zum Schutz bei indirektem Berühren durch Messungen zu überzeugen. Die

Prüfungen müssen durch eine eingehende Besichtigung aller für die Schutzmaßnahmen wichtigen Anlagenteile erfolgen und die Messungen erfassen, durch die die Wirksamkeit nachgewiesen wird. Aussagen über die erforderlichen Prüfungen enthalten die §§ 22 und 23 von VDE 0100.

Praxishinweis

Eine neue bundesweite Initiative der Elektrohandwerke wurde ins Leben gerufen, die für mehr Sicherheit im Eigenheim oder Gewerbe sorgt: der E-CHECK. Hierbei handelt es sich um ein Gütesiegel, das ausschließlich von Innungsfachbetrieben des Elektrohandwerks vergeben wird.

Der in regelmäßigen Zeitabständen vorgenommene E-CHECK vermeidet hohe Reparaturkosten an der Elektroinstallation. Bei Bedarf ist somit auch der korrekte Zustand der Elektroanlagen bei Versicherungen nachzuweisen, da der E-CHECK den Eigentümer nicht zuletzt vor rechtlichen Konsequenzen schützt.

Der Betreiber ist für den Zustand seiner elektrischen Anlage auch im juristischen Sinn verantwortlich. Vermieter müssen laut OLG-Urteil die Elektroanlage ihres Hauses regelmäßig überprüfen. Noch heikler sieht es bei gewerblich genutzten Anlagen und Flächen aus: Gewerbeaufsichtsämter und Berufsgenossenschaften können die Produktion sofort einstellen lassen, wenn für die eingesetzten Elektroanlagen Prüfnachweise fehlen.

Überspannung oder Blitzschlag

Zum Schutz von empfindlichen und oft sehr teuren **Haushaltsgeräten** empfiehlt es sich Vorsorge gegen Überspannung oder Blitzschlag zu treffen. Etwa alle drei Minuten registriert die Versicherungswirtschaft in der BRD einen Brand. Der Schaden liegt jährlich über 5 Milliarden Euro. Der vorbeugende Brandschutz ist daher schon längst nicht mehr Aufgabe von Baufachleuten; auch Elektroplaner und Installationsbetriebe tragen eine hohe Verantwortung dafür, dass ihre Anlagen weder zum Brandstifter werden noch die Ausbreitung von Bränden begünstigen.

Laut einem der größten Sachversicherer in Deutschland sind Elektronikschäden zu über 30 % auf Überspannung zurückzuführen. Während Starkstromgeräte teils unbeschadet bleiben, kommt es bei

Nieder- und Mittelspannungsanlagen zu Funktionsstörungen oder Totalausfällen.

Praxishinweis

Reparaturkosten für ein durch Überspannung defektes Gerät sind i. d. R. wesentlich teurer als der Einbau von Schutzgeräten. Lassen Sie sich daher von einem Fachmann beraten.

Auch veraltete Elektroinstallationsanlagen führen häufig zu großen Fehlerquoten. Ein Sanierungsbedarf ist oftmals unumgänglich.

Praxishinweis

Die elektrische Gebäudeausrüstung befindet sich insbesondere durch die EDV, neue Kommunikationstechniken und immens gestiegene Anforderungen in einem grundlegenden Umbruch. Konventionelle Lösungen lassen sich meist nur noch unter erheblichem Kosten-, Material- und Platzaufwand bewältigen.

In modernen Wohngebäuden werden immer mehr Netze für Steuer- und Überwachungsaufgaben eingebaut, um dem gestiegenen Anspruch auf Sicherheit, Komfort und Flexibilität gerecht zu werden. Damit wächst aber auch die Menge der Leitungen – bedingt durch die separate Verdrahtung von Sensoren und Aktoren (Empfängergeräte) zu den notwendigen Überwachungs-, Steuer- und Regelzentren. Die Folgen dieser Leitungsmengen sind ein entsprechend hoher Planungs- und Installationsaufwand, erhöhte Brandlast und hohe Kosten.

C Energieeinsparverordnung (EnEV) in der Praxis

1 Einführung

Sinn und Zweck der EnEV

Am 1.2.2002 trat die Energieeinsparverordnung (EnEV) in Kraft. Mit der Verordnung werden verschiedene Vorgaben der EU umgesetzt. So bezwecken die Regelungen **z. B.** die Umsetzung des Art. 5 der EU-Richtlinie zur Begrenzung der Kohlendioxidemissionen durch eine effizientere Energienutzung und der EU-Richtlinie über die Wirkungsgrade von mit flüssigen oder gasförmigen Brennstoffen beschickten neuen Warmwasserheizkesseln.
Mit dem In-Kraft-Treten der EnEV wurden die bisherige Wärmeschutzverordnung und die Heizungsanlagenverordnung aufgehoben.
Am 7.3.2002 wurde eine allgemeine Verwaltungsvorschrift zu § 13 EnEV als „AVV Energiebedarfsausweis" vorgelegt. Zudem haben auch einige Bundesländer begonnen, bezüglich der Abwicklung Verordnungen über die jeweiligen Zuständigkeiten in Kraft zu setzen und in diesen für einige Prüfungsfragen den Typus eines neuen, zuzulassenden Sachverständigen geschaffen. Letztere sind in einer Liste bei der Bayerischen Architektenkammer oder bei der Bayerischen Ingenieurkammer einzutragen und können dort erfragt werden. Zudem regeln die Verordnungen vor allem Fragen der Zuständigkeiten innerhalb der Länderebene.

Gebot der Wirtschaftlichkeit

Wie alle zum Zweck der Energieeinsparung bestehenden Regelungen ist auch die EnEV von dem Gebot der Wirtschaftlichkeit des § 5 Abs. 1 EnEG beherrscht. Danach müssen sich die Investitionskosten durch die Energieeinsparungsmaßnahmen amortisieren. In der EnEV und ihren Anlagen kommt dies an verschiedenen Stellen dadurch zum Ausdruck, dass die Voraussetzungen der Verordnung als erfüllt gelten, wenn bestimmte Bedingungen bereits jetzt eingetreten sind.

Bereits jetzt dürfte erkennbar sein, dass sich die Planung neuer Gebäude und Anlagen erschweren wird. Die bisherigen Errichtungs- und Herstellungskosten werden zumindest bei größeren Gebäuden und solchen mit hohen Glasflächenanteilen in der Fassade sicherlich ansteigen. Während dies bei solchen Objekten voraussichtlich wegen der Neuerstellung noch zu bewältigen und zu finanzieren sein wird, kommen bei bereits bestehenden auf die Eigentümer erhebliche planerische und kostenmäßige Belastungen zu, soweit die in § 9 EnEV vorgesehenen Nachrüstungsverpflichtungen zu erfüllen sind.

2 Inhalt der EnEV

Die EnEV gliedert sich in insgesamt fünf Abschnitte:

- Erster Abschnitt (§§ 1 und 2 EnEV): allgemeine Regelungen und Begriffsbestimmungen.
- Der zweite Abschnitt (§§ 3 bis 7 EnEV) regelt die Begrenzung des Energie- und Wärmebedarfs bei zu errichtenden Gebäuden und Anlagen. Er befasst sich mit zukünftigen Tatsachen.
- Der dritte Abschnitt (§§ 8 bis 10 EnEV) bezieht sich auf bestehende Gebäude und Anlagen, sodass auch Erstellungs- und Herstellungsvorgänge der Vergangenheit erfasst werden. Beide Abschnitte betreffen die Isolierung der Gebäudesubstanz.
- Der vierte Abschnitt (§§ 11 und 12 EnEV) erfasst die heizungstechnischen Anlagen und Warmwasseranlagen gleichermaßen für zu errichtende und bestehende Gebäude. Die ursprünglich für raumlufttechnische Anlagen vorgesehene Regelung ist entfallen. Diese wird von der Generalklausel des § 1 Abs. 1 EnEV jedoch ebenfalls erfasst.
- Der fünfte Abschnitt (§§ 13 bis 20 EnEV) schließt mit den sog. gemeinsamen Vorschriften, den Bußgeldvorschriften und den sog. Schlussbestimmungen.

Die Regelung des § 1 Abs. 1 EnEV legt fest, dass bei nahezu allen Gebäudetypen bestimmte Anforderungen an die energetische Qualität gestellt werden. Dies gilt nicht nur für die Gebäudesubstanz, sondern auch bezüglich ihrer heizungs-, raumlufttechnischen und zur Warmwasserbereitung dienenden Anlagen. Betroffen sind u.a. Wohnhäuser sowie Büro- und Verwaltungsgebäude.

Ausnahmen

Ausgenommen vom Anwendungsbereich der EnEV sind:

- Bestandteile eines Heizungssystems, die sich nicht innerhalb eines der genannten Gebäude befinden. Auf diese sind nur die §§ 9 Abs. 1 und 2, 11 EnEV anzuwenden.
- Zudem werden einige Räume, die in der Regel nicht zu einem dauernden Aufenthalt von Menschen bestimmt sind, oder in solchen, in denen wegen ihrer Zweckbestimmung Anforderungen an die energetische Qualität nicht angebracht sind, von der Anwendung der Vorschriften mit Ausnahme des die heizungstechnischen Anlagen betreffenden § 11 EnEV ausgenommen. An diesen Gebäuden müssen daher keine Maßnahmen hinsichtlich der Substanz, sondern nur wegen der Aufstellung oder Inbetriebnahme der genannten Anlage ergriffen werden.

Energie- und Wärmebedarfsausweis

In § 2 EnEV werden verschiedene technische Begriffe, die sich in der EnEV finden, definiert.
Von Bedeutung ist insbesondere die Bestimmung des § 13 EnEV, der für zu errichtende Gebäude den sog. Energiebedarfsausweis und den sog. Wärmebedarfsausweis einführt. Hinsichtlich des Energiebedarfsausweises gilt dessen Notwendigkeit auch bei der wesentlichen Änderung bestehender Gebäude.

Zudem regelt § 16 EnEV bestimmte Ausnahmen von der Anwendbarkeit der EnEV für Baudenkmäler und für Ersatzmaßnahmen. Für Gebäude mit einem Umfang von höchstens 100 m^3 gelten die Regelungen nach § 7 EnEV mit Ausnahme der §§ 11 und 12 EnEV über die heizungstechnischen Anlagen und die Warmwasseranlagen nicht. Darüber hinaus kommt nach § 17 EnEV auf Antrag bei den nach dem Recht des jeweiligen Bundeslands zuständigen Behörden in sog. Härtefällen ein Dispens von den Bestimmungen der EnEV in Betracht.

3 Die Nachrüstungsverpflichtung von § 9 EnEV

Von besonderer Bedeutung ist die Regelung des § 9 EnEV, die bei bestehenden Anlagen und Gebäuden eine Nachrüstungspflicht bis zu einem bestimmten Zeitpunkt vorsieht.

Praxishinweis

Stuft man die Vorgaben der EnEV als anerkannte Regeln der Technik und nicht nur als politische Zielsetzungen ein, kann die Nichteinhaltung der vorgegebenen Werte einen Mangel im Sinne der §§ 437, 634 BGB darstellen.

Deshalb sollte für den Fall der Nichteinhaltung der Voraussetzungen der EnEV, in den Vertrag aufgenommen werden, dass die Nichteinhaltung dem Erwerber oder Besteller bekannt ist.

Dies muss wegen des nach § 307 Abs. 1 S. 2 BGB geltenden Transparenzgebots für den Erwerber nachvollziehbar sein, sodass der einfache Hinweis auf einen bestimmten Stand der Technik zur Dokumentation der Nichterreichbarkeit der Werte nach der EnEV nicht ausreichend sein dürfte.

3.1 Ausnahmen von der Nachrüstungsverpflichtung

Gebäude mit max. zwei Wohnungen

Eine Ausnahme hinsichtlich der Nachrüstpflicht wird für Gebäude mit nicht mehr als zwei Wohnungen gemacht, von denen der **Eigentümer eine selbst bewohnt**. Damit sollen besondere Härten durch die eventuell hohen finanziellen Belastungen der Nachrüstung vermieden werden.

Eigentümerwechsel

In diesem Fall besteht die Pflicht zur Nachrüstung erst spätestens zwei Jahre nach einem Eigentümerwechsel. Frühestens kann sie am 31.12.2006 ablaufen. Für Heizkessel, deren Brenner nach dem 1.11.1996 erneuert wurden, frühestens am 31.12.2008. Eine gänzliche Befreiung, auch nach einem Eigentumswechsel, kommt nicht in Betracht, da der Erwerber die Kosten der eventuell nach der EnEV anfallenden Maßnahmen bei der Kaufentscheidung berücksichtigen kann.

Erbfall

Für den Zeitpunkt des Eigentümerwechsels ist im Fall des Kaufs die Umschreibung des Grundbuchs und im Fall einer Versteigerung der Zuschlagbeschluss nach § 90 Abs. 1 ZVG maßgeblich. Ungeklärt ist der Erbfall. Denn auch dieser stellt einen Eigentümerwechsel dar. Nach dem Sinn der Regelung wird anzunehmen sein, dass die Nachrüstungspflicht **zwei Jahre nach dem Todesfall** des Eigentümers beginnt, wenn der Erbe die Wohnung nicht selber bezieht. Wohnt er in dieser oder will er dies in kurzem zeitlichem Abstand nach dem Erbfall verwirklichen, ist davon auszugehen, dass er in die Rechtsstellung des Erblassers auch hinsichtlich der Vorschriften der EnEV eintritt und die Nachrüstungspflicht wiederum erst bei einem späteren Eigentümerwechsel eintritt. Dafür spricht jedenfalls, dass anders als bei einem entgeltlichen Erwerb der Erbe die Kosten der Maßnahmen bei dem Eigentumswechsel nicht berücksichtigen kann.

Achtung:

Der Erwerber eines Gebäudes sollte darauf achten, ob eine eventuelle Nachrüstungspflicht später noch eintreten kann.

Ein- oder Zweifamilienhaus?

§ 9 Abs. 4 EnEV enthält dazu keine Definition. Zum einen kann für die Beurteilung auf die Verkehrsanschauung, also die tatsächlichen Verhältnisse, zum anderen auf die rechtlichen Gestaltungen zurückzugreifen sein.

Besonderheit bei Wohnungseigentum

Die Unterscheidung ist im Bereich des Wohnungseigentums von Bedeutung. Denn es sind Wohnungseigentümergemeinschaften denkbar, die ausschließlich aus Einfamilienhäusern oder Doppelhaushälften bestehen. In Betracht kommen auch solche, die aus unterschiedlichen Zweifamilienhäusern gebildet wurden oder solche, die neben Mehrfamilienhäusern auch noch aus den begünstigten Objekten bestehen.

Da es sich bei der EnEV um eine öffentlich-rechtliche Ordnungsvorschrift handelt, werden die zivilrechtlichen Ausgestaltungen nicht maßgeblich sein. Abzustellen ist auf die tatsächlichen Verhältnisse, sodass **Ein- oder Zweifamilienhäuser** in einer Wohnungseigentümergemeinschaft ebenfalls von der Bestimmung des § 9 Abs. 4 EnEV erfasst werden.

Kostenverteilung in der Gemeinschaft?

Dies kann im Rahmen des § 16 Abs. 2 WEG bei der Kostenverteilung zu Problemen führen, wenn Wohnungseigentümergemeinschaften neben Ein- oder Zwei- auch aus Mehrfamilienhäusern bestehen. Denn mangels besonderer Regelung in der Gemeinschaftsordnung müssen sich auch die Eigentümer der Einheiten in den begünstigten Gebäuden an den Kosten der notwendigen Nachrüstungen in den anderen Gebäuden der Gemeinschaft beteiligen.

3.2 Wer ist zur Nachrüstung verpflichtet?

Eigentümer oder Betreiber als Verpflichtete

Die Pflicht zur Nachrüstung kann nach § 9 Abs. 1 EnEV immer nur den Eigentümer beziehungsweise Betreiber der Anlage treffen. Wer sich im Verhältnis zu diesen an den Kosten zu beteiligen hat, bestimmt sich nach den jeweiligen zivilrechtlichen Vorgaben. Insoweit treten wegen der Nachrüstungspflichten Zuordnungsprobleme auf, wenn die Eigentümer der Gebäude nicht mit dem Betreiber oder Eigentümer der Heizungsanlage identisch sind. Offen ist daher, welche Pflichten bestehen, wenn eine Heizung als separate Anlage verschiedene, **grundstücksrechtlich nicht verbundene Ein- oder Zweifamilienhäuser versorgen** soll. Solche Anlagen sind auch im Bereich des Wohnungseigentums nicht selten.

In diesen Fällen sind verschiedene Varianten denkbar:

- Die Anlage kann im Eigentum aller angeschlossenen Grundstücks- oder Wohnungseigentümer gemeinschaftlich stehen.
- Es können auch Anlagen nur einem Teil der betroffenen Eigentümer zuzurechnen sein und zugunsten der anderen Absicherungen über Grunddienstbarkeiten hinsichtlich der Versorgung und Abnahme mit Heizenergie vorliegen.
- Denkbar ist auch, dass ein Dritter Eigentümer und Betreiber der Heizungsanlage ist. Sind nur Ein- oder Zweifamilienhäuser an diesen angeschlossen, ergibt sich im Rahmen des § 9 Abs. 4 EnEV eine Nachrüstungspflicht selbst bei großen Anlagen nicht.

Achtung:

Bei heizungstechnischen Anlagen, die **vor dem 1.10.1978 in Betrieb genommen** wurden, sind bis spätestens 31.12.2006 zum einen zugängliche Wärmeverteilungsleitungen und Armaturen in unbeheizten Räumen mit einer Wärmedämmung im Sinne der Anlage 5 der EnEV zu versehen (§ 9 Abs. 2 EnEV) und zum anderen müssen die Heizkessel den Anforderungen des § 10 EnEV genügen.

Nach dem 1.11.1996 erneuerte Heizkessel müssen bis zum 31.12.2008 an die Anforderungen des § 11 EnEV angepasst werden, wobei diese als erfüllt gelten, wenn es sich um einen Niedertemperaturheizkessel i.S.d. § 2 Nr. 10 EnEV oder einen Brennwertkessel i.S.d. Nr. 11 der vorgenannten Bestimmung handelt.

Ungedämmte, nicht begehbare und zugängliche oberste Geschossdecken müssen bis spätestens 31.12.2005 in der Form gedämmt werden, dass der Wärmedurchgangskoeffizient der Geschossdecke 0,30 W/(m² ⇔ k) nicht überschritten wird (§ 9 Abs. 3 EnEV).

Die ursprünglich nach dem Entwurf der EnEV auch erfassten ungedämmten Decken zu unbeheizten Kellern müssen nun nicht mehr den zunächst vorgesehenen Wärmedurchgangskoeffizienten der Decke von 0,40 W/(m² ⇔ k) erfüllen.

4 Das Veränderungsverbot von § 10 EnEV

Keine Entfernung oder Veränderung

Korrespondierend zur Nachrüstungsverpflichtung des § 9 EnEV besteht in § 10 EnEV ein Veränderungsverbot für bereits bestehende energiesparende Maßnahmen und Einrichtungen. Ohne diese Regelung könnte der Gebäudeeigentümer vorhandene Anlagen und Gebäudebestandteile entfernen oder verändern.

Keine Stilllegung oder Verschlechterung

Über dieses Veränderungsverbot im engeren Sinn besteht nach § 10 Abs. 2 und 3 EnEV auch eine Verpflichtung, vorhandene Einrichtungen und Heizungs- sowie Warmwasseranlagen oder raumlufttechnische Anlagen **sachgerecht zu betreiben und betriebsbereit zu halten.** Damit soll eine Stilllegung oder eine Verschlechterung durch Abnutzung sowie ein unsachgemäßer Gebrauch verhindert werden. Ohne diese Regelung könnten die Regelungen der EnEV ansonsten umgangen werden.

5 Die Umsetzung der Nachrüstungspflichten

Die Nachrüstungspflichten werden für die Eigentümer der betroffenen Gebäude und Anlagen zu erheblichen Problemen und Kosten führen.

Umsetzung ist zwingend

Wegen der zwingenden Regelungen der Verordnung haben weder Alleineigentümer noch Wohnungs- oder Teileigentümer noch vermietende Eigentümer eine Entscheidungsmöglichkeit, ob sie die nach der EnEV vorgegebenen Maßnahmen ergreifen. Deren Vorgaben sind einzuhalten. Dies gilt vor allem für die seitens des Verordnungsgebers festgelegten **Termine**, zu denen spätestens die Anforderungen erfüllt sein müssen.

Haftung nach außen

Für die sach- und termingerechte Umsetzung sowie die Finanzierung der erforderlichen Maßnahmen haben verschiedene Eigentümer eines Gebäudes zwar im Innenverhältnis gemeinschaftlich einzustehen. Im Außenverhältnis trifft jedoch jeden Einzelnen von ihnen die entsprechende Verantwortung. Die mangelnde Mitwirkung eines Teils der Eigentümer führt demnach nicht dazu, dass die anderen von ihren Verpflichtungen frei werden.

Bei der Planung sind auch die Grundsätze eines sachgerechten Vorgehens im technischen Sinn zu beachten. Zudem haben die Eigentümer und ein eventuell eingesetzter Verwalter zu berücksichtigen, dass **keine unnötigen Aufwendungen** getätigt werden. Ist beispielsweise das Gebäude zu dämmen und die Heizung zu erneuern, muss darauf geachtet werden, dass die neue Heizung bereits die geplante Dämmung berücksichtigt, damit keine Überdimensionierung vorliegt.

5.1 Die wohnungseigentumsrechtliche Problematik

Im Bereich des Wohnungseigentumsrechts stellt sich die Frage, ob es sich um eine bauliche Veränderung i.S.d. § 22 Abs. 1 WEG handelt, für die die Zustimmung aller Eigentümer (Allstimmigkeit) erforderlich ist, oder um eine Maßnahme ordnungsgemäßer Instandhaltung oder Instandsetzung, für die ein einfacher Mehrheitsbeschluss genügt.

Als bauliche Veränderung wird jede über die bloße Instandhaltung und Instandsetzung hinausgehende Umgestaltung des gemeinschaftlichen Eigentums in seiner bestehenden Form, und zwar nicht nur von Bauwerken, sondern auch von unbebauten Grundstücksteilen, angesehen.

Bauliche Veränderung

Eine bauliche Veränderung liegt nicht vor, wenn es sich um eine Maßnahme ordnungsgemäßer Instandhaltung oder Instandsetzung handelt. Dies gilt selbst bei Maßnahmen, die das Grundstück oder das Gebäude verändern.

Instandhaltung oder Instandsetzung

Die Einhaltung öffentlich-rechtlicher Vorgaben zählt zu den Maßnahmen ordnungsgemäßer Instandsetzung. Dazu rechnen auch solche Veränderungen, die notwendig sind, um neue Vorgaben des Gesetz- oder Verordnungsgebers zu erfüllen. Insoweit werden auch die Umsetzungen der nach den Regelungen der EnEV notwendigen Arbeiten an dem Gebäude oder dessen Einrichtungen und Anlagen als Maßnahmen einer ordnungsmäßigen Instandsetzung zu betrachten sein. Dies muss bereits deshalb gelten, weil die neue Verordnung teilweise auch solche Regelungen beinhaltet, die nach der WärmeschutzVO und der HeizungsAnlVO bereits vorgesehen waren und bei denen eine bauliche Veränderung im Sinn des § 22 Abs. 1 WEG nicht angenommen worden ist.

Praxishinweis:

Für die Beschlussfassung über die nach der EnEV zu ergreifenden Maßnahmen ist ein Mehrheitsbeschluss ausreichend.

Achtung:

Wenn auch im Zusammenhang mit der Umsetzung öffentlichrechtlicher Normen bauliche Veränderungen ohne die Zustimmung aller betroffenen Wohnungs- und Teileigentümer zulässig sind, ist dennoch dort die Grenze gezogen, wo einzelne Maßnahmen zwar nützlich sein können, jedoch über das hinausgehen, was zur Einhaltung der Vorgaben zwingend notwendig ist. So mögen etwa Rollläden für eine Energieeinsparung sorgen. Sie werden durch den Verordnungsgeber aber nicht vorgeschrieben. Da sie das äußere Erscheinungsbild des Gebäudes verändern, können sie auch nur mit der Zustimmung aller betroffenen Wohnungs- und Teileigentümer angebracht werden.

Anspruch auf Umsetzung

Handelt es sich bei der Umsetzung der Vorschriften der EnEV um eine Maßnahme ordnungsmäßiger Instandsetzung, so kann eine solche von jedem Wohnungs- oder Teileigentümer im Rahmen einer ordnungsmäßigen Verwaltung nach § 21 Abs. 4 und 5 Nr. 2 WEG verlangt werden. Dieser Anspruch richtet sich gegen alle Mitglieder der Gemeinschaft. Umgekehrt bedeutet dies, dass **alle Eigentümer** untereinander verpflichtet sind, bei der Umsetzung mitzuwirken, Einwirkungen zu dulden sowie die Kosten zu tragen.

5.1.1 Bestandsaufnahme

Für Haus- und Wohnungseigentümer sowie Verwalter ergeben sich verschiedene Pflichten.

Bestandsaufnahme

Zunächst muss eine Bestandsaufnahme erfolgen. Diese bezieht sich auf

- die heizungstechnischen Anlagen,
- den Heizkessel und
- die ungedämmten, nicht begehbaren und zugänglichen obersten Geschossdecken sowie
- die ungedämmten Decken zu unbeheizten Kellerräumen.

Diesbezüglich müssen Feststellungen darüber getroffen werden, ob

- die heizungstechnischen Anlagen vor dem 1.10.1978 in Betrieb genommen wurden;
- ob ein Heizkessel, dessen Brenner nach dem 1.11.1996 erneuert wurde, in dem Gebäude vorhanden ist;
- für nicht begehbare und zugängliche Geschossdecken eine Dämmung vorliegt.

Die durch die EnEV vorgesehenen Maßnahmen müssen bis zum angegebenen Stichtag durchgeführt werden.

Heizungsanlagen

Dabei ist vor allem darauf zu achten, dass es bei den Heizungsanlagen nur darauf ankommt, dass diese vor dem 1.10.1978 in Betrieb genommen wurden. Deren noch eventuell bestehende Funktionsfähigkeit ist bedeutungslos.

Hinweis:

Erfolgte die Inbetriebnahme später, sind die Voraussetzungen des § 9 Abs. 2 EnEV nicht zu erfüllen. Darauf, ob die eventuell später in Betrieb genommene Anlage die Vorgaben der EnEV dennoch nicht erfüllt, kommt es nach dem Verordnungswortlaut nicht an. Weitergehende Maßnahmen müssen dann nicht getroffen werden.

Brenner der Heizanlagen

Bei den Brennern der Heizanlagen wird nur auf den **Zeitpunkt der Erneuerung** nach dem 1.11.1996 abgestellt. Zuvor erneuerte Geräte können außer Betracht bleiben, was dazu führt, dass auch in diesen Fällen keine Maßnahmen notwendig sind.

Dämmung der Decken

Hinsichtlich der Decken stellt § 9 Abs. 3 EnEV ausschließlich darauf ab, dass diese ungedämmt sind. Die Verpflichtung, eine entsprechende Dämmung zum Zweck der Erreichung des Wärmedurchgangskoeffizienten von 0,30 W/(m²⇔k) anzubringen, besteht nach dem Wortlaut auch dann, wenn diese Werte auch ohne eine vorhandene Dämmung erreicht werden.

5.1.2 Hinzuziehen von Sachverständigen

Heizungsanlage

Für die Bestandsaufnahme hinsichtlich der technischen Geräte der Heizungsanlage ergibt sich i.d.R. für den Eigentümer, den Verwalter oder die Wohnungseigentümergemeinschaft **nicht die Notwendigkeit**, einen Architekten, Ingenieur oder Sachverständigen hinzuzuziehen, denn die Feststellungen sind letztlich einfach zu treffen. Das Datum der Inbetriebnahme der heizungstechnischen Anlagen wird sich ebenso aus den Unterlagen ablesen lassen wie das Datum der Erneuerung des Brenners.

Isolierung und Dämmung

Anders verhält es sich bei der Isolierung bzw. Dämmung der Decken. Deren Existenz an den Geschossdecken ist möglicherweise noch leicht erkennbar. Ohne weitergehende Messungen kann jedoch sicherlich nicht festgestellt werden, ob der Wärmedurchgangskoeffizient von 0,30 W/(m² ⇔ k) erfüllt ist. Zu einer solchen Feststellung bedarf es i.d.R. der sach- und fachkundigen Hilfe.

Werden von den Anlagen und Einrichtungen die in § 9 EnEV genannten Voraussetzungen erfüllt, braucht nichts weiter unternommen zu werden. Ist dies jedoch nicht der Fall, besteht die Pflicht der

Eigentümer/Eigentümergemeinschaft, die notwendigen Maßnahmen bis zu den vorgegebenen Daten durchzuführen.

Pflichten des Verwalters

Gem. § 27 Abs. 1 Nr. 2 WEG hat der Verwalter die für die Instandhaltung und Instandsetzung des gemeinschaftlichen Eigentums erforderlichen Maßnahmen zu treffen.

Achtung:

Dies bedeutet nicht, dass der Verwalter ohne Rücksprache und Entscheidung der Wohnungseigentümer aus eigenem Recht die erforderlichen Arbeiten zur Erfüllung der Instandsetzung und Instandhaltung in Auftrag geben darf.

Der Verwalter muss vielmehr den Wohnungseigentümern die Tatsachen für die notwendigen Maßnahmen vortragen und darlegen, welche einzelnen Arbeiten auszuführen sind. Insoweit besteht eine **Hinweispflicht** gegenüber den Wohnungseigentümern. Die abschließende Entscheidung müssen die Wohnungseigentümer selbst treffen.

Diese Entscheidung der Wohnungseigentümer durch eine entsprechende **Beschlussfassung** muss durch den Verwalter jedoch hinreichend vorbereitet werden. Dabei entscheiden die Wohnungseigentümer wegen der zwingenden Vorgaben der EnEV nicht mehr über das „Ob“ der Durchführung, sondern nur noch über die Art und Weise der Umsetzung, über die Finanzierung und im Rahmen der Vorgaben der Verordnung auch über den Zeitpunkt der zu beschließenden Maßnahmen.

5.1.3 Beschlussfassung

Ein Beschluss kann wirksam nur gefasst werden, wenn sein Gegenstand bei der Einberufung hinreichend bezeichnet ist (§ 23 Abs. 2 WEG).

Hinweis:

Es ist erforderlich, dass der Verwalter die notwendigen Maßnahmen in der Einladung hinreichend genau beschreibt, sodass die Wohnungseigentümer in der Lage sind, aus der Einladung den Umfang und die Notwendigkeit der Sanierungsmaßnahmen zu erkennen. Es ist unzulässig, die Sanierungsmaßnahmen unter dem Tagesordnungspunkt „Sonstiges" zu beschließen. Unter diesem Tagesordnungspunkt können nur Maßnahmen untergeordneter Bedeutung geregelt werden.

Bestandsaufnahme

Vor der Beschlussfassung über die Durchführung von Sanierungsmaßnahmen müssen im Rahmen ordnungsgemäßer Verwaltung sowohl Bestandsaufnahmen über Art und Umfang der Schäden vorgenommen als auch mögliche Ursachen oder Verantwortliche festgestellt werden. Dies gilt auch dann, wenn die Instandsetzung – unabhängig vom Verschulden bestimmter Personen – der Gemeinschaft obliegt.

Kenntnis der Angebote

Die Vergabe des Auftrags durch den Verwalter setzt voraus, dass die Wohnungseigentümergemeinschaft die wesentlichen Angebotsdaten kennt. Die entsprechenden Angebote der Unternehmen müssen den Wohnungseigentümern bei Beschlussfassung in der Versammlung bekannt sein und i.d.R. vorliegen.

Hinweis:

Eine Beschlussfassung mit der Maßgabe, dass der Verwalter erst noch Angebote einholen und dann einen Auftrag vergeben soll, scheidet aus, weil die Wohnungseigentümer zum Zeitpunkt der Beschlussfassung keine Entscheidungsgrundlage haben.

Achtung:

Keinesfalls ist es zulässig, dass die Entscheidung über die Vergabe des Auftrags durch den Verwalter mit Zustimmung, in Abstimmung oder im Einvernehmen mit dem Verwaltungsbeirat erfolgt. Auch anderweitige, ähnliche Möglichkeiten kommen nicht in Betracht. Insoweit würde in die Rechte des Verwalters eingegriffen. Dies ist nach § 27 Abs. 3 WEG nicht zulässig.

Mehrere Angebote einholen

Es müssen mehrere Angebote für die einzelnen Gewerke eingeholt werden. Die entsprechenden Ausschreibungen müssen **vergleichbar** sein. Gibt es verschiedene Möglichkeiten, die Sanierung durchzuführen, muss dies kenntlich gemacht werden. Die Vor- und Nachteile der eventuell verschiedenen Methoden sind in einem Vergleich gegenüber zu stellen. Kann auf Grund einer möglichen Monopolstellung eines Anbieters für ein System kein Vergleichsangebot vorgelegt werden, so muss dies deutlich herausgestellt und nachgewiesen werden. Erweist sich etwa das Angebot und die Methode eines Monopolisten im Vergleich zu anderen, herkömmlichen, eventuell nicht so idealen Angeboten oder Systemen als wesentlich teurer, müssen die technischen Vorteile die erhöhten Preise kompensieren. Dafür ist eine **Kosten-Nutzen-Analyse** vorzulegen.

Kosten-Nutzen-Analyse

Die Kosten-Nutzen-Analyse muss einen Zeitraum von etwa zehn Jahren erfassen. Dabei sind die in diesem Zeitraum anfallenden Kosten einer Sanierung mit einer herkömmlichen Methode mit den Kosten des Systems eines Monopolisten zu vergleichen. Dabei sind auch die Kosten der Sanierungsmethoden, die bei der herkömmlichen Vorgehensweise in dem Zeitraum von zehn Jahren mehrfach anfallen können, mit der innovativen Vorgehensweise zu vergleichen. Stellt sich die neuere Methode als wesentlich teurer heraus, wird diese ausscheiden müssen. Verbindliche Aussagen können hier jedoch nicht gemacht werden. Diesbezüglich muss auf die individuelle Kosten-Nutzen-Analyse verwiesen werden.

Achtung:

In Bezug auf die in § 9 EnEV vorgegebenen Umsetzungsfristen ist darauf zu achten, dass diese auch eingehalten werden.

Eigentümerversammlung rechtzeitig einberufen

Für die Einhaltung der Fristen ist die rechtzeitige Einberufung der Eigentümerversammlung erforderlich. Dabei muss hinsichtlich des Zeitaufwands berücksichtigt werden, dass die Durchführung der Arbeiten einen bestimmten Zeitraum erfordert. Auch muss damit gerechnet werden, dass die erste Wohnungseigentümerversammlung nicht beschlussfähig ist, sodass nach § 25 Abs. 4 WEG die Einberufung einer weiteren erforderlich wird. Der Verwalter sollte auch die Finanzsituation und die **Zahlungsfähigkeit** der Miteigentümer berücksichtigen. Frühzeitige Beschlüsse ermöglichen eine längere Ansparphase für die notwendiger Weise anfallenden Ausgaben. Zudem können ggf. erforderliche gerichtliche Zahlungsverfahren gegen einzelne Eigentümer durchgeführt werden. Letztlich ist auch mit Zahlungsausfällen zu rechnen, sodass berücksichtigt werden sollte, dass eine weitere Versammlung zur Beschlussfassung über eine Liquiditätsumlage erforderlich werden kann.

5.1.4 Die Verweigerung der Umsetzung der nach § 9 EnEV erforderlichen Maßnahmen

Die Verwaltung des gemeinschaftlichen Eigentums obliegt gem. § 21 Abs. 1 WEG der Gesamtheit der Wohnungseigentümer. Der Verwalter hat die von den Wohnungseigentümern im Beschlussweg getroffenen Entscheidungen umzusetzen.

Beispiel:

Treten am gemeinschaftlichen Eigentum Defekte oder Defizite auf, so sind die Wohnungseigentümer verpflichtet, diese zu beseitigen. Der Verwalter hat im Rahmen der ihm durch § 27 Abs. 1 Nr. 2 WEG vorgegebenen Aufgaben die für Instandsetzung oder Instandhaltung notwendigen Maßnahmen aufzuzeigen und der Wohnungseigentümerversammlung zur Beschlussfassung vorzulegen.

Achtung:

In Zeiten zunehmender Arbeitslosigkeit und wirtschaftlicher Rezession sowie den damit zwangsläufig verbundenen finanziellen Einbußen weiter Teile der Bevölkerung ist zu beobachten, dass sich immer mehr Wohnungseigentümer gegen die Kosten von Instandsetzungs- und Instandhaltungsmaßnahmen in der Form wehren, dass entsprechende Beschlussfassungen durch eine negative Abstimmung verweigert werden.

Ein negatives Abstimmungsergebnis kann die Kosten notwendiger Instandhaltungs- und Instandsetzungsmaßnahmen nur erhöhen:

- In der tatenlos verstreichenden Zeit treten i.d.R. weitere Schäden ein oder bestehende vergrößern sich, wodurch auch die Kosten steigen.

- Durch die Nichtumsetzung vorgeschriebener Maßnahmen droht die Verhängung von Bußgeldern, beispielsweise nach § 18 EnEV.
- Die unterlassene Durchführung von notwendigen Maßnahmen widerspricht den Grundsätzen ordnungsgemäßer Verwaltung i.S.d. § 21 Abs. 4 WEG. Da jeder einzelne Eigentümer einen Anspruch auf eine ordnungsgemäße Verwaltung hat, kann er diesen gerichtlich durchsetzen (§ 43 Abs. 1 Nr. 1 WEG), was zu weiteren Kosten führt.

Schadensersatz bei Verweigerung

Darüber hinaus muss auch in Betracht gezogen werden, dass sich diejenigen Wohnungseigentümer, welche die Zustimmung zu der notwendigen Maßnahme aus unsachgemäßen Gründen verweigern oder verzögern, schadensersatzpflichtig machen können, denn die Schadensersatzpflicht kann sich auch aus dem Unterlassen der Durchführung von erforderlichen Maßnahmen ergeben. Der zu ersetzende Schaden bezieht sich sowohl auf das gemeinschaftliche Eigentum als auch auf die Auswirkungen im Sondereigentum oder im Vermögen der anderen Eigentümer.

Schadensersatz für Schäden am Gemeinschaftseigentum

Der zu leistende Schadensersatz umfasst den Schaden, der dadurch entsteht, dass das gemeinschaftliche Eigentum nicht baldmöglichst, d. h. während eines durchschnittlichen Zeitablaufs, in den erforderlichen Zustand versetzt wird. Darunter fallen die Mehraufwendungen, die durch die Verzögerung entstehen. Anzuführen sind hier z. B.

- die Kosten zur Beseitigung von Verzögerungsschäden,
- Mehrkosten auf Grund von zwischenzeitlich eingetretenen Preissteigerungen und Ersatz sonstiger Schäden,
- auch wird man verhängte Bußgelder nach § 18 EnEV dazu rechnen müssen.

Schadensersatz für Schäden am Sondereigentum

Hinsichtlich des Sondereigentums muss der Schaden ersetzt werden, der über den ersten Zufallsschaden hinaus entsteht. Insoweit ist sowohl ein Schaden an den Gebäudeteilen des Sondereigentums als auch an Einrichtungsgegenständen auszugleichen.

Achtung:

Der Verwalter der Wohnungseigentümergemeinschaft muss letztlich dem unsachgemäßen Verhalten der Eigentümer tatenlos zusehen. Er ist nicht berechtigt, gegen den ausdrücklichen Willen der Eigentümer den Auftrag an Handwerker zu vergeben und Gelder der Gemeinschaft zu verwenden. Er hat die Wohnungseigentümer nur auf die durchzuführenden Maßnahmen und deren Notwendigkeit hinzuweisen. Seine Haftung gegenüber den Wohnungseigentümern und dritten Personen dürfte auf die Haftung im Rahmen der Verkehrssicherungspflicht bei plötzlich auftretenden Gefahrenquellen beschränkt sein.

5.1.5 Beschlussvorschläge

Zwei Schritte

Der Verwalter muss die erforderlichen Beschlussfassungen in zwei Schritten vorbereiten: Zunächst sind die erforderlichen Beschlüsse zur Feststellung des Zustands zu fassen. Erst wenn dieser bekannt ist, kann über eventuell weiter erforderliche Maßnahmen beschlossen werden.

Beschlussvorschläge

Folgende Beschlussvorschläge können für die anzuberaumenden Wohnungseigentümerversammlungen in Betracht gezogen werden, wobei die Empfehlungen nur allgemeinen Charakter haben können. Die Regelungen der jeweiligen Gemeinschaftsordnungen, der jeweiligen Vereinbarungen und der jeweiligen Beschlussfassungen in den Wohnungs- und Teileigentümergemeinschaften müssen bei der Beschlussvorbereitung und Beschlussfassung hinreichend beachtet werden.

Für die erste Versammlung:

1. Die Wohnungseigentümergemeinschaft X-Straße in Y-Stadt beschließt nach Aufklärung durch den Verwalter über den Inhalt des § 9 Abs. 1, 2 und 3 EnEV und die sich daraus ergebenden Verpflichtungen sowie unter Hinweis auf die entsprechenden Bußgeldtatbestände, zur Bestandsaufnahme über die technischen Gegebenheiten (der Heizungsanlage und) der Dämmung der Decken den Sachverständigen ______________________ (Name und Anschrift) ______________________ zu einem Pauschal-/Stundenhonorar von __.___,00 EUR zuzüglich der

gesetzlichen Mehrwertsteuer zu beauftragen.
– Beschlussfassung –

2. Für den Fall, dass der zuvor beauftragte Sachverständige
   ____________________ (Name und Anschrift)
   ______________________________________ feststellt,
   dass der Zustand der Einrichtungen des Gebäudes nicht den Anforderungen der EnEV entspricht, soll dieser beauftragt werden, eine Ausschreibung für die durchzuführenden Arbeiten vorzubereiten.
   – Beschlussfassung –

3. Nach Ausarbeitung der Ausschreibung soll der Verwalter zu jedem Gewerk mindestens drei Angebote zum Zwecke der Vorlage zur Beschlussfassung auf einer dann einzuberufenden Wohnungseigentümerversammlung einholen.
   – Beschlussfassung –

4. Die anfallenden Kosten für die Beauftragung des Sachverständigen und die Einholung der Kostenvoranschläge werden durch eine Sonderumlage in der Höhe von ___,__ EUR, welche nach dem Verteilungsschlüssel des § __ der Gemeinschaftsordnung auf die Miteigentümer umgelegt wird, finanziert.
   – Beschlussfassung –

5. Der Verwalter hat, sobald die drei Angebote entsprechender Fachfirmen zu den zu vergebenden Gewerken vorliegen oder wenn endgültig feststeht, dass diese nicht abgegeben werden, eine weitere Wohnungseigentümerversammlung einzuberufen, damit über die Vergabe der Aufträge entschieden werden kann.
   – Beschlussfassung –

Für die zweite Versammlung:

1. Die Wohnungseigentümergemeinschaft X-Straße in Y-Stadt beschließt nach Aufklärung durch den Verwalter über den Inhalt des § 9 Abs. 1, 2 und 3 EnEV und die sich daraus ergebenden Verpflichtungen sowie unter Hinweis auf die entsprechenden Bußgeldtatbestände,

   – die heizungstechnischen Anlagen, die vor dem 1.10.1978 in Betrieb genommen wurden, in der Weise umzurüsten, dass die Wärmeverteilungsleitungen und Armaturen mit einer Wärmedämmung nach Anh. 5 EnEV versehen werden. Ein entsprechender Auftrag soll an die Firma ______________ (Name, Anschrift, Vertretungsverhältnisse) ______________ ______________________ auf der Basis des Angebots vom __. __. ____ erteilt werden;

   – den Brenner des Heizkessels den Anforderungen des § 11 EnEV anzupassen. Ein entsprechender Auftrag soll an die Firma ______________________ (Name, Anschrift, Vertretungsverhältnisse______________ ______________________ auf der Basis des Angebots vom __. __. ____ erteilt werden;

   – die ungedämmten, nicht begehbaren und zugänglichen obersten Geschossdecken so zu dämmen, dass der Wärmedurchgangskoeffizient der Geschossdecke 0,30 W/(m²⇔k) nicht überschreitet. Ein entsprechender Auftrag soll an die Firma ______________________ (Name, Anschrift, Vertretungsverhältnisse______________ ______________________ auf der Basis des Angebots vom __. __. ____ erteilt werden.
   – Beschlussfassung –

2. Der Verwalter wird bevollmächtigt, auf der Grundlage der oben genannten Angebote jeweils einen Vertrag mit den genannten Firmen auf der Basis der aufgezeigten Angebote im Auftrag der Wohnungseigentümer abzuschließen.
   – Beschlussfassung –

3. Die Kosten der genannten Maßnahmen werden durch eine Sonderumlage
   - in Höhe von ___.___,__ EUR, welche nach dem Verteilungsschlüssel des § __ der Gemeinschaftsordnung auf die Miteigentümer umgelegt wird,
   - durch eine Entnahme aus der Instandhaltungsrücklage in Höhe von ___.___,__ EUR finanziert.

     – Beschlussfassung –
4. Der Verwalter wird ermächtigt, die Gelder der Instandhaltungsrücklage zu entnehmen.
   – Beschlussfassung –
5. Die Sonderumlage wird zum __. __. ____ fällig gestellt und ist zu diesem Zeitpunkt ohne weitere Anforderung auf das für die Wohnungseigentümergemeinschaft geführte Konto bei der Z-Bank, BLZ ___ ___ __, Kontonummer ________ zu überweisen.
   – Beschlussfassung –
6. Leistet ein Wohnungseigentümer die Zahlung auf die Sonderumlage nicht, wird der Verwalter ermächtigt, den entsprechenden Betrag im Namen der Wohnungseigentümer gerichtlich gegen den betreffenden Wohnungseigentümer unter Einschaltung eines Rechtsanwalts und unter Kostenbelastung der Wohnungseigentümergemeinschaft geltend zu machen.
   – Beschlussfassung –
7. Der Auftrag soll durch den Verwalter an die Firma _________ erst erteilt werden, wenn mindestens 80 % der Sonderumlage auf dem für die Wohnungseigentümergemeinschaft geführten Konto eingegangen sind und auf Grund einer Nachfrage bei dem Amtsgericht Y-Stadt bestätigt wird, dass eine Beschlussanfechtung nicht vorliegt. Ohne diese Voraussetzungen muss die Auftragsvergabe erfolgen, wenn andernfalls die durch die EnVO vorgegebenen Termine und Fristen nicht eingehalten werden können.
   – Beschlussfassung –

5.2 Die mietrechtliche Problematik

Der Eigentümer eines vermieteten Gebäudes hat – im Unterschied zur Wohnungseigentümergemeinschaft – für die Umsetzung nach § 9 EnEV keine Entscheidung in Abstimmung mit dritten Personen herbeizuführen.

Keine Zustimmung

Auch wenn die Mieter durch die Maßnahmen betroffen sein werden, ist deren Zustimmung nicht einzuholen.

Hinweis

Befindet sich das Gebäude im Eigentum mehrerer Personen als Gesellschaft bürgerlichen Rechts i.S.d. §§ 705 ff. BGB oder einer Gemeinschaft nach §§ 741 ff. BGB, ist eine Abstimmung herbeizuführen. Für die Entscheidungsfindung in diesen Personenvereinigungen gelten die durch das Gesetz oder durch den jeweiligen Vertrag vorgegebenen Bedingungen.

5.2.1 Die Duldungspflicht der Mieter

Duldungspflicht bei Energieeinsparung

Die nach § 9 EnEV durchzuführenden Maßnahmen hat der Mieter nach § 554 Abs. 2 bis 5 BGB zu dulden. Die Bestimmung legt fest, dass auch solche Maßnahmen durch den Mieter hinzunehmen sind, die u.a. zur Einsparung von Heizenergie oder Wasser führen. Zu diesen Maßnahmen zählen auch solche, die der Wärmedämmung dienen. Eine Ausnahme besteht nur dann, wenn die Durchführung der Arbeiten für ihn oder seine Familie eine besondere Härte darstellen würde.

Ankündigung durch Vermieter

Der Vermieter ist gem. § 554 Abs. 3 BGB verpflichtet, dem Mieter die Durchführung der baulichen Maßnahmen in Textform nach Art und voraussichtlichem Umfang sowie Beginn und Dauer **drei Monate vor Beginn in allen Einzelheiten** anzukündigen. Werden verschiedene Maßnahmen durchgeführt, muss die Ankündigung für jede einzelne vorgenommen werden. Jedoch kann dies zusammen erfolgen. Dies gilt nach § 554 Abs. 3 S. 1 BGB auch für eine zu erwartende Erhöhung der Miete. Die Vorlage einer Wärmebedarfsrechnung durch den Vermieter ist hingegen nicht erforderlich.

Außerordentliches Kündigungsrecht des Mieters

Dem Mieter steht gem. § 554 Abs. 3 S. 2 BGB, wenn er mit der Durchführung nicht einverstanden ist, bis zum Ablauf des Monats, der auf den Zugang der Mitteilung folgt, ein außerordentliches Kündigungsrecht zum Ablauf des nächsten Monats zu.

5.2.2 Die Minderungsrechte des Mieters bei Nichtumsetzung der nach § 9 EnEV notwendigen Maßnahmen

Verschulden unerheblich

Hat die Mietsache einen Fehler, der ihre Tauglichkeit zu einem vertragsgemäßen Gebrauch aufhebt oder mindert, ist der Mieter von der Zahlung der Miete befreit bzw. zur Minderung berechtigt (§ 536 Abs. 1 BGB). Auf ein Verschulden des Vermieters an diesem Mangel kommt es nicht an.

Solange der Vermieter nicht verpflichtet ist, die nach § 9 EnEV vorgesehenen Nachrüstungen vorzunehmen, liegt kein Fehler vor. Aber auch nach Ablauf der vorgeschriebenen Fristen wird durch die Unterlassung erforderlicher Maßnahmen der Gebrauch der Mietsache nicht zwangsläufig beeinträchtigt.

Mögliche Senkung der Betriebskosten

Möglicherweise würden durch die Umsetzung der EnEV die Betriebskosten gesenkt, sodass dem Mieter dann ein **Schadensersatzanspruch** in Höhe der nicht notwendigen Kosten zustehen könnte, der sich aus der Differenz zwischen den tatsächlichen Kosten und dem fiktiv berechneten geringeren Wert bei Durchführung der Maßnahmen ergibt.

5.2.3 Die Umlegung der Kosten auf die Mieter nach §§ 559 ff. BGB

Mieterhöhung

Nach § 559 Abs. 1 BGB kann der Vermieter die Kosten baulicher Maßnahmen,

- die den Gebrauchswert der Mietsache nachträglich erhöhen oder
- die allgemeinen Wohnverhältnisse auf Dauer verbessern oder nachhaltige Einsparungen von Wasser und Heizenergie bewirken,
- in Höhe von 11 % jährlich auf die Miete umlegen. Dies gilt nach § 559 Abs. 1 S. 1 BGB auch für die Maßnahmen, die der Vermieter nicht freiwillig, sondern auf Grund von gesetzlichen Anordnungen vornimmt.

Vorlage einer Berechnung

Zur Wirksamkeit muss die Mieterhöhung schriftlich erfolgen. Sie hat eine Berechnung der angefallenen Kosten zu enthalten, die den Anforderungen an die Ankündigung entsprechen muss.

Die nach § 559 Abs. 1 S. 1 BGB zu einer Mieterhöhung führenden Maßnahmen der Einsparung von Energie müssen im Gegensatz zu den sonstigen Maßnahmen nach § 559 Abs. 1 BGB **keine nachhaltige Wirkung** erzielen und aus Sicht des Mieters **nicht zwingend wirtschaftlich** sein. Anerkannt ist, dass eine Mieterhöhung nach § 559 Abs. 1 BGB auch bei solchen Maßnahmen möglich ist, die der Vermieter wegen bestimmter durch den Gesetz- oder Verordnungsgeber vorgesehenen Maßnahmen durchführen muss. Die Regelung gilt demnach dem Grunde nach auch für die im Rahmen des § 9 EnEV durchzuführenden Maßnahmen.

5.2.4 Das vermietete Wohnungs- oder Teileigentum

Im Fall einer vermieteten Eigentumswohnung sind, wenn der Mieter berechtigte Ansprüche geltend macht, dem Vermieter zunächst einmal die Hände gebunden, da er durch seine Zugehörigkeit zur Wohnungseigentümergemeinschaft nicht befugt ist, ohne deren Entscheidung in das Gemeinschaftseigentum einzugreifen, an diesem Veränderungen vorzunehmen oder über dessen Nutzung Regelungen zu treffen. Er muss im Hinblick auf die Rechte des Mieters aber alle möglichen Maßnahmen ergreifen, um gegenüber den anderen Wohnungseigentümern und dem Verwalter die berechtigten Ansprüche durchzusetzen.

Ist die Eigentümergemeinschaft nicht gewillt, an den bestehenden Zuständen etwas zu ändern, hat dies der Eigentümer gegenüber dem Mieter zu verantworten. Nur wenn die anderen Wohnungseigentümer dem Vermieter gegenüber ihre Pflichten verletzen, steht diesem ein Schadensersatzanspruch zu.

Die Divergenz der beiden Rechtsgebiete Wohnungseigentum und Miete, insbesondere jedoch auch das teilweise mangelnde Verständnis der Mieter für die Lage des vermietenden Wohnungseigentümers, kann zu erheblichen Problemen führen. Gerade bei nicht dringenden Maßnahmen sind häufig Wohnungseigentümer nicht in der Lage, in einer vom Mieter gesetzten Frist eine Entscheidung der Gemeinschaft herbeizuführen. Bei der **Nachrüstungspflicht** des § 9

EnEV führt diese Rechtslage dazu, dass der Mieter zu den jeweiligen Zeitpunkten eine Umsetzung der Maßnahmen verlangen kann. Vor Ablauf der vorgegebenen Fristen besteht ein solcher Anspruch nicht.

Achtung:

Um aber eine fristgerechte Umsetzung gegenüber dem Mieter gewährleisten zu können, muss der vermietende Eigentümer darauf achten, dass die Wohnungseigentümergemeinschaft alle Entscheidungen so rechtzeitig trifft, dass die Fristen eingehalten werden können.

Schadensersatzansprüche

Verweigert die Wohnungseigentümergemeinschaft ihre Mitwirkung, können dem Eigentümer entsprechende Schadensersatzansprüche gegen die Mitglieder zustehen, die durch ihre Weigerung eine positive Beschlussfassung verhindert haben. Ein Anspruch gegen die gesamte Gemeinschaft besteht nach § 425 Abs. 1 BGB insoweit nicht, weil es nach dieser Vorschrift auf das Verschulden des einzelnen Eigentümers ankommt.

Hinweis:

Der Verwalter sollte in der Eigentümerversammlung für das Protokoll schriftlich festhalten, wer mit seiner Stimmabgabe die Umsetzung der erforderlichen Maßnahmen verhindert.

5.3 Probleme des Denkmalschutzes

Steht ein Gebäude unter Denkmalschutz, besteht eine Instandsetzungs- und Erhaltungspflicht. Dabei ist zu beachten, dass Umbaumaßnahmen nicht gegen denkmalschutzrechtliche Bestimmungen und Auflagen verstoßen dürfen.
Verstöße gegen denkmalschutzrechtliche Vorschriften können als **Straftaten oder als Ordnungswidrigkeiten** geahndet werden.

Hier ist zu differenzieren:

- Besteht der Denkmalschutz nur an Bestandteilen des Gebäudes, die dessen äußere Gestaltung betreffen, sind Veränderungen da-

ran zwar nicht zulässig, jedoch besteht kein Verbot, innerhalb der Wohnungen Veränderungen vorzunehmen.
- Erstreckt sich der Schutz nur auf die inneren Bestandteile eines Gebäudes, sind wiederum Maßnahmen im Außenbereich zulässig.

Soweit Umbauarbeiten jeweils zulässig sind, ist darauf zu achten, dass sich diese nicht auf den geschützten Bereich auswirken.

Fassade steht unter Denkmalschutz

Im Rahmen der nach der EnEV eventuell notwendigen Dämmung des Gebäudes kann dies dazu führen, dass eine sog. Innenisolierung vorzunehmen ist, wenn die Fassade nach denkmalschutzrechtlichen Vorgaben nicht beeinträchtigt werden darf. Deren im Vergleich zu einer Außendämmung minderer Schutz und die Verkleinerung der Wohn- und Nutzfläche ist hinzunehmen.

Rollläden

Bei einer denkmalgeschützten Fassade scheidet auch trotz energieeinsparenden Charakters die Möglichkeit der Anbringung von Rollläden aus.

Achtung:

Im Hinblick auf die Vorschriften der EnEV bedeutet dies, dass solche Umbauten nicht verlangt werden können, die gegen denkmalschutzrechtliche Vorschriften oder Auflagen verstoßen. Im Fall eines Verstoßes ist der ursprüngliche Zustand wieder herzustellen.

Zuständige Behörde

Denkmalschutz und energiesparende Maßnahmen schließen sich nicht grundsätzlich aus. Oftmals ergänzen sich beide Bereiche. Nur wenn die **z. B.** nach § 9 EnEV durchzuführenden Maßnahmen den Zweck des Denkmalschutzes gefährden oder sogar beeinträchtigen, kommt es zu einer Konfliktsituation. § 16 Abs. 1 EnEV schafft hier insoweit einen Ausgleich, als dass im Konfliktfall beider Rechtsgebiete von der Anwendung der Verordnung abgesehen werden kann. Die Entscheidung darüber steht jedoch i.d.R. nicht der für den Denkmalschutz zuständigen Behörde, sondern derjenigen zu, die für die Umsetzung der Bestimmungen der EnEV berufen ist. Eine Ausnahme findet sich insoweit in Bayern, als dort nach § 8 BayZVEnEV die unteren Denkmalschutzbehörden, soweit nicht für das Bauvorhaben eine Baugenehmigung erforderlich ist, zuständig sind.

6 Änderung bestehender Gebäude

In § 8 Abs. 1 EnEV ist festgelegt, dass bei Änderungen beheizter Räume in bestehenden Gebäuden der **Wärmedurchgangskoeffizient** der betroffenen Außenbauteile entsprechend Anhang 3 Nr.1 bis 5 nicht überschritten werden darf.

6.1 Die technischen Vorgaben der EnEV

Es sind die in Anhang 3 festgelegten technischen Vorgaben hinsichtlich der Anforderungen an Änderungen von Außenbauteilen bestehender Gebäude zu beachten. Dies hat zur Folge, dass, soweit

- bei beheizten Räumen jeweils in bestimmter Weise Außenwände erneuert werden (Anlage 3 Nr. 1),
- bei beheizten Räumen, Fenster, Fenstertüren sowie Dachfenster jeweils in bestimmter Weise erneuert werden (Anlage 3 Nr. 2),
- Außentüren eingebaut werden (Anlage 3 Nr. 3),
- Decken, Steildächer und Dachschrägen sowie Flachdächer jeweils in bestimmter Weise erneuert (Anlage 3 Nr. 4),

oder

- bei beheizten Räumen Decken und Wände, die gegen Erdreich oder unbeheizte Räume grenzen, jeweils in bestimmter Weise erneuert werden (Anlage 3 Nr. 5),

die in Anhang 3 betreffend die Anforderungen bei Änderungen von Außenbauteilen bestehender Gebäude festgelegten technischen Vorgaben zu beachten sind.

6.2 Die wohnungseigentums- und mietrechtliche Umsetzung

Die Beachtung der Vorschrift des § 8 EnEV bereitet wohnungseigentumsrechtlich keine besonderen Schwierigkeiten. Eine bauliche Veränderung liegt wegen der zwingend einzuhaltenden öffentlichrechtlichen Normen nicht vor.
Der Fall der Erweiterung des beheizbaren Gebäudevolumens dürfte im Bereich des Wohnungseigentums zudem nur in den seltenen Fällen in Betracht kommen, in denen eine solche Maßnahme zwi-

schen den Wohnungseigentümern **vereinbart** wird. Eine Beschlussfassung reicht dafür nicht aus. Allerdings dürfte es hinsichtlich der Verpflichtung, die Vorgaben der EnEV einzuhalten, nicht darauf ankommen, ob die jeweilige Maßnahme in zivilrechtlich zulässiger oder wirksamer Weise zwischen den Parteien vereinbart wurde.
Hinsichtlich der mietrechtlichen Gegebenheiten kann sowohl wegen der Duldungspflicht als auch wegen der Minderungsrechte und der Umlage der Kosten nach § 559 BGB auf die obigen Ausführungen verwiesen werden. Dies gilt auch wegen der Besonderheiten des vermieteten Wohnungs- oder Teileigentums.

7 Der Energie- beziehungsweise Wärmebedarfsausweis i. S. d. § 13 EnEV

Für betroffene Gebäude ist ein Energie- bzw. ein Wärmebedarfsausweis zu erstellen. Keine Angaben enthält die Verordnung, wie dieser jeweils inhaltlich ausgestaltet werden soll. Aus § 13 Abs. 3 EnEV ergibt sich jedoch die Ermächtigung zum Erlass einer entsprechenden Verwaltungsvorschrift. Diese wurde am 7.3.2002 erlassen und ist am 16.3.2002 in Kraft getreten.

Anwendungsbereich

Diese Verordnung regelt zunächst den sich aus § 13 EnEV ergebenden Anwendungsbereich für die jeweiligen Gebäudetypen. Sie macht in Absatz 3 eine Ausnahme für die Gebäude mit geringen Volumen im Sinn des § 7 EnEV. Aus § 1 Abs. 2 AVV Energiebedarfsausweis ergibt sich, dass der Energie- und Wärmebedarfsausweis die wesentlichen Ergebnisse der rechnerischen Nachweise eines Gebäudes oder Teils vom ihm enthalten soll. Eine **vollständige Darstellung der Berechnung** ist demnach nicht erforderlich. Sie muss, damit der Ausweis jedoch ausgestellt werden kann, nachvollziehbar vorliegen.

Allgemeine Angaben

In § 2 AVV Energiebedarfsausweis ist festgehalten, welche allgemeinen Angaben der Energie- und Wärmebedarfsausweis enthalten muss. Zu bezeichnen ist zunächst das Gebäude beziehungsweise der Gebäudeteil unter Angabe der Anschrift und des Baujahrs. Hinsichtlich des Baujahrs dürfte auf das Jahr der Fertigstellung abzustellen sein. Auszuweisen ist, ob es sich um ein Wohngebäude im

Sinn von § 2 Abs. 2 EnEV handelt. Es haben u.a. Angaben über die wärmeübertragende Umfassungsfläche, das beheizte Gebäudevolumen und bei Wohngebäuden die Gebäudenutzfläche nach Anhang 1 Nr. 1.3.1 bis 1.3.4 EnEV zu erfolgen. Erkennbar müssen aus dem Energie- und Wärmebedarfsausweis zudem die Art der Beheizung und Warmwasserbereitung sowie die Art und der Anteil erneuerbarer Energien sein. Letztlich muss der Name, die Anschrift, die Funktion oder die Firma sowie die eigenhändige Unterschrift des für die Angaben verantwortlichen Ausstellers ersichtlich sein. Aus der Notwendigkeit der eigenhändigen Unterschrift ergibt sich, dass diese nach § 126 BGB nur im Original abgegeben werden kann. Kopien und Faksimile scheiden daher aus. Mangels ausdrücklicher Anordnung, zu der auch die Kompetenz für den Verfasser der AVV Energiebedarfsausweis fehlen dürfte, scheiden die Möglichkeiten der elektronischen Signatur nach § 126a BGB und der Textform nach § 126b BGB aus.

Die §§ 3 und 4 AVV Energiebedarfsausweis regeln die weiteren Inhalte des Energiebedarfsausweises für zu errichtende Gebäude mit **normalen Innentemperaturen**.

Die Bestimmung des § 5 AVV Energiebedarfsausweis betrifft die **Änderung und Erweiterung bestehender Gebäude** mit normalen Innentemperaturen. Dabei wird zunächst auf die sich aus den §§ 3 und 4 AVV Energiebedarfsausweis ergebenden Inhalte Bezug genommen. Klarstellend ist angegeben, dass neben dem Baujahr auch das Jahr der Änderung anzugeben ist. Auch hier dürfte das Jahr der Beendigung der Arbeiten maßgeblich sein. Anzugeben ist, dass wesentliche Änderungen vorgenommen wurden. Die betroffenen Bauteile sind aufzuzählen. Soweit der Energiebedarfsausweis freiwillig aufgestellt wurde, ist darauf hinzuweisen.

Die Regelung des § 6 AVV Energiebedarfsausweis schließlich betrifft die Wärmebedarfsausweise für Gebäude mit **niedrigen Innentemperaturen**. Soweit diese freiwillig erstellt wurden, ist darauf ebenfalls hinzuweisen.

Muster

Der Verwaltungsvorschrift sind als Anhang Muster für einen Energiebearfsausweis (Muster A) oder einen Wärmebedarfsausweis

(Muster B) beigefügt. Das Muster A gilt nach §§ 3 Abs. 2 Nr. 6, 5 Abs. 1 AVV Energiebedarfsausweis für zu errichtende oder bestehende Gebäude mit normalen Innentemperaturen als Energiebedarfsausweis. Muster B ist nach § 6 Abs. 1 S. 1 AVV Energiebedarfsausweis für Gebäude mit niedrigen Innentemperaturen als Wärmebedarfsausweis zu verwenden.
Zuständig für die Energie- und Wärmebedarfsausweise sind die unteren Bauaufsichtsbehörden (vgl. z.B. § 1 S. 1 BayZVEnEV). Zu erstellen sind sie durch einen bauvorlageberechtigten Entwurfsverfasser (vgl. z.B. § 7 Abs. 1 BayZVEnEV).

8 Bußgeldtatbestände

Bußgeldvorschriften sind nach § 18 EnEV vorgesehen. Diese beziehen sich auf die Nachrüstungspflichten bestehender Anlagen und Gebäude sowie auf die Inbetriebnahme von Heizkesseln und die Ausstattung von Verteilungseinrichtungen und Warmwasseranlagen. Sie übernehmen die bereits vorhandenen Bestimmungen der Heizungsanlagenverordnung.
Auf Bußgeldtatbestände hinsichtlich des Verstoßes gegen die Regelungen bezüglich der Wärmedämmung wurde verzichtet. Der Verordnungsgeber geht davon aus, dass die Einhaltung dieser Normen mit den geltenden Bestimmungen des Bauordnungsrechts der Länder hinreichend durchgesetzt werden kann.
Die Vorschrift richtet sich an die **Gebäudeeigentümer,** nicht an die Verwalter, weil diese nicht eine eigenverantwortliche Tätigkeit im Sinne des Straf- und Ordnungswidrigkeitenrechts ausüben. Nach § 8 Abs. 2 i.V.m. § 8 Abs. 1 Nr. 1 EnEG, § 18 EnEV kann die Geldbuße bis zu 25.000 EUR betragen.

Stichwortverzeichnis

Abkürzungsverzeichnis

Abkürzung	**Titel**
a. A.	anderer Ansicht
a. F.	alte Fassung
Abb.	Abbildung
Abs.	Absatz
Abschn.	Abschnitt
AE	Anhydrit-Estrich
AG	Amtsgericht
AG	Aktiengesellschaft
AGB-Gesetz	Gesetz zur Regelung allgemeiner Geschäftsbedingungen
ARGE	Arbeitsgemeinschaft
AVBWasserV	Verordnung über Allgemeine Bedingungen für die Versorgung mit Wasser
AVV	Ausführungsverordnung
BauR	Zeitschrift für das gesamte öffentliche und private Baurecht
BGB	Bürgerliches Gesetzbuch
BGH	Bundesgerichtshof
BGHR	Rechtsprechung des Bundesgerichtshofs
BRAGO	Bundesrechtsanwaltsgebührenordnung
BVerfG	Bundesverfassungsgericht
C	Celsius
ca.	cirka
cm	Zentimeter
DAV	Deutscher Anwaltverein
dB	Dezibel
DIN	Deutsches Institut für Normung
e. V.	eingetragener Verein
EDV	Elektronische Datenverarbeitung

EnEG	Energieeinsparungsgesetz
EnEV	Energieeinsparverordnung
ETB	Einheitliche technische Baubestimmungen
etc.	et cetera
EUR	Euro
f.	folgend
FH	Fachhochschule
g	Gramm
GE	Gussasphaltestrich
GG	Grundgesetz
GmbH	Gesellschaft mit beschränkter Haftung
HOAI	Honorarordnung für Architekten und Ingenieure
HS	Halbsatz
Hz	Hertz
i. A.	im Allgemeinen
i. d. R.	in der Regel
IHK	Industrie- und Handelskammer
KG	Kammergericht
kg	Kilogramm
l	Liter
LG	Landgericht
m	Meter
max.	maximal
MDR	Monatsschrift für deutsches Recht
ME	Magnesit-Estrich
MietR	Mietrecht
mind.	mindestens
mm	Millimeter
NJW	Neue juristische Wochenschrift
NJW-RR	NJW-Rechtsprechungs-Report
Nr.	Nummer

NZM	Neue Zeitschrift für Mietrecht
o. g.	oben genannt
OLG	Oberlandesgericht
PCB	polychlorierte Biphenyle
PVC	Polyvinylchlorid
s.	siehe
SOBau	Schlichtungs- und Schiedsordnung für Baustreitigkeiten
sog.	so genannt
SSt	Schallschutzstufe
StGB	Strafgesetzbuch
Tab.	Tabelle
u. U.	unter Umständen
usw.	und so weiter
VDE	Verband deutscher Elektrotechniker
VDI	Verein deutscher Ingenieure
vgl.	vergleiche
VO	Verordnung
VOB/B	Verdingungsordnung für Bauleistungen, Teil B: Allgemeine Vertragsbedingungen für die Ausführung von Bauleistungen
WDVS	Wärmedämmverbundsysteme
WE	Wohnungseigentum (Zeitschrift)
WEG	Wohnungseigentumsgesetz
WuM	Wohnungswirtschaft und Mietrecht (Zeitschrift)
z. B.	zum Beispiel
z. T.	zum Teil
ZfBR	Zeitschrift für deutsches und internationales Baurecht
ZMR	Zeitschrift für Miet- und Raumrecht
ZPO	Zivilprozessordnung
ZuSEG	Gesetz über die Entschädigung von Zeugen und Sachverständigen

Notizen

Notizen

Anhang

1 Mustervorlagen

Muster 1:
Nachfristsetzung mit Kündigungsandrohung wegen unerlaubtem Subunternehmereinsatz nach VOB/B

Auftragnehmer: Name/Anschrift
....
....
....

Absender: Name/Anschrift
....
....
....

..................., ...
Ort, Datum

Bauvertrag vom ....
Bauvorhaben ....
hier: Nachfristsetzung mit Kündigungsandrohung wegen unerlaubtem Subunternehmereinsatz gem. § 4 Nr. 8 VOB/B

Sehr geehrte Damen und Herren,

an o.g. Bauvorhaben mussten wir leider feststellen, dass Sie trotz fehlender Zustimmung unsererseits die beauftragten Leistungen nicht im eigenen Betrieb ausführen, obwohl Ihr Betrieb darauf eingerichtet ist. Wir fordern Sie daher auf, die beauftragten Leistungen vereinbarungsgemäß im eigenen Betrieb auszuführen und setzen hierzu Frist bis zum

__.__.____

Sollte der genannte Termin ablaufen, ohne dass Sie die beauftragten Leistungen dann im eigenen Betrieb ausführen, so werden wir den bestehenden Bauvertrag nach § 8 Nr. 3 VOB/B kündigen.

Wir verweisen hierzu ausdrücklich auf die Regelung des § 4 Nr. 8 Abs. 1 S. 3 VOB/B.

Mit freundlichen Grüßen

....
Unterschrift

Muster 2:
Nacherfüllungsaufforderung an Architekten

Auftragnehmer: Name/Anschrift

....
....
....

Absender: Name/Anschrift

....
....
....

...................., ...
Ort, Datum

Architektenvertrag vom ....
Bauvorhaben ....

Sehr geehrte Frau/Herr,

Sie waren von uns mit der Genehmigungs- und Werkplanung für unser Einfamilienhaus in ..... beauftragt worden und haben uns hierzu die von Ihnen gefertigten Werkpläne Nr. ... bis Nr. ... übergeben.

Wie uns der von uns beauftragte Generalunternehmer mitteilte, kann der in Ihrem Werkplan Nr. .... vorgesehene ..... in der von Ihnen angegebenen Art und Weise nicht ausgeführt werden, da ....

Wir ersuchen Sie deshalb, den bezeichneten Werkplan auf die oben geäußerten Bedenken hin durchzusehen. Falls auch von Ihnen die Bedenken geteilt werden, übermitteln Sie uns Ihre Korrekturen bis spätestens ....

Mit freundlichen Grüßen

....
Unterschrift

Muster 3: Mängelbeseitigungsaufforderung mit Androhung der Auftragsentziehung nach VOB/B

Auftragnehmer: Name/Anschrift
....
....
....

Absender: Name/Anschrift
....
....
....

.................., ...
Ort, Datum

Bauvertrag vom ....
Bauvorhaben ....
hier: mangelhafte Leistung

Sehr geehrte Damen und Herren,

leider mussten wir zurückliegend feststellen, dass die von Ihnen erbrachte Werkleistung folgende Mängel aufweist:

1. ....
2. ....
3. ....

Wir möchten Sie hiermit auffordern, die aufgeführten Mängel ordnungsgemäß nachzuarbeiten. Zur Beseitigung der genannten Beanstandungen setzen wir Ihnen Frist bis

__.__.____

Sollte die genannte Frist erfolglos ablaufen, so werden wir den zwischen Ihnen und uns bestehenden Bauvertrag kündigen, mit der Folge, dass Sie nicht nur die durch die Kündigung entstandenen Mehrkosten, sondern auch die hierdurch entstandenen Schäden zu tragen hätten (vgl. § 8 Nr. 3 VOB/B).

Mit freundlichen Grüßen

....
Unterschrift

Muster 4: Auftragsentziehung VOB/B-Vertrag

Auftragnehmer: Name/Anschrift

....

....

....

Absender: Name/Anschrift

....

....

....

...................., ...

Ort, Datum

Bauvertrag vom ....
Bauvorhaben ....
hier: Kündigung des zwischen uns geschlossenen Bauvertrags

Sehr geehrte Damen und Herren,

mit Schreiben vom ...... hatten wir Sie aufgefordert, Ihre mangelhafte bzw. vertragswidrige Werkleistung durch eine mangelfreie bzw. vertragsgemäße zu ersetzen.

Hierzu hatten wir Ihnen eine angemessene Frist gesetzt und gleichzeitig erklärt, dass wir bei fruchtlosem Ablauf dieser Frist den Auftrag entziehen. Die Frist ist fruchtlos abgelaufen. Wir kündigen Ihnen deshalb hiermit den zwischen uns geschlossenen Bauvertrag gem. § 8 Nr. 3 Abs. 1 VOB/B.

Wir teilen Ihnen weiter mit, dass wir zu Ihren Lasten den noch nicht vollendeten Teil Ihrer Werkleistung durch eine andere Firma ausführen lassen. Dies gilt auch für Ihre mangelhafte Werkleistung.

Für die Weiterführung der Arbeiten werden wir Ihre
[] Geräte
[] Gerüste
[] folgende Einrichtungen
[] die angelieferten Stoffe und Bauteile
in Anspruch nehmen.

Im Gegenzug steht Ihnen hierfür eine angemessene Vergütung zu, mit der wir jedoch bereits jetzt die Aufrechnung erklären. Sobald uns die Abrechnung über die Mehrkosten vorliegt, werden wir Ihnen diese innerhalb der Frist des § 8 Nr. 4 VOB/B zusenden.

Mit freundlichen Grüßen

....

Unterschrift

Muster 5: Hinweis auf Ingebrauchnahme/Inbenutzungsnahme trotz mangelnder Abnahmereife

Auftragnehmer: Name/Anschrift

....

....

....

Absender: Name/Anschrift

....

....

....

....................., ...

Ort, Datum

Bauvertrag vom ....

Bauvorhaben ....

Sehr geehrte Damen und Herren,

mit dem oben näher bezeichneten Bauvertrag haben Sie sich zur schlüsselfertigen Erstellung unseres Einfamilienhauses bis spätestens .... verpflichtet. Wie Sie wissen, haben wir im Hinblick auf Ihre Zusage den Mietvertrag über unsere bisherige Wohnung zum ... beendet.

Wir hatten Sie bereits darauf hingewiesen, dass wir wegen der nachfolgenden Mängel von einer vertragsgerechten Fertigstellung nicht ausgehen können, werden aber dennoch aus den oben dargelegten Gründen zum .... einziehen.

Wir weisen Sie ausdrücklich darauf hin, dass mit diesem Einzug eine Abnahme Ihrer Leistungen nicht verbunden ist und fordern Sie hierdurch vorsorglich nochmals zur Beseitigung der nachfolgenden, nicht nur unwesentlichen Mängel bis zum ...... auf.

Vorhandene Mängel:

....

....

....

Mit freundlichen Grüßen

....

Unterschrift

Muster 6: Widerspruch gegen Fertigstellungsmitteilung

Auftragnehmer: Name/Anschrift

....
....
....

Absender: Name/Anschrift

....
....
....

.........................., ...
Ort, Datum

Bauvertrag vom ....
Bauvorhaben ....

Sehr geehrte Damen und Herren,

mit Schreiben vom ....., bei mir eingegangen am ...., teilen Sie mit, dass Sie Ihre vertraglichen Leistungen fertig gestellt hätten und deshalb Abnahme verlangen. Dem widerspreche ich ausdrücklich. Sie können sich im Rahmen einer Objektbegehung gern darüber versichern, dass von den Ihnen übertragenen Leistungen noch folgende Arbeiten nicht erbracht sind:

....
....
....

Zudem liegen an den von Ihnen bereits ausgeführten Leistungsteilen folgende Mängel vor:

....
....
....

Ihre Fertigstellungsmitteilung mit Abnahmeverlangen sehe ich deshalb als gegenstandslos an.

Mit freundlichen Grüßen

....
Unterschrift

Muster 7: Abnahmeprotokoll

Am heutigen Tag, dem __ __ ____, haben sich folgende Personen zur Abnahme der Bauleistung des ____________ eingefunden:

1. ....
2. ....
3. ....
4. ....

Folgende Feststellungen wurden getroffen:

[] Der Auftragnehmer hat mit der Ausführung der Leistungen am __.__.____ begonnen.

[] Bei der heutigen Abnahme wurden folgende Mängel festgestellt, die in der beiliegenden Anlage 1 aufgelistet sind. Die festgestellten Mängel hat der Auftragnehmer bis spätestens zum __ __ ____ zu beseitigen.

[] Der Auftraggeber behält sich ausdrücklich vor, die im Bauvertrag vereinbarte Vertragstrafe geltend zu machen.

[] Die Mängelansprüche des Auftraggebers verjähren am __ __ ____.

Die Werkleistung wird zum heutigen Zeitpunkt mit Ausnahme der festgestellten Mängel abgenommen.

Auftraggeber: ....

Auftragnehmer: ....

Muster 8: Mängelrüge

Auftragnehmer: Name/Anschrift
....
....
....

Absender: Name/Anschrift
....
....
....

.................., ...
Ort, Datum

Bauvertrag vom ....
Bauvorhaben ....
hier: Mängelrüge

Sehr geehrte Damen und Herren,

bis heute haben sich an Ihrer Werkleistung folgende Mängel gezeigt:

1. ....
2. ....
3. ....

Wir haben Sie aufzufordern, diese Mängel bis spätestens zum
__.__.____
zu beseitigen.

Um die Mängelbeseitigungsarbeiten entsprechend zu koordinieren, bitten wir um rechtzeitige telefonische Terminabsprache.

Mit freundlichen Grüßen

....
Unterschrift

Muster 9: Mängelrüge mit Nachfristsetzung

Auftragnehmer: Name/Anschrift
....
....
....

Absender: Name/Anschrift
....
....
....

.................., ...
Ort, Datum

Bauvertrag vom ....
Bauvorhaben ....

hier: Mängelbeseitigung

Sehr geehrte Damen und Herren,

bereits mit Schreiben vom __.__._____ hatten wir Sie zur Beseitigung Ihrer mangelhaften Werkleistung aufgefordert. Entgegen dieser Aufforderung haben Sie bis heute die Mängel nicht beseitigt.

Wir setzen Ihnen daher nochmals Frist zur Mängelbeseitigung bis spätestens zum __.__._____.

Nach fruchtlosem Ablauf dieser Frist werden wir ein anderes Unternehmen mit der Mängelbeseitigung beauftragen und Ihnen die hierfür anfallenden Kosten in Rechnung stellen.

Mit freundlichen Grüßen

....
Unterschrift

Muster 10: Mängelbeseitigungsauftrag unter Vorbehalt

Auftragnehmer: Name/Anschrift | Absender: Name/Anschrift

....

....

....

...................., ...
Ort, Datum

Bauvertrag vom ....
Bauvorhaben ....

Sehr geehrte Damen und Herren,

mit Schreiben vom ..... habe ich Sie aufgefordert, die meiner Meinung nach von Ihnen zu vertretenen und nachfolgend nochmals näher beschriebenen Mängel zu beseitigen:

....

....

Mit Ihrem Schreiben vom ... teilen Sie mit, dass Sie eine Nacherfüllungsverpflichtung Ihrerseits nicht zu erkennen vermögen, aber gerne bereit seien, die Mängel gegen die von Ihnen im Einzelnen dargelegte Vergütung zu beseitigen.

Ich teile nach wie vor Ihre Auffassung nicht.
Im Anschluss an die vorbezeichneten Schreiben haben wir telefoniert.
Hierbei sind wir übereingekommen, dass Sie die Mängel, ohne dass hierzu ein **entgeltlicher** Reparaturauftrag erteilt wird, beseitigen.
Die Frage, ob Sie zur kostenfreien Nacherfüllung verpflichtet sind, haben wir ausdrücklich offen gelassen. Hierüber werden wir uns noch gesondert verständigen.

Mit der Mängelbeseitigung werden Sie am __.__.____ beginnen.

Mit freundlichen Grüßen

....
Unterschrift

Muster 11: Anerbieten Zuzahlung

Auftragnehmer: Name/Anschrift

....
....
....

Absender: Name/Anschrift

....
....
....

.................., ...
Ort, Datum

Bauvertrag vom ....
Bauvorhaben ....

Sehr geehrte Damen und Herren,

mit Schreiben vom ..... haben wir Sie aufgefordert, die unserer Meinung nach von Ihnen nachfolgend nochmals näher beschriebenen Mängel zu beseitigen:

....
....
....

Mit Ihrem Schreiben vom ... teilen Sie mit, dass Sie eine Nacherfüllung ablehnen, da die Kosten in keiner Relation zu dem zu erzielenden Erfolg stehen würden, also unverhältnismäßig seien. Aus grundsätzlichen Überlegungen möchten wir dennoch die beschriebenen Mängel beseitigt wissen. Wir erklären uns deshalb ausdrücklich bereit, Ihnen für die Mängelbeseitigung einen einmaligen Kostenbeitrag (Zuzahlung) in Höhe von .... EUR brutto zu vergüten.

Erledigen Sie nunmehr die Mängelbeseitigung bis spätestens ....

Mit freundlichen Grüßen

....
Unterschrift

Muster 12: Mängelhinweis

Auftragnehmer: Name/Anschrift	Absender: Name/Anschrift
....	....
....	....
....	....

.... , ...
Ort, Datum

Bauvertrag vom ....
Bauvorhaben ....

Sehr geehrte Damen und Herren,

bei unserer letzten Objektbegehung haben wir folgende Mängel an den von Ihnen bereits ausgeführten Leistungen festgestellt:

....
....
....

Wir gehen davon aus, dass Sie diese bis spätestens zu dem mit Ihnen vereinbarten Fertigstellungstermin beseitigt haben werden.

Mit freundlichen Grüßen

....
Unterschrift

Muster 13: Kostenvorschussforderung zur Mängelbeseitigung

Auftragnehmer: Name/Anschrift

....

....

....

Absender: Name/Anschrift

....

....

....

.................., ...

Ort, Datum

Bauvertrag vom ....
Bauvorhaben ....

hier: Kostenvorschussanspruch

Sehr geehrte Damen und Herren,

leider haben Sie innerhalb der Ihnen gesetzten Fristen die mangelhafte Werkleistung nicht beseitigt.

In der Anlage übersenden wir Ihnen deshalb einen Kostenvoranschlag, wonach die Mangelbeseitigungskosten vorläufig ...... EUR betragen.

Wir fordern Sie nunmehr auf, diesen Betrag als Kostenvorschuss bis spätestens zum __.__.____ an uns zu zahlen.

Nach fruchtlosem Ablauf dieser Frist werden wir gerichtliche Hilfe in Anspruch nehmen.

Mit freundlichen Grüßen

....

Unterschrift

Muster 14: Mängelbeseitigungsaufforderung mit Ablehnungsandrohung (BGB-Vertrag nach Altrecht)

Auftragnehmer: Name/Anschrift

....

....

....

Absender: Name/Anschrift

....

....

....

.................., ...

Ort, Datum

Bauvertrag vom ....

Bauvorhaben ....

Sehr geehrte Damen und Herren,

wegen der nachfolgend nochmals näher beschriebenen Mängel haben wir Sie bereits mehrfach, allerdings bislang erfolglos, zur Beseitigung aufgefordert:

....

....

....

Zur fachgerechten Beseitigung der vorstehenden Mängel setzen wir Ihnen hiermit eine letzte Nachfrist bis ..... mit dem Hinweis, dass wir, falls Sie auch diese Nachfrist unerledigt lassen sollten, weitere Nachbesserungsleistungen durch Sie ablehnen und statt dessen die uns dann zustehenden Ansprüche geltend machen werden.

Mit freundlichen Grüßen

....

Unterschrift

Muster 15: Schlussrechnung, Zurückweisung wegen Prüfunfähigkeit

Auftragnehmer: Name/Anschrift
....
....
....

Absender: Name/Anschrift
....
....
....

.... , ...
Ort, Datum

Bauvertrag vom ....
Bauvorhaben ....

Ihre Abschlagsrechnung Nr. _____ vom __.__.____/ Schlussrechnung vom __.__.____.

hier: Prüffähigkeit

Sehr geehrte Damen und Herren,

die von Ihnen übersandte

[] Abschlagsrechnung Nr. _____ vom __.__.____
[] Schlussrechnung vom __.__.____

ist nicht prüffähig. Gem. § 14 Nr. 1 VOB/B hat der Auftragnehmer seine Leistung prüfbar abzurechnen. Er hat hierbei die Rechnung übersichtlich aufzustellen und dabei die Reihenfolge der Posten einzuhalten und die in den Vertragsbestandteilen enthaltenen Bezeichnungen zu verwenden.

Die zum Nachweis von der Leistung erforderlichen Mengenberechnungen, Zeichnungen u. a. Belege sind beizufügen. Änderungen und Ergänzungen des Vertrages sind in der Rechnung besonders kenntlich zu machen. Diese sind auf Verlangen getrennt abzurechnen.

Diese Erfordernisse erfüllt die von Ihnen übersandte Rechnung leider nicht. Wir übersenden Ihnen daher in der Anlage Ihre Rechnung im Original zurück und fordern Sie gleichzeitig auf, Ihre Abschlags-/Schlussrechnung unverzüglich prüffähig aufzustellen und vorzulegen.

Mit freundlichen Grüßen

....
Unterschrift

Muster 16: Zutritt und Besichtigung von angemieteter Wohnung

Mieter: Name/Anschrift

....

....

....

Vermieter: Name/Anschrift

....

....

....

...................., ...
Ort, Datum

Sehr geehrte(r) ....,

mir ist mitgeteilt worden, dass im Schlafzimmer der von Ihnen angemieteten Wohnung ein größerer Schimmelfleck aufgetreten ist, dessen Ursache bis dato noch nicht geklärt werden konnte.

Um die Ursache für diesen Schaden ermitteln zu können, bitte ich Sie, mir zusammen mit dem von mir beauftragten Handwerker, Herrn ...., den Zutritt zur Wohnung zu gewähren und die Besichtigung der betroffenen Räume der Wohnung zu gestatten.

Gemäß § 11 Abs. 1 des zwischen uns abgeschlossenen Mietvertrages bin ich berechtigt, in diesen Fällen von Ihnen den Zutritt zur Wohnung und deren Besichtigung zu verlangen.

Zur Besichtigung der Wohnung schlage ich folgende Termine vor:
Montag, den __.__.____ zwischen 10.00 Uhr und 12.00 Uhr
Dienstag, den __.__.____ zwischen 14.00 Uhr und 16.00 Uhr
Freitag, den __.__.____ zwischen 10.00 Uhr und 12.00 Uhr.

Ich bitte Sie um Verständnis, dass die Besichtigung zu den von mir vorgeschlagenen Zeiten erfolgen muss, da es sich hierbei um die allgemeine Arbeitszeit des hinzugezogenen Handwerkers handelt und dieser sonst nicht verfügbar ist.

Sollten Sie die von mir vorgeschlagenen Termine nicht wahrnehmen können, bitte ich Sie um einen eigenen zeitnahen Terminvorschlag binnen einer weiteren Woche zu den angegebenen Uhrzeiten.

Sollten Sie persönlich den Besichtigungstermin nicht wahrnehmen können oder wollen, bitte ich Sie, durch eine Person Ihres Vertrauens den Zutritt zu der Wohnung zu gewährleisten.

Mit freundlichen Grüßen

....
(Unterschrift) Vermieter

Muster 17: Beschluss, Abnahme des Gemeinschaftseigentums durch Verwalter

Beschluss

Die Eigentümergemeinschaft bevollmächtigt den Verwalter zur Abnahme des Gemeinschaftseigentums. Der Verwalter wird ermächtigt, zum Abnahmetermin einen technischen Sachverständigen nach eigener Wahl auf Kosten der Eigentümergemeinschaft hinzuzuziehen.

Abstimmungsergebnis:

....
(Ja-Stimmen)

....
(Nein-Stimmen)

....
(Stimmenthaltungen)

Beschlussergebnis: ....

Der Antrag wurde mit Mehrheit angenommen/abgelehnt.

Muster 18: Gemeinschaftseigentum, außerordentliche Versammlung wegen Baumängeln

Wohnungseigentümer: Name/Anschrift

....
....
....

Verwalter: Name/Anschrift

....
....
....

.................., ...
Ort, Datum

Mängel im Gemeinschaftseigentum
hier: Außerordentliche Eigentümerversammlung

Sehr geehrte Damen und Herren,
sehr geehrte/r…,

anlässlich einer Begehung am __ __ ____ sind folgende Mängel im Gemeinschaftseigentum festgestellt worden:

....
....
....

Nach meiner Einschätzung duldet die Instandsetzung (alternativ: die Beseitigung der aufgetretenen Mängel) keinen weiteren Aufschub und eine Sanierung sollte schnellst möglich in Angriff genommen werden.
Als Verwalter sehe ich mich deshalb in der Pflicht, Sie zu einer außerordentlichen Eigentümerversammlung einzuladen:

Die Versammlung findet statt am __ __ ____, um _____, in/im ____________________.

Folgende Tagesordnung wurde festgelegt:

1. Begrüßung und Einführung des Verwalters in die Thematik
2. Beschlussfassung über die Durchführung von Instandsetzungsmaßnahmen (alternativ: Beschlussfassung zur Beseitigung der aufgetretenen Mängel bzw. Geltendmachung von Gewährleistungsrechten)
3. Verschiedenes

Auf Grund der Wichtigkeit und Dringlichkeit des Themas bitte ich Sie um möglichst vollständiges und pünktliches persönliches Erscheinen.

Sollten Sie dennoch an einer persönlichen Versammlungsteilnahme verhindert sein, empfehle ich Ihnen dringend, eine Stimmrechtsvollmacht zu erteilen. Zu diesem Zweck habe ich Ihnen in **Anlage** ein entsprechendes **Blanko-Vollmachtsformular** beigefügt, das Sie mir entweder rechtzeitig vor Versammlungsbeginn übermitteln oder durch Ihren Vertreter übergeben lassen.

Bitte beachten Sie, dass im Fall Ihres Nichterscheinens bzw. nicht erteilter Stimmrechtsvollmacht die Beschlussfähigkeit der Versammlung in Frage gestellt sein könnte mit der Folge einer dann notwendig werdenden neuerlichen Ladung und Durchführung einer erneuten Versammlung, in der dann ohne Rücksicht auf die Beschlussfähigkeit wirksame Beschlüsse, eventuell sogar von einer Minderheit der Eigentümer gefasst werden könnten.

Mit freundlichen Grüßen

....

(Unterschrift) Verwalter

Muster 19:
Gemeinschaftseigentum, Beschluss über Mängelbeseitigung

Beschluss

Der Verwalter wird ermächtigt, wegen nachfolgender Mängel im Gemeinschaftseigentum

....

....

dem Bauträger/Unternehmer/Verkäufer eine angemessene Frist zur Nacherfüllung (Mängelbeseitigung) zu setzen. Für den Fall, dass die zur Nacherfüllung gesetzte angemessene Frist fruchtlos verstreicht, wird der Verwalter schon jetzt von der Gemeinschaft ermächtigt, ein gerichtliches selbstständiges Beweisverfahren zur Feststellung der Mängel bzw. des voraussichtlichen Mängelbeseitigungsaufwandes und des Verursachers der Mängel einzuleiten.

Bei Einleitung eines selbstständigen Beweisverfahrens wird der Verwalter schon jetzt ausdrücklich dazu ermächtigt, auf Kosten der Gemeinschaft einen Rechtsanwalt seiner Wahl hinzuzuziehen und mit der Vertretung der Eigentümergemeinschaft zu beauftragen.

Abstimmungsergebnis:

....
(Ja-Stimmen)

....
(Nein-Stimmen)

....
(Stimmenthaltungen)

Beschlussergebnis: ....

Der Antrag wurde mit Mehrheit angenommen/abgelehnt.

Muster 20: Schlichtungs- und Schiedsvereinbarung, ARGE BauR

Zwischen

-...........................-
(Auftraggeber)

und

-...........................-
(Auftragnehmer)

– nachfolgend Parteien genannt –

wird folgende Schlichtungs- und Schiedsvereinbarung getroffen:

§ 1 Ausschluss des ordentlichen Rechtswegs
Alle Streitigkeiten zwischen den Parteien aus oder im Zusammenhang mit dem Vertrag vom ...... sollen unter Ausschluss des Rechtswegs zu den ordentlichen Gerichten durch ein Schiedsgericht auf der Grundlage der Schlichtungs- und Schiedsordnung für Baustreitigkeiten (SOBau) der Arbeitsgemeinschaft für privates Bau- und Architektenrecht im DeutschenAnwaltVerein (ARGE Baurecht) entschieden werden.
Kommt es nicht zur Durchführung des Schiedsgerichtsverfahrens, steht den Parteien wegen Ansprüchen auf Kostenerstattung aus einem durchgeführten isolierten Beweisverfahren der Rechtsweg zu den ordentlichen Gerichten offen.

§ 2 Schlichter/Schiedsrichter
Für die Schlichtung (§§ 8 ff. SOBau) benennen die Parteien folgende(n) Schlichter ________________.
Für das Schiedsgerichtsverfahren (§§ 14 ff. SOBau) vereinbaren die Parteien
[]   ein Einzel-Schiedsgericht
[]   ein Dreier-Schiedsgericht

(Zutreffendes bitte ankreuzen, andernfalls gilt bei einem Streitwert bis zu 50.000 EUR das Einzel-Schiedsgericht, im Übrigen das Dreier-Schiedsgericht als vereinbart.)

Als Einzelschiedsrichter benennen die Parteien ________________.

§ 3 Verfahren

1. Ort des Schiedsgerichtsverfahrens im Sinne des § 1043 ZPO ist ________________. Das Schiedsgericht kann an jedem anderen geeigneten Ort tagen.
2. Im isolierten Beweisverfahren getroffene tatsächliche Feststellungen sind für das Schiedsgerichtsverfahren bindend im Sinne der §§ 412, 493 ZPO (§ 13 Abs. 2 SOBau).
3. Mit dem Zugang des Antrags auf Einleitung des isolierten Beweisverfahrens beim Schlichter/Schiedsgericht wird die Verjährung gem. §§ 485 ff. ZPO unterbrochen.
4. Bei Vereinbarung eines Einzel-Schiedsgerichts entscheidet der vom Kläger vorgeschlagene Schiedsrichter, wenn der Beklagte innerhalb von zwei Wochen ab Empfang des das Schiedsgerichtsverfahren einleitenden Antrags zu dem Vorschlag des Klägers keine Erklärung abgibt und dies auch innerhalb einer Nachfrist von weiteren zwei Wochen nicht nachholt.
5. Die Parteien verpflichten sich, sich gegenseitig über einen Anschriftenwechsel zu informieren.

§ 4 Einbeziehung Dritter

1. Der Auftragnehmer wird, soweit dies sachgerecht und er hierzu tatsächlich und rechtlich in der Lage ist, seine Nachunternehmer verpflichten, sich dieser Vereinbarung zu unterwerfen.
   Für den Fall der Streitverkündung sind sie zu verpflichten, dem Verfahren mit allen Interventionswirkungen nach § 68 ZPO beizutreten. Der Nachunternehmer soll diese Verpflichtung auch seinen Nachunternehmern mit der Verpflichtung zur Weitergabe auferlegen.
2. Der Auftraggeber wird die sonstigen Baubeteiligten, soweit dies sachgerecht und tatsächlich und rechtlich möglich ist, in diese Vereinbarung einbeziehen. Er soll jedem der sonstigen Beteilig-

ten auferlegen, deren Nachunternehmer gem. Abs. 1 in diese Vereinbarung einzubeziehen.

3. Soweit für die Einbeziehung Dritter die Zustimmung der jeweils anderen Partei dieser Vereinbarung erforderlich ist, wird diese hiermit erteilt.
   Die SOBau ist dieser Schlichtungs- und Schiedsvereinbarung als Anlage beigefügt.

......................., ...	....
Ort, Datum	(Unterschrift) Schlichter
......................., ...	....
Ort, Datum	(Unterschrift) Auftraggeber
......................., ...	....
Ort, Datum	(Unterschrift) Auftragnehmer

Muster 21: Schiedsrichtervertrag, ARGE BauR

Zwischen

-......................-
(Auftraggeber)

und

-......................-
(Auftragnehmer)

wird folgender Schiedsrichtervertrag geschlossen:

§ 1 Präambel

Die Parteien haben sich durch Schlichtungs- und Schiedsvereinbarung vom __.__.____ verpflichtet, alle Streitigkeiten aus dem Vertrag vom __.__.____ unter Ausschluss des Rechtswegs zu den ordentlichen Gerichten durch ein Schiedsgericht auf der Grundlage der Schlichtungs- und Schiedsordnung für Baustreitigkeiten (SOBau) der Arbeitsgemeinschaft für privates Bau- und Architektenrecht im DeutschenAnwaltVerein (ARGE Baurecht) entscheiden zu lassen.

Der Schiedsrichter (Zutreffendes bitte ankreuzen)

[] wurde in der Schiedsvereinbarung zum Einzelschiedsrichter bestellt.

[] wurde von einer Partei als Beisitzer eines Dreier-Schiedsgerichts bestellt

[] wurde zum Vorsitzenden eines Dreier-Schiedsgerichts bestellt

[] wurde durch den Präsidenten des DeutschenAnwaltVereins zum
- Einzelschiedsrichter (§ 15 Abs. 3 S. 2 SOBau)
- zum Beisitzer des Dreier-Schiedsgerichts (§ 15 Abs. 4 S. 2 SOBau)
- zum Vorsitzenden des Dreier-Schiedsgerichts (§ 15 Abs. 5 S. 2 SOBau)

bestellt.

Der Schiedsrichter hat mit Schreiben vom __.__.____ die Bereitschaft zur Annahme des Schiedsrichteramtes erklärt.

§ 2 Beauftragung/Bevollmächtigung des Schiedsrichters

Die Parteien beauftragen den Schiedsrichter, im Schiedsgerichtsverfahren auf der Grundlage der SOBau tätig zu werden

Die Parteien bevollmächtigen den/die Schiedsrichter, nach Maßgabe der SOBau zur Beweisaufnahme Sachverständige und Zeugen auf Kosten und für Rechnung der Parteien hinzuzuziehen und Gutachten und sonstige Auskünfte einzuholen. Über die beabsichtigten Maßnahmen und deren voraussichtliche Kosten, insbesondere im isolierten Beweisverfahren, sollen die Parteien vorab informiert werden.

§ 3 Pflichten des Schiedsrichters
Der Schiedsrichter verpflichtet sich gegenüber den Parteien zu Unparteilichkeit, Unabhängigkeit und umfassender Verschwiegenheit.
Kann der Schiedsrichter sein Amt nicht oder nicht zügig ausüben, teilt er dies den Parteien unverzüglich mit.
Der Schiedsrichter darf im Fall der Einbeziehung Dritter in das Schiedsgerichtsverfahren (§ 6 SOBau) seine Zustimmung nur dann versagen, wenn die Einbeziehung rechtsmissbräuchlich wäre.

§ 4 Haftung des Schiedsrichters
Der Schiedsrichter hat den Parteien etwaige Schäden zu ersetzen, die er durch vorsätzliche oder grob fahrlässige Nichterfüllung seiner Pflichten oder vorsätzliche oder grob fahrlässige Verzögerung des Schiedsgerichtsverfahrens verursacht.
Hinsichtlich der Haftung für Verschulden beim Schiedsspruch gilt das für die richterliche Tätigkeit gültige Richterprivileg.

§ 5 Vorzeitige Beendigung des Schiedsrichtervertrags
Parteien und Schiedsrichter können den Schiedsrichtervertrag jederzeit kündigen. Der Schiedsrichter darf nur dann kündigen, wenn gewährleistet ist, dass die Parteien rechtzeitig einen anderen Ersatzschiedsrichter beauftragen können, es sei denn, dass ein wichtiger Grund für die unzeitige Kündigung vorliegt. Kündigt der Schiedsrichter ohne wichtigen Grund zur Unzeit, hat er den Parteien den daraus erwachsenden Schaden zu ersetzen.

§ 6 Honorar

4. Der Schiedsrichter erhält, sofern mit den Parteien nachstehend nichts anderes vereinbart ist, für seine Tätigkeit im Schiedsgerichtsverfahren Gebühren, die sich nach den Grundsätzen der Bundesrechtsanwaltsgebührenordnung (BRAGO) berechnen:
   [] Vorsitzender des Dreier-Schiedsgerichts: 10/10
   [] Beisitzer des Dreier-Schiedsgerichts: 7,5/10
   [] Einzelschiedsrichter: 13/10

Dem Schiedsrichter stehen höchstens drei Gebühren zu;
der Mindeststreitwert für die Berechnung der Gebühren beträgt 25.000 EUR.

5. Hält das Schiedsgericht in Ausnahmefällen eine darüber hinausgehende Honorierung wegen des Umfangs, Schwierigkeitsgrades oder außergewöhnlichen Zeitaufwandes für erforderlich, hat es diese vor der mündlichen Verhandlung bei den Parteien zu beantragen und zu begründen. Stimmen die Parteien diesem Antrag nicht schriftlich zu, bleibt es bei den Gebühren gem. Abs. 1.

6. Bei vorzeitiger Erledigung des Verfahrens und bei vorzeitiger Beendigung des Schiedsrichtervertrages stehen dem Schiedsrichter folgende Gebühren zu:
   [] bis zum Eingang der Klageschrift: die Hälfte der Prozessgebühr
   [] nach Einreichung der Klageschrift: ¾ der Prozessgebühr
   [] nach Eingang der Klageerwiderung: die ganze Prozessgebühr,
   jeweils berechnet nach den in Abs. 1 festgelegten Gebühren.

7. Die Parteien tragen alle notwendigen Auslagen des Schiedsrichters sowie die durch Anhörung von Zeugen und Sachverständigen, die Einholung von Gutachten und sonstigen Auskünften entstehenden Kosten. Der Schiedsrichter kann zur Deckung der voraussichtlichen Kosten und Auslagen Vorschüsse anfordern.

8. Die Parteien haften dem Schiedsrichter gegenüber als Gesamtschuldner.

9. (Raum für abweichende Honorarvereinbarung) ......

...................., ...	....
Ort, Datum	(Unterschrift) Schlichter
...................., ...	....
Ort, Datum	(Unterschrift) Auftraggeber
...................., ...	....
Ort, Datum	(Unterschrift) Auftragnehmer

Muster 22: Schlichtervertrag, ARGE BauR

Zwischen

-.......................-
(Auftraggeber)

und

-.......................-
(Auftragnehmer)

– nachfolgend Parteien genannt –

und

-.......................-
(Schlichter)

wird folgender Schlichtervertrag geschlossen:

§ 1 Präambel

Die Parteien haben sich durch Schlichtungs- und Schiedsvereinbarung vom __.__.____ verpflichtet, alle Streitigkeiten aus dem Vertrag vom __.__.____ unter Ausschluss des Rechtswegs zu den ordentlichen Gerichten von einem Schiedsgericht auf der Grundlage der Schlichtungs- und Schiedsordnung für Baustreitigkeiten (SOBau) der Arbeitsgemeinschaft für privates Bau- und Architektenrecht im DeutschenAnwaltVerein (ARGE Baurecht) entscheiden zu lassen. Die Parteien streben unter Mitwirkung eines Schlichters für auftretende Streitigkeiten eine zügige außergerichtliche Einigung an.

§ 2 Beauftragung/Bevollmächtigung des Schlichters

10. Die Parteien beauftragen den Schlichter, auf Antrag einer Partei ein Schlichtungsverfahren mit dem Ziel einer gütlichen Einigung auf der Grundlage der SOBau (§§ 8 ff. SOBau) durchzuführen.
11. Ferner beauftragen die Parteien den Schlichter, auf schriftlichen Antrag einer Partei die Begutachtung durch einen Sachverständigen (§§ 11 ff. SOBau) anzuordnen, insbesondere zur Feststellung
    [] des Zustandes eines Bauwerkes einschließlich der Ermittlung des Bautenstandes,
    [] der Ursache eines Schadens, eines Baumangels, einer Behinderung oder Bauverzögerung,

[] des Aufwandes für die Beseitigung des Schadens oder des Baumangels oder der Kosten, die durch die Behinderung oder Bauverzögerung entstanden sind.

Die Parteien bevollmächtigen den Schlichter, zu diesem Zweck Sachverständige auf Kosten und für Rechnung der Parteien zu beauftragen. Die Höhe der Kosten soll vorab mit den Parteien abgestimmt werden.

§ 3 Pflichten des Schlichters

1. Der Schlichter verpflichtet sich gegenüber den Parteien zu Unparteilichkeit, Unabhängigkeit und umfassender Verschwiegenheit. Er darf in einem späteren Schiedsgerichtsverfahren nicht Zeuge für Tatsachen sein, die ihm während des Schlichtungsverfahrens offenbart werden.
2. Der Schlichter sichert zu, dass er zur zügigen Durchführung der Schlichtung in der Lage ist. Kann der Schlichter sein Amt nicht wahrnehmen, teilt er dies den Parteien unverzüglich mit.
3. Haben die Parteien mehrere Schlichter bestellt, sind diese verpflichtet, ihre Aufgaben im Interesse einer zügigen Abwicklung zu koordinieren.

§ 4 Haftung des Schlichters

Der Schlichter hat den Parteien etwaige Schäden zu ersetzen, die er durch vorsätzliche oder grob fahrlässige Nichterfüllung seiner Pflichten oder vorsätzliche oder grob fahrlässige Verzögerung des Schlichtungs- oder isolierten Beweisverfahrens verursacht.

§ 5 Vorzeitige Beendigung des Schlichtervertrages

Parteien und Schlichter können den Schlichtervertrag jederzeit kündigen. Der Schlichter darf nur dann kündigen, wenn gewährleistet ist, dass die Parteien rechtzeitig eine andere Person als Schlichter beauftragen können, es sei denn, dass ein wichtiger Grund für die unzeitige Kündigung vorliegt. Kündigt der Schlichter ohne wichtigen Grund zur Unzeit, hat er den Parteien den daraus erwachsenden Schaden zu ersetzen.

§ 6 Honorar

1. Das Honorar des Schlichters richtet sich nach dem Zeitaufwand für das Schlichtungs- und/oder das isolierte Beweisverfahren (§ 18 Abs. 5 SOBau). Soweit die Parteien nachstehend nichts anderes vereinbaren, beträgt das Honorar 200 EUR je Stunde zzgl. MwSt. in gesetzlicher Höhe.

2. Für die Bereitschaft, im Bedarfsfall tätig zu werden, erhält der Schlichter ein Honorar in Höhe von 250 EUR zzgl. MwSt. in gesetzlicher Höhe, das mit Unterzeichnung dieses Vertrages fällig wird; wird er als Schlichter tätig, wird dieses Honorar auf das Gesamthonorar angerechnet.
3. Die Parteien tragen alle notwendigen Auslagen des Schlichters sowie die durch Anhörung von sachkundigen Personen und Sachverständigen, die Einholung von Gutachten und sonstigen Auskünften entstehenden Kosten. Der Schlichter kann in jedem Stadium des Verfahrens zur Deckung der voraussichtlichen Kosten und Auslagen Vorschüsse anfordern.
4. Die Parteien haften dem Schlichter gegenüber als Gesamtschuldner.
5. (Raum für abweichende Honorarvereinbarung) ....

....................., ...
Ort, Datum (Unterschrift) Schlichter

....................., ...
Ort, Datum (Unterschrift) Auftraggeber

....................., ...
Ort, Datum (Unterschrift) Auftragnehmer

2 DIN-Normen Inhaltsverzeichnis

Dokumentnummer	Ausgabe	Titel
DIN V 105-1	2002-06	Mauerziegel - Teil 1: Vollziegel und Hochlochziegel der Rohdichteklassen 1,2
DIN V 105-2	2002-06	Mauerziegel - Teil 2: Wärmedämmziegel und Hochlochziegel der Rohdichteklassen ≤ 1,0
DIN V 106-1	2003-02	Kalksandsteine - Teil 1: Voll-, Loch-, Block-, Hohlblock-, Plansteine, Planelemente, Fasensteine, Bauplatten, Formsteine
DIN V 106-2	2003-02	Kalksandsteine - Teil 2: Vormauersteine und Verblender
DIN 107	1974-04	Bezeichnung mit links oder rechts im Bauwesen
DIN 272	1986-02	Prüfung von Magnesiaestrich
DIN 276	1993-06	Kosten im Hochbau
DIN 277-1	1987-06	Grundflächen und Rauminhalte von Bauwerken im Hochbau; Begriffe, Berechnungsgrundlagen
DIN 277-2	1987-06	Grundflächen und Rauminhalte von Bauwerken im Hochbau; Gliederung der Nutzflächen, Funktionsflächen und Verkehrsflächen (Netto-Grundfläche)
DIN 277-3	1998-07	Grundflächen und Rauminhalte von Bauwerken im Hochbau - Teil 3: Mengen und Bezugseinheiten
DIN 280-1	1990-04	Parkett; Parkettstäbe, Parkettriemen und Tafeln für Tafelparkett
DIN 280-2	1990-04	Parkett - Mosaikparkettlamellen
DIN 280-5	1990-04	Parkett - Fertigparkett-Elemente
DIN 1045-1	2001-07	Tragwerke aus Beton, Stahlbeton und Spannbeton - Teil 1: Bemessung und Konstruktion
DIN 1045-2	2001-07	Tragwerke aus Beton, Stahlbeton und Spannbeton - Teil 2: Beton; Festlegung, Eigenschaften, Herstellung und Konformität
DIN 1045-3	2001-07	Tragwerke aus Beton, Stahlbeton und Spannbeton - Teil 3: Bauausführung
DIN 1045-4	2001-07	Tragwerke aus Beton, Stahlbeton und Spannbeton - Teil 4: Ergänzende Regeln für die Herstellung und die Konformität von Fertigteilen
DIN 1052-1	1988-04	Holzbauwerke; Berechnung und Ausführung
DIN 1052-1/A1	1996-10	Holzbauwerke - Teil 1: Berechnung und Ausführung; Änderung 1
DIN 1052-2	1988-04	Holzbauwerke; Mechanische Verbindungen
DIN 1052-2/A1	1996-10	Holzbauwerke - Teil 2: Mechanische Verbindungen; Änderung 1
DIN 1052-3	1988-04	Holzbauwerke; Holzhäuser in Tafelbauart; Berechnung und Ausführung

DIN 1052-3/A1	1996-10	Holzbauwerke - Teil 3: Holzhäuser in Tafelbauart - Berechnung und Ausführung; Änderung 1
DIN 1053-1	1996-11	Mauerwerk - Teil 1: Berechnung und Ausführung
DIN 1053-2	1996-11	Mauerwerk - Teil 2: Mauerwerksfestigkeitsklassen aufgrund von Eignungsprüfungen
DIN 1053-3	1990-02	Mauerwerk; Bewehrtes Mauerwerk; Berechnung und Ausführung
DIN 1053-4	1978-09	Mauerwerk; Bauten aus Ziegelfertigbauteilen
DIN 1054	2003-01	Baugrund - Sicherheitsnachweise im Erd- und Grundbau
DIN 1055-1	2002-06	Einwirkungen auf Tragwerke - Teil 1: Wichten und Flächenlasten von Baustoffen, Bauteilen und Lagerstoffen
DIN 1055-2	1976-02	Lastannahmen für Bauten; Bodenkenngrößen, Wichte, Reibungswinkel, Kohäsion, Wandreibungswinkel
DIN 1055-3	2002-10	Einwirkungen auf Tragwerke - Teil 3: Eigen- und Nutzlasten für Hochbauten
DIN 1055-4	1986-08	Lastannahmen für Bauten; Verkehrslasten, Windlasten bei nicht schwingungsanfälligen Bauwerken
DIN 1055-4/A1	1987-06	Lastannahmen für Bauten; Verkehrslasten, Windlasten bei nicht schwingungsanfälligen Bauwerken; Änderung 1; Berichtigungen
DIN 1055-5	1975-06	Lastannahmen für Bauten; Verkehrslasten, Schneelast und Eislast
DIN 1055-5/A1	1994-04	Lastannahmen für Bauten; Verkehrslasten, Schneelast und Eislast
DIN 1055-7	2002-11	Einwirkungen auf Tragwerke - Teil 7: Temperatureinwirkungen
DIN 1055-8	2003-01	Einwirkungen auf Tragwerke - Teil 8: Einwirkungen während der Bauausführung
DIN 1055-100	2001-03	Einwirkungen auf Tragwerke - Teil 100: Grundlagen der Tragwerksplanung - Sicherheitskonzept und Bemessungsregeln
DIN 1072	1985-12	Straßen- und Wegbrücken; Lastannahmen
DIN 1074	1991-05	Holzbrücken
DIN 1101	2000-06	Holzwolle-Leichtbauplatten und Mehrschicht-Leichtbauplatten als Dämmstoffe für das Bauwesen - Anforderungen, Prüfung
DIN 1102	1989-11	Holzwolle-Leichtbauplatten und Mehrschicht-Leichtbauplatten nach DIN 1101 als Dämmstoffe für das Bauwesen; Verwendung, Verarbeitung
DIN 1164	2000-11	Zement mit besonderen Eigenschaften - Zusammensetzung, Anforderungen, Übereinstimmungsnachweis

DIN 1168-1	1986-01	Baugipse; Begriff, Sorten und Verwendung; Lieferung und Kennzeichnung
DIN 1168-2	1975-07	Baugipse; Anforderungen, Prüfung, Überwachung
DIN 1946-1	1988-10	Raumlufttechnik; Terminologie und graphische Symbole (VDI-Lüftungsregeln)
DIN 1946-2	1994-01	Raumlufttechnik; Gesundheitstechnische Anforderungen (VDI-Lüftungsregeln)
DIN 1946-4	1999-03	Raumlufttechnik - Teil 4: Raumlufttechnische Anlagen in Krankenhäusern (VDI-Lüftungsregeln)
DIN 1946-6	1998-10	Raumlufttechnik - Teil 6: Lüftung von Wohnungen; Anforderungen, Ausführung, Abnahme (VDI-Lüftungsregeln)
DIN 1946-7	1992-06	Raumlufttechnik; Raumlufttechnische Anlagen in Laboratorien (VDI-Lüftungsregeln)
DIN 1960	2002-12	VOB Vergabe- und Vertragsordnung für Bauleistungen - Teil A: Allgemeine Bestimmungen für die Vergabe von Bauleistungen
DIN 1961	2002-12	VOB Vergabe- und Vertragsordnung für Bauleistungen - Teil B: Allgemeine Vertragsbedingungen für die Ausführung von Bauleistungen
DIN 1986-3	1982-07	Entwässerungsanlagen für Gebäude und Grundstücke; Regeln für Betrieb und Wartung
DIN 1986-4	2003-02	Entwässerungsanlagen für Gebäude und Grundstücke - Teil 4: Verwendungsbereiche von Abwasserrohren und -formstücken verschiedener Werkstoffe
DIN 1986-30	2003-02	Entwässerungsanlagen für Gebäude und Grundstücke - Teil 30: Instandhaltung
DIN 1986-32	1986-06	Entwässerungsanlagen für Gebäude und Grundstücke; Rückstauverschlüsse für fäkalienfreies Abwasser; Inspektion und Wartung
DIN 1986-33	1987-10	Entwässerungsanlagen für Gebäude und Grundstücke; Rückstauverschlüsse für fäkalienhaltiges Abwasser; Inspektion und Wartung
DIN 1986-100	2002-03	Entwässerungsanlagen für Gebäude und Grundstücke - Teil 100: Zusätzliche Bestimmungen zu DIN EN 752 und DIN EN 12056
DIN 1988-2	1988-12	Technische Regeln für Trinkwasser-Installationen (TRWI); Planung und Ausführung; Bauteile, Apparate, Werkstoffe; Technische Regel des DVGW
DIN 1988-2 Beiblatt 1	1988-12	Technische Regeln für Trinkwasser-Installationen (TRWI); Zusammenstellung von Normen und anderen Technischen Regeln über Werkstoffe, Bauteile und Apparate; Technische Regel des DVGW
DIN 1988-6	2002-05	Technische Regeln für Trinkwasser-Installationen (TRWI) - Teil 6: Feuerlösch- und Brandschutzanlagen - Technische Regel des DVGW

DIN 1999-4	1991-02	Abscheideranlagen für Leichtflüssigkeiten; Koaleszenzabscheider; Baugrundsätze
DIN 1999-5	1991-02	Abscheideranlagen für Leichtflüssigkeiten; Koaleszenzabscheider; Prüfungen
DIN 1999-6	1991-02	Abscheideranlagen für Leichtflüssigkeiten; Koaleszenzabscheider; Bemessung, Einbau und Betrieb
DIN 2000	2000-10	Zentrale Trinkwasserversorgung - Leitsätze für Anforderungen an Trinkwasser, Planung, Bau, Betrieb und Instandhaltung der Versorgungsanlagen - Technische Regel des DVGW
DIN 4020	1990-10	Geotechnische Untersuchungen für bautechnische Zwecke
DIN 4074-1	1989-09	Sortierung von Nadelholz nach der Tragfähigkeit; Nadelschnittholz
DIN 4095	1990-06	Baugrund; Dränung zum Schutz baulicher Anlagen; Planung, Bemessung und Ausführung
DIN 4102-1	1998-05	Brandverhalten von Baustoffen und Bauteilen - Teil 1: Baustoffe; Begriffe, Anforderungen und Prüfungen
DIN 4102-2	1977-09	Brandverhalten von Baustoffen und Bauteilen; Bauteile, Begriffe, Anforderungen und Prüfungen
DIN 4102-3	1977-09	Brandverhalten von Baustoffen und Bauteilen; Brandwände und nichttragende Außenwände, Begriffe, Anforderungen und Prüfungen
DIN 4102-4	1994-03	Brandverhalten von Baustoffen und Bauteilen; Zusammenstellung und Anwendung klassifizierter Baustoffe, Bauteile und Sonderbauteile
DIN 4102-5	1977-09	Brandverhalten von Baustoffen und Bauteilen; Feuerschutzabschlüsse, Abschlüsse in Fahrschachtwänden und gegen Feuer widerstandsfähige Verglasungen, Begriffe, Anforderungen und Prüfungen
DIN 4102-6	1977-09	Brandverhalten von Baustoffen und Bauteilen; Lüftungsleitungen, Begriffe, Anforderungen und Prüfungen
DIN 4102-7	1998-07	Brandverhalten von Baustoffen und Bauteilen - Teil 7: Bedachungen; Begriffe, Anforderungen und Prüfungen
DIN 4102-13	1990-05	Brandverhalten von Baustoffen und Bauteilen; Brandschutzverglasungen; Begriffe, Anforderungen und Prüfungen
DIN 4103-1	1984-07	Nichttragende innere Trennwände; Anforderungen, Nachweise
DIN 4103-2	1985-12	Nichttragende innere Trennwände; Trennwände aus Gips-Wandbauplatten
DIN 4103-4	1988-11	Nichttragende innere Trennwände; Unterkonstruktion in Holzbauart

DIN 4108 Beiblatt 1	1982-04	Wärmeschutz im Hochbau; Inhaltsverzeichnisse; Stichwortverzeichnis
DIN 4108 Beiblatt 2	1998-08	Wärmeschutz und Energie-Einsparung in Gebäuden – Wärmebrücken-, Planungs- und Ausführungsbeispiele
DIN 4108-1	1981-08	Wärmeschutz im Hochbau; Größen und Einheiten
DIN 4108-2	2003-04	Wärmeschutz und Energie-Einsparung in Gebäuden - Teil 2: Mindestanforderungen an den Wärmeschutz
DIN 4108-3	2001-07	Wärmeschutz und Energie-Einsparung in Gebäuden - Teil 3: Klimabedingter Feuchteschutz; Anforderungen, Berechnungsverfahren und Hinweise für Planung und Ausführung
DIN V 4108-4	2002-02	Wärmeschutz und Energie-Einsparung in Gebäuden - Teil 4: Wärme- und feuchteschutztechnische Bemessungswerte
DIN V 4108-6	2000-11	Wärmeschutz und Energie-Einsparung in Gebäuden - Teil 6: Berechnung des Jahresheizwärme- und des Jahresheizenergiebedarfs
DIN V 4108-6/A1	2001-08	Wärmeschutz und Energie-Einsparung in Gebäuden - Teil 6: Berechnung des Jahresheizwärme- und des Jahresheizenergiebedarfs; Änderung A1
DIN 4108-7	2001-08	Wärmeschutz und Energie-Einsparung in Gebäuden - Teil 7: Luftdichtheit von Gebäuden, Anforderungen, Planungs- und Ausführungsempfehlungen sowie -beispiele
DIN V 4108-10	2002-02	Wärmeschutz und Energie-Einsparung in Gebäuden - Anwendungsbezogene Anforderungen an Wärmedämmstoffe - Teil 10: Werkmäßig hergestellte Wärmedämmstoffe
DIN 4109	1989-11	Schallschutz im Hochbau; Anforderungen und Nachweise
DIN 4109 Beiblatt 1	1989-11	Schallschutz im Hochbau; Ausführungsbeispiele und Rechenverfahren
DIN 4109 Beiblatt 2	1989-11	Schallschutz im Hochbau; Hinweise für Planung und Ausführung; Vorschläge für einen erhöhten Schallschutz; Empfehlungen für den Schallschutz im eigenen Wohn- oder Arbeitsbereich
DIN 4109 Beiblatt 3	1996-06	Schallschutz im Hochbau - Berechnung von $R'_{w,R}$ für den Nachweis der Eignung nach DIN 4109 aus Werten des im Labor ermittelten Schalldämm-Maßes R_w
DIN 4109/A1	2001-01	Schallschutz im Hochbau - Anforderungen und Nachweise; Änderung A1
DIN 4121	1978-07	Hängende Drahtputzdecken; Putzdecken mit Metallputzträgern, Rabitzdecken, Anforderungen für die Ausführung

DIN 4123	2000-09	Ausschachtungen, Gründungen und Unterfangungen im Bereich bestehender Gebäude
DIN 4124	2002-10	Baugruben und Gräben - Böschungen, Verbau, Arbeitsraumbreiten
DIN 4165	1996-11	Porenbeton-Blocksteine und Porenbeton-Plansteine
DIN 4166	1997-10	Porenbeton-Bauplatten und Porenbeton-Planbauplatten
DIN 4172	1955-07	Maßordnung im Hochbau
DIN 4211	1995-03	Putz- und Mauerbinder - Anforderungen, Überwachung
DIN 4226-1	2001-07	Gesteinskörnungen für Beton und Mörtel - Teil 1: Normale und schwere Gesteinskörnungen
DIN 4226-2	2002-02	Gesteinskörnungen für Beton und Mörtel - Teil 2: Leichte Gesteinskörnungen (Leichtzuschläge)
DIN 4226-100	2002-02	Gesteinskörnungen für Beton und Mörtel - Teil 100: Rezyklierte Gesteinskörnungen
DIN 4232	1987-09	Wände aus Leichtbeton mit haufwerksporigem Gefüge; Bemessung und Ausführung
DIN 4242	1979-01	Glasbaustein-Wände; Ausführung und Bemessung
DIN 4261-1	2002-12	Kleinkläranlagen - Teil 1: Anlagen zur Abwasservorbehandlung
DIN 4261-2	1984-06	Kleinkläranlagen; Anlagen mit Abwasserbelüftung; Anwendung, Bemessung, Ausführung und Prüfung
DIN 4420-1	1990-12	Arbeits- und Schutzgerüste; Allgemeine Regelungen; Sicherheitstechnische Anforderungen, Prüfungen
DIN 4420-3	1990-12	Arbeits- und Schutzgerüste; Gerüstbauarten ausgenommen Leiter- und Systemgerüste; Sicherheitstechnische Anforderungen und Regelausführungen
DIN 4426	2001-09	Einrichtungen zur Instandhaltung baulicher Anlagen - Sicherheitstechnische Anforderungen an Arbeitsplätze und Verkehrswege – Planung und Ausführung
DIN 4701-1	1983-03	Regeln für die Berechnung des Wärmebedarfs von Gebäuden; Grundlagen der Berechnung
DIN 4701-2	1983-03	Regeln für die Berechnung des Wärmebedarfs von Gebäuden; Tabellen, Bilder, Algorithmen
DIN 4701-3	1989-08	Regeln für die Berechnung des Wärmebedarfs von Gebäuden; Auslegung der Raumheizeinrichtungen
DIN V 4701-10	2001-02	Energetische Bewertung heiz- und raumlufttechnischer Anlagen - Teil 10: Heizung, Trinkwassererwärmung, Lüftung
DIN V 4701-10 Beiblatt 1	2002-02	Energetische Bewertung heiz- und raumlufttechnischer Anlagen - Teil 10: Diagramme und Planungshilfen für ausgewählte Anlagensysteme mit Standardkomponenten

DIN 4703-1	1999-12	Raumheizkörper - Teil 1: Maße von Gliedheizkörpern
DIN 4703-3	2000-10	Raumheizkörper - Teil 3: Umrechnung der Norm-Wärmeleistung
DIN 4721	2001-06	Kunststoff-Rohrleitungssysteme für Warmwasser-Fußbodenheizung und Heizkörperanbindung - Polyethylen erhöhter Temperaturbeständigkeit (PE-RT)
DIN 4725-200	2001-03	Warmwasser-Fußbodenheizungen - Systeme und Komponenten - Teil 200: Bestimmungen der Wärmeleistung (Rohrüberdeckung ≥ 0,065 m)
DIN 5034-1	1999-10	Tageslicht in Innenräumen - Teil 1: Allgemeine Anforderungen
DIN 5034-2	1985-02	Tageslicht in Innenräumen; Grundlagen
DIN 5034-3	1994-09	Tageslicht in Innenräumen - Teil 3: Berechnung
DIN 5034-4	1994-09	Tageslicht in Innenräumen - Teil 4: Vereinfachte Bestimmung von Mindestfenstergrößen für Wohnräume
DIN 5034-5	1993-01	Tageslicht in Innenräumen; Messung
DIN 5034-6	1995-06	Tageslicht in Innenräumen - Teil 6: Vereinfachte Bestimmung zweckmäßiger Abmessungen von Oberlichtöffnungen in Dachflächen
DIN 5035-2	1990-09	Beleuchtung mit künstlichem Licht; Richtwerte für Arbeitsstätten in Innenräumen und im Freien
DIN 5035-3	1988-09	Innenraumbeleuchtung mit künstlichem Licht; Beleuchtung in Krankenhäusern
DIN 5035-4	1983-02	Innenraumbeleuchtung mit künstlichem Licht; Spezielle Empfehlungen für die Beleuchtung von Unterrichtsstätten
DIN 5035-6	1990-12	Beleuchtung mit künstlichem Licht; Messung und Bewertung
DIN 5035-7	1988-09	Innenraumbeleuchtung mit künstlichem Licht; Beleuchtung von Räumen mit Bildschirmarbeitsplätzen und mit Arbeitsplätzen mit Bildschirmunterstützung
DIN 5035-8	1994-05	Beleuchtung mit künstlichem Licht; Spezielle Anforderungen zur Einzelplatzbeleuchtung in Büroräumen und büroähnlichen Räumen
DIN 14092-1	2001-10	Feuerwehrhäuser - Teil 1: Planungsgrundlagen
DIN 14094	1991-04	Feuerwehrwesen; Notleitern aus Metall
DIN 14095	1998-08	Feuerwehrpläne für bauliche Anlagen
DIN 14096-1	2000-01	Brandschutzordnung - Teil 1: Allgemeines und Teil A (Aushang); Regeln für das Erstellen und das Aushängen
DIN 14096-2	2000-01	Brandschutzordnung - Teil 2: Teil B (für Personen ohne besondere Brandschutzaufgaben); Regeln für das Erstellen

DIN 14096-3	2000-01	Brandschutzordnung - Teil 3: Teil C (für Personen mit besonderen Brandschutzaufgaben); Regeln für das Erstellen
DIN 14675	2000-06	Brandmeldeanlagen - Aufbau und Betrieb
DIN 14675/A1	2001-08	Brandmeldeanlagen - Aufbau und Betrieb; Änderung A1
DIN 14675/A2	2002-07	Brandmeldeanlagen - Aufbau und Betrieb; Änderung A2
DIN 14675/A3	2002-11	Brandmeldeanlagen - Aufbau und Betrieb; Änderung A3
DIN 15306	2002-06	Aufzüge - Personenaufzüge für Wohngebäude - Baumaße, Fahrkorbmaße, Türmaße
DIN 15309	2002-12	Aufzüge - Personenaufzüge für andere als Wohngebäude sowie Bettenaufzüge - Baumaße, Fahrkorbmaße, Türmaße
DIN 18000	1984-05	Modulordnung im Bauwesen
DIN 18005-1	2002-07	Schallschutz im Städtebau - Teil 1: Grundlagen und Hinweise für die Planung
DIN 18005-1 Beiblatt 1	1987-05	Schallschutz im Städtebau; Berechnungsverfahren; Schalltechnische Orientierungswerte für die städtebauliche Planung
DIN 18005-2	1991-09	Schallschutz im Städtebau; Lärmkarten; kartenmäßige Darstellung von Schallimmissionen
DIN 18012	2000-11	Haus-Anschlusseinrichtungen in Gebäuden - Raum- und Flächenbedarf - Planungsgrundlagen
DIN 18013	1981-04	Nischen für Zählerplätze (Elektrizitätszähler)
DIN 18014	1994-02	Fundamenterder
DIN 18015-1	2002-09	Elektrische Anlagen in Wohngebäuden - Teil 1: Planungsgrundlagen
DIN 18015-2	1996-08	Elektrische Anlagen in Wohngebäuden - Teil 2: Art und Umfang der Mindestausstattung
DIN 18015-3	1999-04	Elektrische Anlagen in Wohngebäuden - Teil 3: Leitungsführung und Anordnung der Betriebsmittel
DIN 18017-1	1987-02	Lüftung von Bädern und Toilettenräumen ohne Außenfenster; Einzelschachtanlagen ohne Ventilatoren
DIN 18017-3	1990-08	Lüftung von Bädern und Toilettenräumen ohne Außenfenster, mit Ventilatoren
DIN 18022	1989-11	Küchen, Bäder und WCs im Wohnungsbau; Planungsgrundlagen
DIN 18024-1	1998-01	Barrierefreies Bauen - Teil 1: Straßen, Plätze, Wege, öffentliche Verkehrs- und Grünanlagen sowie Spielplätze; Planungsgrundlagen
DIN 18024-2	1996-11	Barrierefreies Bauen - Teil 2: Öffentlich zugängliche Gebäude und Arbeitsstätten, Planungsgrundlagen

DIN 18025-1	1992-12	Barrierefreie Wohnungen; Wohnungen für Rollstuhlbenutzer; Planungsgrundlagen
DIN 18025-2	1992-12	Barrierefreie Wohnungen; Planungsgrundlagen
DIN 18032-1	1989-04	Sporthallen; Hallen für Turnen, Spiele und Mehrzwecknutzung; Grundsätze für Planung und Bau
DIN V 18032-2	2001-04	Sporthallen - Hallen für Turnen, Spiele und Mehrzwecknutzung - Teil 2: Sportböden; Anforderungen, Prüfungen
DIN 18032-3	1997-04	Sporthallen - Hallen für Turnen und Spielen und Mehrzwecknutzung - Teil 3: Prüfung der Ballwurfsicherheit
DIN 18032-4	2002-08	Sporthallen - Hallen für Turnen, Spiele und Mehrzwecknutzung - Teil 4: Doppelschalige Trennvorhänge
DIN 18032-5	2002-08	Sporthallen - Hallen für Turnen, Spiele und Mehrzwecknutzung - Teil 5: Ausziehbare Tribünen
DIN 18032-6	1982-04	Sporthallen; Hallen für Turnen und Spiele; Bauliche Maßnahmen für Einbau und Verankerung von Sportgeräten
DIN 18034	1999-12	Spielplätze und Freiräume zum Spielen - Anforderungen und Hinweise für die Planung und den Betrieb
DIN 18035-1	2003-02	Sportplätze - Teil 1: Freianlagen für Spiele und Leichtathletik, Planung und Maße
DIN 18035-2	1979-01	Sportplätze; Bewässerung von Rasen- und Tennenflächen
DIN 18035-3	1978-12	Sportplätze; Entwässerung
DIN 18035-4	1991-07	Sportplätze; Rasenflächen
DIN 18035-6	1992-07	Sportplätze; Kunststoffflächen
DIN V 18035-7	2002-06	Sportplätze - Teil 7: Kunststoffrasenflächen
DIN 18036	1992-11	Eissportanlagen; Anlagen für den Eissport mit Kunsteisflächen; Grundlagen für Planung und Bau
DIN 18041	1968-10	Hörsamkeit in kleinen bis mittelgroßen Räumen
DIN 18055	1981-10	Fenster; Fugendurchlässigkeit, Schlagregendichtheit und mechanische Beanspruchung; Anforderungen und Prüfung
DIN 18056	1966-06	Fensterwände; Bemessung und Ausführung
DIN 18057	1990-08	Betonfenster; Betonrahmenfenster, Betonfensterflächen; Bemessung, Anforderung, Prüfung
DIN 18065	2000-01	Gebäudetreppen - Definitionen, Messregeln, Hauptmaße
DIN 18069	1985-11	Tragbolzentreppen für Wohngebäude; Bemessung und Ausführung
DIN 18073	1990-11	Rollabschlüsse, Sonnenschutz- und Verdunkelungsanlagen im Bauwesen; Begriffe, Anforderungen

DIN 18090	1997-01	Aufzüge - Fahrschacht-Dreh- und -Falttüren für Fahrschächte mit Wänden der Feuerwiderstandsklasse F 90
DIN 18091	1993-07	Aufzüge; Schacht-Schiebetüren für Fahrschächte mit Wänden der Feuerwiderstandklasse F 90
DIN 18093	1987-06	Feuerschutzabschlüsse; Einbau von Feuerschutztüren in massive Wände aus Mauerwerk oder Beton; Ankerlagen, Ankerformen, Einbau
DIN 18095-1	1988-10	Türen; Rauchschutztüren; Begriffe und Anforderungen
DIN 18100	1983-10	Türen; Wandöffnungen für Türen; Maße entsprechend DIN 4172
DIN 18101	1985-01	Türen; Türen für den Wohnungsbau; Türblattgrößen, Bandsitz und Schlosssitz; Gegenseitige Abhängigkeit der Maße
DIN 18148	2000-10	Hohlwandplatten aus Leichtbeton
DIN 18152	1987-04	Vollsteine und Vollblöcke aus Leichtbeton
DIN 18153	1989-09	Mauersteine aus Beton (Normalbeton)
DIN 18157-1	1979-07	Ausführung keramischer Bekleidungen im Dünnbettverfahren; Hydraulisch erhärtende Dünnbettmörtel
DIN 18157-2	1982-10	Ausführung keramischer Bekleidungen im Dünnbettverfahren; Dispersionsklebstoffe
DIN 18157-3	1986-04	Ausführung keramischer Bekleidungen im Dünnbettverfahren; Epoxidharzklebstoffe
DIN 18158	1986-09	Bodenklinkerplatten
DIN 18159-1	1991-12	Schaumkunststoffe als Ortschäume im Bauwesen; Polyurethan-Ortschaum für die Wärme- und Kältedämmung; Anwendung, Eigenschaften, Ausführung, Prüfung
DIN 18159-2	1978-06	Schaumkunststoffe als Ortschäume im Bauwesen; Harnstoff-Formaldehydharz-Ortschaum für die Wärmedämmung, Anwendung, Eigenschaften, Ausführung, Prüfung
DIN 18160-1	2001-12	Abgasanlagen - Teil 1: Planung und Ausführung
DIN 18160-5	1998-05	Abgasanlagen - Teil 5: Einrichtungen für Schornsteinfegerarbeiten; Anforderungen, Planung und Ausführung
DIN 18161-1	1976-12	Korkerzeugnisse als Dämmstoffe für das Bauwesen; Dämmstoffe für die Wärmedämmung
DIN 18162	2000-10	Wandbauplatten aus Leichtbeton, unbewehrt
DIN V 18164-1	2002-01	Schaumkunststoffe als Dämmstoffe für das Bauwesen - Teil 1: Dämmstoffe für die Wärmedämmung
DIN 18164-2	2001-09	Schaumkunststoffe als Dämmstoffe für das Bauwesen - Teil 2: Dämmstoffe für die Trittschalldämmung aus expandiertem Polystyrol-Hartschaum

DIN V 18165-1	2002-01	Faserdämmstoffe für das Bauwesen - Teil 1: Dämmstoffe für die Wärmedämmung
DIN 18165-2	2001-09	Faserdämmstoffe für das Bauwesen - Teil 2: Dämmstoffe für die Trittschalldämmung
DIN 18168-1	1981-10	Leichte Deckenbekleidungen und Unterdecken; Anforderungen für die Ausführung
DIN 18168-2	1984-12	Leichte Deckenbekleidungen und Unterdecken; Nachweis der Tragfähigkeit von Unterkonstruktionen und Abhängern aus Metall
DIN 18174	1981-01	Schaumglas als Dämmstoff für das Bauwesen; Dämmstoffe für die Wärmedämmung
DIN 18180	1989-09	Gipskartonplatten; Arten, Anforderungen, Prüfung
DIN 18181	1990-09	Gipskartonplatten im Hochbau; Grundlagen für die Verarbeitung
DIN 18182-1	1987-01	Zubehör für die Verarbeitung von Gipskartonplatten; Profile aus Stahlblech
DIN 18182-2	1987-01	Zubehör für die Verarbeitung von Gipskartonplatten; Schnellbauschrauben
DIN 18182-3	1987-01	Zubehör für die Verarbeitung von Gipskartonplatten; Klammern
DIN 18182-4	1987-01	Zubehör für die Verarbeitung von Gipskartonplatten; Nägel
DIN 18183	1988-11	Montagewände aus Gipskartonplatten; Ausführung von Metallständerwänden
DIN 18184	1991-06	Gipskarton-Verbundplatten mit Polystyrol- oder Polyurethan-Hartschaum als Dämmstoff
DIN 18195-1	2000-08	Bauwerksabdichtungen - Teil 1: Grundsätze, Definitionen, Zuordnung der Abdichtungsarten
DIN 18195-2	2000-08	Bauwerksabdichtungen - Teil 2: Stoffe
DIN 18195-3	2000-08	Bauwerksabdichtungen - Teil 3: Anforderungen an den Untergrund und Verarbeitung der Stoffe
DIN 18195-4	2000-08	Bauwerksabdichtungen - Teil 4: Abdichtungen gegen Bodenfeuchte (Kapillarwasser, Haftwasser) und nichtstauendes Sickerwasser an Bodenplatten und Wänden, Bemessung und Ausführung
DIN 18195-5	2000-08	Bauwerksabdichtungen - Teil 5: Abdichtungen gegen nichtdrückendes Wasser auf Deckenflächen und in Nassräumen; Bemessung und Ausführung
DIN 18195-6	2000-08	Bauwerksabdichtungen - Teil 6: Abdichtungen gegen von außen drückendes Wasser und aufstauendes Sickerwasser; Bemessung und Ausführung
DIN 18195-7	1989-06	Bauwerksabdichtungen; Abdichtungen gegen von innen drückendes Wasser; Bemessung und Ausführung
DIN 18195-8	1983-08	Bauwerksabdichtungen; Abdichtungen über Bewegungsfugen

DIN 18195-9	1986-12	Bauwerksabdichtungen; Durchdringungen, Übergänge, Abschlüsse
DIN 18195-10	1983-08	Bauwerksabdichtungen; Schutzschichten und Schutzmaßnahmen
DIN 18196	1988-10	Erd- und Grundbau; Bodenklassifikation für bautechnische Zwecke
DIN 18201	1997-04	Toleranzen im Bauwesen - Begriffe, Grundsätze, Anwendung, Prüfung
DIN 18202	1997-04	Toleranzen im Hochbau - Bauwerke
DIN 18203-1	1997-04	Toleranzen im Hochbau - Teil 1: Vorgefertigte Teile aus Beton, Stahlbeton und Spannbeton
DIN 18203-2	1986-05	Toleranzen im Hochbau; Vorgefertigte Teile aus Stahl
DIN 18203-3	1984-08	Toleranzen im Hochbau; Bauteile aus Holz und Holzwerkstoffen
DIN 18205	1996-04	Bedarfsplanung im Bauwesen
DIN 18230-1	1998-05	Baulicher Brandschutz im Industriebau - Teil 1: Rechnerisch erforderliche Feuerwiderstandsdauer
DIN 18230-2	1999-01	Baulicher Brandschutz im Industriebau - Teil 2: Ermittlung des Abbrandverhaltens von Materialien in Lageranordnung - Werte für den Abbrandfaktor m
DIN 18230-3	2002-08	Baulicher Brandschutz im Industriebau - Teil 3: Rechenwerte
DIN 18232-1	2002-02	Rauch- und Wärmefreihaltung - Teil 1: Begriffe, Aufgabenstellung
DIN 18232-2	1989-11	Baulicher Brandschutz im Industriebau; Rauch- und Wärmeabzugsanlagen; Rauchabzüge; Bemessung, Anforderungen und Einbau
DIN 18251-1	2002-07	Schlösser - Einsteckschlösser - Teil 1: Einsteckschlösser für gefälzte Türen
DIN 18251-2	2002-11	Schlösser - Einsteckschlösser - Teil 2: Einsteckschlösser für Rohrrahmentüren
DIN 18251-3	2002-11	Schlösser - Einsteckschlösser - Teil 3: Einsteckschlösser als Mehrfachverriegelung
DIN 18255	2002-05	Baubeschläge - Türdrücker, Türschilder und Türrosetten - Begriffe, Maße, Anforderungen, Kennzeichnung
DIN 18257	2003-03	Baubeschläge - Schutzbeschläge - Begriffe, Maße, Anforderungen, Kennzeichnung
DIN 18460	1989-05	Regenfallleitungen außerhalb von Gebäuden und Dachrinnen; Begriffe, Bemessungsgrundlagen
DIN 18515-1	1998-08	Außenwandbekleidungen - Teil 1: Angemörtelte Fliesen oder Platten; Grundsätze für Planung und Ausführung

DIN 18515-2	1993-04	Außenwandbekleidungen; Anmauerung auf Aufstandsflächen; Grundsätze für Planung und Ausführung
DIN 18516-1	1999-12	Außenwandbekleidungen, hinterlüftet - Teil 1: Anforderungen, Prüfgrundsätze
DIN 18516-3	1999-12	Außenwandbekleidungen, hinterlüftet - Teil 3: Naturwerkstein; Anforderungen, Bemessung
DIN 18516-4	1990-02	Außenwandbekleidungen, hinterlüftet; Einscheiben-Sicherheitsglas; Anforderungen, Bemessung, Prüfung
DIN 18530	1987-03	Massive Deckenkonstruktionen für Dächer; Planung und Ausführung
DIN 18531	1991-09	Dachabdichtungen; Begriffe, Anforderungen, Planungsgrundsätze
DIN 18540	1995-02	Abdichten von Außenwandfugen im Hochbau mit Fugendichtstoffen
DIN 18541-1	1992-11	Fugenbänder aus thermoplastischen Kunststoffen zur Abdichtung von Fugen in Ortbeton; Begriffe, Formen, Maße
DIN 18541-2	1992-11	Fugenbänder aus thermoplastischen Kunststoffen zur Abdichtung von Fugen in Ortbeton; Anforderungen, Prüfung, Überwachung
DIN 18545-1	1992-02	Abdichten von Verglasungen mit Dichtstoffen; Anforderungen an Glasfalze
DIN 18545-2	2001-02	Abdichten von Verglasungen mit Dichtstoffen - Teil 2: Dichtstoffe, Bezeichnung, Anforderungen, Prüfung
DIN 18545-3	1992-02	Abdichten von Verglasungen mit Dichtstoffen; Verglasungssysteme
DIN 18550-1	1985-01	Putz; Begriffe und Anforderungen
DIN 18550-2	1985-01	Putz; Putze aus Mörteln mit mineralischen Bindemitteln; Ausführung
DIN 18550-3	1991-03	Putz; Wärmedämmputzsysteme aus Mörteln mit mineralischen Bindemitteln und expandiertem Polystyrol (EPS) als Zuschlag
DIN 18550-4	1993-08	Putz; Leichtputze; Ausführung
DIN 18551	1992-03	Spritzbeton; Herstellung und Güteüberwachung
DIN 18558	1985-01	Kunstharzputze; Begriffe, Anforderungen, Ausführung
DIN V 18559	1988-12	Wärmedämm-Verbundsysteme; Begriffe, Allgemeine Angaben
DIN 18560-1	1992-05	Estriche im Bauwesen; Begriffe, Allgemeine Anforderungen, Prüfung
DIN 18560-2	1992-05	Estriche im Bauwesen; Estriche und Heizestriche auf Dämmschichten (schwimmende Estriche)
DIN 18560-3	1992-05	Estriche im Bauwesen; Verbundestriche
DIN 18560-4	1992-05	Estriche im Bauwesen; Estriche auf Trennschicht

DIN 18560-7	1992-05	Estriche im Bauwesen; Hochbeanspruchbare Estriche (Industrieestriche)
DIN 18800-1	1990-11	Stahlbauten; Bemessung und Konstruktion
DIN 18800-1/A1	1996-02	Stahlbauten - Teil 1: Bemessung und Konstruktion; Änderung A1
DIN 18800-7	2002-09	Stahlbauten - Teil 7: Ausführung und Herstellerqualifikation
DIN 18801	1983-09	Stahlhochbau; Bemessung, Konstruktion, Herstellung
DIN 18807-1	1987-06	Trapezprofile im Hochbau; Stahltrapezprofile; Allgemeine Anforderungen, Ermittlung der Tragfähigkeitswerte durch Berechnung
DIN 18807-1/A1	2001-05	Trapezprofile im Hochbau - Stahltrapezprofile - Allgemeine Anforderungen, Ermittlung der Tragfähigkeitswerte durch Berechnung; Änderung A1
DIN 18807-3	1987-06	Trapezprofile im Hochbau; Stahltrapezprofile; Festigkeitsnachweis und konstruktive Ausbildung
DIN 18915	2002-08	Vegetationstechnik im Landschaftsbau - Bodenarbeiten
DIN 18916	2002-08	Vegetationstechnik im Landschaftsbau - Pflanzen und Pflanzarbeiten
DIN 18917	2002-08	Vegetationstechnik im Landschaftsbau - Rasen und Saatarbeiten
DIN 18918	2002-08	Vegetationstechnik im Landschaftsbau - Ingenieurbiologische Sicherungsbauweisen - Sicherungen durch Ansaaten, Bepflanzungen, Bauweisen mit lebenden und nicht lebenden Stoffen und Bauteilen, kombinierte Bauweisen
DIN 18919	2002-08	Vegetationstechnik im Landschaftsbau - Entwicklungs- und Unterhaltungspflege von Grünflächen
DIN 18920	2002-08	Vegetationstechnik im Landschaftsbau - Schutz von Bäumen, Pflanzenbeständen und Vegetationsflächen bei Baumaßnahmen
DIN 18960	1999-08	Nutzungskosten im Hochbau
DIN 32617	1995-10	Hausbriefkästen - Anforderungen, Aufstellung und Prüfung
DIN 33942	2002-08	Barrierefreie Spielplatzgeräte - Sicherheitstechnische Anforderungen und Prüfverfahren
DIN 44576-4	1987-03	Elektrische Raumheizung; Fußboden-Speicherheizung; Gebrauchseigenschaften; Bemessung für Räume
DIN 52129	1993-11	Nackte Bitumenbahnen; Begriff, Bezeichnung, Anforderungen
DIN 52130	1995-11	Bitumen-Dachdichtungsbahnen - Begriffe, Bezeichnungen, Anforderungen
DIN 52131	1995-11	Bitumen-Schweißbahnen - Begriffe, Bezeichnungen, Anforderungen

DIN 52132	1996-05	Polymerbitumen-Dachdichtungsbahnen - Begriffe, Bezeichnungen, Anforderungen
DIN 52133	1995-11	Polymerbitumen-Schweißbahnen - Begriffe, Bezeichnungen, Anforderungen
DIN 52143	1985-08	Glasvlies-Bitumendachbahnen; Begriffe, Bezeichnung, Anforderungen
DIN 55350-11	1995-08	Begriffe zu Qualitätsmanagement und Statistik - Teil 11: Begriffe des Qualitätsmanagements
DIN 58125	2002-07	Schulbau - Bautechnische Anforderungen zur Verhütung von Unfällen
DIN 66095-1	1990-04	Textile Bodenbeläge; Produktbeschreibung; Merkmale für die Produktbeschreibung
DIN 68121-1	1993-09	Holzprofile für Fenster und Fenstertüren; Maße, Qualitätsanforderungen
DIN 68121-2	1990-06	Holzprofile für Fenster und Fenstertüren; Allgemeine Grundsätze
DIN 68702	2001-04	Holzpflaster
DIN 68705-3	1981-12	Sperrholz; Bau-Furniersperrholz
DIN 68706-1	2002-02	Innentüren aus Holz und Holzwerkstoffen - Teil 1: Türblätter; Begriffe, Maße, Anforderungen
DIN 68706-2	2002-02	Innentüren aus Holz und Holzwerkstoffen - Teil 2: Türzargen; Begriffe, Maße, Einbau
DIN 68755-1	2000-06	Holzfaserdämmstoffe für das Bauwesen - Teil 1: Dämmstoffe für die Wärmedämmung
DIN 68755-2	2000-06	Holzfaserdämmstoffe für das Bauwesen - Teil 2: Dämmstoffe für die Trittschalldämmung
DIN 68800-1	1974-05	Holzschutzim Hochbau - Allgemeines
DIN 68800-2	1996-05	Holzschutz - Teil 2: Vorbeugende bauliche Maßnahmen im Hochbau
DIN 68800-3	1990-04	Holzschutz; Vorbeugender chemischer Holzschutz
DIN 68800-4	1992-11	Holzschutz; Bekämpfungsmaßnahmen gegen holzzerstörende Pilze und Insekten
DIN EN 81-1	2000-05	Sicherheitsregeln für die Konstruktion und den Einbau von Aufzügen - Teil 1: Elektrisch betriebene Personen- und Lastenaufzüge (enthält Berichtigung AC:1999); Deutsche Fassung EN 81-1:1998 + AC:1999
DIN EN 81-2	2000-05	Sicherheitsregeln für die Konstruktion und den Einbau von Aufzügen - Teil 2: Hydraulisch betriebene Personen- und Lastenaufzüge (enthält Berichtigung AC:1999); Deutsche Fassung EN 81-2:1998 + AC:1999
DIN EN 87	1992-01	Keramische Fliesen und Platten für Bodenbeläge und Wandbekleidungen; Begriffe, Klassifizierung, Anforderungen und Kennzeichnung; Deutsche Fassung EN 87:1991

DIN EN 121	1991-12	Stranggepresste keramische Fliesen und Platten mit niedriger Wasseraufnahme (E ≤ 3%); Gruppe AI; Deutsche Fassung EN 121:1991
DIN EN 159	1991-12	Trockengepresste keramische Fliesen und Platten mit hoher Wasseraufnahme E 10%; Gruppe BIII; Deutsche Fassung EN 159:1991
DIN EN 176	1992-01	Trockengepresste keramische Fliesen und Platten mit niedriger Wasseraufnahme E ≤ 3 %; Gruppe BI; Deutsche Fassung EN 176:1991
DIN EN 186-1	1991-12	Keramische Fliesen und Platten; Stranggepresste keramische Fliesen und Platten mit einer Wasseraufnahme von 3% < E ≤ 6% (Gruppe AIIa); Teil 1; Deutsche Fassung EN 186-1:1991
DIN EN 186-2	1991-12	Keramische Fliesen und Platten; Stranggepresste keramische Fliesen und Platten mit einer Wasseraufnahme von 3% < E ≤ 6% (Gruppe AIIa); Teil 2; Deutsche Fassung EN 186-2:1991
DIN EN 187-1	1991-12	Keramische Fliesen und Platten; Stranggepresste keramische Fliesen und Platten mit einer Wasseraufnahme von 6% < E ≤ 10% (Gruppe AIIb); Teil 1; Deutsche Fassung EN 187-1:1991
DIN EN 187-2	1991-12	Keramische Fliesen und Platten; Stranggepresste keramische Fliesen und Platten mit einer Wasseraufnahme von 6% < E ≤ 10% (Gruppe AIIb); Teil 2; Deutsche Fassung EN 187-2:1991
DIN EN 188	1991-12	Keramische Fliesen und Platten; Stranggepresste keramische Fliesen und Platten mit einer Wasseraufnahme von E 10 % (Gruppe AIII); Deutsche Fassung EN 188:1991
DIN EN 197-1	2001-02	Zement - Teil 1: Zusammensetzung, Anforderungen und Konformitätskriterien von Normalzement; Deutsche Fassung EN 197-1:2000
DIN EN 197-2	2000-11	Zement - Teil 2: Konformitätsbewertung; Deutsche Fassung EN 197-2:2000
DIN EN 206-1	2001-07	Beton - Teil 1: Festlegung, Eigenschaften, Herstellung und Konformität; Deutsche Fassung EN 206-1:2000
DIN EN 312-5	1997-06	Spanplatten; Anforderungen - Teil 5: Anforderungen an Platten für tragende Zwecke zur Verwendung im Feuchtbereich; Deutsche Fassung EN 312-5:1997
DIN EN 386	2002-04	Brettschichtholz - Leistungsanforderungen und Mindestanforderungen an die Herstellung; Deutsche Fassung EN 386:2001
DIN EN 410	1998-12	Glas im Bauwesen - Bestimmung der lichttechnischen und strahlungsphysikalischen Kenngrößen von Verglasungen; Deutsche Fassung EN 410:1998

DIN EN 459-1	2002-02	Baukalk - Teil 1: Definitionen, Anforderungen und Konformitätskriterien; Deutsche Fassung EN 459-1:2001
DIN EN 459-3	2002-02	Baukalk - Teil 3: Konformitätsbewertung; Deutsche Fassung EN 459-3:2001
DIN EN 612	1996-05	Hängedachrinnen und Regenfallrohre aus Metallblech - Begriffe, Einteilung und Anforderungen; Deutsche Fassung EN 612:1996
DIN EN 673	2001-01	Glas im Bauwesen - Bestimmung des Wärmedurchgangskoeffizienten (U-Wert) - Berechnungsverfahren (enthält Änderung A1:2000); Deutsche Fassung EN 673:1997 + A1:2000
DIN EN 752-1	1996-01	Entwässerungssysteme außerhalb von Gebäuden - Teil 1: Allgemeines und Definitionen; Deutsche Fassung EN 752-1:1995
DIN EN 752-2	1996-09	Entwässerungssysteme außerhalb von Gebäuden - Teil 2: Anforderungen; Deutsche Fassung EN 752-2:1996
DIN EN 752-3	1996-09	Entwässerungssysteme außerhalb von Gebäuden - Teil 3: Planung Deutsche Fassung EN 752-3:1996
DIN EN 752-4	1997-11	Entwässerungssysteme außerhalb von Gebäuden - Teil 4: Hydraulische Berechnung und Umweltschutzaspekte; Deutsche Fassung EN 752-4:1997
DIN EN 752-5	1997-11	Entwässerungssysteme außerhalb von Gebäuden - Teil 5: Sanierung; Deutsche Fassung EN 752-5:1997
DIN EN 752-6	1998-06	Entwässerungssysteme außerhalb von Gebäuden - Teil 6: Pumpanlagen; Deutsche Fassung EN 752-6:1998
DIN EN 752-7	1998-06	Entwässerungssysteme außerhalb von Gebäuden - Teil 7: Betrieb und Unterhalt; Deutsche Fassung EN 752-7:1998
DIN EN 771-2	2000-08	Festlegungen für Mauersteine - Teil 2: Kalksandsteine; Deutsche Fassung EN 771-2:2000
DIN EN 771-4	2000-08	Festlegungen für - Teil 4: Porenbetonsteine; Deutsche Fassung EN 771-4:2000
DIN EN 806-1	2001-12	Technische Regeln für Trinkwasser-Installationen - Teil 1: Allgemeines; Deutsche Fassung EN 806-1:2001 + A1:2001
DIN EN 832	1998-12	Wärmetechnisches Verhalten von Gebäuden - Berechnung des Heizenergiebedarfs; Wohngebäude; Deutsche Fassung EN 832:1998
DIN EN 1051-1	2003-04	Glas im Bauwesen - Glassteine und Betongläser - Teil 1: Begriffe und Beschreibungen; Deutsche Fassung EN 1051-1:2003
DIN EN 1264-1	1997-11	Fußboden-Heizung - Systeme und Komponenten - Teil 1: Definitionen und Symbole; Deutsche Fassung

		EN 1264-1:1997
DIN EN 1264-2	1997-11	Fußboden-Heizung - Systeme und Komponenten - Teil 2: Bestimmung der Wärmeleistung; Deutsche Fassung EN 1264-2:1997
DIN EN 1264-3	1997-11	Fußboden-Heizung - Systeme und Komponenten - Teil 3: Auslegung; Deutsche Fassung EN 1264-3:1997
DIN EN 1264-4	2001-12	Fußboden-Heizung - Systeme und Komponenten - Teil 4: Installation; Deutsche Fassung EN 1264-4:2001
DIN EN 1443	1999-06	Abgasanlagen - Allgemeine Anforderungen; Deutsche Fassung EN 1443:1999
DIN EN 1536	1999-06	Ausführung von besonderen geotechnischen Arbeiten (Spezialtiefbau) - Bohrpfähle; Deutsche Fassung EN 1536:1999
DIN EN 1610	1997-10	Verlegung und Prüfung von Abwasserleitungen und -kanälen; Deutsche Fassung EN 1610:1997
DIN EN 1610 Beiblat t 1	1997-10	Verlegung und Prüfung von Abwasserleitungen und -kanälen - Verzeichnis einschlägiger Normen und Richtlinien (Stand vom Februar 1997)
DIN EN 1717	2001-05	Schutz des Trinkwassers vor Verunreinigungen in Trinkwasser-Installationen und allgemeine Anforderungen an Sicherheitseinrichtungen zur Verhütung von Trinkwasserverunreinigungen durch Rückfließen - Technische Regel des DVGW; Deutsche Fassung EN 1717:2000
DIN EN 1838	1999-07	Angewandte Lichttechnik - Notbeleuchtung; Deutsche Fassung EN 1838:1999
DIN EN 1906	2002-05	Schlösser und Baubeschläge - Türdrücker und Türknäufe - Anforderungen und Prüfverfahren; Deutsche Fassung EN 1906:2002
DIN EN 12056-1	2001-01	Schwerkraftentwässerungsanlagen innerhalb von Gebäuden - Teil 1: Allgemeine und Ausführungsanforderungen; Deutsche Fassung EN 12056-1:2000
DIN EN 12056-2	2001-01	Schwerkraftentwässerungsanlagen innerhalb von Gebäuden - Teil 2: Schmutzwasseranlagen, Planung und Berechnung; Deutsche Fassung EN 12056-2:2000
DIN EN 12056-3	2001-01	Schwerkraftentwässerungsanlagen innerhalb von Gebäuden - Teil 3: Dachentwässerung, Planung und Bemessung; Deutsche Fassung EN 12056-3:2000
DIN EN 12056-4	2001-01	Schwerkraftentwässerungsanlagen innerhalb von Gebäuden - Teil 4: Abwasserhebeanlagen; Planung und Bemessung; Deutsche Fassung EN 12056-4:2000

DIN EN 12056-5	2001-01	Schwerkraftentwässerungsanlagen innerhalb von Gebäuden - Teil 5: Installation und Prüfung, Anleitung für Betrieb, Wartung und Gebrauch; Deutsche Fassung EN 12056-5:2000
DIN EN 12207	2000-06	Fenster und Türen - Luftdurchlässigkeit - Klassifizierung; Deutsche Fassung EN 12207:1999
DIN EN 12354-2	2000-09	Bauakustik - Berechnung der akustischen Eigenschaften von Gebäuden aus den Bauteileigenschaften - Teil 2: Trittschalldämmung zwischen Räumen; Deutsche Fassung EN 12354-2:2000
DIN EN 12464-1	2003-03	Licht und Beleuchtung - Beleuchtung von Arbeitsstätten - Teil 1: Arbeitsstätten in Innenräumen; Deutsche Fassung EN 12464-1:2002
DIN EN 12524	2000-07	Baustoffe und -produkte - Wärme- und feuchtschutztechnische Eigenschaften - Tabellierte Bemessungswerte; Deutsche Fassung EN 12524:2000
DIN EN 12566-1	2000-09	Kleinkläranlagen für bis zu 50 EW - Teil 1: Werkmäßig hergestellte Faulgruben; Deutsche Fassung EN 12566-1:2000
DIN EN 12665	2002-09	Licht und Beleuchtung - Grundlegende Begriffe und Kriterien für die Festlegung von Anforderungen an die Beleuchtung; Deutsche Fassung EN 12665:2002
DIN EN 12758	2002-10	Glas im Bauwesen - Glas und Luftschalldämmung - Definitionen und Bestimmung der Eigenschaften; Deutsche Fassung EN 12758:2001
DIN EN 12825	2002-04	Doppelböden; Deutsche Fassung EN 12825:2001
DIN EN 12859	2001-11	Gips-Wandbauplatten - Begriffe, Anforderungen und Prüfverfahren; Deutsche Fassung EN 12859:2001
DIN EN 12860	2002-07	Gipskleber für Gips-Wandbauplatten - Begriffe, Anforderungen, Prüfverfahren; Deutsche Fassung EN 12860:2001 + AC:2002
DIN EN 13162	2001-10	Wärmedämmstoffe für Gebäude - Werkmäßig hergestellte Produkte aus Mineralwolle (MW) - Spezifikation; Deutsche Fassung EN 13162:2001
DIN EN 13163	2001-10	Wärmedämmstoffe für Gebäude - Werkmäßig hergestellte Produkte aus expandiertem Polystyrol (EPS) - Spezifikation; Deutsche Fassung EN 13163:2001
DIN EN 13164	2001-10	Wärmedämmstoffe für Gebäude - Werkmäßig hergestellte Produkte aus extrudiertem Polystyrolschaum (XPS) - Spezifikation; Deutsche Fassung EN 13164:2001
DIN EN 13165	2001-10	Wärmedämmstoffe für Gebäude - Werkmäßig hergestellte Produkte aus Polyurethan-Hartschaum (PUR) - Spezifikation; Deutsche Fassung EN 13165:2001

DIN EN 13166	2001-10	Wärmedämmstoffe für Gebäude - Werkmäßig hergestellte Produkte aus Phenolharzhartschaum (PF) - Spezifikation; Deutsche Fassung EN 13166:2001
DIN EN 13187	1999-05	Wärmetechnisches Verhalten von Gebäuden - Nachweis von Wärmebrücken in Gebäudehüllen - Infrarot-Verfahren (ISO 6781:1983, modifiziert); Deutsche Fassung EN 13187:1998
DIN EN 13213	2001-12	Hohlböden - Deutsche Fassung EN 13213:2001
DIN EN 13813	2003-01	Estrichmörtel, Estrichmassen und Estriche - Estrichmörtel und Estrichmassen - Eigenschaften und Anforderungen; Deutsche Fassung EN 13813:2002
DIN EN 13829	2001-02	Wärmetechnisches Verhalten von Gebäuden - Bestimmung der Luftdurchlässigkeit von Gebäuden - Differenzdruckverfahren (ISO 9972:1996, modifiziert); Deutsche Fassung EN 13829:2000
DIN EN 13986	2002-09	Holzwerkstoffe zur Verwendung im Bauwesen - Eigenschaften, Bewertung der Konformität und Kennzeichnung; Deutsche Fassung EN 13986:2002
DIN EN ISO 128-20	2002-12	Technische Zeichnungen - Allgemeine Grundlagen der Darstellung - Teil 20: Linien, Grundregeln (ISO 128-20:1996); Deutsche Fassung EN ISO 128-20:2001
DIN EN ISO 128-21	2002-12	Technische Zeichnungen - Allgemeine Grundlagen der Darstellung - Teil 21: Ausführung von Linien mit CAD-Systemen (ISO 128-21:1997); Deutsche Fassung EN ISO 128-21:2001
DIN EN ISO 717-1	1997-01	Akustik - Bewertung der Schalldämmung in Gebäuden und von Bauteilen - Teil 1: Luftschalldämmung (ISO 717-1:1996); Deutsche Fassung EN ISO 717-1:1996
DIN EN ISO 717-2	1997-01	Akustik - Bewertung der Schalldämmung in Gebäuden und von Bauteilen - Teil 2: Trittschalldämmung (ISO 717-2:1996); Deutsche Fassung EN ISO 717-2:1996
DIN EN ISO 6946	1996-11	Bauteile - Wärmedurchlasswiderstand und Wärmedurchgangskoeffizient - Berechnungsverfahren (ISO 6946:1996); Deutsche Fassung EN ISO 6946:1996
DIN EN ISO 7345	1996-01	Wärmeschutz - Physikalische Größen und Definitionen (ISO 7345:1987); Deutsche Fassung EN ISO 7345:1995
DIN EN ISO 10077-1	2000-11	Wärmetechnisches Verhalten von Fenstern, Türen und Abschlüssen - Berechnung des Wärmedurchgangskoeffizienten - Teil 1: Vereinfachtes Verfahren (ISO 10077-1:2000); Deutsche Fassung EN ISO 10077-1:2000

DIN EN ISO 10211-1	1995-11	Wärmebrücken im Hochbau - Wärmeströme und Oberflächentemperaturen - Teil 1: Allgemeine Berechnungsverfahren (ISO 10211-1:1995); Deutsche Fassung EN ISO 10211-1:1995
DIN EN ISO 10211-2	2001-06	Wärmebrücken im Hochbau - Berechnung der Wärmeströme und Oberflächentemperaturen - Teil 2: Linienförmige Wärmebrücken (ISO 10211-2:2001); Deutsche Fassung EN ISO 10211-2:2001
DIN EN ISO 13370	1998-12	Wärmetechnisches Verhalten von Gebäuden - Wärmeübertragung über das Erdreich - Berechnungsverfahren (ISO 13370:1998); Deutsche Fassung EN ISO 13370:1998
DIN EN ISO 13788	2001-11	Wärme- und feuchttechnisches Verhalten von Bauteilen und Bauelementen - Raumseitige Oberflächentemperatur zur Vermeidung kritischer Oberflächenfeuchte und Tauwasserbildung im Bauteilinneren - Berechnungsverfahren (ISO 13788:2001); Deutsche Fassung EN ISO 13788:2001
DIN EN ISO 13789	1999-10	Wärmetechnisches Verhalten von Gebäuden - Spezifischer Transmissionswärmeverlustkoeffizient - Berechnungsverfahren (ISO 13789:1999); Deutsche Fassung EN ISO 13789:1999
DIN EN ISO 14122-3	2002-01	Sicherheit von Maschinen - Ortsfeste Zugänge zu maschinellen Anlagen - Teil 3: Treppen, Treppenleitern und Geländer (ISO 14122-3:2001); Deutsche Fassung EN ISO 14122-3:2001
DIN ISO 128-23	2000-03	Technische Zeichnungen - Allgemeine Grundlagen der Darstellung - Teil 23: Linien in Zeichnungen des Bauwesens (ISO 128-23:1999)
DIN ISO 128-50	2002-05	Technische Zeichnungen - Allgemeine Grundlagen der Darstellung - Teil 50: Grundregeln für Flächen in Schnitten und Schnittansichten (ISO 128-50:2001)